新民说

成为更好的人

A Modern History of European Cities : 1815 to the Present

［美］罗斯玛丽·韦克曼 Rosemary Wakeman 著

庄元培 译

欧洲城市现代史：从 1815 年至今

GUANGXI NORMAL UNIVERSITY PRESS

广西师范大学出版社

·桂林·

欧洲城市现代史：从 1815 年至今
OUZHOU CHENGSHI XIANDAISHI：CONG 1815 NIAN ZHIJIN

Copyright © Rosemary Wakeman, 2020
This translation of A Modern History of European Cities is published by
arrangement with Bloomsbury Publishing Plc.
著作权合同登记号桂图登字：20-2025-112 号

图书在版编目（CIP）数据

欧洲城市现代史：从 1815 年至今 / （美）罗斯玛丽·
韦克曼（Rosemary Wakeman）著；庄元培译. -- 桂林：
广西师范大学出版社，2025.8. -- ISBN 978-7-5598-8440-4

Ⅰ. K950.5

中国国家版本馆 CIP 数据核字第 2025C7Y188 号

广西师范大学出版社出版发行

（广西桂林市五里店路 9 号　邮政编码：541004）
（网址：http://www.bbtpress.com）
出版人：黄轩庄
全国新华书店经销
广西广大印务有限责任公司印刷
（桂林市临桂区秧塘工业园西城大道北侧广西师范大学出版社
集团有限公司创意产业园内　邮政编码：541199）
开本：889 mm × 1 240 mm　1/32
印张：18.125　　字数：430 千
2025 年 8 月第 1 版　　2025 年 8 月第 1 次印刷
定价：88.00 元

如发现印装质量问题，影响阅读，请与出版社发行部门联系调换。

译者序

我与此书的相遇，是一种似乎注定的偶然。最初在豆瓣看到某出版社编辑公开征集大卫·哈维新书《反资本世界简史》(*The Anti-capitalist Chronicles*)的译者，我便主动提交了样章。后来此事因种种原因作罢，恰巧此时广西师范大学出版社的编辑向我推荐了这本书。我对该书的第一印象便是其与一般建筑或城市类书籍截然不同：首先，它所涉地理范围不仅限于典型的西欧或美国；其次，它的研究维度丰富，涵盖社会学、人类学与历史学等多门学科。这些正好是我长期阅读的内容与兴趣所在，而我关注的内容也与建筑、城市学科多有交集，于是我欣然接下了这本书的翻译工作。

作者罗斯玛丽·韦克曼（Rosemary Wakeman）是一位历史学教授，因此本书的视角与一般以城市、建筑学科为出发点的城市史有明显不同。其一，本书在叙事策略上引入了"漫游者视角"。作者以"过客"行走城市的所见所感为线索，并借用了齐格弗里德·克拉考尔对都市可见与不可见景观的发掘，这种策略带来鲜明的现场感与人文关怀：读者仿佛跟随"过客"在城市中漫步与凝视，体会历史带来的感官印象与批判思维。虽然风格贴近文学游记，书中仍不乏史学的严谨。此类方法在城市史研究中较为罕见，是文化史与感官史融合的成果，它使得对城市现代性的理解不仅停留在理性层面，而且延伸到经验层面，回应了"生活在现代城市是什么感觉"。其二，年鉴学派的影响贯穿全书。本书强调长时段、大视野和社会经济结构的分析，还有日常生活、精神状态的研究。作者并不局限于政治事件，还着眼于社会结构（如城市化率、人口流动等）与日常变迁。并且，本书大量运用历史数据与文献资料，展现 19 世纪城市社会的困境与应对方法，体现出实证量化与社会分析的结合。其三，作者继承了年鉴学派第三代以来对日常生活与文化心理的关注。书中多次探讨普通城市居民的日常体验、记忆与心理变迁，将城市史推进至精神文化层面；对城市现代性的考察不仅着眼于制度与物质，更注重文化表征与感知经验；强调现代城市文化的多元性和地方性，深入讨论了记忆与现代性的辩证关系，关注城市景观中"可见与未见"的意义；大量运用了文学、艺术、建筑等视觉和文本材料作为史料，通过解读这些文化载体来体悟城市居民对现代生活的感受。在内容上，本书自觉地将文化的、审美的、民俗志的分析与社会、经济、政治层面相叠加。这种跨学科融合正是文化史方法的体现：将城市视为文本来"阅读"，理解其中符号、空间实践和权力关系。

　　书中明确指出，现代性并未造就单一的欧洲模式，欧洲城市没有统一的发展道路；相反，各种力量杂糅并不平衡地作用于城市生活。这实际上是对经典现代化理论的反思，呼应了后现代学者提出的"异质现代性"概念，类似马歇尔·伯曼所言"矛盾的融合"。在书中，现代性本身是多义的、矛盾的：一方面带来城市剧变和前卫体验，另一方面又伴随着不稳定性和对过去的割裂。因此，作者揭示出现代城市发展中的张力，例如技术进步和历史传承、理性规划和自发秩序、全球同质力量和地方文化特性等。

　　本书的描述范围与常见的城市史也大不相同，本书跳出传统"西欧中心论"，重点关注波罗的海、东欧、巴尔干乃至西南欧的非首都城市（并实地考察了米什科尔茨、德布勒森、里加等），挑战"西方大都市等于发端，一切地方性城市等于等待启蒙"的旧范式。作者强调，在现代性之前，欧洲各地城市都有值得书写的故事，而现代性降临后，这些城市也并非只是被动接受。相反，在作者的论述中，整个欧洲城市体系各层级的城镇都以各自独特的方式融入并创造着现代性。

　　同一时期，不同国家的城市化格局也不同。例如荷兰呈现多核心的高度城市化（40%的居民居住在人口达到2万以上的城市），而法国只有35%的人口城市化率且多集中在巴黎，德国在统一后城市化提速，汉堡、慕尼黑等区域中心兴起。通过这些数据和例证，作者展现了欧洲内部核心与周边、单核与多核并存的复杂图景。19世纪以来欧洲列强的殖民扩张，使得"欧洲城市"的概念被输出到世界各地：殖民地首府被刻意塑造成欧洲式现代都市，一个又一个殖民城市出现了林荫大道、广场、欧式公共建筑与文化机构，成为现代生活的示范。这些城市在外观上"让人一眼就能认出"其欧洲血统。通过这个视角，作者提示：欧洲的城市现代性不仅在内部各区域流动，也通过殖民和全球移民播撒到非欧洲地区。由此，欧洲城市的影响范围和交流网络是跨区域甚至跨大洲的。值得注意的是，这种统一性并没有消解地方差异，反而是在多样城市共同经历现代转型的过程中被不断重塑。他笔下不存在"单一层次的现代城市经验"，正如不存在单一的巨大的欧洲，取而代之的是网络状的、多中心互动的格局，每座城市（无论大小、东西欧）都可能在某方面引领风骚，同时在另一些方面学习他者。这一姿态具有学术上的去中心化意义。

　　当下，中国城市化进入高质量发展的新阶段，面对"千城一面"的挑战，这本书为我们提供了更复杂的视角与可能性。中国与欧洲面积相仿，复杂度相似，当代城市的多样性却大相径庭。书中描绘了大量具体案例可供分析借鉴，包括布达佩斯、那不勒斯、雅典、汉堡和里加等城市，其现代化都具有鲜明的自我特征。某些城市不需要一套"地铁—中央商务区—公园—文化中心"的规划模板，也能生成自己的现代性节奏和秩序，以非正式经济（小贩摊位、港口劳务）主导城市运行，富有弹性、自组织，在工业化中保存了难得的文化创造力和生存能动性，成为不亚于巴黎的文化名城；某些城市象征性再建的"现代古都"，具有一种以古典遗产为基础、经由外来权力与侨民资本塑形的"象征型现代性"，侨民商人将其视为精神故乡，通过私人投资重建城市，建设大学、图书馆、剧院，支持印刷、出版与民族文化教育，形成"海外资本＋文化浪漫主义"的复合现代性结构。尽管有"理想城市"的计划，但现实中存在的仍然是地中海非正式城市结构，即拼贴式增长，体现出典型的现代性话语与城市实践之间的结构性张力与活力。

　　首次担任译者，定然存在疏漏与不足，敬请读者批评指正，我的邮箱是 yuanpei@berkeley.edu。

目录

前言

    本书记录了有关19世纪和20世纪欧洲城市经验的历史。它带读者踏上整个欧洲大陆的城市和城镇之旅，寻找塑造了这些不可磨灭的欧洲城市景观的发展模式，重点关注建筑环境、标志着连续性和变化模式的社会和文化变革，以及向现代城市社会的过渡。本书将欧洲城市的故事直接编织到更广泛的历史结构中。它从1815年拿破仑战争结束时开始，一直持续到20世纪末21世纪初。20世纪90年代，德国哲学家彼得·斯洛特戴克（Peter Sloterdijk）将欧洲定义为带来现代性——包括其最好和最坏特征——的历史和精神单元。[1]19世纪和20世纪，是欧洲城市熔铸现代性的关键阶段，它们构成了一个不连续的时期，对理解欧洲城市社会至关重要。

    欧洲的城市历史在很大程度上是围绕着垂直的"涓滴"效应建构的：现代模式在重要首都形成，并通过城市等级制度向下流动。城镇是现代性的"接受者"，被以西欧地区现代模式发生的进程来衡量。城市的位置（离西方的首都）越远，进入现代世界的时间就越晚。区域性的变体被视为西欧现代生活模式的外围衍生品。除此之外，人们普遍认为没有什么地方性的故事可讲。本书摆脱了这样的观点：首都城市引发了现代城市社会和文化的出现，而西方以外的周边城镇或城市在现代性到来之前没有值得讨论的地方文化。我的目标是打破这种叙述，将现代性从巴黎、伦敦和维也纳分散到更广泛的城市领域。这辨识出现代主义在地理历史空间中形成的高度复杂的、往往是矛盾的性质，以及当地城市文化对现代转型方式的影响。这需要对欧洲的城市进程进行重新描绘，不是把东欧和南欧的城市作为封闭的落后地区，而是作为具有高度生产力和全球网络化的、有其自身的现代主义倾向性的地区来对待。城市从来不是被困在强加给它们的信仰体系中的静态社会——无论是奥斯曼帝国、共产主义还是资本主义的。令历史学家甚感懊恼的是，那些生活在过去的人很少按照分配给他们的简单类别行事。他们能够有多种观点和身份，特别是当他们生活在城市时。

与其谈论经典的垂直视角，毋宁强调现代主义和现代性的水平与空间分层。这些都是不那么单一的，而更多的是与日常生活的亲密关系以无数方式互动的混合过程。与其将社会和文化形式归类为"前现代"或"现代"，并且关注"增长"，书里毋宁突出城市世界的流动性和复杂性。这避开了严格的社会阶层分类，而突出了流动的社会和族群景观。即使是小城镇也是现代转型的实验室。本书研究了城市之间社会文化的来回传播，以及整个欧洲的城镇如何通过自己的乡土实践和历史来解释现代性。这常常产生出一种不稳定的、有时是矛盾的城市混合体。在这个意义上，欧洲城市文化和社会的连续性与它们的蜕变同样重要。书里试图理解这样一些城市形式——现代性试图压制它们，但这些形式仍然存在并被吸收到社会和文化生活的复杂性中。它参与了关于记忆和现代性的辩论，并探索了城市转型的多元性。本书探索了现代城市文化和社会是如何在本地经验和来自重要首都城市及其他城市的影响下，扎根并开花结果的。

　　因此，本书中没有真正的关于城市现代性的同质化观点。相反，我在寻找城市现代性与现代化的异质性和矛盾性，让城市经验显得前卫和不稳定。无差别的城市经验是不存在的。一个庞大而单一的欧洲，也是不存在的。说到这里，欧洲城市系统也有一个内部的动态特征。这些特征和身份体现了一种欧洲的城市经验，一个更深层次的结构和历史的统一，在漫长的时间里，在19世纪和20世纪，被不断重塑。

　　在这个意义上，本书提出了一些问题：是否存在一个欧洲的城市，如果存在，它的特点是什么？是什么让一个城市成为"欧洲的"？鉴于21世纪初的全球化的巨大影响，这是目前吸引学者们的最重要的问题之一。显然，单一的欧洲城市类型并不存在：欧洲城市有许多，城市现代性是多元的。从整体上看，欧洲不是一个容易定义的地理区域。它由山脉、谷地、河流组成的自然景观，不一定与公认的文化边界相接。其政治边界也在不断变化。任何一种区域分类法都是模糊的、有漏洞的。欧洲的区域概念——中欧、东欧、波罗的海沿岸或巴尔干半岛——是不固定的文化建构，随着时间的推移发生过巨大的变化。这些地方已经被命名和重命名，它们的范围像手风琴的风箱一样被扩大和缩小。区域想象力充满了刻板印象以及社会和族群的包容与排斥的权重。抛开这些棘手的地理挑战，即使是欧洲的"概念"也是一个持续的发明，这个术语可能掺杂着偏见和殖民色彩。

　　鉴于这些复杂性，我们如何定义欧洲的地理环境，并勾勒出整个大陆的城市发展轮廓？"冷战"时期对"西方"和"东欧集团"的看法，是已随着柏林墙的倒塌而消失的人造概念。中欧和中东欧现在已经（重新）进入了人们的地理想象。城市在定义这些景观方面发挥了什么作用？说到底，欧洲的城市边界是什么？我们应该把圣彼得堡（St. Petersburg）和莫斯科（Moscow）列入欧洲城市吗？大多数文本都会如此，有些还将伊斯坦布尔（Istanbul）也列入其中。如果我们把敖德萨（Odessa）和塞瓦斯托波尔（Sebastopol）包括在内，我们是否应该把第比利斯（Tbilisi）[1]和巴库（Baku）[2]作为欧洲城市？是否有波罗的海城市或地中海城市这样的存在，我们是否可以说它们的城市化进程是因地而异的？本书试图将欧洲城市史与这些争论联系起来。

　　我选择不把欧洲定义为一个具体的地理实体，也不把欧洲城市定义为地缘政治的边界。相反，我在寻找整个欧洲城市系统的关系谱。这并不意味着在欧洲地图上叠加某种类似克里斯泰勒式（Christaller-like）的中心地理论。但我是在不同的尺度上处理地理问题，而不是通常那样按照“国家”逐一处理的。我关注的是地方、区域、各地间的特殊性和相互关系。本书旨在将城市深深地嵌入欧洲的地理学中。我在这里更多是将布罗代尔（Braudel）的理论思想作为试金石，强调历史区域和区域文化、语言和习俗、地理和地形、海洋和河流系统，以及贸易、移民和社会文化传播的联系。这些在现代是如何演变的，它们在多大程度上决定了当地、全欧洲和全球的城市网络，以及随之而来的城市实践？与这种更具包容性的地理方法相关，本书不仅关注首都城市，还关注在现代演变的密集的欧洲城市网络。它将城市地区的发展和中小城镇甚至村庄网络带入关于欧洲城市生活的对话之中。

---

[1]格鲁吉亚首都。凡脚注均为译者注。
[2]阿塞拜疆首都。

19世纪后期，社会学家马克斯·韦伯（Max Weber）是最早定义欧洲城市的人之一，[2] 他的定义基于资本主义的发展及其政治自治的遗产。对韦伯来说，欧洲城市是一个政治社区，是一个以中产阶级（Bürgertum，或称bourgeoisie）为核心的独特市民社会。欧洲城市的与众不同之处在于这种从乡村和封建社会边界脱离的一个世界的感觉。城市成为社会和文化创新的场所，因为它们是独立的。它们变成了现代化的象征。对韦伯来说，一旦它们被纳入民族国家，这种变革能力就会下降。尽管如此，市民社会的这一遗产，还是起到了对抗私人利益和无节制的自由资本主义的作用。市政治理代表整个城市采取行动。[3] 一个强大的公共行政机构，为集体提供基本服务和交通，为城市规划、土地使用和建设的监管提供了保障。这些管理结构在19世纪的健康和卫生运动以及对林荫大道的热情中清晰可见，在20世纪的市政社会主义项目中也很明显。最终，这种欧洲城市市民社会的传统将成为现代福利国家的支柱。

我的方法结合了帕特里克·勒加莱斯（Patrick Le Galès）和阿纳尔多·巴尼亚斯科（Arnaldo Bagnasco）在《当代欧洲的城市》（Cities in Contemporary Europe）[4] 中的研究成果，其中提出了欧洲城市系统的稳定性和持久性、城市肌理的密度和紧凑性、欧洲城市复杂的社会政治结构、政治独立的遗产、城市增长的共同形态，以及强大的城镇规划传统等特点。城市体系的相对稳定性构成了欧洲城市最鲜明的一个特征。个别城市的重要性有升有降。它们因战争、社会和经济混乱而壮大或萎缩。随着时间的推移，城市的发展普遍从地中海城市转向北欧的城市。发展最快的城市是政治首都。港口城市作为重要的城市门户脱颖而出。但更广泛的欧洲城市体系几乎没有变化。最大的大都市，伦敦和巴黎，在2000年仍然耸立在其他城市之上，就像它们在1815年那样。只有少数城市，如柏林（Berlin）和华沙（Warsaw），是后起之秀。中小城市和城镇有着成功适应变化的悠久历史。它们吸收了无尽的技术变革、社会经济转型和政治动荡。欧洲的城市体系反映了过去的情况。它是极其一致的，这反映在建筑环境中。大多数欧洲城市拥有清晰可辨的环形发展模式，从古代的核心区，到中世纪和现代早期的扩张，再到现代的增长，可以从多层公寓楼、绿树成荫的环形大道、火车站、博物馆、剧场和歌剧院中看出。

本书非常注意强调中欧、东欧和南欧的城市经验，这些地方长期以来在城市历史学术研究中一直处于边缘地位。这打开了欧洲城市发展的视野。本书探问，当我们抛开异国情调、封锁和"迂回停滞"的叙述，不将东欧和南欧的城市经验贬低为二手货，[5]而是将其本身正常化时，欧洲城市的概念和想象会如何变化。前述西方的地理认知由来已久，"冷战"的语境又将其加剧。自18世纪"发现"东欧以来，该地区一直只被视为西方的比较对象，并被描述为城市发展缓慢乃至滞后的地区，只有在表现出西式现代化时，才被认为是在"迎头赶上"。

本书避免了将东欧或南欧作为他者地区的静态类别。它考虑到了这些空间定义和边界的发明性质，描绘了一个更具包容性和流动性的城市地理学。它假定，区域之间的关系是更加开放的，即使在"冷战"时期，中东欧与欧洲和全球的联系也非常牢固。从更长远的角度来看，中东欧充分参与了欧洲历史上的重大事件，从1848年革命到第一次世界大战和1918年革命，到第二次世界大战后的重建、1968年的学生运动，以及1989年的共产主义在欧洲的失利。欧洲各地的城市暴露在世界市场、移民、信息和通信流的影响下。

　　我也避开了资本主义或社会主义城市的类型学。学者们对社会主义城市是否有其特有的特征，以及在东欧剧变后这些特征是否转变为后社会主义特征进行了长期的辩论。争论的焦点是资本主义的西方及其私有财产的首要地位与在东方国家几乎垄断了城市发展之间的区别。根据这一论点，社会主义和资本主义的政治经济形成了鲜明的对比，以不同的方式塑造了城市发展的模式。甚至围绕后社会主义城市的辩论也是围绕着中东欧是否正在变得"更像"西方而展开的。我的目标是避免把东欧想象成一个独立的、遥远的、在柏林墙倒塌后突然开放给人们发现的未知世界。

　　相反，本书强调在19世纪和20世纪指导欧洲现代化和城市发展的治理传统。这种公共管理和监管，无论是在西方城市的公私混合规划项目中，还是在社会主义城市中，都是欧洲城市发展的显著特色。一方面，它塑造了一个同质化的城市肌理，这在19世纪的林荫大道或20世纪末的现代主义住宅区中是明确无误的。这些都是完全控制政府的社会精英们所造就的城市进步标志。另一方面，现代化不是一个单一的过程。它是不平衡的，在与特定的政治和经济景观的互动中呈现出独有的特征。庞大的城市发展计划是在帝国和全球化、国家建设，甚至区域和地方叙事的背景下进行的。这些影响以同步的、复杂的方式在城市世界中共存和互动。地理环境也很重要。在西欧，有各个版本的福利国家。即使是苏联领导的统一现代化，也迅速分解为各国形式的城市发展。在这里，社会主义与其说是城市性的独特表现，不如说是一个较长历史进程中的40年阶段。重要的是，这也是我所寻找的欧洲城市经验中深刻的结构性统一的一部分——欧洲的城市精英设法保持权力，支持现代化和工业化、大型基础设施项目、公共住房和社会议程。欧洲社会主义在很大程度上成为 20 世纪末现代化进程的一个变体。

挑战在于，将欧洲城市经验的这种深层的结构统一，与城市中所证明的多元化和不连续性，以及城市现代性所采取的多种区域形式相结合。一旦我们将东欧和南欧更具体地纳入城市历史的结构中，我们就可以说，全球贸易和移民模式以及全球知识和信息转移比学者们以前设想的要更复杂，开始得更早。通常情况下，与欧洲城市有关的全球化，被作为 19 世纪末和 20 世纪英国和法国（以及德国）的殖民主义现象来研究。全球化是与国家建设息息相关的。然而，在 19 世纪早期，东欧和南欧的城市，是通往地中海、东方和其他地区的全球门户。对整个欧洲的城市地理的广角观察强调了移民和族群群体的混合，这一直是欧洲城市最重要的特征之一。从这个角度来看，欧洲的大熔炉有一个漫长的历史轨迹。

货物、食品和奢侈品的生产和贸易分散在村庄、城镇和城市中，例如，在巴尔干地区或俄罗斯帝国的波兰领土上。从地方网络，到全球贸易和帝国对外的联系，城市系统是多尺度的。这种全球一体化，并不一定要等到工业化、铁路或现代基础设施的到来——尽管它们显然能对时间和空间产生重要影响。这意味着，信息、思想和文化的传递与传播脉络，以比学者们所认为的更复杂的方式，在欧洲的城市和城镇中流动。我抛开了东欧只是被帝国"殖民"的概念。奥斯曼帝国、俄罗斯帝国和哈布斯堡帝国[1]之间的信息、人员和文化的流动，创造了丰富的、复合的城市场所，其边界或边境地区的复杂性，既是国际的，也是本土的。西地中海地区也是如此。

这些充满活力的城市文化，是如何作为世界性的媒介，又如何

---

[1] 此处指奥匈帝国。

塑造了"欧洲"气质的流动身份和对这一身份的忠诚的？本书认为，
这种世界性的身份，是从贸易、人的迁移和融合、文化流散和富有
创业精神的社会中产生的，它们广泛存在。世界主义并不是复杂的
首都城市的特征，也不比地方城市高级。相反，我把霍米·巴巴
（Homi Bhabha）和迪佩什·查卡拉巴提（Dipesh Chakrabarty）[6]对世
界主义的看法纳入其中，认为世界主义是一种创造性的混合，将各
种身份和传统交织在一起，形成一个文化的大杂烩。这是一种分层
意识和身份，以及社会连带关系的一部分，是人们在无数的城市空
间内发展和实践出的。人们归属于一张地方性的、区域性的，以及
帝国和全球范围内的关系网。城市人对侨居他国和与人共享生活空
间的生活方式持开放态度。一般来说，中东欧和南欧的城市比西欧
的城市更早、更有力地展示了这些特征。它们领先于趋势，而不是
落后于它。这种类型的城市环境不待民族国家和首都城市的到来，
也不局限于社会精英、西方或其他地方。

　　无论在什么情况下，城市都是相遇的空间。本书敏锐地注意到
政治领土转移和战争、工业化、经济和环境危机以及社会和族群侨
居造成的移民潮。人流进出城市，跨越边界，面对敌意，融入都市
环境。谁属于某个城市，谁有权在那里生活，这些都是有争议的问
题，既有社会阶级的，也有族群框架的。这种动荡，这些移民潮，
实践中的包容和排斥，与工业革命或城市规划一样，都是城市历史
的一部分。它们对于构建如霍米·巴巴等学者所描述的大杂烩式的
世界主义至关重要，这种世界主义崩溃为彻底的不容忍时，也是欧
洲城市经验的一部分。

　　事实上，直到第一次世界大战时，19世纪欧洲城市的历史都遵
循着历史学术研究的杰出遗产中所阐述的主题。然而，20世纪城市

发展的路标却有些模糊。更有甚者，欧洲的城市历史文本按惯例只略为涉及 1945 年后的城市。[7] 我意在平衡 19 世纪和 20 世纪的叙述。在论述过程中，书里在通常关于工业革命的叙述外，增加了对城市经济发展的阐述，将对城市经济文化、商业实践模式的讨论推进到 20 世纪。关于这一时期作为消费场所的欧洲城市，有很多优秀的学术研究。本书的重点也是作为生产场所的城市，其生产的产品，特别是电力、汽车、化工和消费品，从根本上改变了城市的面貌和人们在城市中每日的生活体验。本书还编织了 20 世纪末的城市历史。这一点非常重要，因为现代欧洲最重要的城市化浪潮发生在 1945 年之后，我们有必要将其纳入对欧洲城市发展的全面叙述中。传统的城市体系扩大了。在欧洲，那些在很大程度上保持着农村面貌的地区变成了城市。这种影响是深刻的，就像 1968 年的抗议活动、1989 年柏林墙的倒塌，以及欧洲围绕着一种共同的城市社会和文化重新编织的过程。新自由主义的出现对欧洲城市社会产生了深刻的影响，去殖民化和媒体革命也是如此。

　　本书对视觉景观和视觉文化给予了特别关注。叙述围绕着城市空间、地形和建筑环境的多元性，以及产生标志性的和知名度较低的欧洲城市形象的视觉文化。参照这些视觉标记，我对城市的演变和生活经验进行了调查。它们揭示了城市的生活故事。土地和水、城墙、市政大厅和博览会、公共建筑和公共空间、街头节日和抗议活动、街区、工厂和仓库、百货商店和电影院、郊区住宅区和高速公路，这些都成为故事的材料。我的目标是将优秀学术研究成果（特别是新一代年轻学者的研究成果）纳入现代主义的复杂而开放的特征中，并将城市的建筑环境和空间视为拥抱这一论述变化的契机。

重点是围绕这个想象力的视觉剧场和它在我们对城市历史的理解中所发挥的作用而编织的叙述形式。任何这类讨论，都需要对个人感知、社会阶层和族群结构间的相互作用保持敏感，因为这些因素决定了一个人的观点。

本书以"过客"（passant）或穿越城市领域的旅行者的视角作为叙述线索。这种对欧洲城市的"观看方式"，在城市景观中寻找过去，为理解城市文化和社会的转变提供了一个框架。这不是19世纪的闲步漫游（flânerie），也不是男性特权的资产阶级观点。它不是一种观光式的凝视，也不是对欧洲历史建筑和纪念碑的编目。"过客"的视觉记录最初是由文化评论家瓦尔特·本雅明（Walter Benjamin）在寻找现代性的过程中提出的，并由文学评论家齐格弗里德·克拉考尔（Siegfried Kracauer）[8] 进一步发展，以寻找城市景观中可见和未见的东西。它考虑到"当时"和"现在"之间的相互作用，并考虑到对历史的批判性评价。"过客"的视角显示了历史的连续性和现代性之间的相互关系，以及欧洲城市被表现和想象的方式。它在内容上是文化的、审美的、人种学的和物质的。它有重叠了社会、经济和政治的层面。视觉和文学作品充分发挥了这种对日常世界和某一特定地点的特殊性的挖掘。我依靠它们来表达人们在城市中"旅行"和生活的感受，以及这些经历所引起的感官反应。旅行者的身份也让人们对城市之间的网络和流动，以及整个欧洲城市地理的社会文化传播形式有了特定的认识。

本书在所有章节中都定格考察了各个城市的历史。我很清楚选择特定地点耗费笔墨所存在的障碍，以及对不同城市的探讨存在差距。有时，对某一特定城市地点的观察力会加强；有时，描述的质量就有一种草率的、未完成的感觉。希望本书能避免这样的陷阱：要么在欧洲四处游荡，跳进每个城镇的故事，要么较少深入到微观历史的复杂细节中。我希望在这本书中发现的城市的数量和种类，有助于理解其历史积累，并改变我们整体看待欧洲城市化进程的方式。

第1章　壮游欧洲城市（1815年）

早在19世纪初，城市就已经在欧洲的地图上星罗棋布。城镇和城市的密集是欧洲大陆的决定性特征之一。村庄和聚居点[1]散布在田园各处。有忙于商业与贸易的中小型城镇；有行政城镇、皇家城镇、市场城镇以及大学城镇；也有一些大城市，最重要的大城市是伦敦和巴黎。1800年的大伦敦地区（Greater London）便已是泰晤士河上四处扩展的庞然大物，人口将近100万。巴黎城（Paris）则是近60万居民的家。其他欧洲城市的规模要小得多。在中欧，新兴的柏林有大约17万居民；汉堡（Hamburg）、慕尼黑（Munich）和布雷斯劳（Breslau，弗罗茨瓦夫［Wrocław］）等城市的人口约为10万；意大利的五个城市——热那亚（Genoa）、米兰（Milan）、罗马（Rome）、那不勒斯（Naples）和巴勒莫（Palermo），人口都超过10万。在哈布斯堡王朝首都维也纳（Vienna），大约有23万人居住。再往东走，城镇的规模就小得多了。华沙的人口为6.4万，而克拉科夫（Kraków）的居民约有3.5万，布达佩斯（Budapest）自称有5.4万名居民。在奥斯曼帝国的巴尔干地区，有4.2万人居住在布

---

[1] hamlet，源于盎格鲁–诺曼语，指仅有数栋建筑物的聚落，在英语中特指没有教堂的聚居点。

加勒斯特（Bucharest）[1]，另有 6 万人居住在地中海沿岸的萨洛尼卡（Salonica，塞萨洛尼基［Thessaloniki］）。大多数情况下，大部分城镇居民的日常世界是固定在当地，甚至是固定在邻里的。他们的日常生活首先打上了本土传统和历史影响的烙印。教堂、市政厅和市场是公共生活的中心。随着时间的推移，它们被排列一起的混杂建筑包围。一个城镇的外观由当地材料和地区建筑风格决定。石头与砖块、木材与茅草、屋顶线、窗户与入口被编排成各种式样，使得每个城镇都有独特的、单色的外观。欧洲西部的城镇倾向于使用更耐久的砖和砌体；北部和东部，则是木材占据了主导地位。除非在某些灾难中被摧毁（木头建造的城市一次又一次被焚毁），否则同样的建筑会在街道上矗立数百年之久。它们紧紧挨着，并被经年累月铺设的古道和小路夹在中间。只有最具象征意义的公共建筑才用石块和大理石建造，被赋予宏伟的建筑风格。即使有新的建筑建成，建筑风格发生了变化，传统的城市地块大小和选址、街道位置和名称也都保持不变。

　　欧洲城市地貌的稳定性值得我们注意。欧洲的城市都是些古老的地方。即使是在巨大的社会和经济变化的影响下，城市也能适应环境，并保持其权力和影响力。城市的秩序稳定地自我再生，伴随着过去深刻的印记。欧洲最大的城市保持着它们的顶峰地位，在整个 19 世纪和 20 世纪也都如此。区域性城市和较小的城镇，则继续扮演着工业中心、行政和文化中心以及市集中心的角色。每个城镇都有自己的行事方式，有自己的传统和理解生活的思维习惯。在 19 世纪初，地方习俗、方言和服饰，以及长期以来定义日常生活的节奏，

---

[1] 罗马尼亚首都。

仍然非常显著。教堂在人们的生活中有着持久的影响力。古老的教堂尖顶刺破天际线。人们认同他们的教区和社区教堂。他们漫步经过修道院和女修院、小教堂和教堂建筑。教堂的钟声敲响了日常生活的节奏。宗教节日和神圣的游行界定了每年的季节。城镇，或意大利语中称为"La Città"的地方，通常仍然被标志着城市边界的城墙和旧城门所包围。即使到了 19 世纪初期，边界变得不稳定和落伍了，它的作用仍然至关重要。古老的城墙经常被炮弹击穿而留下伤痕，难以修缮。人、马车和推车在一连串的壁垒、城墙和棱堡[1]之间缓缓通行，穿过土墙和古老的护城河，然后通过精心设计的大门，并在那里被拦下搜查。每个人都要缴纳通行费。城墙有助于解释欧洲城市的紧凑性，它把城市围成了封闭的场所，其中每一寸空间都必须要填满。

然而，这幅早期现代城镇风景如画的景象可能是具有欺骗性的。这里并不是死气沉沉而幽闭的飞地。尽管历史对欧洲城市的影响巨大，欧洲城市仍充满活力，它们的变化早已被吸收到人们日常生活的模式当中。新住民的名字定期挤进不断加长的户籍卷轴。诸如伦敦、巴黎和维也纳等首都城市，总是吸引着人们不断进入。从 18 世纪中期开始，各种城镇与城市都有了显著的发展，特别是欧洲城市体系中基层的较小城市。农业生产的扩张和新型工业的到来，使小城镇甚至准城市的乡村转变为拥有遥远交易网络的活跃贸易中心。[1] 尽管城市的城墙令人望而生畏，但并非密不透风，城市的边界呈现了无尽的弹性。城镇与城市向外扩张。旧城墙被拆除，新街区被建

---

[1]bastions，特指城墙上向外凸出的多边形棱角状结构体，目的在于军事用途，与瓮城的区别在于前者没有作为连接外界的大门。

造，许多新建之处既优雅又时尚，然后被新的城墙包围，形成欧洲城市发展中典型的树木年轮状格局。穷人或者被排斥的族群往往占据了更远的定居点，例如爱尔兰天主教徒的贝尔法斯特（Belfast），或者犹太人在东欧城镇的外围的定居点。城乡之间的人口一直有起伏。在城乡之间寻找工作的没有土地的穷人和季节性劳工、熟练的工匠、教士与官员、流动小贩与商人、士兵与海员、政治难民，都使城镇和城市成为流动而不稳定的地方，对匆忙来往的人群开放。这是一个充满机会和扩宽视野的世界——富人和穷人、受人尊敬的市民和卑微的新来者在街道上摩肩接踵。他们绕过载人或载货的马车，在泥泞中艰难前行。许多充满好奇的移民通过城门，在地方城镇和大型贸易中心之间来回奔波。移民是城市发展的关键。几个世纪以来，"城市化"这个词，是这群人从农村到城镇、从城镇到大城市的同义词。[2] 城市的财富归功于这些带来技能、金钱和关系的人潮，以及与之相伴的分布各地的贸易与知识的网络。

这些元素共同对应着欧洲各地都熟悉的城市自治的传统概念。行政职能决定了一个地方作为"城市"的法律地位，通常是作为皇家城市或贵族居住地，或者是作为地方行政服务中心，例如法庭、税务机关所在地，甚至是作为独立主权实体。当某地被正式承认为一个城市，也为其居民带来了市民身份与集体特权。秩序的维护，正义的执行，粮仓的监管，面包的供给，葡萄酒、油料以及其他日常必需品交由市政当局及其官僚负责。他们启动了公共项目的建设：新的公共广场和喷泉、桥梁、市场大厅和商品交易所、颈手枷和监狱。一个显赫的贵族和权贵家族圈子必然站在权力和财富的顶端。作为"富裕之人"，他们的政治权利基于家庭地位与财富。他们享受城市办公室的特权，并且通过限制性行会控制了城市的经济生活。

在更大的城市中，大学知识分子和地方科研机构也加入了这些市政精英之列。在社会光谱的另一端，罪犯在正义的围观者面前面对着城市广场的绞刑架。令人发指的恶行、骚乱和可怕的群体暴力使监狱里挤满了人。

当工匠和商人在行会中争夺利益时，劳资纠纷很容易蔓延到街上。中小型工厂生产着瓷器与玻璃制品、挂毯与奢侈品，以及日常使用的工具与设备。鞋匠街、玻璃街、屠夫街——在早就以工匠的劳动命名的街道上，笼罩着他们工作的声音和气味。羊毛、亚麻和棉纺织品生产者，以及从事皮革和冶金的工匠，还有制作陶器、木雕和造纸的人，散布在当地村庄的网络中。他们在这个覆盖整个地区的紧密的商业和贸易网络中相互联系。这些商业交易是城市经济的基础。当地市场上的耍手段、搞交易决定了城市生活。它由商人、行会和商业协会控制，塑造了城市的市民精英。他们在市政厅管理城市事务，并自豪地佩着徽章盛装参加仪式性的公共游行。

集市广场是一座城市的公共舞台，也是其商业贸易的中心。人群在市集日聚集在主要的广场或历史悠久的街道上，仔细挑选当地工匠的货物、农民的作物、食品和日用品，以及奢侈品。他们交换商品和金钱，在秤房里讨价还价，并无奈地上缴税款和关税。农村人在市集日赶着家畜穿越街道，来到等待的买家面前。他们身着华丽的传统服饰，出售从刺绣花边到农产品、乳制品的所有东西。1827 年，一个在多瑙河旅行的英国人来到奥地利的林茨（Linz），在那里他看到："广场上挤满了赶集的卖家和买家。地上铺满了他们的大扁篮，里面装着各种食品。每个人身边都站着身着地方传统服饰的小贩；在这群杂乱无章的人中，林茨的夫人和少女穿着'法国式'的服装……"

在较大的城镇中，各类市场根据类别分布。二手服饰、书籍、厨具以及居家用品，与从欧洲及其殖民地进口的异国染料、香料、白糖、服装和奢侈品一并沿街展示。乞丐则讨要着别人不要的东西（caste-offs）。街头艺人和站街女在人群中忙碌招揽，旁观者在一旁的咖啡厅和小店中啜饮着饮料。地方官员在持续付出努力，保护市民免受诈骗和奸商坑害。一年一度的大型商品交易会，让城镇成了交易与讨价还价的热闹场所。英国作家伊丽莎白·里格比（Elizabeth Rigby）漫步在爱沙尼亚波罗的海省的塔林（Tallinn，也称雷瓦尔 [Revel]）的一年一度的集市（Jahrmarkt）。集市在圣尼古拉斯教堂前举办，"低矮的宽顶摊位上挂着不同的字号，周围摆放着各色商品，各种肤色的商人则蜂拥而至……这儿有带着西伯利亚的皮草的俄罗斯商人，也有带着土耳其服饰的保加利亚人，还有带着餐具的图拉（Tula）商人"[3]。

欧洲这一城市群岛的特别之处在于密度——沿河或沿道路分布的城区十分密集。1800 年后，欧洲的人口大约在 2 亿，有相当比例的人口聚居在高密度的定居区，形成了人口稠密的村落、城镇和城市景观。英国、荷兰、比利时以及意大利有最悠久的城市历史与最密集的城市网络。从历史上来说，欧洲的"南部"，大致指拥有丰富的古典时代和艺术传统的意大利半岛，被认为比粗野的"野蛮人"的欧洲北部更加文明。这个观念在 18 世纪末期到 19 世纪初期渐渐消逝。在广阔的东欧，城市化程度较低。"东欧"是一个相对新的概念——并不存在一个物理的断层或高大的山脉，把欧洲大陆分割为"东"与"西"两部分。这些文化想象上的边界是比较虚的。"东欧"的概念，是在 18 世纪末期到 19 世纪初期，为命名"文明的"西欧与"野蛮的"亚洲之间的落后地区而发明的。[4]这一区分也与东方专制主义、西方天主教新教与东方东正教的分歧有关。斯堪的纳维亚国家则最有乡土气息。

　　然而，仅仅是测算人口的数量，并不能掌握欧洲城市发展模式的所有复杂情形。在某些地区，较大的城镇和城市处于统治地位。这些地区享有盛誉，因其具有生命力的城市景观与影响力享受着普遍的仰慕。在欧洲的其他地区，人们主要围绕着小镇和村庄定居。有的小镇依然围墙紧闭，有的则扩张到了城镇周边的腹地。城市的发展模式极具历史性，取决于并不一定符合现代国家边界的自然地理特征。此外，欧洲的大多数城区是靠近海岸线或者由河流及其支流所切割而成。欧洲的历史学家长期专注于测算整个欧洲范围内的城市化种类和程度，将其作为衡量欧洲发展水平的一个指标。虽然从大西洋沿岸到乌克兰，再到其他地区的城市发展进程，存在种种的特殊之处，但欧洲城市景观的最大特点却是它的稳定性。虽然现代以来城市的发展非常迅速，但城市网络在20世纪末和在1800年却是一样的。

　　尽管欧洲的城市和城镇传统的外表经常伴随着人们依依不舍的怀旧情绪，但从18世纪末开始，在启蒙运动理想的激励下，欧洲的城市和城镇经历了源源不断的创新。文学、科学、历史和哲学的作品出版的数量都出现了爆炸性增长，人们在公共社交场合进行着激烈的辩论。知识界人士聚集在欧洲各国首都的咖啡馆桌旁，向读者大众源源不断地发送大报和小报。文学和科学协会大量涌现。正是传统与现代的这种张力，及其产生的无数的结果，使得城市如此充满活力。备受瞩目的历史学家费尔南·布罗代尔（Fernand Braudel）把这些城市称为"变压器"，作为加速交易频率和城市生活转变的地方。[5] 较大的城镇拥有印刷厂、书店、咖啡馆、剧院，这使它们成为启蒙思想的灯塔。新事物的引入和改进，说明了一个城镇具有先进的城市文化观念，并与欧洲主流思想相互联系。除了与当地知识分子生活息息相关的地方网络，国际贸易成为传播新思想和新知识以及当代城市价值观的重要媒介，并且具有海洋性的特点。启蒙运动的开创性哲学和改革在欧洲各大首都城市之间传播，并通过沿海岸和河流的交通贸易路线传播到镇村。

　　欧洲最大的城市是港口城市。漫长、蜿蜒的海岸线塑造了欧洲大陆和不列颠群岛。海湾和河流围绕并穿过陆地，塑造了城市的地理环境。大多数欧洲人居住在水边。从历史意义上讲，真正的城市是与水上交通和商业相联系的。大型海上港口位于欧洲城市金字塔的顶尖，它们主导着人员、产品、资本和信息的流动。海员和他们的商贸赞助人是中流砥柱。像伦敦、阿姆斯特丹（Amsterdam）和汉堡这样的港口是全球的权力中心——世界资本主义体系的城市枢纽。它们的船在公海上航行，装载着来自大西洋和亚洲航线的异国货物。波罗的海和地中海的港口，以及欧洲东部边缘的黑海沿岸城镇，仍是这些港口的海上劲敌。他们在有着数百年历史的贸易网络中运作，与整个欧洲大陆的沿海和河流城镇相互连接。港口城镇沿着欧洲的内河航道散布，为谷物以及盐、木材、沥青、焦油和金属的不断需求服务。较小的河边城镇专门从事短途航运的贸易，将货物送往控制三角洲河口的主要港口城市。欧洲的大河——英国的泰晤士河，德国的莱茵河、鲁尔河和易北河，以及法国的塞纳河、罗讷河和加龙河，波兰的维斯瓦河和欧洲东南部的多瑙河——则是传奇。一系列丰富的仪式、神话和故事围绕着它们产生。它们运送货物、信息和思想，以及对城市生活至关重要的人。整个地区都生活在宽阔的、缓缓流淌的河道上，也生活在河道旁。特别是在 19 世纪初，在铁路、汽车和飞机改变旅行方式之前，沿着欧洲主要河流的旅行为欧洲城市生活提供了最具启发性的视角。

谷物是主导整个欧洲贸易的产品，这是19世纪初欧洲城市经济的主要特征。人们对小麦、黑麦、大麦、玉米的需求是无止境的，它们是人们的基本主食，尤其对于劳动阶层而言。挤进西欧城市里日益增长的人口，加剧了本已难以满足的需求。面包是每餐的主食。保证谷物供应是市政当局的主要责任。以水为动力的磨坊是城市的固定设施，它们无处不在。城市中的小溪和河流沿岸遍布着磨坊，它们搅动面粉，然后由当地的面包店制作成面包。面粉加工和面包制作是笔大生意。股票市场根据谷物价格运行。批发商走遍整个大陆，以最优惠的价格寻找最优质的谷物。各个城市建造了精心设计的粮仓和市场大厅，这些地方被称为谷物交易所（corn exchanges）或谷物市场（halle aux blés），专门用于贸易。它们是这种为城市生活保障了基础的商品的公共纪念碑。粮仓的象征意义如此之大，它成为现代建筑的灵感来源。粮仓通常被建造成宏伟的圆形大厅，演变成了城市的股票市场。粮食这种珍贵物资的短缺和变质发生得太频繁了，在农作物歉收的情况下，会立即引起灾难。北部和西部的城市特别依赖从东欧平原收获的谷物。在需要的时候，它们往往会以最低的价格分发给穷人。面包骚乱极为常见。我们应当记住，当面包价格在1788年和1789年暴涨时，巴黎人终于失去了耐心，冲进了巴士底狱。

谷物等大宗农产品沿河流和海岸运输。东欧的经济尤其依赖这种河流运输系统。波兰的主要出口产品是农奴在庞大的贵族庄园里耕种的谷物，谷物可以通过水路被快速地运送出去。维斯瓦河及其支流和运河是波兰最大、最宽的通道，也是它的生命线。河流在东

图1　谷物市场和天文柱的景色，巴黎，18—19 世纪，马修·戴奇刻制

部肥沃的平原上蜿蜒前行，两岸遍布河港，有大小城镇，以及从克拉科夫到华沙的主要城市。每个港口都有其仓库、船坞和紧靠河岸的商业区。高大粮仓的山形屋顶是城镇的标志。谷物沿着维斯瓦河一直被运到波罗的海上的但泽（Danzig，格但斯克［Gdańsk］）。一年一度的航行是波兰人生活的支柱，[6] 粮食大亨及其随从借机出游，接获来自国外的信息。犹太商人从种植者那里购买粮食，并将其转售给沿途的商人。杉木制成的宽大平底筏子上堆满了金黄的谷物，在泥泞的水道上漂流。波兰南部的桑多梅日（Sandomierz）和波兰中部的普沃茨克（Płock），作为维斯瓦河上的粮食贸易中心而发展起来。波兰北部的托伦（Toruń）被称为"维斯瓦河的女王"，它建有坡屋顶的砖制粮仓沿着河岸高高垒起。集市广场上熙熙攘攘，商人们为从内陆运来然后运往但泽的小麦讨价还价。当地的贵族往往将

收购粮食产生的利润投资于小规模玻璃器皿、当地奢侈品和纺织品的制造，来扩大河道贸易，从而给波兰引入城市创新。粮食一旦到达但泽，就被储存在码头两旁的巨大仓库里，然后被远洋船运往阿姆斯特丹和伦敦。

波罗的海的港口城市，曾经位列欧洲最重要和最富有的城市之中。它们是汉萨同盟——数百年来主导波罗的海和北海贸易的强大城市网络——的遗产。但泽位于维斯瓦河注入波罗的海的一个宽阔的海湾，把持着出海口。直到被华沙和克拉科夫赶上之前，它都是波兰的最大市场、粮仓和最大的城市。但泽是为商业而建的，其粮食价格的波动与阿姆斯特丹和伦敦的证券交易所挂钩。即使在1804年，但泽粮食贸易的辉煌岁月已经过去，英国旅行家约翰·卡尔（John Carr）仍被停靠在滨水区的粮船所吸引，这些粮船是单帆帆船，顺着维斯瓦河上的风航行。"神啊，请保佑那些不做生意，却前来访问这座城市的人吧！"他大叫道，"但泽人精于算计，就算过节也从不挥霍金钱。"[7]但泽的商人有权有势，积极维护着自己的特权和计税基础。阿图斯议事庭（Artus Court）的谷物交易所控制着城市的贸易以及新闻和信息的交流。批发商、投机商和运货商直接在木筏上，或沿着滨水区和长街（Langgasse）讨价还价。莫特沃瓦河（Motłowa River）和奥沃维安卡岛（Ołowianka Island）上的码头两旁有粮仓、大磨坊和城市的巨型港口起重机，这些高耸的起重机悬在滨水区上空。但泽的船坞造出粮船、商船和军舰。所有这些活动都是为了使城市更加富裕。

事实上，但泽如此的面貌已持续了数百年。它有着欧洲北部海沿岸城市的波罗的海式砖瓦外观，这与汉萨同盟城市的建筑风格同源。哥特式的市政大厅与大型军械库主导了城市风貌，提供了一种无缝的历史连续性。从陆地上来的商人穿过城市郊区，然后仰望着防御工事的城墙。他们通过高地门（Upland Gate）进入但泽，然后穿过吊桥，来到豪华的金门（Golden Gate）。一进城，他们沿着长街，来到长街市场和阿图斯议事庭。在那里，他们就粮食价格、海上天气、革命和战争问题争辩和戏谑。之后他们穿过绿门（Green Gate）来到码头。但泽是一个民族身份的大熔炉，不仅囊括了附近波美拉尼亚（Pomerania）地区的当地卡舒比人，还有英国人、苏格兰人、波兰人、芬兰人、瑞典人、丹麦人、俄罗斯人和乌克兰人。该市的港口区域吸引各色从事生产和贸易的人前来。盐和橄榄油从西班牙和葡萄牙运抵，鲱鱼则来自斯堪的纳维亚。原材料和工业产品堆积如山，被存放在仓库里。英国商人兜售纺织品和异国殖民地的产品，如糖、咖啡和棉花。烟草来自新开放的美国市场，而法国人则从事葡萄酒贸易。[8]

像但泽这样主导欧洲的港口城市，是大都会生活兴起的特权场所。它们是富有的商业、文化交流枢纽，这种交流复杂而强劲，经受住了周遭变幻莫测的政治危机和无休止的领土争夺战所带来的旋涡。像所有的港口一样，但泽是一个具有多元文化特色的十字路口，这里充满了外国商人、银行家、簿记员，他们中的许多来自德国与荷兰。但泽的企业家穿梭于波罗的海与大西洋沿岸，参加莱比锡（Leipzig）和法兰克福（Frankfurt）的大型交易会，并且在地中海城市间进行贸易活动。这座城市的贵族讲德语。他们穿着英、法最新的时装，佩戴一切上流社会的高雅饰品。他们的宫殿式住宅沿长街排列，是华丽的佛兰德斯–意大利风格，山墙高耸，奢华地饰以"狮子、天使、太阳、狮鹫"，卡尔在他的旅行日记中写道："这些房子奇妙的外观举世无双。"[9] 长街及其奢华的贵族宅第是商人财富与权力的象征。

不过，对波罗的海贸易主导权的争夺是非常激烈的。这是一个复杂的相互联系的商业系统，从德国北部的汉堡延伸到哥本哈根（Copenhagen）、斯德哥尔摩（Stockholm）、但泽和里加，再到圣彼得堡。正如所有想象中的欧洲中间区域——巴尔干半岛、地中海、中欧、东欧等——波罗的海地区的概念被不断重塑。但这无疑是一个不间断的商业和交流空间。所有的波罗的海港口都装满了商品，每个人都有志于在东西方贸易中获取更丰厚的利益。西欧不仅渴望得到粮食，还渴望得到亚麻、大麻、油脂、沥青和木材，以及铁和铜。贸易商愿意用贵金属收购这些需求量大的商品。波罗的海的城镇，不论大小，都建立了一个与这些商业交易紧密联系的工业仓库。贸易催化了面粉加工、锯木、制砖、造船和海运设备、马车制造、酿酒、锻造，以及皮革和纺织品生产的发展，商业日益繁荣。这种波罗的海沿岸城市的多族群混合的公共领域，就是在来来回回的区域性生产与交易以及随之而来的信息和思想的传递中建立起来的。城市的街道和巷子中，多种多样的语言被使用着。这是一幅特权文化与经济的马赛克拼贴画——它是如此富饶，无论政治浪潮如何变幻，这些城市都保持着自己的特权和独立。它们是通往东欧的开放门户，至少在西方人的心目中，东欧仍然是一个模糊的、未知的世界。

但泽面临着强大的竞争者和政敌。经济战争、疯狂投机、繁荣与萧条的循环是生活的现实。1772 年，在波兰第一次被瓜分时，普鲁士的腓特烈二世（Frederick II of Prussia）围攻了这座城市，然后在维斯瓦河上设置了高昂的过路费，切断了波兰中部与但泽的联系，并阻遏了当地的粮食贸易。普鲁士人修建了布龙贝格运河

（Bromberg Canal），将商业转移到奥得河（Oder River）和波罗的海沿岸的德国港口斯德丁（Stettin，什切青［Szczecin］）。这是一个巧妙的工程策略，切断了但泽的商业生命线。随着帆船和蒸汽船旅行的增加，柯尼斯堡（Königsberg）[1]和汉堡成为商船青睐的停靠港，并发展成为波罗的海上的主要商业中心。在东部，里加、塔林和赫尔辛基（Helsinki）占领了蓬勃发展的俄罗斯市场，特别是木材、亚麻和大麻市场。船只也在圣彼得堡停泊。但泽的衰落加剧了一座城市命运的波动，竞争对手也乐意瓜分其利益。

到 1800 年，波罗的海城市全被俄罗斯帝国吞并了。在这段时间，艺术家们捕捉的景象突出了这些繁忙的海滨，那里满载货物，停靠着一排排船。背景中传统的城市天际线以庄严的教堂和市政厅主导，还有保卫沙皇领地西界的巨大城墙。俄罗斯人迁移到了波罗的海城市：不仅有军人，还有商人、店主、熟练手工艺人以及工人。俄罗斯帝国推动的城镇建设以启蒙运动的理想为基础。这让波罗的海城市变成了迷你的圣彼得堡，一系列"西方橱窗"以俄罗斯宫廷和当地贵族喜好的古典形式修饰出来。小赫尔辛基被定为芬兰大公国（1812 年）的首都，它被安排了新的城市规划，并且成为模仿圣彼得堡的新古典主义展示品。在塔林，街道被拉直、被铺砌。公共建筑以砖石建造，并被赋予了一种古典主义的光泽。彼得大帝在塔林郊区卡德里奥尔格（Kadriorg）委托建造的巴洛克宫殿与花园，磁铁般吸引了追求阳光与大海的俄罗斯贵族。俄罗斯人、鞑靼人、白俄罗斯人以及犹太工匠用木屋建造了传统的俄罗斯村落社区，或称为斯洛博达（sloboda）。

---

[1] 今俄罗斯加里宁格勒。

　　俄罗斯的影响被嫁接到德意志语言和文化长期主导的波罗的海城市生活之中。俄国人和德意志人的习俗，以及本地文化的激烈交锋，正是波罗的海世界的缩影。正如人们所知，德意志的"波罗的海人"，充当了俄国官方和当地居民之间的中介。波罗的海各省的德意志特色是斯拉夫纯粹主义者所不齿的，他们敦促实行严格的俄罗斯化政策。但俄国人却允许波罗的海人便宜行事地管理城市，使里加和塔林等地成为繁荣的港口城市。本地精英在德国接受教育，在波罗的海的学习也由德国的专家所主导。19世纪早期，德国北部与波罗的海的城市是欧洲识字率最高的城市，展现出开明社会的形象。大量的地区日报、周报、大报以及期刊受到了启蒙运动思想的影响。报纸很早就出现在了波罗的海地区。里加拥有实力强大的德语报刊，例如《里加日报》（ *Rigasche Rundschau* ）和《里加报》（ *Rigasche Zeitung* ），还有俄语报纸《里加报》（ *Rigas Vestnesis* ）。[10] 德国商人、知识分子和政府官员，这些所谓的"文化人"，通过剧院、大学和科学协会、体育馆、图书馆以及阅读和音乐俱乐部，塑造了充满活力的文化生活风潮。这些受过德国教育的精英中最进步的人，推崇一种共同的波罗的海身份，他们希望这种身份可以打破社会阶级的壁垒，并且导向贵族、市民和知识分子之间的平等。1834年，成立于里加的"俄罗斯波罗的海各省历史和古物研究会"是当地急于保护波罗的海历史和文化遗产的知识分子的聚会场所。这些都是精英社交的地方。共济会会所作为一个商业和通信网络，将他们与广泛的欧洲兄弟会和他们所向往的启蒙世界主义联系起来。

　　防御工事在军事意义和可能更重要的象征意义上，标划着波罗的海的城市领域。如在里加的城墙内——在被认为是城市的地方——新的建筑由砖石建成，立在具有俄罗斯和当地德国精英喜欢的西方建筑风格的全景中。在城墙外，建筑由木头建造，搭配装饰着当地的纹样。里加的外围是当地的拉脱维亚人的领地，他们被傲慢的德国人认为是没有文化和国籍的群体。并非每个人都向往混合的波罗的海身份认同，跨越族群界限时尤其如此。尽管里加取得了显著的繁荣，但它的好运却绕过了这座城市原本的居民。这些居民被放逐到与安居于市中心的德国波罗的海人和俄罗斯贵族完全不同的世界。各群体异道而行。俄罗斯工人在东边的道路定居，这些社区被戏称为莫斯科郊区和圣彼得堡郊区。城市边缘的木制居住点一再遭受火灾的蹂躏。在俄罗斯西部边境的敌人入侵时，它们也可能被付之一炬。这是一个没有界限的焦土政策，当拿破仑和他的军队到达波罗的海省份时，曾真实发生。为应对侵袭，里加在通往莫斯科的道路上的木建筑定居点被烧成了灰烬，数以千计的人无家可归。

同样的厄运等待着赫尔辛基。这个波罗的海海边的渔港和军事城镇由红色木屋建筑草率拼凑而成。1808 年，一场大火摧毁了整个城市。一年以后它被俄罗斯统治，赫尔辛基被改造为芬兰新省的首都。柏林建筑师卡尔·路德维希·恩格尔（Carl Ludwig Engel）被沙皇任命去做重塑赫尔辛基的规划，好让它成为一个橱窗城市，并且在其中心设计一个新古典主义的组合体。参议院广场、赫尔辛基大教堂以及大学，赋予了这个再造城市一种新的帝国宏伟，优雅的林荫大道将其衬托得更加气派。商人和官僚住宅区建造了大量法式和英式建筑。医院、教堂和新的剧院装点了街道。正是通过如赫尔辛基、塔林、里加这样的波罗的海港口，伴随着其德意志–俄罗斯影响的混合，启蒙运动式的城市改革以及知识理念传播到了东欧。城市是一种文化交流的媒介。新闻并非通过道路传播——道路的状况正如每位访客经历的那样糟糕——而是由连接到波罗的海的河流、支流和运河构成的水运系统传播。现代文化价值和一系列持续的技术创新会为即使是最为偏远的地区开放。城市和城镇把这些影响嫁接到了当地文化传统中。其结果便是多样的城市肌理和身份认同，以及其中激昂的民族主义。它开始打破长期以来代表波罗的海城市生活的文化杂合。

波罗的海的港口最初在拿破仑战争中表现得相当好。它们作为商业热点的重要性，使它们最初在法兰西统治下保持了中立——即使拿破仑的大陆封锁限制了不列颠的航运，汉堡、斯德丁、但泽和柯尼斯堡这些港口城市都变成了臭名昭著的走私避风港，妨碍了法国的控制。拿破仑受够了这种厚颜无耻的行为，吞并了整个波罗的海沿岸，使港口承受了军队、重税、征兵和一波波的难民。拿破仑战争的残暴和破坏，让欧洲的旧式生活画上了句号。随着敌对行动和军事斗争的深入，波罗的海沿岸的城市被毁灭了。反抗侵略者的大众起义和随后的激烈报复，营养不良、疾病，给人们带来了难以言喻的痛苦。波罗的海城市吕贝克（Lübeck）在逐层争夺的巷战中被摧毁，它的港口被法国海军占领，商业航运崩溃了。拿破仑的大军包围并且持续轰炸了但泽整整十个星期。运粮船被摧毁了，港口空空如也。维斯瓦河沿岸波兰城市几代人赖以生存的粮食运输，放缓至涓涓细流。"维斯瓦河的女王"托伦，1806年被拿破仑的军队占领，在作为拿破仑的军事驻地期间，托伦的粮仓被破坏殆尽。维斯瓦河粮食运输被终止，先是由于大陆封锁政策，后来则是由于对粮食征收惩罚性关税的英国谷物法。即使在联合起来对抗法国人之后，维斯瓦河沿岸的城镇努力地恢复其影响力，还是眼看着其辉煌的谷物贸易逐渐衰退。俄罗斯军队在对抗拿破仑期间，围攻了但泽，使这座城市又一次遭到了毁灭性的打击。随之而来的，是死亡、饥荒和伤寒。拥有超过8万居民的波罗的海的明珠崩碎了，到1812年，只剩1.6万人无望地坚守此处。

1815年是可怕的一年。拿破仑战争终于结束了，但是许多欧洲城市和城镇沦为了废墟。贸易和经济生产已分崩离析，粮食短缺处处可见。1815年，荷属东印度群岛的坦博拉火山（Mount Tambora）剧烈喷发，导致"全年无夏"。一朵浓密的火山灰云滑到了欧洲上空，温度随之骤降。风暴和有毒的黑雨导致粮食减产。19世纪最严重的饥荒把成千上万的人送上街头乞讨。人们在粮食市场和面包店前游行，许多城市发生了抢劫和暴乱，数千人死于饥荒和伤寒。历史学家费尔南·布罗代尔在其名著第二卷《形形色色的交换》中，提醒我们19世纪早期谷物交易所伴随着的危险："至于小麦，则始终不能步入正轨；人们永远弄不清楚需求来自何方，谁能满足这一需求；不清楚供货是否为时已晚，落在别人的后面。"[1]只有最有权势的商人可以承担这些风险，[11]特别是在变幻莫测的战争和气候灾害发生之时。

俄罗斯南部大平原对谷物种植的开放，为欧洲饥饿的城市提供了一个新的食物来源，尤其是当奥斯曼帝国失去在黑海的垄断地位后。在19世纪，黑海地区被描述为"历史的枢纽"，一系列强大的政治力量汇聚在此。[12]这片地区北部海岸的港口城镇，成为高产的商业门户和文化交流的过滤器，其触角深入到了俄罗斯腹地。一旦奥斯曼帝国失去了对这个地区的掌控，俄罗斯便计划性地驱逐穆斯林，又随即向愿意定居在南部省份——即所谓的新俄罗斯——的殖民者

[1][法]费尔南·布罗代尔：《十五至十八世纪的物质文明、经济和资本主义》第2卷《形形色色的交换》（下），顾良译，施康强校，北京：商务印书馆，2018年，第550页。

提供了优待政策，并将大量的地产提供给愿意耕种小麦、黑麦、大麦和燕麦的地主，以供给全欧洲因不停遭受战争而奄奄一息的城市。黑海西北岸的港口敖德萨在 19 世纪早期蓬勃发展，迅速地成为俄罗斯帝国最大的城市之一。来自波兰南部、乌克兰和比萨拉比亚（Bessarabia）的小麦，沿着第聂伯河（Dnieper River）、德涅斯特河（Dniester River）和布格河（Bug River）被运到其港口。1803 年，900 多艘船只停泊在码头边上。到 1815 年，又有 1500 多艘船驶入港口。在敖德萨码头，葡萄酒和丝绸等舶来货被卸下，船只装载上小麦和其他商品，从地中海驶向西欧和不列颠。到 19 世纪 20 年代中叶，大部分欧洲强国已经与奥斯曼帝国签署了商业协议，协议允许他们穿过达达尼尔海峡和博斯普鲁斯海峡，参与繁荣的黑海贸易。随后，1829 年的《亚得里亚堡条约》允许了船只自由通航。这样一来，在 1846 至 1849 年，英国谷物法被废除后，黑海贸易就名副其实地狂热起来。敖德萨每年出口约 20 万吨主要是谷物的货物。成群的牛于每个收获季节在街道上跋涉，拖着装满大袋谷物的马车驶往储存场所。街道两旁挤满了超过 500 座粮仓。5 万多名民工一年四季到码头工作。[13] 他们是港口城镇所依赖的流动而灵活的劳动力。在码头上，希腊和意大利中间商为付款问题争吵不休。

至少有 10 家意大利公司在敖德萨从事粮食出口。希腊商人和商船经手了过半的贸易。[14] 敖德萨的商业银行和保险商迅速地为航海企业家们提供服务。黑海上和地中海上的谷物交易被一个庞大的商人网络所控制——希腊人、意大利人，最后是犹太人——与欧洲南部海岸线的城镇都有联系。他们是伟大的商人家族，共同的亲属关系、兄弟会组织和商业控股造就了海洋经济的制高点，促进了东西方的文化交流。这是一种令人着迷而又矛盾的混合体，一个围绕着种族、

图 2　敖德萨的犹太商人

宗教和文化融合的经济精英的大杂烩。他们将地中海沿岸的城镇和城市作为历史悠久的商业路线上的航行点。这是一条货物、人员、信息和思想的传送带。他们的船停靠在君士坦丁堡（Constantinople），然后继续传奇的旅行，到法国的的里雅斯特（Trieste）、热那亚[1]、马赛（Marseille）和土伦（Toulon），最后一路驶向伦敦。这是一个重要的社会和文化交流网络，将敖德萨更多地与欧洲——而不是与俄罗斯首都圣彼得堡或莫斯科——联系起来。

　　敖德萨成为欧洲最具国际化特征的城市之一。这个城市的发展围绕着一个流行的神话：向世界开放，一个从无到有、致力于贸易

---

[1] 的里雅斯特和热那亚今属意大利。

的特殊地方，不断变化和流动的人群在此处生活。19世纪初期，被沙皇亚历山大一世（Tsar Alexander I）任命为敖德萨总督的黎塞留公爵（Duc de Richelieu）规划了这座新古典主义城市。金合欢树和高耸的黄油色房屋沿着宽敞的大街和公共花园排列。敖德萨几乎在一夜之间从悲惨的渔村发展成为拥有3万多名居民的优雅城市，并在19世纪20年代成为俄罗斯帝国的第三大城市。然而，敖德萨不同于其他城市的是其多元化的人口，这表明它植根于奥斯曼世界的民族拼图中。传统的奥斯曼帝国并非以族群为基础，也不存在民族概念。[15]宗教对个人身份认同起决定性作用，在这里，甚至遵循犹太教、基督教和伊斯兰教习俗的信徒基本上都能被接纳。因此，东地中海城市在某种程度上是一个由各种人组成的混杂社会，他们能够实现某种程度的共存。尽管人们的信仰可能存在明显的分歧，但是在日常生活中的基本宽容是一笔珍贵的财富。希腊人、加利西亚人、阿尔巴尼亚人、奥斯曼帝国的土耳其人、乌克兰人、鞑靼人、白俄罗斯的犹太人、英国人、德国人、意大利人和法国人，都能在敖德萨的生意场上被找到。这种多元化的混合是奥斯曼城市传统的基础。亚美尼亚天主教徒是理发师，保加利亚人是园丁，俄罗斯人是木匠、泥瓦匠和马车夫。[16]手艺人坐在门店外，或者在贯穿多民族居住区的庭院里做交易。敖德萨是学者和知识分子、流离失所者和贪财者安全的避风港。所有的一切，都需要一个方便的文化和宗教的共存方式，以及一种用来沟通词汇、习语的比手画脚的混杂交流。1852年，英国旅行家劳伦斯·奥利芬特（Laurence Oliphant）到访此地，对这种自由和"跟我来往的人中普遍在抽烟与对话时有不同寻常的自在"感到震惊。[17]

但是敖德萨的神话同样以欧洲魅力的遗产为基础。作为一个城市，它矛盾地是欧洲，又不是欧洲。俯瞰大海的岬角已被改造为证券交易所和总督府之间的滨海大道。在城市一侧，普里莫斯基大道（Primorsky Boulevard）旁林立着装潢华丽的意大利风格酒店。意大利的航运大亨们经营着城中时髦的北方酒店（Hotel du Nord）、俱乐部酒店（Hotel du Club）。就在这里，敖德萨的社会名流夜晚漫步于树荫下，观赏月下熠熠生辉的海景。美国探险家约翰·劳埃德·史蒂芬斯（John Lloyd Stephens），在一家"布置风格比大部分巴黎餐厅还要豪华"的旅馆咖啡厅，望着"林荫道上仍然拥挤的人群，我不敢相信我真的在黑海边上"。[18]意大利语和希腊语是这座城市的通用语，街道标志用意大利文和俄文书写。每个人都会去城市剧院观看意大利歌剧。敖德萨是一个大型商业中心，有着高档商店提供的大量奢侈品和时尚品。其大学、印刷厂，易得的书籍和册子，把敖德萨推向了知识交流的前沿阵地。

　　尽管敖德萨有着国际化的繁华景象，它也具备鲜明的本土特色。奢靡的服饰和多语言的交谈，不同种族和宗教的交融，让欧洲游客大为震惊。这座城市著名的集市和市场风格混杂，吸收了伊斯兰传统，商品琳琅满目，向外还有延伸到面向低收入人群的流动摊贩。但是，敖德萨也承受着任何港口城市都有的风险。贸易状况随着变化无常的收成而时起时落。正如享受其繁荣时一般，这座城市也可能面临突如其来的经济萧条。通过船舶到港的也不仅仅是外来商品。这座城市遭受过一系列瘟疫暴发的打击：1812年的大瘟疫是目前为止最为严重的。直到传染终结，正常的城市生活停止了将近两年。伤寒和霍乱是持续的祸害。饮用水变成了稀缺的商品。在没有被铺设好的道路上，夏季扬起的灰尘让人窒息，冬天则是泥泞齐腰。民族关系的紧张打破了文化和宗教共存的神话。宽容是有限度的，好脾气也是短暂的。众多民族的对立和苛待变成了日常生活的一部分。谷物贸易吸引了骗徒的无情贪婪和投机倒把。贿赂和走私行为比比皆是。这座城市的黑社会名声在外。港口边的小酒馆和酒吧是有组织犯罪和性工作者的避风港。码头上的工作成为一个吸引逃跑的农奴、讼棍、难民和流浪汉等边缘人的旋涡。然而，源源不断的人潮有助于将城市的商业文化编织到一起，并强化了其自由、向所有人开放的声誉。

多瑙河凭借其于黑海河口三角洲的地理位置，成为下一条谷物和交通运输的干线。宽广的多瑙河是一道地缘政治的断层线，也是从黑海沿岸深入欧洲东部腹地城市化进程中最重要的地理要素。在土耳其控制下的数百年里，建在多瑙河左岸悬崖上的加拉茨（Galaţi）和布勒伊拉（Brăila），在俄土战争中遭到了严重破坏，这场战争于1829年以《亚得里亚堡和约》结束。俄罗斯吞并了多瑙河口，在它的庇护之下，两座城市迅速发展为繁荣的门户。来自广阔东欧平原的谷物，从加拉茨和布勒伊拉由船舶运出，穿越多瑙河口，到达黑海、君士坦丁堡、的里雅斯特和地中海。它们是蓬勃发展的城镇，享受着西欧和英国对粮食永不满足的需求所带来的财富。即使在最小的城镇，谷物也构成了全球联系的框架。随着英国谷物法的废除和爱尔兰大饥荒的爆发，一批多瑙河港口开始向英国市场直接进出口工业品和煤炭。来自利物浦（Liverpool）、马赛和安特卫普（Antwerp）的船只出现在码头上。1829年多瑙河蒸汽航运公司的成立，是使多瑙河成为交通大动脉的一个里程碑。蒸汽彻底改变了旅行方式，为谷物贸易和大陆东部与西部之间的联系谱写了新的篇章。多瑙河蒸汽船由哈布斯堡君主国资助，由两位富有进取心的英国造船师经营。他们确保了维也纳、佩斯（Pest）和君士坦丁堡之间的快速河道航行，以加拉茨和布勒伊拉作为货物、邮件和乘客的中转站。在1842年，已经有超过20万名旅客完成了这趟旅行，"尽管船舱拥挤、空气不畅，还有蚊虫和热病"[19]。

到19世纪40年代，多瑙河的粮食贸易已经在与敖德萨竞争了。据报道，1840年在布勒伊拉，码头有大约300艘船，人口已经达到2.5万人。[20]多瑙河汽船与俄罗斯和奥斯曼帝国的公司以及英国和法国的商业利益团体竞争，它们都在敖德萨、多瑙河港口和君士坦丁堡之间来回穿梭。这是一个依赖水路沿线城镇的竞争性贸易体系。1890年，美国旅行家法兰西斯·戴维斯·米莱特（Francis Davis Millet）到达布勒伊拉后报告说：

> 河流中挤满了各种类型的船只，从本地的洛卡船（lotkas）到巨大的英国货运螺旋桨船，其丑陋的铁制船体高高耸立在所有当地船只之上……数英里[1]长的满载驳船沿海峡停泊，大蒸汽船一排排泊在码头上，都在装载它们的粮食。数以千计的不同国籍、衣着杂色的人像蜜蜂一样爬遍货船，从岸边的马车大军中搬运一袋袋粮食，并将其倒入敞开的舱口中。[21]

黑海海峡和多瑙河三角洲是流亡者、海盗和逃犯的天堂，他们游走于俄罗斯和奥斯曼世界之间摇摆不定的地缘政治边界。加拉茨和布勒伊拉是逃离武装冲突和迫害的民族群体的避难所。俄罗斯对高加索地区的征服和俄土战争造成的被迫移民，与无休止的巴尔干战争期间难民的逃亡，共同造成了民族流动的景观。肝炎和霍乱的

---

[1] 1英里约合1.609公里。

危险、强制检疫站，以及在城市肆虐的蚊子，也阻挡不了那些正在寻求庇护、快速致富和进入新生活的人。像加拉茨和布勒伊拉这样的多宗教、多语言的城市，让那些想体验东方异域风情的西方航海家着迷。米莱特这样描述加拉茨拥挤的市场："人种和服饰的绝佳展览馆。穿着像芭蕾舞演员式样裙子的阿尔巴尼亚人与穿着紧身羊毛裤的斯洛伐克筏工挤在一起；来自军港的精明的海军士兵……与土耳其烟草小贩讨价还价；在英国汽船工作的面色红润的厨师在去肉店的路上拥挤推搡，不管周围是罗马尼亚人、保加利亚人、俄罗斯人、希腊人还是犹太人。"[22] 对西方人来说，这些是民族学的奇珍。东方城市是一种美学构造，充满了戏剧性的景象和气味，混合了各种颜色和民族。"文明的西方"和"野蛮的东方"之间，出现了强烈的对立。然而，这些风景如画的场景是贸易网络的证据，人员、文化和思想的不断转移将城市联系在一起，并形成了与城市生活相关的、共同的国际性惯例。西方的引力构成了这种新兴城市意识的一部分。

布勒伊拉和加拉茨在被俄国人控制后，它们的那一丝东方气息很快被扑灭了。土耳其堡垒、曲折狭窄的街道及其低矮的建筑和庭院，还有奥斯曼日常生活的复杂模式，要么在俄土战争中被摧毁，要么被立即拆除。这是对一个被视为腐败和过时的东方世界的抹杀。罗马尼亚的富裕阶层接受了欧洲文化。法国文化的影响开始取代希腊和奥斯曼世界的传统影响。他们的住宅被建成新古典主义风格，图书馆中充满了法国哲学和启蒙运动的文学作品。法语成为上流社会的语言。东方服饰被西方风格所代替。为了取代旧的拜占庭式法律，崛起的商业阶层在1831年通过了《组织法》（Organic Statues），在规划和市政管理方面进行了首次城市改革。布勒伊拉被重塑为一个西方新古典主义的前哨站，街道笔直，从港口向外辐射。它的主要商业大道——皇家大街（商店街）满是商店。希腊商人在此定居，建造了新的房屋、学校和剧院。犹太人从普鲁士和加利西亚（Galicia）来到这里，做起酒馆老板和工匠。酒店和赌场迅速出现。当地的清真寺被改成了东正教教堂，俄罗斯东正教的球形穹顶和尖顶出现在天际线上。俄罗斯的旧礼仪派教徒当起了马车夫，而土耳其人则乘坐由水牛拉动的红色和镀金的大马车出行。[23] 粮仓和仓库排列在海滨。到 1860 年，布勒伊拉的人口为 2.6 万人，而加拉茨的人口已增至 3.6 万人。多瑙河是他们的生命线。英国旅行家玛丽·沃克（Mary Walker）将加拉茨主显节的多瑙河祈福仪式描述得充满传统民俗气息：成群结队的穿着盛装的市民在街上唱歌，手里拿着发光的纸星星。游行的终点在冰冻的多瑙河上，在那里，一个巨大的冰块十字架被升起，来自该市教堂的神父围绕着十字架吟唱和祈祷。"两个粗大的木桶……装着经过祝福的多瑙河水。虔诚的信徒喝下这些水，并尽可能带走他们所能携带的水。教堂也为庆祝节日准备了用于洗礼等仪式的水。"[24]

在多瑙河以北约 60 公里处，布加勒斯特同样也把目光投向周围的谷物田野。贵族将他们的收成带到布加勒斯特，然后顺流而下送到加拉茨和布勒伊拉，启蒙运动和法国大革命的消息则通过船沿河而上传回。到 19 世纪 30 年代，布加勒斯特已经拥有了 100 家小工厂和众多的商店、咖啡馆和旅馆。它的人口达到 8 万，城市被铺设的街道和编号的房屋点缀，还有新的市场区域和公共广场、令人印象深刻的教堂，以及备受喜爱的新古典主义风格的私人住宅。一场地震、洪水和随后 1847 年的大火为清理废墟的瓦砾和开始修建现代建筑提供了机会。但是，最让西方游客感到震惊的是其中的对比。对于英国旅行者帕特里克·奥布莱恩（Patrick O'Brien）来说，这里历史悠久的天际线充满了"上千个圆顶、尖顶和塔楼，在太阳下闪烁着几乎耀眼的光芒"。这些用锡覆盖的建筑物，"它们像银冠一样为这座城市加冕"。[25] 这座城市"不是东方，更不是西方"，弗洛伦斯·伯杰（Florence Berger）称。新贵（nouveau riche）的精英们为一切法国的事物而疯狂，但这种拼凑式的模仿并不适合城市实际情况。主干道胜利路（Calea Victoriei）沿线的建筑，有着模仿巴黎的豪华花饰、装饰花环和花冠。这些工程"看起来像是仓促的表面功夫"，[26] 吸引了居住在郊区贫困地带（mahala）的流动的季节性劳动力。在城市的外围，欧洲的光泽迅速褪去，土耳其的影响依然存在。"一幅悲惨的画面中，农民自己在阴沟里摇摇晃晃地走着，勉强躲过飞驰而过的优雅贵族——他们坐在巴黎制造的维多利亚马车上，身穿昂贵的西伯利亚麋鹿皮毛大衣，如风般迅速转过弯角，车轮下泥水四溅。"[27]

多瑙河沿岸的泥泞村庄，如图尔努 – 默古雷莱（Turnu Măgurele）和久尔久（Giurgiu）等地，因贸易活动实现了现代化。货运蒸汽船延绵不绝，喷着蒸汽从河上驶过。沿着多瑙河的河岸，磨坊和粮仓遍布，其主人的名字以刺眼的白色刷在墙上。这些名字标志着民族和语言的异质性，以及主导东欧的多元文化，甚至在村庄和小城镇也是如此。它们以市场为中心，被层层的政治和文化霸权所包围——堡垒遗迹、土耳其老区和它们的咖啡馆、改建成教堂的清真寺、菜馆、浴室、法国 – 意大利建筑、政府大楼，人们穿着欧洲服装、土耳其服装和当地服装。这里是文化相遇和拓展眼界的地方。1841 年，法国经济学家阿道夫·布朗基（Adolphe Blanqui）在多瑙河旅行时，看到了塞门德里亚（Semendria，斯梅代雷沃

［Smederevo］），"一个真正的土耳其小镇"，而美国艺术家弗朗西斯·米勒（Francis Millet）如此描述塞门德里亚的狭窄街道："被数百辆满载的牛车所堵塞，所有人都耐心地等待在公共计量秤上轮流称重，在那里，谷物的重量由城镇官员确保正确，然后再交付给驳船。"[28]西方人惊叹于多瑙河沿岸城镇的花园和绿色植物。在奥斯曼的城镇生活中，没有围墙来标示边界。相反，城市向农村的过渡是难以察觉的。城镇是依赖农业生产和至关重要的谷物收成的市场。

　　尽管赚钱需要族群的共存，但在欧洲和奥斯曼世界之间的多瑙河边界上，种族宽容却不幸地经常被打破。19世纪初，贝尔格莱德（Belgrade）因哈布斯堡帝国和奥斯曼帝国之间的冲突而四分五裂。贝尔格莱德位于塞尔维亚萨瓦河（Sava River）和多瑙河的交汇处，横跨东西方紧张的边界。火灾和瘟疫暴发造成了毁灭性的破坏。它的防御工事已经破败不堪。阴暗的、没有灯光的街道几乎无法通行。在暴力事件之后，仅有大约5000人留下，剩余的塞尔维亚人和穆斯林根据政治风向决定去留。1841年，阿道夫·布朗基来到贝尔格莱德，震惊于这里"荒凉的空气和孤独的环境"，尽管有一些新的房屋，"仿照我们的模式建造的一个个军营、医院和监狱，宣告了文明社会的萌芽"。[29]一方面，布朗基用西方人的眼光看待这座城市，发现了他在法国城市里看到的城市化的标志。涂有油漆的木制房屋、清真寺和白色宣礼塔、作为奥斯曼帝国遗产的圆顶宫殿都吸引了他的目光。另一方面，1875年，捷克斯拉夫作家康斯坦丁·伊雷切克（Konstantin Jireček）却只观察到了这座城市的东方品质：

　　　　初次踏上贝尔格莱德街巷的异乡人，总会惊奇地东张西望。这里已然是东方的起点：你的眼睛、耳朵、鼻子和脚都告诉你这一点。沿着街道，到处都是低矮、不规则的小房子，屋顶用弯曲的瓦片覆盖；这里或那里耸立着细长宣礼塔的镀锡屋顶；每一步都能看到奇特的服装，听到闻所未闻的语言，以及看见陌生的商品。[30]

　　即使是在从贸易中获利的河边城镇，当地居民也不信任希腊和犹太粮食商人，因为他们赚钱很快，而且缺乏本地根基。面对歧视，为了避免行会的限制，商人转向土耳其的索非亚（Sofia）、布加勒斯特，特别是佩斯等大城市的粮食交易所。在那里，生产、知识和劳动力的集中化在改变城市经济方面发挥了重要作用，特别是当商人将商业资本运用于再投资新的工业企业时。

　　在多瑙河上游，面粉加工成为佩斯主要的工业部门，该镇新出现的企业家阶层从磨坊和匈牙利粮仓的面粉出口中获得了巨大的利润。佩斯是多瑙河沿岸的新来者，也是一个强大的生产基地。古老的定居点布达（Buda）坐落在河西岸山上，是匈牙利的官方首都。堡垒和宫殿充满气势地证明了从城堡山（Castle Hill）上辐射出来的政治力量。这里是哈布斯堡官僚机构和匈牙利贵族的领地，他们占据着行政管理的制高点，管理着匈牙利的事务。佩斯是多瑙河对岸的新兴商业中心，人口约为4.4万。1838年的大洪水给这个横跨河流的双子定居点造成了巨大的损失。佩斯约有三分之二的砖木建筑被冰冷的洪水吞噬，化为废墟。数以千计的人无家可归。但是，这也导致了佩斯的快速重建，给予了它现代大都市的感觉。城镇中心通过宽阔的林荫大道连接到4个以哈布斯堡君主命名的外围区。在奥地利帝国和匈牙利自由派精英的关系日益紧张时，命名街道和树立哈布斯堡统治者的纪念碑成为一种文化符号的部署。到19世纪40年代末，有商业头脑的佩斯人口已经跃升至10万。每年8月，佩斯著名的集市可吸引超过3万人参与。它沿着多瑙河码头，在犹太聚居区，在集市广场和约瑟夫（Jozsef）区开设。约翰·乔治·科尔（Johann Georg Kohl）写道："在集市的早晨，这里挤满了数千名忙碌的商人，河上挤满了各种船只，其中也包括蒸汽船。"最大的船载满小麦。他投入人群中，"巨大的人类活力之流……溢出城镇，流向大片空地，布满了所有国家和种族的人和动物"。[31]

佩斯的商人形成了一个紧密的创业圈子。与哈布斯堡帝国的许多城镇一样，该市的商业精英主要由德意志人和犹太人组成。哈布斯堡的法令取消了许多对犹太人生活的限制，商业、手工业和政府的服务向犹太人开放，但要求他们接受德语教育。佩斯的商人聚集在城市的咖啡馆里，在那里可以交换最新的消息。他们通过大量投资磨坊行业，最大限度地利用现有的经济机会。围绕着谷物贸易的城市网络，为现代社会经济关系和工业化的发展指引了一条稳定的道路。1841年，在佩斯的约瑟夫磨坊，蒸汽动力被首次应用于磨坊作业。就像曼彻斯特（Manchester）的纺织厂一样（见第2章），这些磨坊不停地运作，并引入了大量的技术革新。位于多瑙河东岸低洼处的费伦茨瓦罗斯（Ferencvaros）区，是制粉业的运营中心。磨坊和仓库在码头上鳞次栉比，并与铁路和公路网相连。到19世纪中叶，布达佩斯的制粉业已跻身世界上最大之列，匈牙利出口的面粉比欧洲所有国家的总和还要多，它在国际市场上仅次于美国。

沿着欧洲的河流和沿海道路进行的粮食贸易，是19世纪初人员、文化和思想交流的主要机制之一。它将城镇与其腹地联系在一起，形成全大陆的体系和国际体系，鼓舞着与现代城市生活相关的世界主义。在启蒙运动的推动下，新的城市价值观通过商业网络、德国和法国的文化影响，以及俄罗斯和哈布斯堡帝国得以传播。但到了19世纪中叶，欧洲的谷物贸易正经历一场彻底的变革，农业出口作为城市增长引擎的教条已经被抛弃。在东欧，农奴的解放意味着大庄园所依赖的谷物经济的终结。为城市提供粮食的需求迫使西欧国家加强其谷物生产。法国成为欧洲最大的小麦生产国，塞纳河成为新的粮食干线。谷物从大约27个不同的法国港口城市出口。为了满足人们对粮食的需求，马铃薯和水稻等新作物也被引入。然而，最重要的是，来自美国中西部和印度的小麦充斥着市场，挤掉了欧洲的供应商。电报和铁路的到来，以及与此相关的新型银行业务，转移了市场，分散了长期以来支持欧洲城市发展的贸易网络。

第2章　游历工业景观

　　谷物贸易是19世纪早期欧洲城市经济的本质特征。城镇和城市充当着周围区域的商业门户，它们主要通过河流相互联系，也经过一些城市系统中难以通行的道路，这一市镇系统自18世纪以来几乎未曾改变。中小型的城镇是非常常见的，大城镇很少。沿海的港口享受着国际领域的影响力。波罗的海与地中海港口仍然保持他们在欧洲城市景观中的主导地位。然而，谷物这种欧洲城市经济的中流砥柱正在迅速地被工业产品所取代。历史学家已经摆脱传统的工业"革命"观念，现在转而强调长久的、扩散性的资本和劳动力，以及生产和制造的变化。但毫无疑问，工业化革命性地影响了城市。那些冒着烟的工厂、蒸汽动力的铁路，以及工业贫民窟，均让当代的观察家震惊与讶异。在极其短暂的时间内，工业化大幅度地改变了欧洲城市社会。城市被工业交换的网络——劳动力、进出口、技术、能源资源——连接起来，这一网络遍布了整个欧洲大陆乃至全球。自由贸易、一个统一的货币系统，以及金本位制，是这个世界体系不可分割的部分，新型交通运输和通信方式也同样如此。

　　欧洲制造业传统上是在密集的村庄和城镇里小规模进行的，这些地区的制造业依靠与工匠的贸易和散工制（putting-out system）。商人将生产任务分包给在自己的家和工坊中工作的男男女女，他们使用简易工具，以自己的劳力、水车、风车驱动的机器从事生产。遍布乡村的生产网络让基础设施和运营支出最小化。经验丰富的工匠和工人通常会根据季节变化安排工作，为农业生产提供额外的协助。中间商带着原料和耗材，并按件计酬，之后再取走成品——成衣、鞋子和皮革制品、项链、手动工具和金属制品、绳索、桶以及家具——这都发生在一个常规的本地循环中。散工制广泛应用于贫穷的农业地区与沿河沿溪地带，以利用水力的优势与便利的运输条件。这创造了一个强大的生产景观。在某些地方，这种生产活动可以由独立的熟练工匠完成。但更普遍的情况是，这类工作以极低的薪酬占了贫困和边缘人口的便宜，使他们任由无良经纪商摆布。许多农业地区的人口的增长，使就业变得困难。在这些情况下，农村家庭的计件工作是一项重要的收入来源。小规模制造业的所在地虽以农村为主，但也依赖当地城镇——后者既是商业集散中心，又是通往更广阔市场的通衢。城镇中的熟练工匠完成农村商品的制造，商人将其出售并发往还在等待的买家所在地。像法国的里尔（Lille）、里昂（Lyon），英国的利兹（Leeds），比利时的根特（Ghent），加泰罗尼亚（Catalonia）的巴塞罗那（Barcelona），这些地区作为散工制的主要枢纽，长期享受经济繁荣。

　　这项传统的生产活动在欧洲的不同地区有着极不相同的命运。在一些地方，农业生产因为工业化的压力和铁路网络的扩张而迅速消亡。无数在农村和小村庄里经营的小作坊只能顺其自然，自生自灭。制钉、制革、烧炭、木雕、制锡器、制陶器，以及普通的家纺亚麻布慢慢消失了。[1] 然而，在欧洲的其他一些地区，散工制已经成熟，并发展为与出口和殖民市场联系的原始工业（proto-industry），尤其是对于如轻羊毛与棉纺织品这样的高需求的商品。面对市场的变迁与新兴技术，家庭手工业展现了惊人的灵活性与适应性，其持续时间之长，远超历史学家传统上的认知。这项生产刺激了建筑建设，为本地工人提供了就业机会，并且为商人提供了投资资本、运用创业头脑和参与到蓬勃发展的商品市场中的机会。当地的专业技术家、个人与商业网络、投资资本和强大的信贷机会对适应新经济环境的过程来说至关重要。在最理想的情况下，城乡生产相互支持，以一个良好整合的地区经济系统彼此促进。[2] 这正是德国西部的莱茵河下游河谷的状况。莱茵河下游的纺织城镇格拉德巴赫（Gladbach）和邻近的雷德特（Rheydt，现在均属门兴格拉德巴赫[Möchengladbach]），是德国亚麻和棉纺织业的中心，其大部分织物都是通过散工制生产的。1853 年，本地企业家把资本投入到两个城镇之间的新铁路线上的第一家纺纱厂。格拉德巴赫纺织厂开始使用新的机械织机运作。随后，他们开始直接投资于织布机器的生产，并开拓了一个全新的制造业领域。诸如此类的原始工业奠定了工业化和城市化的轮廓、区域范围，以及可塑性和变革能力。一幅 19 世纪中期的格拉德巴赫的石版画捕捉到了这一过渡时期的掠影，展现了历史悠久的欧洲城市景观的全景：教堂的尖塔、独具风格的本地建筑与绿植交织在一起。城墙外，传统的田园农场为前景增添光彩。这是一幅自信而稳定的城市肖像画。然而，铁轨斜着切开了田野，蒸汽火车呼哧呼哧地驶向雷德特。纺织厂排列在城墙边缘，其蜿蜒的烟囱直冲云霄。

工业化并不一定以淘汰小型作坊作为合理顺序的下一阶段。转入工业时代并非一个大爆炸式变革的普遍事件，而是存在多样的路径、过渡和重叠阶段，以及累积的过程。例如在布达佩斯，蒸汽驱动的机器化生产是围绕着面粉磨坊进行的，而不像是在曼彻斯特那样围绕着纺织产业。在其他地方，工业化的转换是补丁式的，并且持续与传统生产方式并行。在欧洲许多地方——法国里昂地区的丝绸纺织、北意大利和加泰罗尼亚的羊毛纺织，以及摩拉维亚（Moravia）和西里西亚（Silesia）的织布与玻璃制造——都是分散的家庭式作坊与工厂生产并行，一直持续到19世纪。大规模生产并非城市现代化的唯一途径。城镇纳入了无数五花八门的本地活动，从生产制造业，到金融与商贸，再到市场监督与治理。这一事实有助于解释欧洲城市系统的活力与密度——正是不同城市、城镇及其周边地区的丰富联系，使区域经济如此具有活力。然而，原始工业无法跟上人们对商品无止境的需求与新生的消费模式。商人只能通过增加农村家庭和工人来扩大家庭作坊式的生产。制造业规模的激增需要新的动力来源、新的技术以及劳动力在城镇和城市的集中化。

动力源于土地之下的化石燃料和丰富的矿脉。工业生产与土地、煤炭、铁矿石、锌、铅和铜矿床紧密相连。这些可以用于制造的天然资源使工业化成为一个明显的区域性现象。欧洲最重要的矿产资源丰富的地区，因成为工业的舞台而非常出名：苏格兰的"黑色乡村"、英格兰的西北部和中部、南威尔士的煤田、从法国北部和比利时一直延伸到德国多特蒙德（Dortmund）的煤炭沉积区、拥有富矿的萨尔兰（Saar）地区、拥有煤炭与铁矿石和锌矿床的西里西亚，以及煤炭储量丰富的乌克兰顿涅茨盆地（Donets Basin）。在这个新的矿产地理环境中，城镇建设走上了一条明显不同的道路。曾经的传统市集城镇和农村僻地，突然因地下存在的珍贵资源而发生了变化。工人营地和非正式的定居点散布在矿山周围，分布在被采矿和精炼作业所淹没的村庄和城镇之间。这一过程不同以往地塑造了整个工业区域，在这些区域中，充满了坑洞和矿渣堆、井架和高炉、运河

和铁路，以及一系列的定居点。它们依赖周围乡村中的矿物，共同
充当了一个区域的能源系统。这些矿物被开采出来，通过河流和运
河、马车，最终通过火车运输到工厂，废弃副产品被倾倒回水和土
壤中。这种工业生态体系，构筑了城市化的发展模式与工业城市的
生存体验。

在英格兰，北部与西北部工业城镇——曼彻斯特、利物浦、利
兹和伯明翰（Birmingham），以及纽卡斯尔（Newcastle）——发展最
快。曼彻斯特以及周边的兰开夏（Lancashire）地区很早就被视为工
业化的发源地。使曼彻斯特迈入大规模工业生产的各种因素，已经
被欧洲学者熟知。其开创性的棉纺织工厂是当地创业文化的结晶，
他们敏锐地意识到当地丰富的煤炭资源可以用于发明新技术。不过，
启动工业生产的也不仅仅是走锭纺纱机与织布机，还有廉价的煤炭，
都是该地区成功的关键。煤炭是棉纺厂中蒸汽动力机器运行的首选
燃料，使其在与外国的竞争中占据了上风。煤炭曾经就是上帝——
即使是在电动机逐渐取代蒸汽机的19世纪后期，它依然是工业能源
的主要来源。煤炭成为不列颠最重要的出口产品之一。它对城市化
有着立竿见影的影响。煤炭把纺织业从农村的散工制转移到了城镇
与大规模的工厂之中。尽管曼彻斯特的纺织厂在本地有着传奇般的
形象，但它的纺织品生产并未止步于城门，而是向外扩张，涉及了
一系列的村庄与城镇，以厚重的区域共生关系交织在一起。曼彻斯
特是兰开夏和柴郡（Cheshire）280多个城镇和村庄中的领头羊，它
们将煤炭和蒸汽动力化为纺织品，主导着英国的工业经济。这些城
镇和村庄，与矿场、河流和运河，以及铁路相连，一起作为工业系
统发挥作用。但它们的影响范围甚至更为广泛。大英帝国是一个完
整的世界贸易系统，依赖于环球的棉花与制造品的流通，依赖于维

图3 19世纪描绘从伦敦和西北铁路眺望曼彻斯特的版画

系了皇家海军与商业蒸汽船队运作的装煤站，也依赖于不列颠及其殖民地庞大的体力劳动者资源。[3]

兰开夏地区"遍布着小型的曼彻斯特，而每个小曼彻斯特又各自拥有卫星城"，植物学家利奥·格林登（Leo Grindon）在他游历该地区时曾这样写道。尽管城镇曾经令人足够愉悦，但它们"似乎在相互竞争，看哪一个最能配得上冷酷、坚硬、沉闷和完全不讨人喜欢的特征"。[4]至19世纪40年代，在曼彻斯特西部的"含煤"小镇威根（Wigan）周围，有53座矿场和数百座矿井被开采。东部的城镇奥尔德姆（Oldham）有27座煤矿，罗奇代尔（Rochdale）有24座，而博尔顿（Bolton）有大约15座煤矿。坑道工作被认为是最低级的劳动形式，坚持从事这种工作的人会面临着矿井涌水和爆炸的持续危险。在这三座城镇之间，有数百家毛纺厂和棉纺厂，厂房的烟囱向天空喷出刺鼻的烟雾，旁边则是织布棚、漂白和染色设施、化学工厂、生产纺织和采矿机械的铸铁厂。这是一个建立在该地区水资源和丰富的煤炭储备之上的完整工业生态网络。为了得到沿河和运河的工厂用地，人们展开了激烈的争夺。水路运输着煤炭、棉花制品和商品。水被用于烧热锅炉、制备棉线和布料，以及染色。纺织厂、印染厂、制革厂和煤气厂把水渠作为方便的倾倒场所。废弃物倒入水中，污染渗入土壤，黏附在空气里。工业城镇的大气变成了恶臭、肮脏的灰色。建筑物因空气中隐伏的二氧化硫和酸雨的侵蚀而逐渐瓦解。死于肺病的人数激增。

这些城镇各自拥有专门生产的纱线和布料类型：罗奇代尔生产羊毛，博尔顿生产粗斜纹棉布，威根生产亚麻。还有一些专门生产花布、绳索、法兰绒和天鹅绒的城镇。集群化创造了熟练的劳力库和规模经济。到1866年，奥尔德姆成为世界上最大的棉纺中心，它拥有120家工厂、约300万个纱锭、9000台织机和2.8万双"手"。[5]奥尔德姆的纺纱厂女工以她们的丝绸头巾为标志。烟囱耸立在城镇上空。"每座建筑物顶上都招展着一杆漆黑的旗帜——也许从画面上看并不美观，但无论如何都是一种令人欣慰的景象，因为这意味着下面的人有工作、有工资、有食物。"织工出身的小企业家租用了奥尔德姆的部分工厂以谋求个人利益。工厂的门面呈现出"一层又一层单调的方形窗户……天黑之后，当无数的窗户被照亮时，这幅景象就会改变，变得独一无二"。[6]兰开夏郡的两大产品——煤炭和棉纺织品——随后就顺着运河被运到曼彻斯特，然后被铁路送达利物浦这个伟大的港口。

在农村，数以千计的工人抛下在家中生产的散工制，搬进专门生产棉花的城镇为工厂工作——他们是工业化的先锋士兵。20年间，罗奇代尔的人口从1821年的2.3万人增长为6.8万人。博尔顿的人口爆炸性地增长到了6万多。在博尔顿，约有1万人在棉纺织行业工作，另有数千人从事煤矿厂的开采、工程与机器制造。火灾和爆炸事故频繁发生，工厂和矿场的环境既不健康，也非常不安全。工人住在一排排投机建造的、沉闷的背靠背[1]红砖和石头平房里，这里很快就变成了肮脏的贫民窟，仅配有公共旱厕、露天下水道和简陋的水泵。褐烟和煤尘、污浊的空气和硫磺的气味、矿渣堆以及熔炉的火苗弥漫四周。霍乱、天花和伤寒的暴发席卷了贫穷的社区，大量的婴儿和儿童因此夭折。在威根，住房过度拥挤，条件恶劣，在全国范围内都是最差的。[7]此外，劳动者还极易受到无良地主和商人的侵害。棉花贸易的波动，繁荣和萧条的交替，带来了极端贫困的风险，尤其是在 19 世纪 60 年代初的"棉花饥荒"（cotton famine）期间。苦难导致了劳工骚乱，罢工和暴乱成为常规事件。1838 年威根和博尔顿是宪章派运动爆发的场所。罗奇代尔是早期的一个工人阶级政治中心。它的纺织工人参加了宪章运动以获得工人阶级的投票权，并于 19 世纪 30 年代组织成立了最早的消费者协会之一。威根工人协会还为 1848 年的《公共卫生法》的立法进行了游说。

然而，这些专门生产棉花的城镇不只有沉闷的工厂和压迫的场景。它们渐渐开始配备生活便利设施，并成了商贸门户。日常商品、服务和来自世界各地的异域情调的时尚潮品，给兰开夏地区带来了新的消费模式。1855 年，在博尔顿的市中心，开了一家气派十足、铸铁与玻璃屋顶相结合的豪华商场。街道使用煤气灯照明，新建的水库提供了干净的水。19 世纪 50 年代，消防、警察以及图书馆服务被组织起来。奥尔德姆的商人与实业家赞助修建了一个市政公园，让工人"远离有害的啤酒馆的诱惑，以及杜松子酒铺明亮的灯光和烈酒"。[8]1865 年，数千人参加了奥尔德姆的新公园和新科学与艺术

---

[1] back-to-back，特指四面墙中三面都与邻居共享，只有一面有开窗或洞的住宅。

学院的开幕式。罗奇代尔、威根和博尔顿出现了步道、花园，还有吸引当地表演团体的小剧院。体育比赛、赌博、歌唱以及当地酒馆娱乐塑造了邻里的社交生活。罗奇代尔的酒馆是男性工人的重要地盘，而对女性来说，教会活动和社交拜访是工作之余的休息。年轻男女在罗奇代尔的市政公园的"鸡圈"（chicken run）中认识异性。这些文化和娱乐活动，使在那个时代被认为是肮脏而恶劣的环境中，工人阶级独特的身份认同和实践模式得以形成。

　　"对所有这些城镇和村庄来说，"利奥·格林登继续说道，"曼彻斯特就像一个皇家交易所一样。同时，它也是倾倒商品的蓄水池。"曼彻斯特位于艾克尔河、厄韦尔河和梅德洛克河（Medlock River）的交汇处，是整个兰开夏地区的商业中心，也是当时世界上最大的纺织品贸易中心。"曼彻斯特货"成了纺织品的代名词。在1850年之前，曼彻斯特拥有英格兰最集中的蒸汽动力棉纺厂，约1万名员工。这些工厂在查尔斯·狄更斯（Charles Dickens）的小说《艰难时世》（*Hard Times*）中，被描述为灯火通明的童话宫殿，在那里，"蒸汽机的活塞单调地移上移下，就像一个患了忧郁症的大象的头"[1]9。这些工厂通过河流、5条主要的运河形成的网络和6条铁路连接起来，这些铁路贯穿整个城市。曼彻斯特不仅是一个主要的棉花工厂城市，而且还对纺织加工和化学品生产进行了开发。它的工程生产为工厂提供了机械和蒸汽机，以及工业革命中的火车头、铁桥和高架桥。数以千计的人来到曼彻斯特寻找工作，导致这座城市的人口发生爆炸性增长，在19世纪20年代的这短短10年间增长了近50%。这是一

---

[1]［英］狄更斯：《艰难时世》，全增嘏、胡文淑译，上海：新文艺出版社，1957年，第28页。

片狂热的建设景象。

安科茨（Ancoats）区是曼彻斯特工业革命的代名词。它是工业化城市生活最好也是最坏的缩影。[10]这个区域被梅德洛克河、阿什顿（Ashton）运河和罗奇代尔运河交错穿过。早些时候，这是水力纺织厂和小型工厂的所在地，中间夹杂着织布工的小屋、机器制造和面粉经销的商家。但到了19世纪初，运河两旁遍布8层楼高的巨大棉纺厂、机械和化学工厂以及火石玻璃厂。13家棉纺厂排列在罗奇代尔运河两岸，在阿什顿运河周围则有14家。每天早晨，超过1500名男女和儿童走过巨大的默里棉纺厂（Murrays' Mill）以及麦康奈尔和肯尼迪联合棉纺厂（McConnel & Kennedy Mill）的大门。煤场、锯木厂、采石场、铸铁厂，以及煤气罐围绕四旁。工厂的烟囱喷出了棕褐色的有毒雾霾。运河被污染成了墨黑色。在安科茨区，大气是黑暗、沉闷、恶臭的。有颗粒感的黑白照片使其阴郁愈显沉重，也证明了环境的恶劣毒性。这些照片强化了大众关于工业城市的负面认知，排除了任何它们所具备的城市特质。[11]1861年，有超过5.6万人挤在安科茨，这是曼彻斯特最拥挤的社区。沉闷的背靠背租户区被夹在工厂之间。整个家庭挤在没有自来水或管道的建筑物中的单间内。在安科茨，一半的孩子是失学或失业的街上顽童。天使草场（Angel Meadow）是这里条件最糟糕的贫民窟，许多赤贫的爱尔兰工人栖身于出租房屋下肮脏的地窖之中。

当时的英国社会，对爱尔兰人的偏见和敌意显而易见。迁徙，是欧洲劳动阶级正常生活的一部分，但是爱尔兰人是一个特别显眼的移民群体。数百万年轻男女因爱尔兰灾难性的土豆饥荒逃离本土。在19世纪40年代，170万人离开爱尔兰，又有160万人在19世纪50年代逃离了这里，随后，还有200万人在19世纪60年代离去。[12]

他们穿越大西洋到美国去过新的生活。他们离开爱尔兰到苏格兰，然后涌入兰开夏的城镇和城市，在那里他们在纺织厂、仓库、煤厂、码头找到了作为非技术工种的工作，或者作为佣人进行家务劳动。到 19 世纪 50 年代，曼彻斯特有超过 5.2 万爱尔兰出身的居民，占当地人口总数的 15%。他们常做季节性工作，并寄钱回家。但是，越来越多的人建立了自己的家庭，男女都有工作。在安科茨，一半的人出生在爱尔兰，他们中的一大部分住在"小爱尔兰"（Little Ireland）与天使草场。在大多数人看来，爱尔兰裔是醉醺醺的，他们碌碌无为又暴力，并且是制造贫民窟赤贫与疾病的根源。斑疹伤寒被称为"爱尔兰热"。在 1868 年，兰开夏的工业城镇被针对爱尔兰人的骚乱袭扰。工人中的暴徒攻击了奥尔德姆的天主教堂，砸碎了窗户并与当地的警察发生冲突。[13]

　　谴责如暴雨般落在安科茨和居住在这里的爱尔兰人身上。对于在安科茨的诊疗所工作并最终成为济贫法委员的詹姆斯·菲利普斯·凯（James Phillips Kay）来说，爱尔兰人给曼彻斯特的劳动阶层上了一堂有害的课——如何像野蛮人一样在无知和穷困中生活。凯所创作的畅销书的曝光，是安科茨恶名远扬的重要原因。他走到天使草场时，发现了令人厌恶的地窖小房，"经常被淹没到几英寸深"。天使草场是妓女，也是"小偷和亡命之徒"的聚集地。[14]弗里德里希·恩格斯（Friedrich Engels）在曼彻斯特为其父亲的纺织公司工作期间，和他的伴侣玛丽·白恩士（Mary Burns）沿着凯的足迹来到天使草场。1844 年，恩格斯在其影响巨大的《英国工人阶级状况》（*The Condition of the Working Class in England*）一书中描述了这种肮脏的状况，然后在《共产党宣言》中把它作为阶级斗争的基础。他们沿着梅德洛克河的一个弯道走去，那里挤满了巨大的工厂，大约 200 间平房里住着4000人，"几乎全是爱尔兰人。小宅子都很破旧，肮脏，小得不能再小；街道坑坑洼洼，高低不平，大部分没有铺砌，也没有污水沟。到处都是死水洼，高高地堆积在这些死水洼之间的一堆堆的垃圾、废弃物和令人作呕的脏东西不断地发散出臭味来染污四周的空气，而这里的空气由于成打的工厂烟囱冒着黑烟，本来就够污浊沉闷的了。妇女和孩子们到处走来走去，穿得破破烂烂，就像在这里的垃圾堆和烂泥坑里打滚的猪一样肮脏"。爱尔兰人被认为是不道德且暴力的，是对社会的威胁。天使草场上，流氓的帮派暴力使曼彻斯特被恐惧所笼罩。驻伦敦的调查记者安格斯·里奇（Angus Reach）在1849年访问了天使草场，通过报纸《晨间纪事》（*Morning Chronicle*）报道了这里的情况：

> 很奇怪，"天使草场"，是对曼彻斯特最低级、最肮脏、最不健康和最邪恶地方的称呼。这里到处都是地窖，住着妓女，以及为其撑腰的恶霸，还有小偷、乞丐、流浪汉、无业游民。在最肮脏和黑暗的地方，还住着那些不幸的可怜虫——"低贱的爱尔兰人"。[15]

由于社会改革者互相循环地引用材料，夸大其词，流行的看法认为爱尔兰人聚集在每个城市的"小爱尔兰"或"天使草场"，生活在醉生梦死和贫困中，并落下疾病。[16]但爱尔兰人并不是最后一批移民，波兰人和意大利人紧随其后，他们来到安科茨从事季节性工作。意大利人在建筑业和街头售货处工作，然后经营生意，接来家人。百花街（Blossom street）和泽西街（Jersey street）是一个紧密相连的"小意大利"。对于所有这些移民来说，当地的天主教教区通过工厂工人和劳工的互助与社交的俱乐部建立了社区纽带。

　　曼彻斯特的棉纺厂的数量在 1853 年达到顶峰。这座城市不仅仅是一个工厂城市，而且成为整个棉纺织业的商业和仓储之都。这里是工业资本主义的骄傲和财富。曼彻斯特的棉花企业家都是白手起家的人，没有贵族血统，没有传下来的产业。利奥·格林登这样描述"一个真正的兰开夏人"："宁愿你赞美他的工厂或仓库，也不愿你赞美他的豪宅。"[17] 棉花工业创造了一批新的城市商人精英，他们不仅在城市，而且在整个英国，都在朝政治权力迈进。股票经纪人、会计师、保险代理人和律师聚集在市场街（Market Street）以南、丁斯盖特（Deansgate）以东的地区，靠近皇家交易所、商会和自由贸易厅。这些机构使曼彻斯特成为自由主义和自由贸易的先锋。交易所是这个城市的经济中心，是"棉花之主的议会大厦"。[18] 1809 年，一座新的交易所大楼在市场街尽头开放，经过两次扩建后，它成了当时世界上最大的交易场所和巨大的全球棉花市场的总部。它控制着出口业务，尤其是在曼彻斯特商人从 1814 年开始与印度、从 1826 年开始与黎凡特或中东，以及从 1834 年开始与中国进行直接贸易后。这里建有自己的邮局和新闻室，是一个信息的神经中枢。来自世界各地的商人与兰开夏的纺纱厂主和制造商，在"高峰"（High Change）的每周二讨价还价，"他们聚集在一起，每个人都想买卖，让这个房间听起来像一个巨大的蜂巢"。[19] 这是一幅受供需规律和严格行为准则支配的商业奇观。希腊、德国和犹太商人，与他们的英国同行一起在曼彻斯特经营棉花生意。到 1870 年，该市有 420 家外国公司，这些公司的拥有者来自 14 个不同的国家。棉纺品随后通过铁路被送往利物浦港，在那里由交易商进行销售。

　　棉纺品的交易所靠近银行和火车站，靠近商人的雅典娜俱乐部

图4　皇家交易所的内部，曼彻斯特，英格兰，19 世纪

（Athenaeum Club），也靠近城市的商业图书馆。到 19 世纪 20 年代，有 7 家周报在曼彻斯特发行。交易所也是周围仓库区的枢纽。仓库是组织效率的奇迹，"犹如棉纺厂一样，是台运作着的机器"。[20]许多仓库都是以奢华的意大利宫殿风格设计的，凸显了拥有它们的商人和制造商的财富。特别是在皮卡迪利（Piccadilly）和公主街（Princess Street）之间的地区，建造了数百座这样的仓库。布匹商人、店主和游客蜂拥而至，参观这些建筑。用弗里德里希·恩格斯的话说，这一带是"异彩缤纷、眼花缭乱"的豪华购物区，有最新的时装和异国情调的外国商品，以及使曼彻斯特成为一个国际大都市的炫耀性

的文化场景。

　　兰开夏和曼彻斯特的纺织厂是聚集在大不列颠的煤炭矿藏的工业城镇星系中的明星，这个矿区位于英格兰的西北部和中部地区以及苏格兰拉纳克郡（Lanarkshire）的黑乡（Black Country）。在苏格兰，城市人口集中在该国低地的一个狭窄地带。4 个主要的城市是爱丁堡（Edinburgh）、格拉斯哥（Glasgow）、阿伯丁（Aberdeen）和邓迪（Dundee）。大约 60% 的苏格兰城市居民居住在爱丁堡和格拉斯哥。1750 年，格拉斯哥约有 3.2 万人。它从一个地方城市转变为国际商业中心，最初是由于从美国殖民地进口烟草。格拉斯哥著名的烟草大亨是早期资本家中的一些重要人物，他们的巨额资金涌入了城市的银行。克莱德河（Clyde River）沿岸的仓库里塞满了烟草，这些烟草随后会以最高价格转到荷兰、法国、斯堪的纳维亚和德国。1776 年，美国宣布独立后，格拉斯哥的主要交易品变成了棉花。狡猾的格拉斯哥商人进口了该市蓬勃发展的纺织业所需的原棉，他们为棉花生产出资，并在世界市场上销售成品。1807 年，格拉斯哥进口了 600 万千克棉花，棉花的加工和制造直到 19 世纪 60 年代都一直支配着这座城市和整个苏格兰西部的经济。棉纺织业将格拉斯哥的景观变成了一片由工厂、仓库、漂白厂、化学工厂、铸造厂和机械厂组成的景象。到 19 世纪 30 年代，开始运作的棉纺厂约有 50 家，该市近三分之一的劳动力每天都在辛苦地制造棉布。在 19 世纪上半叶，格拉斯哥的人口从 7.7 万猛增到 27.5 万。工业使格拉斯哥成为欧洲最富有的城市之一。工业巨头乘坐着锃亮的马车，在宏伟的公共建筑、博物馆、美术馆和图书馆前缓缓驶过。难怪纳撒尼尔·霍桑（Nathaniel Hawthorne）在 1857 年写道："我倾向于认为，格拉斯哥是我所见过的最富丽堂皇的城市。"

然而，在光鲜亮丽的外表背后，城市的大众却陷于贫困之中。格拉斯哥的工人阶级来自苏格兰高地以及爱尔兰、意大利和东欧地区的国家。社会改革者估计，该市四分之一的人口是爱尔兰移民，其中大部分是生活在圣玛丽（St. Mary's）教区和特伦（Tron）教区肮脏环境下的贫民。[21]托马斯·安南（Thomas Annan）在19世纪70年代拍摄了该市臭名昭著的贫民窟。作为城市摄影的早期先驱，他受雇于格拉斯哥城市改造信托基金，在这些拥挤的地区被谴责和拆除之前对其进行记录。安南的照片是荒凉的视觉奇观，也是证明贫民窟需要被清理的证据。尽管它们因捕捉到格拉斯哥后巷的灵魂而受到赞扬，但他镜头中捕捉到的地方和人物是纯粹的视觉演出。狭窄的通道颓废且空洞。这些阴暗地方的居民阴沉地盯着镜头。这是一个死气沉沉的世界，没有正常生活的流动，也没有维持工人阶级和穷人生活的日常关系——他们被当作关于道德和危险的阶层话题的耸人视觉话语标本。

尽管如此，安南的照片成为记忆的艺术品，是一种对格拉斯哥隐秘的苦难世界的刻板描述。震动维多利亚时代感官的，不仅仅是生活条件悲惨的格拉斯哥贫民区。拉纳克郡周围的"黑乡"上，遍布运河和悲惨的煤矿城镇，它们都消失在覆盖在荒野上的黑暗阴霾中，"水汽的帷幕……雾气和烟的薄膜……苍白刺眼的火光"，一位路过的旅行者这样描述道。黑乡，是一个围绕克莱德河支流和丰富的煤炭与铁矿石矿藏而起起落落的世界。挽马在运河上拖着船，在公路上拖着煤车，矿工从一个煤矿转移到另一个煤矿，避开矿井涌水和致命的煤矿爆炸。这是一种艰苦而危险的生活，在欧洲的各个工业地区不断重复上演。然而，爱尔兰人仍不断来到格拉斯哥和黑乡，正如西里西亚工人和意大利工人一样，在矿场、轧钢厂和船厂

图 5　格拉斯哥贫民窟，托马斯·安南摄，1861 年

工作。尽管条件恶劣，但他们创造了丰富的、属于自己的非正式社区。他们结婚，并依靠亲属和社会网络来维持日常生活。然而，稳定的家庭和家族支持脆弱而难以维系。婚外孕的频数飙升。高出生率意味着大量儿童被遗弃在街头或教堂门口。

到 19 世纪后期，格拉斯哥的纺织生产已经衰落。相反，海洋工程和造船业雇用了数千人，并使铁厂和煤矿满负荷运转。格拉斯哥的企业家转向了铁路机车、工厂机械、桥梁和起重机的制造。在这座城市中，沿克莱德河的整个区域都投入到重工业以及每日高炉作业的日常景象：

> 克莱德河是一条名副其实的交通干线。各种类型的船只都在使用它的水域……大型客轮保持着对美国和加拿大的定期服务……各种规模的货轮为格拉斯哥和苏格兰中部的工业供应原材料，并将食物供应给不断增长的人口。它们带着各种货物，从普通的煤炭和生铁，到最复杂的机械和制成品，顺流而下，运往世界的每个角落。[22]

城市的每一寸土地都挤满了密密麻麻的出租屋、工厂、合作商业楼和住宅楼。

随着精明的企业家和熟练的纺织工人越过英吉利海峡寻找机会，一连串的纺织城镇和"小曼彻斯特"遍布欧洲大陆。能源消耗，主要是制造业中煤炭的使用上升到前所未有的水平。新制度（regime）的发展是不平衡的。工业发展的模式也具有明显的地区差异。工业化并不一定遵循英国的模式。在很多情况下，分散的、小规模的生产适应了市场的变化，与工厂并驾齐驱。那些能在当地获得煤炭和铁矿石的城镇具有明显的优势。在法国北部的里尔、鲁贝（Roubaix）和图尔宽（Tourcoing）等城镇周围，蒸汽驱动的纺纱厂生产出了堆积如山的棉花和羊毛材料，而小作坊的手织机也还在生产。在西班牙，棉纺织业主要集中在巴塞罗那周围。在19世纪的头几年，约有8万名工人（大多数是妇女）在整个城市及其腹地的纺纱和织布车间工作。19世纪30年代，蒸汽动力机械的引入开启了花布生产的新时代，工厂通常建立在当地能源资源丰富的地方，首先考虑的是河流，然后是煤矿和铁矿。巴塞罗那周围的工业殖民地和卫星城镇——贝格达（El Berguedà）、桑斯圣德玛利亚（Sants de Santa Maria）、圣马丁–德普旺萨（Sant Martí de Provençals）和圣安德鲁–德帕洛玛尔（Sant Andreu de Palomar）——生产蓬勃发展，使加泰罗尼亚成为欧洲最大的纺织中心之一。巴塞罗那也被称为"加泰罗尼亚的曼彻斯特"和"西班牙的工厂"。这里被城墙紧紧包围，挤满了在工厂里寻找活计的农村工人。人口则从1821年的8.3万人增长到1850年的18.7万人，当时涌入的人口，使它成为欧洲最密集的城市之一。虽然巴塞罗那已经成为一个工业城市，但在20世纪初，仍有大约3万名小商贩、职员，以及2万名家庭佣工在此工作。[23]这表明了一种依赖于各种活动的多样化经济文化。工厂、各种生产设施和车间、小型商业机构比比皆是。迫于进口煤炭的压力，公司转而运用电力作为新的生产能源，特别是在比利牛斯山的第一批水力发电站启用之后。巴塞罗那的港口鼓舞了航运业、机械和化工生产、造纸和玻璃制造的发展。巴塞罗那成为汽车制造业的中心。在第一次世界大战之前，伊斯帕诺–苏伊萨公司（Hispano-Suiza）以其豪华汽车和航空发动机而闻名。那个时候，巴塞罗那拥有了西班牙最庞大的工业经济和最庞大的劳动力群体。它在一个当时极度农业化的国家中是一个例外。

德国工业发展的不平衡尤为明显。普鲁士西部地区的城市扩张，特别是鲁尔（Ruhr）和威斯特伐利亚（Westphalia）的重工业中心的兴起，使其与东部的农村截然不同。德国西部的棉纺织城镇集中在莱茵河沿岸、符腾堡（Württemberg）和巴登（Baden），德国东部的则主要在柏林周围以及萨克森（Saxony）。萨克森地区即使在19世纪30年代也是德国工业化程度最高的地区之一，并且正朝着成为欧洲城市化程度最高的地区迈进。德累斯顿（Dresden）、莱比锡和开姆尼茨（Chemnitz）等城镇，在传统小型制造业的基础上形成了一条繁荣的纺织带。开姆尼茨的第一批机器驱动的棉纺厂是由在曼彻斯特磨炼过技术的两兄弟按照英国模式建立的。自铁路于19世纪50年代到达开姆尼茨和周围的纺织城镇，它们就迅速成为织有复杂纹样的提花棉的生产中心。开姆尼茨成为"萨克森的曼彻斯特"，并在织布机、压榨机、机械和锅炉的制造基础上建立了一个全新的产业。它说明了纺织城镇是如何通过进入机器制造和染料制造领域来实现经济的多样化的。曼彻斯特和罗兹（Łódź）（见本章下文）也遵循了这种模式。

在1815年，鲁尔河谷还是由低山丘陵以及宽阔河谷构成的乡村景观，零星的市场村镇点缀其间，一派田园牧歌的景象。相比之下，波罗的海的港口依然是重要且富裕的，没有任何迹象表明鲁尔地区将会成为欧洲最为工业化和城市化的区域之一。这是一个紧凑的农业世界，有着得天独厚的水道，尤其是作为主要交通干线的莱茵河，又宽又容易航行。杜伊斯堡（Duisburg）、埃森（Essen）、波鸿（Bochum）和多特蒙德（Dortmund）是位于黑尔韦格（Hellweg）这条广为人知的贸易走廊上的传统集镇，它们依赖于小规模的制造业和食品加工。正如整个欧洲的其他城市一样，鲁尔区的城镇在18世纪末经历了人口的增长。但是它们仍然依偎在古老的中世纪城墙内，居民人数也远少于1万人。德意志城市系统传统上是多中心的，由许多像这样的充满活力的小型和中型城镇组成。一旦发现大量烟煤矿藏，人们就会在山丘和田野上钻探深矿井，第一批蒸汽机也随之出现。这些地下财富掌握在了普鲁士手中，1815年的维也纳会议赋予了普鲁士对整个鲁尔－莱茵地区的控制权。准备好现金的企业家纷纷涌入鲁尔区的城镇。采矿业由私人资本家经营，如弗里德里希·格里罗（Friedrich Grillo）、马蒂亚斯·施廷内斯（Mathias Stinnes）和爱尔兰人托马斯·马尔瓦尼（Thomas Mulvany）。外国人在矿场和新式机器上投入了大量资金，而德国银行则提供便利的贷款。到1850年，在杜伊斯堡、埃森、波鸿和多特蒙德等城镇周围的鲁尔区，已经有300座煤矿在运营。煤炭被出口，加工成焦炭，或用于钢铁生产。工业化的规模和速度令人吃惊，一切都集中在地表那些犹如裂痕般的通往矿井的露天矿坑周围。

到了19世纪80年代，大型的煤矿作业、巨大的钢铁联合企业、纺织厂、化工厂和酿酒厂雇用了数千名工人。他们将鲁尔区转变为一个工业利维坦。鲁尔区铸造了世界过半的高档钢材。铁路和运河在农村纵横交错，然后汇入鲁尔河与莱茵河。巨型煤矿公司盖尔森基尔希纳采矿股份有限公司（Gelsenkirchner Bergwerke AG）主宰了盖尔森基兴（Gelsenkirchen）。采矿和机械制造商古特霍夫努格冶炼厂（Gutehoffnungshütte）占据了奥伯豪森（Oberhausen）。埃森成为冶炼和制钢的中心，拥有庞大的克虏伯钢铁联合企业。克虏伯家族取得了非凡的名声和财富，特别是在阿尔弗雷德·克虏伯（Alfred Krupp）——他成为鲁尔区的一个传奇——的领导下。仅仅克虏伯的业务就雇用了3万名工人，为铁路机车、重炮和装甲板生产铸钢。克虏伯把他的军械卖给了俄国人和土耳其人，卖给了德国人和中国人，而不考虑政治上的敌意。在波鸿，巨型企业包括波鸿集团（Bochumer Verein）、波鸿艾森许特（Bochumer Eisenhütte）和钢铁工业协会（Gesellschaft für Stahlindustrie）。多特蒙德的一边是多特蒙德联盟（Dortmunder Union）和卡尔·冯·博恩（Carl von Born）的高炉与钢铁厂，在城市的另一边是赫施（Hoesch）钢铁厂。杜伊斯堡位于鲁尔河和莱茵河的交汇处，是巨大的蒂森铁厂（Thyssen Iron Works）以及硫酸厂、铜厂和蒸汽船码头的所在地。蒂森家族将钢铁生产的每一个方面都整合到他们的屋檐下。到1900年，他们雇用了2.4万人。克虏伯和蒂森家族共同站在鲁尔生产的顶峰。他们著名的煤炭和钢铁帝国为第一次和第二次世界大战生产了大量德国军备。在鲁尔区，工程、烟草加工、酿酒、炼糖和纺织业的机械日复一日轰轰作响。许多小企业也在这里开张营业，使这里形成了一个四处扩展的多核城市群。

鲁尔区的自然环境与工业形成了一种共生关系。煤炭和铁矿石以惊人的速度被挖掘。水也是必不可少的生产原料。煤、铁和钢铁工业都消耗了从河流中汲取的数亿加仑[1]水。为了防止矿井内涌水，需要将地下水抽出。所有混浊的污水和废水也都被排回河流中，河道成了开放的阴沟。河流被一个纵横交错的运河网连接在一起。鲁尔区的水路因煤炭和铁矿石的运输而热闹起来。高炉、仓库和运煤车在河岸上林立。马蒂亚斯·施廷内斯开设了通往鹿特丹（Rotterdam）的运煤船服务，在那里卸下这些黑色的财宝，然后再装

---

[1] 1加仑约合4.546升。

图6　克虏伯工厂内部，埃森（德国），约1905年

上纺织品、谷物和殖民地货物，沿鲁尔河返回。1848年，英国人班菲尔德（T. C. Banfield）在莱茵河上旅行时评论称："一排排可怜的马匹，拖着些迟缓却外形别致的小船……以蜗速行于这条壮观的河流——这样的情况在逐渐减少，取而代之的，是强大的拖船，它们带着六七艘200吨或300吨的驳船，冒着黑烟离开。"[24]烟雾弥漫的天空，以及被污染的土壤和空气摧残了鲁尔盆地，城市生活变得阴沉压抑。但是，工业领域也有辉煌的一面，一些观察家将其视为一幅激动人心的画面。在夜晚时分，一位建筑工程师站在杜伊斯堡的莱茵河大桥上，看到天际线"沐浴在火焰之中，白色、红色、蓝色、绿色，有时从黑色的火山口中强劲地喷涌出来，有时又像岩浆一样汹涌奔流，有时闪烁着，跃动着……庞大、笨重的巨像和细长的方

尖碑形建筑从火海中升起，直插云霄：嘈杂的、叮叮当当、嘎嘎作响的生物似乎在蜿蜒前行……所有这些都在宽阔的河流的黑暗波澜中反射和折射"。[25]

鲁尔区经历了德国所有省份中最快的人口增长。增长如此之快，以至于该地区被称为"普鲁士的狂野西部"。[26]从1850到1900年，鲁尔的人口从30万激增到200多万，鲁尔区也成为欧洲最大的工业地区。对劳动力的需求是巨大的。工业联合企业尽可能地压榨每一小时的工作时间，以提高效率，并在外国竞争中保持领先。络绎不绝的工人从附近的莱茵河谷、荷兰和比利时，以及东部更远处的东普鲁士和西里西亚赶来。工人大多数是年轻男性。对体力劳动和熟练工人的无尽需求意味着高工资。但是，生产的变化无常意味着工人们生活在持续的不安全中，并被迫在鲁尔区的城镇间来回奔波，寻找工作。他们适应了一种流动的生活方式，这种生活方式取决于在矿井和工厂中认识的工头能否为他们安排工作。村庄和采矿营地变成了蔓延开去的工业定居点。工厂的烟囱耸立在教堂的尖塔之上。旧城墙被拆除，临时的商业和住宅区向外扩展。多特蒙德和埃森的人口在19世纪下半叶增加了约11倍。杜伊斯堡的人口猛增了7倍。[27]鲁尔区就像英格兰中部地区的兰开夏或格拉斯哥周围的拉纳克郡一样，发展成为一个密切衔接的工业和城市系统，影响深远。在它的发展过程中没有连带任何集中的中心或首都城市。相反，鲁尔区成为一个工业化的多形态城市群。盖尔森基兴、奥伯豪森、万讷–艾克尔（Wanne-Eickel，黑尔讷［Herne］）和瓦滕沙伊德（Wattenscheid，现在是波鸿的一部分）等较新的城镇，都是彻底的工业地区。例如，奥伯豪森是一个由矿山和工厂、移民工人营地和农村乡镇组成的临时组合，分布在4个不同的地方行政区。它在1874年终于获得了城镇地位，在1901年才被合并为一个独立的自治市。[28]

城市化进程的巨大动力，使它在没有任何协调的情况下向前发展。传统的市民精英对这种发展采取了不闻不问的态度，几乎不干涉这些令人震惊的赚钱机会。他们从新的工业邻居那里获得了丰厚的利润。结果是产生了混杂多样的新建筑。到1900年，埃森的人口达到了40万，这座城市像阿米巴变形虫一样扩散开来，吞并吸收了周围的村庄和农庄。杜伊斯堡的旧中心仍继续存在，但被偏远的诺伊多夫（Neudorf）和霍赫费尔德（Hochfeld）地区所包围，这些地区本身就成为自己的商业中心。在鲁尔地区，城镇不仅规模更大，而且更拥挤，人口在社会上也更多元化。随着工业劳动力的增加，天主教徒的人数超过了传统的新教徒居民。工厂和矿山工人的人数超过了工匠。1845年，埃森约有20%的人口从事工业和采矿业，到了1859年，这一比例达到了60%，而且从事这类工作的都是男性。[29]鲁尔区的工业大亨们对所有这些喧闹的事情都置若罔闻。他们是一个独特的群体，与当地生活保持距离，仅有少数例外。尤其是克虏伯家族，他们都不是鲁尔本地人。他们仍然是独立的局外人，与当地社区的联系完全取决于工业生产的需要。

城市的住房短缺是一个持续的困境。市中心的老房子被分割成小块，以高价出租。私人业主利用这一需求牟利，建造了3层和4层的出租住宅群。投机性的工人住房质量低劣且不受监管。劳工在狭窄的公寓房间和阴暗的小屋里生活。人们在工业设施的阴影下，在缺乏基本服务设施的废旧建筑中寻找庇护所。噪声、烟尘、褐色的污染雾霾笼罩着整片大气，令人窒息。塞格罗特（Segeroth）是埃森的工人区，因克虏伯公司的工人，也因混杂着移民、骗子、小偷和妓女而广为人知。它是该市人口密度最高的地区，也是生活质量最低的地区。在这里，可饮用的水是一种稀缺物资。随着采矿作业抽走了越来越多的水，该市为数不多的水泵和喷泉干涸了。矿井的开发污染并耗尽了当地的泉水。人们针对矿场污染河流和耗尽水源提出了数十起投诉。塞格罗特爆发了抗议活动，反对马蒂亚斯（Mathias）和古斯塔夫（Gustav）矿区造成了水资源严重短缺的钻探活动。[30]塞格罗特等工人区的恶劣卫生条件还导致了霍乱、伤寒和白喉频繁暴发。1871 年，杜伊斯堡约 10% 的人口成为天花的受害者。[31]

严酷的条件和对社会动荡的恐惧使需要长期使用劳动力的煤炭和钢铁公司感到忧虑。对熟练工人的争夺十分激烈。与雇用妇女和儿童的纺织城镇不同，鲁尔区的城镇为妇女提供的就业选择很少，这意味着工人家庭在很大程度上依赖于巨大的钢铁联合企业的一份工资和稳定的就业。成千上万的矿工与他们的家人住在煤坑附近的聚落里中，依靠那里的社会关系生存。他们中的幸运儿住在公司的住房里，如克虏伯钢铁集团建造的许多定居点。尽管他们对任何劳工组织或工会主义保持着坚定的敌意，但鲁尔区的工业上层为工人提供了家长式的住宿和福利计划。到 19 世纪初，约 20% 的克虏伯工人居住在公司建造的定居点。克虏伯的住宅项目在第一次世界大战前共达到了约 1 万个单位，被誉为有远见的社会慈善典范。这些住处是城市中独立的、封闭的社区。它们通常由 1 层到 2 层的砖砌建筑组成，包含 4 户套间，以乡土风格建造，附带花园。大多数住宅区包括了学校、教堂、杂货店和啤酒馆，稳定地满足了家庭的需求，为其提供了服务。在 19 世纪末和 20 世纪初，更大的住宅群落成，许多受到田园城市运动的影响。其中最先进的是玛格丽滕高地（Margarethenhöhe），它是在 1906 年为埃森的克虏伯工人建造的示范性田园郊区，远离克虏伯主要工厂的噪声和烟雾，并受到绿化带的保护，高地还包含了各种设施，包括沐浴设施和一座图书馆。[32]高质量和低租金将工人与公司绑定在一起，并为家长式作风的社会控制提供了机会。住宅区由监管人仔细看管，以确保其道德标准和对企业的奉献。公司的年会庆典围绕着"关爱、忠诚、服从"的主题，将员工聚集起来。[33]这是一种浮士德式的交易，但一个工人阶级家庭是会愿意为过上体面生活而这样做的。

欧洲的工业地带遵循自然资源的逻辑，而很少遵守政治边界。它们像磁铁一样吸引着数千名从农村来寻找工作的男女。波罗的海的柯尼斯堡、斯德丁（什切青）和但泽（格但斯克）等港口拥有庞大的造船厂，形成了一个生产蒸汽船和火车头的新的工业集群。在离波罗的海的海岸不远的奥得河畔，斯德丁成为该地区最重要的工业港口。在19世纪80年代，它的伏尔甘船厂雇用了大约3600名工人。该市的机械工业加工瑞典的铁矿石。铜厂、焦化厂和焦油厂在它周围发展起来。斯德丁的公司扩展到摩托车、汽车、卡车、公共汽车以及飞机发动机的制造。工业集群在萨克森、波希米亚和摩拉维亚地区发展起来，这些地区拥有丰富的煤炭、铁矿石、锌、铅和银矿藏。约有1.5万人在布尔诺（Brno，布吕恩［Brünn］）的机械化羊毛纺织厂工作，这些工厂的生产活动以摩拉维亚农村的当地煤矿为基础。波兰西部形成了一条工业弧线，从西里西亚穿过罗兹，直到华沙。[34]维也纳会议建立的波兰王国（或波兰会议王国）对愿意向东搬迁的德意志纺纱厂和织布厂提供了丰厚的工业奖励，特别是针对罗兹地区。其结果是，波兰获得了大约10万名熟练的纺织工人。1864年，波兰农民的解放创造了一个愿意前往工厂打工的全新劳力库。新的城镇被建立起来，成为纺织业的中心，包括位于马佐维亚（Mazowsze）省罗兹南部的诺韦米亚斯托（Nowe Miasto）。[35]

　　罗兹成为一个服务不断扩大的俄罗斯市场的棉花和羊毛纺织品中心，尤其是在1850年关税壁垒被取消之后。第一个以蒸汽为动力的棉纺和织布厂是路德维希·盖耶（Ludwig Geyer）的4层石墙建筑，于1837年投入运营，格罗曼（Grohmann）和冯·兰德（Von Lande）的工厂紧随其后。德国纺织品制造商家族的后代卡尔·谢布勒（Karl Scheibler），在亚先河（Jasién River）畔创建了一家纺纱企业，包括为工厂工人提供的单间公寓。到19世纪末，拥有约5000名工人的谢布勒建筑群是世界上最大的工厂之一，包括高加索山脉的棉花种植园。罗兹的工厂建筑并不是严格意义上的实用主义建筑，而是展示了新古典主义和新哥特式的装饰特色。每天早上，工人都要涌入装饰风格带有颂扬纺织业巨头意味的工厂大门。犹太企业家伊兹拉埃尔·波兹南斯基（Izrael Poznański）的庞大的波兹南斯基工厂综合体有自己的发电站和用于放置纺织机械的、建有巨大的铁和玻璃屋顶的棚子。[36]谢布勒和波兹南斯基都为自己"罗兹人"的精明而自豪，类似于白手起家的"曼彻斯特人"。外国资本涌入这个城市，其中包括法国纺织公司，如鲁贝（Roubaix）的莱昂·阿拉尔（Leon Allart）。

　　从19世纪30年代一个仅有800人的平静农村小镇，发展到世纪末人口超过30万的城镇，罗兹远远快于欧洲任何其他的工业城市。罗兹大约有50%的人口是波兰人，他们主要是纺织工人，而30%的人口是犹太人，20%是德国人，主要是商人和实业家。到1913年，罗兹成为波兰仅次于华沙的第二大城市，有50万居民，约150万个棉纱轴和1.2万台织布机以闪电般的速度运行。[37]该市的主要街道皮奥特科夫斯卡（Piotrkowska）两旁，排列着工厂和豪华的建筑。城市里的每一块空地都被占据了，老街区被拆毁，为红砖公寓楼让路。

周边的兹盖日（Zgierz）、帕比亚尼采（Pabianice）、马佐夫舍地区托马舒夫（Tomaszów Mazowiecki）等村庄与罗兹融合在一起，构成了一个巨大的工业聚集地。1865年，维也纳—华沙铁路通车，另一条支线蜿蜒穿出波兰，通往比亚韦斯托克（Białystok）和对棉花纺织品需求极大的俄罗斯市场。

罗兹在波兰的文化想象中扮演了重要角色。在一个以农村为主的国家里，它是一股外来力量。音乐家阿图尔·鲁宾斯坦（Arthur Rubinstein）是该市最著名的市民之一，他在自传《我的青春岁月》（*My Young Years*）中回忆说，罗兹"似乎是一个位于波兰中部的外国城镇"。工人生活在一个由轰鸣的工厂组成的密集的工业集聚区，周围是一栋栋投机建设的住房和稀疏的单间工人公寓。19世纪末工业化的罗兹的版画，与曼彻斯特的几乎没有什么区别。二者的城市密度同样高，有着典型的工业景观的混乱发展，有着同样的灰色、肮脏的街道，数百根烟囱伸向烟雾和煤烟之幕后的看不见的天空。罗兹的巴乌蒂（Bałuty）贫民窟可以与曼彻斯特的安科茨相比。鲁宾斯坦回忆说：

> 罗兹可以说是人们能想象的最不健康和最不卫生的城市……空气中弥漫着来自化工厂的气体，掩盖天空的从烟囱冒出的黑烟是如此之浓，以至于从健康的角度来看，我们每天的散步不过是一种形式。夜晚的罗兹情况更糟。由于缺乏现代化的污水处理系统，该市不得不用马匹驱动的小铁罐车来清除排泄物，这些排泄物使街道充满了难以忍受的恶臭。[38]

然而，这座城市却以其喧嚣、种族多样性以及语言和文化的混合而闻名。游客对日常生活中的异国情调感到惊讶。罗兹人在他们的工厂旁边建起了豪华的白色住宅。一方面，罗兹老城的"犹太区"围绕着犹太教堂发展起来，其中包括欧洲最大的犹太教会堂之一：大犹太会堂（Great Synagogue）。另一方面，信奉天主教的记者瓦迪斯瓦夫·雷蒙特（Władysław Reymont），表达了波兰人对纺织业巨头背叛的恐慌。在他1899年的小说《应许之地》（*The Promised Land*）中，罗兹人被描述为无情的犹太人，而这个城市则是一种社会弊病："罗兹是一片森林，一片丛林——如果你有强大的爪子，你可以无所畏惧地前进，去做掉你的邻居；否则他们会扑向你，吸干你的血液，然后抛弃你的尸体。"[39]

19世纪之初，上西里西亚是欧洲中部最重要的工业区。那里值得流连。它位于奥得河和维斯瓦河以及两条向东的主要陆路交会处，是欧洲大陆的重要十字路口之一。该地区主要在普鲁士的控制之下，历史上，上西里西亚是一个以土地庄园为主的边缘地区，有零星小镇被当地的地主控制。沉闷的小村庄仍然被围墙和大门包围，只有主要的街道铺设了路面。工业几乎不存在。英国作家查尔斯·马文（Charles Marvin）在穿越西里西亚时，记下了西方人对梅斯沃维采（Mysłowice）镇的典型反应："和西里西亚的其他任何地方一样沉闷和可悲。它是一个严格意义上的农业中心，有2000名居民，在其铺设不善的大道上，有半打冷淡的商店和两三家乡村小旅馆。"在周边地区，"人们很快就会厌倦在尘土飞扬或泥泞不堪的道路上跋涉，到处都是车辙，除了无尽的一片片小麦、大麦、燕麦、小米和荞麦，什么都看不到"。[40]然而，一旦发现煤炭、铁矿石、银和锌，这种古老的环境就会突然改变。普鲁士王室积极行动起来，尝试使用英国的采矿技术，开始开采丰富的矿脉。1794年，英国工程师约翰·拜尔登（John Baildon）在格利维采（Gliwice，格莱维茨［Gleiwitz］）镇开设了皇家钢铁厂。它的焦炭炉是欧洲大陆上第一个用于冶炼铁的炉子。欧洲大陆的第一个轧铁厂被建立，率先从原矿中生产生铁和锌。到1800年，上西里西亚的重工业比鲁尔区更加发达。正是西里西亚的铁厂生产了普鲁士用于对抗拿破仑大军的火炮。

　　尽管如此，拿破仑战争和大陆封锁的混乱给西里西亚带来了浩劫。直到19世纪30年代，西里西亚的富裕地主才开始投资采矿业。1834年，新成立不久的德意志关税同盟实行的关税和货币改革政策以及铁路的建设为工业的发展开辟了可能性。1851年，普鲁士国家管理的煤矿被释放出来，开启了私人发展的繁荣时代。亨克尔·冯·唐纳斯马克（Henckel von Donnersmarck）家族在谢米亚诺维采（Siemianowice）建立了宏大的劳拉工厂（Laura Works）。霍赫伯格·冯·普利斯（Hochberg von Pless）和冯·斯泰乔–巴莱斯特姆（Von Stechow-Ballestrem）家族利用他们的矿场和工厂建立了工业帝国。温克勒（Winckler）家族获得了在上西里西亚煤炭区的心脏地带——梅斯沃维采和卡托维兹（Katowice）的独家开采权和采矿权。他们积累了30多个矿场和钢铁厂，以及控制当地村庄和城镇的权利。这些矿场完全由普鲁士人拥有和管理。甚至西里西亚的贵族也是普鲁士人的后裔。他们继续作为封建地主，赚取巨额财富，并对在他们的田地、矿场及工厂工作的工人和农民实施严格的控制。越来越多上西里西亚的"烟囱男爵"放弃了他们在当地的领地，把监管权交给监工，转而在柏林居住。他们当中的一些人，例如亨克尔·冯·多纳斯马克王子（Prince Henckel von Donnersmarck），是德意志帝国最富有的人之一。

　　横跨普鲁士、俄罗斯和哈布斯堡帝国以及波兰之间的边界的上西里西亚，其转变常常被人们所忽视。尽管鲁尔区最终变得更有生产力，但上西里西亚的重工业也在19世纪末至20世纪初迅速崛起。1860年，这里运营着81个矿场，仅仅10多年后，开采煤炭的矿井达到了120个。煤矿、铁器、铅和锌的冶炼作业的产量是欧洲最高的。上西里西亚生产的锌占世界总产量的40%。[41] 矿井架和煤场、矿渣堆遍布整个景观，带来了充满煤烟的雾气和煤渣燃烧的刺鼻气味。煤矿最独特的标志是带有桁架、绕线机和滑轮的井架塔。每个煤矿都有自己独特的塔楼形状和标志，由木材或锻铁制成。在上西里西亚的每个城镇，塔楼和烟囱都是天际线的主宰，它们是城市的纪念碑，标志着重工业的至高地位。上西里西亚的人口从1861年的110万增加到1910年的220万，而工人的数量从1852年的约1.8万人增加到1913年的近20万。[42] 卡托维兹、格利维采和比托姆（Bytom）这三个城镇在该地区的中心形成了一个密集的城市发展三角区。扎布热（Zabrze）和皇家钢铁厂（Huta Królewska）的工业基地及其工人住宿区填补了城市化的空间。[43] 然后城市化蔓延到几乎整个上西里西亚，使它从欧洲中部农村落后地区的代名词变成了欧洲大陆上人口最密集的发达地区之一。

　　卡托维兹是欧洲工业地区典型的多核模式中最大的城镇，是普鲁士政府在上西里西亚的殖民前哨。普鲁士的工程师、技术人员和行政人员来到该镇，迅速建立了德国公共生活的基础。温克勒家族的德国建筑师为卡托维兹制订了一个早期的总体规划，城市的中心地带有迷人的广场和大道。街道以普鲁士英雄的名字命名，公共纪念碑则献给普鲁士皇帝。一座德国新教教堂和两家现代酒店，与啤酒馆以及出售欧洲和殖民地商品的当地商店一起出现。德国戏剧作品、德国报纸、学校和图书馆，给卡托维兹带来了现代气息。德国的文明，被想象成是在改造一个落后的、无法管理的、没有任何进取精神或现代能力的地区。在19世纪60年代，卡托维兹只有5000名居民，据一位旅行者说，它具有"大城市的色彩"。到1905年，这里的人口达到了3.5万。卡托维兹也是一个工业重镇。上西里西亚的工业巨头将卡托维兹作为他们的总部。卡托维兹附近有6座铁厂和11座锌厂，以及14座煤矿。[44]井架塔和烟囱与德国文化的象征一起伸向空中，这是沉浸在不协调的符号中的城市景观。

上西里西亚是一个不安分的世界。尽管有普鲁士的支配性存在，但它抵制住了"德国化"，在迅速转变为一个强大的城市地区的同时，这里仍然保持着坚定的地方特色。工业工人阶级由斯拉夫人和天主教徒组成，其中许多人来自当地索尔诺克（Szolnzok）的族群。波兰人认为他们贫穷且懒惰。德国的精英对他们只有不屑一顾。普鲁士首席官员胡戈·佐尔格（Hugo Solger）评价他们"完全没有纪律，野蛮，放荡，通常是犯罪者"。他们中的大多数人"住在小木屋里……全都人满为患……许多最底层的人连屋顶都没有，在后院和玉米地里度过夏天——他们的人数已有数千。冬天，那些不回乡的人就睡在锌厂或石灰窑里，或任何可以避寒的地方。即使被赶走了十几次，他们也总会回来"。工人营地和棚户区的位置围绕着矿区，在雾霾中蔓延开来。这里适应了工作的节奏，成为独特的西里西亚工人阶级的文化区域。这是一个由紧密联系的微型民族社区和来自遥远的俄属波兰和加拉太（Galatia）的移民组成的万花筒。日常用语是斯拉夫语、波兰语、波希米亚语和德语的混合体。[45]在这样一个如此复杂的、基本上是隐蔽的世界里，不可能将人按国籍清晰分类。

上西里西亚的工人阶级挤在他们的定居点里，忍受着赤裸裸的贫困，他们的处境是悲惨的。工资微不足道。对反抗的矿工进行体罚是一种常态。坏血病和传染病十分猖獗。锌矿和铅矿的工人遭受着严重的神经系统疾病的折磨。佐尔格认为这种状况是"欧洲奴隶制的典型"。[46]这样的环境引发了早期的抗议。上西里西亚的第一次大规模罢工发生在1871年的皇家矿场。天主教会对西里西亚的工人阶级有着巨大的影响。正是波兰语的天主教报刊的推出，引发了有组织的政治活动。1889年的罢工涉及约1.5万人，并促使了上西里西亚基督教工人互助会的成立。1905至1907年期间，大罢工爆发了，1913年又再次举行，当时约有55%的矿工离开了工作岗位，其中许多人借此机会完全离开了西里西亚。[47]愤怒和怨恨使成千上万的工人逃离了那里，许多逃往鲁尔和莱茵地区，那里的工资更高，生活条件更好。从1871到1910年，大约有60万人抛下了西里西亚。在远离西里西亚矿区的恐怖环境的地方，有50万讲波兰语的少数民族人士在鲁尔区的工业中心地带中生活和工作。

煤是主导19世纪工业城市经济生活的国王。煤炭、焦炭、铁矿石推动了经济发展，最终推动城市发展。但是，新的能源来源正在激发投资并进入大规模生产。在19世纪，石油的开采和提炼仍然只占资源消耗的一小部分。庞大的基础设施和原油运输使能源的过渡期变得漫长而渐进。喀尔巴阡山脉山脚下的石油开采可以追溯到19世纪中期。喀尔巴阡山脉弯曲地穿过波兰南部、乌克兰的一角和罗马尼亚。虽然它们经常被归入"东欧"这个阴暗的陌生世界，但在这些山脉中寻找石油矿藏在欧洲的能源历史中发挥了重要作用。早期的石油开采在波兰东南部加利西亚地区的博布尔卡（Bóbrka）进行。在罗马尼亚，从1857年起，位于普洛耶什蒂（Ploieşti）以北的卡姆皮纳（Câmpina）开始有油井运营。罗马尼亚在1877年脱离奥斯曼帝国独立后，石油生产的步伐稳步加快。12家石油蒸馏厂和

3 家炼油厂迅速投入运营。1895 年的《矿山法》为外国资本的引入开辟了道路。到 1900 年，罗马尼亚的大多数炼油厂都掌握在德国、荷兰、英国和法国石油公司的手中。位于卡姆皮纳的罗马尼亚之星炼油厂（Steaua Română Refinery）规模庞大，它的运营包括油田和油井、炼油厂以及多瑙河上的油轮船队。到 19 世纪初，它成了欧洲最大的炼油厂。美国标准石油公司在罗马尼亚油田开设了分支机构，法国哥伦比亚公司紧随其后，然后在 1910 年，荷兰皇家壳牌公司（Royal Dutch Shell）开设了罗马尼亚星光（Astra Română）石油公司。在第一次世界大战前夕，石油生产占罗马尼亚国内产值的近 90%。[48]

石油工业改变了欧洲的城市面貌，并使其向东移动。布加勒斯特、普洛耶什蒂和卡姆皮纳地区的人口急剧增长。原本的农村贫民区突然变成了城市。农民变成了石油工人。随着资源开采的繁荣和萧条周期的到来，大量谋求工作的人涌入这里。在普洛耶什蒂和卡姆皮纳出现了石油钻探和提炼的培训研究中心。在沉闷的主要街道上，只有每周的市集能打破无聊的气氛，突然间，熙熙攘攘的人群、银行和豪华的酒店注入了生气。布加勒斯特和普洛耶什蒂被 1000 盏煤油路灯照亮。煤油商与出售饮用水的小贩一起在街上工作。罗马尼亚的铁路网使用石油炼制中产生的渣油替代煤炭作为燃料。铁路线在布加勒斯特会合，该地区从北部的卡姆皮纳市和普洛耶什蒂等石油繁荣的城镇，扩展到南部的多瑙河及其港口久尔久，成为工业化地区的中心枢纽。1895 年，往康斯坦察（Constanţa）港的铁路开通后，石油就直接流向黑海的远洋油轮，然后运往土耳其和欧洲。黑海和多瑙河沿岸的港口和铁路线为能源革命的原材料和产品创造了一个全新的运输系统。[49]

布加勒斯特老城的大部分低层木制建筑和奥斯曼帝国的遗产在1847年的大火中被毁。这场大火摧毁了登博维察河（Dâmbovița River）左岸的利普卡尼（Lipscani）的历史核心和商业中心。1864年和1865年的洪水又毁掉了该市三分之一的区域。随着布加勒斯特成为石油工业和新独立的罗马尼亚的首都，重建工作也随之展开。对于罗马尼亚的精英来说，这是一个可以系统地消除该市奥斯曼帝国遗留问题，并张开双臂拥抱西方化的机会。19世纪70年代末的俄土战争和罗马尼亚民族主义的兴起伴随着种族清洗，土耳其穆斯林人口被悲惨地赶出了罗马尼亚。然而，尽管布加勒斯特已经成为一座首都城市，并残酷地抹杀了它过去的奥斯曼痕迹，初看起来，这里更像是一个村庄的集合。在旅行者看来，它模糊地处于西方和东方之间。讽刺的是，正是这种边境地带混合的文化影响，使其成为19世纪末的机遇之地。

布加勒斯特拥有28万人口，是一个跨越广泛的种族和文化信仰的大熔炉。它为人们提供了工作和一个选择全新生活方式的机会。来自摩尔达维亚（Moldavia）的商人来到了新首都。意大利人从事建筑业，修筑城市的现代基础设施。纺织厂和食品工业雇用了一个新出现的工人阶级，其中许多是来自加利西亚和乌克兰的犹太人。布加勒斯特的德国移民社区在商业领域大展拳脚。罗马尼亚的重工业依赖德国和奥匈帝国的资本和技术知识。匈牙利人、希腊人和巴尔干各民族的移民来到这里，期待谋取财富。1856年，刚刚从农奴身份中解放出来的罗姆人（吉卜赛人）来到首都寻找工作。布加勒斯特的铸造厂、冶金厂和工程车间，以及普洛耶什蒂的石油设备制造厂，为首都的石油工业和军工厂提供支持。它们与重工业一起聚集在郊区和新的菲拉雷特火车站周围，该火车站将城市与多瑙河上的久尔久港连接起来。油轮船队在多瑙河上游和康斯坦察港之间来回穿梭。

当时，在布加勒斯特有一种这样的气氛：重建，摆脱过去，加入欧洲首都的行列，把布加勒斯特想象成一个现代化的国际大都市。[50] 社会特权阶层培养了布加勒斯特作为"小巴黎"的准官方形象。虽然市中心按照法国的标准精心规划，但它实际上却是一个复杂的社会景观。混乱状态的触角状的开发沿着公路和铁路线向周围地区蔓延，吞噬了沿途的村庄。布加勒斯特仍然是多中心的，它的马尔哈拉（malhalla）街区、旧村庄和工业区覆盖了广阔的区域，其中夹杂着空旷地带和贵族庄园。胜利大街（Calea Victoriei）是该市最优雅的大道，拥有奢华的住宅和公共建筑。罗马尼亚男爵、俄罗斯军官、西方总领事、外国代理人，以及富裕的社会名流，经常在绿树成荫的行道上散步。据一位波兰旅行者描述："不同国籍的人都在招摇漫步，他们吸烟，漫不经心地聊天，女性观众展示着'欧洲'和东方的打扮。"这是一幅丰富的社会全景图。城市的下一代中，许多家庭都有混血血统。但外国人也被视为投机贩子，会谈论着"他们的任务是在该地区传递文明的标准，但实际上关心的却是积累财富"。[51] 浮华的西方石油商炫耀着他们的钱，对着罗马尼亚的化石燃料财富垂涎，很容易符合这种讽刺的形象。他们是主张"罗马尼亚为罗马尼亚人服务"的民族主义者的心头大患。另一方面，西方人指责布加勒斯特是一个城市堕落的深渊，是"欧洲最腐败的城市"。[52] 然而液体黄金让人难以抗拒。1907 年布加勒斯特举行了国际石油会议，有 900 名代表参加。到第一次世界大战爆发时，罗马尼亚是欧洲领先的石油生产国，产量位居世界第四，仅次于美国、俄罗斯和墨西哥。

第3章　娱乐与浪漫梦境（1815—1848年）

历史学家对19世纪的工业繁荣城镇和欧洲首都大城市投以最多的关注，很大程度上，是因为它们凸显了现代转型的景象。19世纪是城市化的大时代。1800年，大约12%的欧洲人生活在城镇。到了1900年，城市居民占了约40%。大部分的历史研究通过大城市的视角来观察这一巨大的变化，尤其是伦敦、巴黎和维也纳。然而，还有其他类型的城市可以让我们了解关于欧洲的城市化进程，特别是商业和行政城镇、省会城市。这些城市是充满活力的场所，并以多种方式适应了现代性。它们没有产生那么夸张的人口增长，但一个城镇的功能和影响范围可以比人口所反映的数目更有意义。正是在这些地方城市中，本地习俗和新事物结合在一起，创造了丰富的文化实践活动和复杂的社会结构。这些城市的经济是多样化的，城市中充满了对比，既富有质朴的地方特色，也富有世界性的姿态。现代身份认同的形成源于民族、信仰、种族和语言混合的大杂烩，并被铭刻在城市景观之中。

这并非一个完美的过程。1815年，欧洲广大地区正在从残酷的拿破仑战争中恢复过来，开始重建。流离失所的难民、政治流亡者和侨居国外的知识分子，以及季节性劳工和流动人口，形成了在国与国和城与城之间穿越的人潮。欧洲大陆成为民族国家、自治国家、

微型公国、独立地区和多民族帝国的组合。民族和民族认同的概念
在这时才开始出现。对区域和城市的忠诚度与更广泛的民族主义潮
流势均力敌。城市是所有这些忠诚的支点，既相互冲突又相互加强。
归属与包容，或者排斥，都体现在城市的公共文化和日常生活中。
这是一个分裂的、有争议的领域。尤其是在欧洲的边境地区，文化
的交融是一个长期的、容易引起争议的事情，它产生了各有所属的
忠诚，并戏剧化了欧洲各地区习俗和传统的特殊性。尽管维也纳会
议采取了压制性政策，但城市仍是政治动荡的温床，被革命和反革
命反复折磨。19世纪20年代，地中海各地——都灵（Turin）、那不
勒斯、雅典（Athens）、西班牙和葡萄牙城市发生了武装起义。19世
纪30年代和40年代，整个欧洲大陆的城市都是革命动荡的舞台。最
激烈的战斗发生在巴黎、维也纳、布拉格（Prague）和柏林。紧张
的政治局势引发暴力冲突的情况不仅发生在首府城市，也蔓延到省
会和小城镇。骚乱爆发，路障林立，税务局和食品市场被洗劫一空。
在中欧和东欧，城镇被笼罩在维也纳会议重划的新边界之网中，这
些边界不仅挑战着人们的政治归属，更动摇了身份认同本身的存在
根基。

　　拿破仑战争结束的欢呼声使得所有这些复杂的问题都被轻易地
忽略。1815年，和平的到来是全欧洲旅行潮爆发的开始。英国人急
于享受胜利的果实和手中的金钱，尤其喜爱越过海峡，前往欧洲大
陆体验游玩。与18世纪只有少数特权阶层才能享受的漫长的壮游[1]
不同，19世纪初的旅游业正变得更加民主和现代化。第一本旅游指

---

[1] Grand Tour，指欧洲主要城市的游历，尤指英国显贵子弟的欧洲之旅，作为其完整
教育的一部分。

南出版了，旅游团也开始组织起来。旅行者可以相对舒适地从一个地方到达另一个地方，而不是坐在过时的马车里，在遍布车辙的道路上颠簸。路况得到改善；蒸汽船在欧洲的河流和海岸线上行驶；纵横交错的铁路线在欧洲大陆上蔓延增长。新的交通技术打破了过去时间和空间的限制。早期的壮游的传统路线是穿越法国和意大利，主要停留在巴黎和罗马。但现在，即使是偏远的地区也变得可达和可供消费，如同视觉的观赏剧场。

首都城市和地方城镇、沿海城市，甚至最偏远的定居点，都成为文化和历史遗产的所在地。浪漫主义情怀刺激了历史发现之旅、好奇心之旅以及文化之旅。游客手拿第一批印制的旅行指南，陶醉于过去的景观和废墟的壮丽、教堂和宫殿的辉煌，以及未知异域的奇观。民俗节庆活动让观众着迷。满怀惆怅与向往的旅行者思考着风景，欣赏历史艺术，从而获得文化品位。地中海沿岸的南欧、东欧的边远地区和巴尔干半岛，是更多无畏的冒险家的新发现。拿破仑的地图绘制者描绘了他在波兰、亚得里亚海省份，以及在意大利征服的地理区域。现在，探险家纷纷效仿，无视地中海和亚得里亚海沿岸非常危险的流行说法。那些关于强盗、不体面的犹太人、未开化的斯拉夫人和希腊人、蚊子和疾病的可怕故事并没有阻止他们。他们到更远的地方去寻找异国情调，并与当地人接触。东方的荒凉地带在向他们招手，土耳其在欧洲的领土也在向他们招手，还有那地中海沿岸的未知之地和被海浪拍打的城镇。人们对旅行的痴迷导致了大量游记和回忆录的涌现，其中充满了对所见所闻的丰富描述。

然而，游客的观点正在发生变化。归属感、传统身份认同和地点的性质正在发生变化。在欧洲的旅行非但是在风景和历史中游荡，而且是对现代性的自觉直面，直面拿破仑战争以来发生的变化——

尤其是在城市发生的变化。旅行本身已经被铁路和蒸汽船所改变。游客被神奇的火车站和容纳城市市场的巨大铁制结构所迷住。现代城市是一个经验与冒险的景观。游客是城市人群新氛围的一部分。他们是文化传播的代理人。但是，他们也可能发现自己不受欢迎，并被蔑视为碍眼的陌生人。19世纪上半叶，城市的公共空间被严重政治化。在古老的教堂周围奔走的热切朝圣者，很容易发现自己在街上遇到了路障和革命的动荡。起义地点本身也被加入到旅游行程中。1822年，爱尔兰记者迈克尔·昆（Michael Quin）在访问马德里（Madrid）时，遇到了数百名在街上游行的抗议者。1860年，一位英国游客发现那不勒斯"正式进入了封锁状态；实际上，压根儿就没有政府"。[1]

维也纳会议上重新绘制的欧洲版图改变了城市的身份和忠诚。在中欧和东欧，曾经的独立公国或主权自由城市的首都被分别纳入普鲁士王国、哈布斯堡的土地或俄罗斯帝国。一个由38个国家组成的德意志联邦从旧神圣罗马帝国的混乱土地中被分割出来。波兰被各大国瓜分了。奥地利将其势力范围扩大到巴尔干半岛和亚得里亚海。意大利半岛的政治边界被重新划定。在这种领土的不可预测性下，城市在政治和构建地方与身份认同方面发挥了关键作用。然而，城市将如何被治理，由什么样的公民来治理尚不清楚。法律权利和特权没有一致性和连贯性，也没有达成关于民主应该扩展到什么程度的任何共识。对整个欧洲的人们来说，与拿破仑军队的斗争是一种"解放战争"，它释放了一波激动人心的民族主义情感和抵抗浪潮。自由主义势力与哈布斯堡皇帝及其外交大臣克莱门斯·冯·梅特涅（Klemens von Metternich）建立的保守政权争夺民心。城市是一个舞台，一个讨论着统一的德国或重建的波兰的舞台，又或是一个讨论着新独立的希腊的舞台。现在，它比从前更有意义。爱国主义的概念在本土与民族尺度之间来回滑动。在这些压力下，本土、家和地方的观念，以及谁来控制它们，是人们激烈地进行社会协商的问题。

这些问题在省级城市、传统的政府所在地和散布在各地的商业城镇中表现得最为明显。在 19 世纪，这些地方的中心地带经常被描述为停滞不前或影响力下降。人们集中关注的重心一直放在作为现代熔炉的首都大城市，以及新兴工业区。这些城市的故事广为流传，其现代模式是通过城市等级制度向下流动，这个假设是众所周知的。其他城镇是来自大城市的现代性的"接受者"。然而，欧洲城市体系中所有层次的城市，都在以一种混合的方式繁荣发展并适应着现代性。欧洲的总人口在增加。越来越多的人迁入城镇和城市。现代生活的动力影响了整个欧洲城市谱系中的所有地方。这里有商业首府和集市城镇、省级行政中心、皇室和教会权力的所在地、军事前哨和主权城邦。其他城镇是银行或教育中心。集聚的经济有利于这种传统的城市体系。

位于铁路交会点的城镇经历了迅速的发展。到 19 世纪 40 年代，英国已经被交错的铁路网所覆盖。1850 年，德国境内已经铺设了 4000 英里的铁轨，法国也正在建立其铁路网络。火车的嘈杂和震动正改变着南欧和东欧的城镇。当地的工匠和商业贸易适应了新的市场，小规模的家庭企业开始营业，甚至在小城镇也出现了工业区。在中欧，慕尼黑、莱比锡、波恩（Bonn）、美因河畔法兰克福（Frankfurt am Main）、科隆（Cologne）和汉堡等地是重要的贸易和交通枢纽，经济和商业功能不断扩大。在东欧，维尔纽斯（Vilnius）、伦贝格（Lemberg，利沃夫 [L'viv/Lwów]）和克拉科夫等城市吸引了移民，并以与大型首都城市相同的速度扩大其地域范围。随着文化和休闲成为这些城市自身的力量，这些城市和城镇的影响实际上变强了。欧洲各地的城市精英建立了博物馆、图书馆和学院、公园和步道。在这个城市体系中，许多位于铁路线和主干道沿线的城镇作为文化驿站发挥作用。这些地方是他们所在地区的文化之都。它们炫耀着与欧洲大国首都相关的公共氛围和开明社会。

城市的形式，它的物质文化、建筑和景观，以及仪式和庆祝活动，都成为这种地方归属与现代身份之间的张力的表达。到 19 世纪中叶，欧洲各地的旧城墙和防御工事纷纷倒塌。过时的城市生活特权被自由主义的理想和对已经开始的城市扩张的认可所取代。拆毁城墙是一个不可估量的象征行为，旅行者经常对此进行评论。美国作家詹姆斯·费尼莫尔·库珀（James Fenimore Cooper）在 19 世纪 30 年代来到法兰克福，立即注意到了城墙的拆除和正在建造的新花园与休闲步道。这是他在每一个旅行过的德国大城市中都看到的事情。杜塞尔多夫（Düsseldorf）、不来梅（Bremen）、吕贝克和汉堡都在夷平旧的防御工事和壕沟，并将其改造成带有花园和池塘的林荫小道。布雷斯劳（弗罗茨瓦夫）把它的堡垒变成了宽阔的街道，两旁排列了树木和庄严的豪宅。再往东，布尔诺（布吕恩）拆除了它的防御工事，修建了弗兰肯贝格（Franzensberg）步道，在那里，"衣着光鲜的市民与妻儿相伴，在树下喝咖啡，在阴凉的小道上闲逛，享受夜晚的美景"[2]。库珀在法兰克福指出，这些改变与"政治动荡"一同发生，"源于传统、银行和制造业阶层，总之，新贵们的愿望是减少旧封建和领土贵族的权力和影响。金钱正在易手，权力也必须随之而去"。

现代性的力量正在改变城市的空间和文化。它正在创造一个城市身份——被认为是共同的欧洲居民身份，又明显是资产阶级的。库珀来到斯图加特（Stuttgart）时，注意到了它守旧的特征，他对此评论称，尽管如此，它"显然正在变得更加欧洲化，正如他们在大西洋这边所说的那样，每天都是如此；或者，换句话说，它正在变得越来越不那么奇特"。[3] 在里加，旅行作家和地理学家约翰·乔治·科尔看到"有着狭窄的街道和小巷"的德国老城与俄罗斯郊区的明显差异，那里"有着又长又宽的笔直街道，颜色是白的或黄的，大部分是木制房屋，铁制或木制的屋顶漆红漆绿，还有很多柱子"。随着人口、权力和财富不断增加，郊区"不断地敲打着享有特权的德国老首都的大门，要求自由和平等的权利"。老里加"就像一座被围困的城市"，社会龃龉颇深。[4] 旧防御工事外的地区已经开发出了一个海滨广场、条条宽阔的大道和数座花园。自 1857 年起，这里的城墙被完全夷为平地，新的城市规划已经就位。

与此同时，本土的身份认同依然持续存在甚至蓬勃发展，并被赋予了新的含义。城市成为关注现代社会应该如何运行和治理的中心。特别是在欧洲中部，城市生活作为资产阶级对贵族影响的一种制衡，其意义越来越大。尽管看似矛盾，但对国家利益的认同，甚至可以驱使地方中产阶级精英主动改善当地市民的生活。[5] 1815 年之后，非贵族的专业人员开始定期在官僚机构和法院担任地方公职。人们认为，他们比拥有根深蒂固特权的地方贵族更忠于国家官方和城市。商人、银行家、工业家，甚至富有的工匠占据了市议会和商会的席位。行会组织承担了公民义务。他们精心设计的行会大厅是城市中最重要的机构之一。市政改进委员会和各教区的办事处都由具有公民意识的人组成。尽管妇女被排除在政治之外，但她们组织了自己的志愿协会，通常是围绕慈善工作。自治和地方利益共同体与自由主义原则的信念相一致。自由主义是新的商业和工业精英的信条，他们按照自己的形象塑造公共生活。中产阶级或市民阶层的身份和当地的爱国主义是一体的，言语上强调关心城市，关注城市的繁荣。这是一种理想的状态。这些对地方的忠诚和新的影响领域表现在志愿团体、公共节日和仪式、公民会议和公民机构的爆炸式增长中。这样的现象不仅出现在大型首都城市，也出现在地方城镇、商业中心和地方政府所在地。

1815年后，如雨后春笋般出现的各种协会和市民仪式，为资产阶级精英提供了按照自己的意愿组织城市生活的机会。他们成为城市文化的守门人。这就是新的"有教养的"阶级，也就是受过教育和富裕的人与社会底层的区别所在。资产阶级的身份是与艺术和教育以及礼仪和外表联系在一起的。他们塑造了一个充满活力的文化世界，包括音乐和学术团体、阅读圈、体育和社交俱乐部。出席公开场合活动的活跃度是资产阶级身份的一个基本特征。[6]上流社会人士在剧院和音乐会上休闲消遣，并在公共步道和市民游行中展示他们的高雅气质。大城镇和小城镇中都建有豪华的剧院。例如，德国在19世纪初，各城镇中已有剧院80家。1841年，石勒苏益格－荷尔斯泰因（Schleswig-Holstein）公国的港口城市基尔（Kiel）在该市富商的资助下建立了城市剧院。在捷克，戏剧和音乐表演在超过100个城镇举行。[7]随着剧院成为资产阶级的机构，它们从滑稽轻浮的娱乐活动变成了提高道德水平和社会改良的场所。然而，这一公民领域也促进了跨阶级的社会交际。显赫的资产阶级家庭与当地的贵族交往，并以贵族身份自居。他们也与新晋实业家和劳动界的上层人士打成一片。富裕的熟练工匠则摆出了资产阶级的架势。他们组织了自我提升的俱乐部，加入了机械和工艺学院。特权者的队伍深入城市社会。公共事务的舞台扩大了，致力于缓解社会紧张和政治动荡。

　　对艺术和娱乐的支持举措成为市政政策。传统的仪式和节日提升了人们对集体生活的自豪感。这些公共娱乐活动与娱乐花园和舞厅、公园和步道等设施一起，塑造了大多数人的地方文化体验。这里是富人也是穷人的聚集地，有助于创造一种特殊的城市社交形式。沃克斯豪尔（Vauxhall）是伦敦最奢华的娱乐花园。泰晤士河畔的克雷莫纳（Cremona）花园的宴游狂欢者享受着跳舞和乘坐气球的乐趣。他们在这个过程中与各行各业的人擦肩而过。哥本哈根蒂沃利（Tivoli）花园的集市和默剧剧院使其成为欧洲最受欢迎的场所之一。维也纳的普拉特（Prater）游乐园充满了音乐、茶点摊位、马术表演和马戏团表演者。夏天的夜晚，人群会聚集起来，欣赏多瑙河上的烟花。正是这些事物吸引了旅行者和游客，满足了他们对欧洲城市的幻想。英国旅行家乔治·弗兰克林·阿特金森（George Francklin Atkinson）激动地谈到他在汉堡的阿尔斯特广场（Alster Square）度过的一个夜晚，该广场在大火之后新近重建，这里"千盏灯映在平静的水镜中，音乐声飘荡在宁静的水面上"。他很欣赏卖花姑娘那美丽而别致的服装，"她们穿着彩色短衬裙、紧身的上装和粉色的长袜"。城市的城墙已经变成了休闲步道和娱乐花园，"诚实的汉堡人在阴凉角落和令人愉快的僻静之处尽情享受"。[8]

　　教堂和博物馆、大学等文化机构在当地城市社会中发挥着重要作用。教堂、修女院和修道院是长期存在的城市飞地，它们对城市生活的影响不容小觑，尤其是在1815年后的保守主义复兴时期。地方神职人员在宗教复兴方面做出了显著的努力。天主教和新教的精英在城市地区进行了大量的教堂建设，以加强宗教价值观。宏伟的教堂是城市身份的标志，而宗教活动对公共话语至关重要。教会和大学的高层都是城市领域的同行，经常影响着城市政治和日常生活。大学机构及其"拉丁区"是欧洲城市的明珠。在拿破仑战争后的几年里，大学作为对知识生活和科学研究日渐浓厚的兴趣的一部分，重新出现或建立。关于科学、历史和哲学的出版作品大量涌现。潜心研究科学奇迹的当地名流建立了自然历史博物馆，并为向公众开放的图书馆捐赠。识字率提高了，各种语言的报纸和期刊多得令人眼花缭乱。读者沉浸在创造了一个关于城市生活的共同叙事的"城市故事"之中。大城市和省会城市，甚至中等规模的城镇都享受着这种文化繁荣。

例如，瑞典北部的乌普萨拉（Uppsala）拥有着卓越的学术生活的遗产。这里的大学、皇家科学院和植物园，是早期遗传学家卡尔·林奈（Carl Linnaeus）领导研究的忙碌场所。天文学家和数学家与该城市的富裕精英一同出游。出于对这一学术遗产重要性的重视，该大学在一栋华丽的新古典主义建筑中新建了植物学研究所，还建造了最先进的天文观测台，并为医学院建造了一个外科诊所。乌普萨拉博学的绅士把科学仪器、稀有标本、自然奇观和技术古玩等独特的收藏品汇集在一起，将其作为知识才能的标志自豪地展示出来。19 世纪 30 至 40 年代，乌普萨拉大学的学生被浪漫理想主义所激起，他们举行政治会议，并在大学礼堂里唱着火热的爱国主义歌曲，进行演讲。大学里神职人员的数量减少了，同时，越来越多的学生来自中产阶级和普通家庭。较贫穷的学生在共用的车库里过着波希米亚式生活，较富裕的学生则携带马鞭在街上漫步，他们穿戴着花哨的燕尾服、白手套和学生帽，炫耀自己的财富。他们组织成了"国家"，在乌普萨拉的城堡山上狂欢，在城市的酒馆和咖啡馆庆祝五一劳动节。[9] 他们是一群热情的年轻人，畅饮歌唱，在喧闹的晚餐时刻辩论，探讨自由主义思想的时代大学教育的意义。

浪漫主义的风潮使人们对本地的历史和文化产生了浓厚的兴趣。这在很大程度上是对城市转型和被新的政治地理格局改变的忠实的回应。城市的自我意识成为地方主义与民族主义的爱国主义相结合的复杂领域，甚至区域观念也在此发挥了作用。中欧（Mitteleuropa）的概念，在地理文献和政治话语中作为泛日耳曼文化空间经常出现。然而这些构想付诸城市实践时，却呈现出多元形态。地方爱国主义社团、民俗语言、风俗和服饰都很流行。乡村仪式和舞蹈的表演被想象为对真正的本土身份的重新发现，以及提升城市下层阶级道德的一种形式。对于游客来说，观看这些活动是在消费"民间文化"这种新的公共剧场。旅行者约翰·乔治·科尔目睹了每年6月圣约翰节在里加举行的传统花卉庆典。整个城市被鲜花簇拥着，"无论老少贫富，整个里加市都在跳舞、玩耍和唱歌"。糖果店和水果店门口敞开，鲜花装饰的贡都拉船在德维纳河（Dwina River）上漂浮，城市在夜间为庆祝活动亮起了灯光。1846年，法国社会改革家弗雷德里克·勒普莱（Frédéric Le Play）在都灵旅行时，看到了一年一度的圣体游行，1000名白衣女子手持蜡烛和宗教旗帜走在街上。牧师和身穿修女服、赤脚拿着十字架的女性跟在她们身后。"这是我们在法国看不到的壮丽景象。"科尔还参加了波森（Posen，波兹南［Poznań］）的圣母升天节，当时周围农村的镇民和农民穿着节日的服装游行到教堂。身着宽大衬裙、身后飘扬着丝带的妇女拿着一扎扎洒上圣水的鲜花和蔬菜。"这种风尚对他们来说自古有之，绝不是对巴黎的模仿。"[10]

新的社交形式盛行，已融入日常生活的肌理之中。沿着新的步道漫步，在咖啡馆里分享小道消息和看报纸，参加准科学协会，这些都是公民参与的标志。女士们的圈子兴起了。共济会和慈善协会、酒和射击俱乐部、体育俱乐部、音乐会和合唱团在新的公民社会中蓬勃发展。人们对地方协会的热情高涨。即使在小城镇中，资产阶级文化也变得司空见惯。[11]特别是在欧洲中部和东部，音乐作为城市文化精英自我表达的媒介，成为新兴公共领域的核心。学习音乐和演奏乐器是资产阶级教育和城市化的最重要的标志之一。自18世纪以来，歌剧和音乐会一直是城市文化的主流，它们中的大部分是基于意大利和法国的高雅影响。但这种传统剧目在19世纪初发生了变化，音乐剧和音乐活动进入了一个黄金时代。歌曲和歌唱不仅是一种精英社交的形式，它还作为一种文化交流和联谊生活的形式吸引了广大公众。当地市民建立了歌唱俱乐部和音乐会协会。他们资助音乐剧院和音乐厅，并安排欧洲的传奇音乐巨星来访。教堂是宗教音乐表演的场所。天主教徒、新教徒和犹太人都成立了音乐协会。对于浪漫主义者来说，音乐是情感的语言。在中欧，音乐具有近乎神秘的特质。[12]业余戏剧和音乐团体以及舞厅甚至延伸到了乡村小镇。在当地的游乐场里，随着狂野的旋律跳舞的乐趣吸引了来自各行各业的组合。壮观的公共舞会是一阵时尚旋风，尤其是在狂欢节期间。城市处处响彻歌声与激情澎湃的演出，其核心意涵既扎根本土又饱含爱国情怀；这些音乐活动成为重拾语言与文化遗产的途径，彰显着人们炽热的地域情感。

　　男子合唱团，或音乐俱乐部，最初于1808年在柏林成立。几乎在同一时间，这个想法在汉堡、莱比锡、德绍（Dessau）和格丁根（Göttingen）被采纳。斯图加特的音乐俱乐部激发了乌尔姆（Ulm）、慕尼黑和美因河畔法兰克福成立合唱团的倡议。科布伦茨（Koblenz）、不来梅、纽伦堡（Nuremberg）、曼海姆（Mannheim）

和科隆等城镇都在19世纪20年代和30年代建立了自己的音乐社团。这些喧闹的合唱团和业余乐队，以及准军事体操俱乐部、饮酒和射箭俱乐部，是一种现代形式的男性社交活动。它们也是煽动政治暴乱的论坛，极易将暴乱纷争演变成直接行动。这里的成员来自社会各阶层，从商人、银行家、工业企业家到公共管理部门的官员、作家、记者、工匠大师以及富裕的工人阶级。[13]他们最低限度的活动是在当地啤酒馆定期聚会，高唱爱国主义歌曲。但他们中最富有的人会在当地举办音乐会，并组织大规模的公开演出，参与者数以千计。这些活动的规模和范围表明了它们是既属于城市，也属于德国大众（德语称Volk）的集体联合。这是一种新型的民主公众参与，标志着政治向大众的过渡。德国模式也鼓励了业余音乐俱乐部和歌曲节在波罗的海省份的柯尼斯堡、但泽、里加和塔林等城市的兴起，这些活动是对当地文化和语言的张扬庆祝，也为人们爱国主义情感的流露提供了机会。

合唱团的活动在莱茵兰（Rhineland）发展得尤其壮大，那里成立的俱乐部数量达到了100多个，这些俱乐部是表达区域和民族忠诚的平台。莱茵兰是欧洲最富裕的省份之一。其首府科隆和汉堡作为独立的城市有着悠久的历史，它们都有着自己的治理机构和地区传统：科隆是一个自治的帝国城市，汉堡是一个独立的商业港口。它们是中欧私人银行的中心。然而拿破仑战争破坏了这一辉煌的过去，当时这两个地方都被法国占领。1815年后，它们又被嫁接到普鲁士王国。这两个城市与易北河以东的普鲁士农村没有什么共同之处，围绕这一模糊的领土安排的争论持续了多年。科隆在反普鲁士上声名显赫。科隆市议会一再试图收回其长期以来的独立权，普鲁士人对此不屑一顾。作为报复，他们冷落了科隆，指定了杜塞尔多夫为新的地区首府，波恩为新建大学的所在地。拥有约 8 万居民的科隆被降级为普鲁士西部边缘的防御性城市，仅有 11 个环形堡垒和相当规模的普鲁士驻军来维持紧张的和平。[14]平民和普鲁士士兵之间经常发生街头斗殴。1846 年，在普鲁士警察用棍棒、刺刀攻击平民后，一个教区集市以暴乱告终。该市的天主教徒对他们的新教主人充满了警惕。反普鲁士的情绪促进了地方团结和自觉的天主教地区认同。而后，当科隆的大主教被普鲁士人逮捕时，骚乱爆发了。科隆的银行家们担心新的税收政策。旧的银行业贵族——沙夫豪森（Schaaffhausen）、冯·格鲁特（von Groote）和冯·维特根斯坦（von Wittgenstein）家族控制了这座城市的经济和政府。奥本海姆（Oppenheim）家族等新来者是莱茵兰地区铁路的主要投资者，并将科隆作为铁路的枢纽。他们为鲁尔区的钢铁和煤炭工业提供资金，计划使科隆成为金属制品和机器制造的中心。这是一个深深扎根于莱茵兰地区的强大而富有的寡头集团，对普鲁士并不持有太多的支持态度。

正是在这种氛围中，浪漫主义情怀和对城市遗产的激烈捍卫在科隆扎下了根。莱茵河游船迅速成为文化游客的最爱。第一本出版发行的贝德克尔[1]旅行指南专门介绍了那些如画般的风景：沿河悬崖边的城堡和像巧克力盒一般的村庄。在浪漫主义风景画大师透纳（J. M. W. Turner）的画作复制品中，莱茵兰历史的描述如梦如幻。科隆是旅程中的必去之处。这座城市也是北欧最受欢迎的宗教朝圣地之一，其旅游经济蓬勃发展。1814 年，英国旅行家理查德·博伊尔·伯纳德（Richard Boyle Bernard）到达科隆，他认为很少有城市的外观

---

[1] Baedeker，19 世纪初德国一家以出版旅游指南而闻名的出版社。

图 7　科隆景色，约 1840 年，19 世纪制作的钢版画，北莱茵－威斯特法伦州

比它"庞大的建筑物、林立的尖塔和河岸边密集的桅杆"更有气魄。1846 年，出版商奥托·埃尔本（Otto Elben）出发前往科隆参加德国－弗兰芒音乐节。他乘坐蒸汽船沿莱茵河而下，开始他所描述的诗意之旅。在船上，他遇到了前往该城市的合唱俱乐部的成员。到达科隆后，埃尔本参加了歌唱活动，然后在当地进行参观和游览。[15]

坐落在其防御工事内的莱茵河左岸小镇，是科隆昔日辉煌的一个舞台。历史悠久的教堂、修道院和女隐修院、小教堂和隐修院，排列在蜿蜒的街道和鹅卵石小巷两旁。历史主义风潮和巡回旅游路线与追求爱国主义的姿态密不可分。科隆大教堂周围的中世纪建筑群成为吸引观光客的"美化区"。[16] 在教会要人和城市市民的带领下，公开展示这个名副其实的当地艺术和文物宝库，在很大程度上是对普鲁士统治的报复。宗教朝圣和游行活动随处可见，其中一些活动，如三王游行，吸引了数十万的礼拜者。莱茵河下游的音乐节是科隆与杜塞尔多夫和艾克斯勒沙佩尔（Aix-le-Chapelle）的合作项目，成千上万的合唱团来到科隆，参加亨德尔（Handel）和海顿（Haydn）演说厅的纪念性公开演出。[17] 1823 年，这座城市的贵族家庭复苏了科隆的传统嘉年华。这是科隆规模最大的嘉年华，在莱茵兰的城镇有着悠久的历史渊源，并作为一种政治反抗形式重新出现在普鲁士人的面前。嘉年华组织俱乐部是一个喧闹的政治辩论平台。在科隆，宴会、精心设计的游行和大型公共舞会是整个嘉年华的高潮。爱国歌曲集和节日节目单被分发给城市里的每个人。在玫瑰星期一（Rose Monday），精彩的音乐队伍沿着霍赫大街（Hohe Strasse）和"四风"之路的路口巡游，欢乐的狂欢者穿着历史服装，花车上的装饰华美精致。这是该市文化领域最具表现力的时刻之一，也是一次对科隆辉煌毫不掩饰的宣传。作为他们爱国热情和独立的象征，嘉年华委员会成员穿上了民兵制服，而数以千计的普鲁士士兵驻扎在街头，忍受着人群的嘲弄。

最重要的是，科隆大教堂是科隆这个伟大城市以及其文化和城市生活独特性的反抗象征。这座未完成的中世纪大教堂与南塔上的巨大木制起重机一起主宰了整个天际线。法国旅行家保罗·博德里（Paul Baudry）把它称为一个不朽的"巨人"。[18] 1814 年，这座大教堂的原始设计图的重新发现，推动了这一艰苦的项目，最终建成了这座标志性建筑。它引发了一场热情的运动，要求只使用最符合历史的技术和材料来建造教堂。1842 年和 1848 年，在政治集会和革命抗议爆发的同时，人们举办了盛大的节目来庆祝大教堂的落成。整个城市和约 3 万名游客参加了这场庆祝。军事游行和火炬游行欢迎出席了庆祝活动的奥地利大公。房屋为庆祝活动而点亮。对于成千上万的崇拜者来说，这座城市变成了一个仙境，他们把科隆看成了一个浪漫的梦境。[19] 这些城市景观深根于天主教信仰。它们是充满了紧张关系的政治示威活动——这种紧张关系处于本土爱国主义与科隆在德意志民族中所扮演的角色之间。现代性是通过这些强大的地方实践和历史的镜头来解释的。它们决定了记忆、文化和社会结构在城市景观中的铭刻方式。

　　在慕尼黑等城市中，旅游的感性也得到了表达。1806 年，慕尼黑成为当时中欧最大的独立国家之一巴伐利亚王国的首都。这里最初是伊萨尔河畔的一个小城，人口约为 6.5 万。在拿破仑战争后的几年里，慕尼黑繁荣起来。巴伐利亚王储路德维希（Crown prince Ludwig of Bavaria）将这座城市塑造成了一个知识和文化的典范，令旅行者心驰神往。约翰·巴罗（John Barrow）在 19 世纪 40 年代访问慕尼黑时曾赞叹道："在过去 30 年里，慕尼黑已经从一个拥挤的小城市……上升到在规模上可以与欧洲最著名的城市相媲美的地位。"[20] 城墙被拆除，北部的新扩建部分被布置成一个庄严的轴线模式，与老城区中世纪的小巷和教堂形成了鲜明对比。时尚的新林荫大道和广场给城市带来了一种高贵的气息。气势恢宏的路德维希大街（Ludwigstrasse）两旁，排列着华丽的宫殿和政府大楼。皇家马车和华丽的马车队列在林荫道上昂首阔步。这种壮观的场面是巴伐利亚爱国主义和它转向开明改革的视觉性表达。

　　慕尼黑是一个深入天主教地区的自由主义据点。大约一半的市民为政府、军队、宗教或文化机构工作。新教中产阶级占据了路德维希政府的上层。他们在慕尼黑市议会任职，开启了一个文化启蒙的时代。巴伐利亚的顶尖大学连同路德维希大街上的一座宏伟的建筑被搬到了慕尼黑，里面坐满了新教的神学家。慕尼黑的美术学院和艺术协会是中欧最重要的艺术协会之一。绘画陈列馆和具有希腊风格的古代雕塑展览馆，连同国家剧院、图书馆和科学院一起为城中新扩建的部分增光添彩。这些建筑被新古典主义的优雅风格和胜利的凯旋门所衬托。瓦尔哈拉纪念碑是为纪念在拿破仑战争中作战的巴伐利亚士兵所修建。这一文化奇观散发着慕尼黑新的市民精神。[21]古典世界是对抗天主教会力量的一个文化衬托。路德维希对所有希腊和罗马的事物有着无止境的崇拜。他曾访问过罗马 50 次，慕尼黑的博物馆因他收藏的古代文物而爆满。到 19 世纪 40 年代，这些文化景观已经被列入德国最令人期待的旅游路线，就像该城市的娱乐花园、赌场和啤酒馆一样。

　　啤酒生意是慕尼黑的一桩大买卖。第一届啤酒节的庆祝活动让这座城市成为一个主要景点。庆典上，城市居民身着巴伐利亚服装，进行了一轮又一轮的音乐表演。这些文化盛会巩固了慕尼黑作为一个自由奔放的城市和"现代雅典"的声誉。这座城市在路德维希之后，由其子马克西米利安二世（Maximilian II）领导，继续发展。慕尼黑成为德意志南部最大的工业中心。新的谷仓象征着这座城市的商业复苏，同时，还有 1854 年落成的由高耸的铁和玻璃支撑的展览馆玻璃宫（Glaspalast）。它是继伦敦的水晶宫（Crystal Palace）之后的欧洲第二座展览馆。城市卫生学家马克斯·约瑟夫·冯·佩滕科夫（Max Joseph von Pettenkofer）站在消灭慕尼黑霍乱的最前沿，他倡导清洁空气和水，以及现代化污水处理。这座城市是城市创新的灯塔——一座科学、艺术和工业的独特混合体，受到整个欧洲的赞誉，慕尼黑也是 19 世纪上半叶地区首府沃土的最佳范例之一。到 19 世纪 50 年代，其人口已经超过了 10 万。

　　欧洲各地的城市都被卷入了拿破仑战争后的政治危机中。列强发起的保守主义反击以及随之而来的革命浪潮使城市街道持续喧嚣。克拉科夫位于波兰中东部的维斯瓦河畔，是欧洲最动荡的城市之一。俯瞰这座城市的皇家城堡和瓦维尔大教堂证明了它作为前波兰王国的首都和知识中心的辉煌历史。随着拿破仑战争的结束，波兰在地图上消失了，克拉科夫的归属成为大国之间最具分歧的问题之一。维也纳会议未能解决这些争端，只得将克拉科夫列为一个名义上的自由城市，并受到俄罗斯、普鲁士和奥地利的密切监视。从 1815 到 1846 年，它仍然是一个脆弱的独立城市，被其贪婪的邻国夹在中间。尽管克拉科夫失去了作为波兰首都的角色，但它掌握了自己的命运，并享受了一段经济繁荣和城市发展的时间。

　　克拉科夫在波兰人的想象中占有特殊地位。它拥有 14 万人口，是一个卓越的天主教据点，也是一个被剥夺了独立的国家活生生的象征。19 世纪 40 年代中期，约瑟夫·马琴斯基（Józef Mączyński）来到那里，被那些直插云霄的塔楼和教堂尖塔的数量所震撼。他说，旅行者很快就能意识到，"走过的每一步，每一块砖、每一块石头都承载着无数的历史记忆"。[22] 克拉科夫由参议院管理，投票权仅限于贵族地主和富有的城镇居民、神职人员、教师、知识分子、艺术家。大教堂和大学在管理委员会中拥有重要地位，并为控制城市的未来而斗争。在地方政治之外，列强计划将克拉科夫变成西欧和黑海之间的商业枢纽。它被指定为自由贸易区，并成为一个自由流动的商业和走私转口港。香料和东方商品，以及匈牙利葡萄酒，通过该城向西到达华沙和但泽，西里西亚的产品则通过克拉科夫向东运输。

　　尽管政治动荡不断，克拉科夫的独立也岌岌可危，参议院仍然热情地开展了城市整修工作。废弃的防御工事和包围城市的近 46 座堡垒都被拆除了。取而代之的是普兰提公园（Planty Park），它向所有市民开放，并点缀着具有有爱国主义色彩的装饰。漫步在绿树成荫的长廊上，停下来欣赏供人游乐的亭子、音乐会和舞蹈表演，[23] 是摆脱城市街道上令人不安的抗议和危险，享受片刻宁静的方式。外国游客对它的成功感到震惊。1840 年，美国旅行家约翰·斯蒂芬斯（John Stephens）在享受这种气氛时指出，"在星期日和节日，所有的人都穿上漂亮的衣服聚集在一起，在他们的父辈情愿穿着盔甲并为战斗列队的地方寻求快乐"。[24] 在这样风景如画的地方漫步，是彰显绅士风度、礼仪和外表的形式。像许多城镇一样，克拉科夫有各种各样的花园和绿地向公众开放，优雅的社会人士在那里散步和享受休闲。在夏日的傍晚，沿着维斯瓦河岸漫步是一种流行的消遣，尤其是对那些轻松谈话的社交达人来说。该镇的第一个娱乐花园克雷默（Kremer），在闪烁的灯光下提供音乐、游戏和乘气球观光的服务。在花园内，人们不被社会的常规所束缚，可以进行游戏、调情和性暗示。这些公园成为 1836 年克拉科夫总体规划的基础。规划整合了许多周围的村庄，提供了新的大道和维斯瓦河上的桥梁，并赋予了这座城市现代的外观。对历史遗迹的情感崇敬广为流行。在当地大学的主持下，该市的瓦维尔城堡（Wawel Castle）得到了修复。对波兰民族主义领袖塔德乌什·柯斯丘什科（Tadeusz Kościuszko）的纪念在克拉科夫人自己建造的巨大的柯斯丘什科之丘中得以体现。这座城市是波兰爱国主义的缩影。

雅盖隆大学成为克拉科夫学术生活和地方认同的熔炉。科学和文化机构在这一自由市蓬勃发展，包括新组织的克拉科夫学术协会。它隶属于老城区拉丁区的圣安妮街（St. Anne's Street）周围的大学和以当地哥特式风格翻新的克拉科夫大学院。克拉科夫大学院与克拉科夫小学院、法学院、物理学院组成了 4 个院系。植物园和天文观测台、应用数学研究所和大学的医院诊所使克拉科夫成为波兰教育的先锋。一批优秀的教授、律师和数千名学生为这座城市带来了知识的光芒。他们激进的政治观念渗透到日常生活中，渗透到贸易和工匠阶层。在这些年不断发生的政治动荡中，大学作为一个独立的机构行事。它的知识分子是叛乱的骨干，是对保守主义势力的制衡。大学欢迎来自波兰各地的学生，并在这一方面拥有特殊的地位。在中欧，大学一直是德国语言和文化的据点。雅盖隆大学则用波兰语授课。它高举波兰文化的火炬，对抗顽强的外来影响。

克拉科夫也成为波兰民族主义者、政治弃儿和阴谋家的避难所，对那些从法国流亡回来的人来说尤其如此。它成为民族主义抵抗和阴谋活动的臭名昭著的巢穴。周边的加利西亚地区是东欧种族最多样化的地区之一。在克拉科夫以及邻近的卡齐米日（Kazimierz）和波德戈日（Podgórze）地区，有一个居住着约 3 万人的著名犹太社区。克拉科夫主广场上熙攘的人群里，既有旅人与天主教朝圣者，也有犹太教徒、来自波兰各地的学生与贵族、东方商贾，更有骚动的异见者与尾随追捕的俄国士兵。在学生、难民、通缉犯和逃兵涌入的暗流中，波兰民族主义地下组织悄然成型。禁书与小册子在暗巷流通，沙皇密探最终横尸街头。[25] 为了反击，俄罗斯和奥地利在克拉科夫的入口处设立了安全哨所，试图驱逐外国人，并禁止该城市的居民窝藏非法移民。但是无济于事，该市继续保护外国叛乱分子，克拉科夫不守规矩的独立成为一项国际事件，只得到英国和法国某种程度的保护。

1846 年，在空想社会主义的浪漫情怀鼓舞下，一些煽动者呼吁革命，并宣布克拉科夫为新波兰政府的所在地。这些人由一位年轻的大学物理学家、一位文学评论家和一位波兰文学教授领导。他们的社会改革宣言引起了卡尔·马克思和弗里德里希·恩格斯的注意，被视为未来的一个模型。它包括普选权以及废除犹太人与其他公民之间的所有区别。这一响亮的宣言在犹太社区得到了广泛的热情支持。示威和骚乱很快致使街道上被设置了路障。最终，用梅特涅的话说，克拉科夫的"马蜂窝"及其"共产主义阴谋"被镇压，这座城市被并入奥地利帝国。广泛的报复随之而来。一个严厉的德意志化制度被建立起来。克拉科夫被要求跟随维也纳的步伐。商人被勒令对他们所有的商品缴纳新税。作为在最后独立的一天的反抗行动，他们将库存倾倒在街上。虽然失去了自由地位，但克拉科夫仍保持着革命动荡的声誉。1848 年，暴乱再次爆发，一个波兰国家委员会成立了。当地与奥地利军队进行了激烈的巷战，奥地利军队最终为控制该市而轰炸了它。

　　克拉科夫在 19 世纪中叶的氛围是阴郁的。哈布斯堡君主制将该城市囚禁在一个新的军事堡垒圈内。它被降级为奥地利边境上的一个要塞城市。随后是黑暗的 10 年镇压，霍乱的暴发使情况变得更糟，最后是 1850 年的大火，烧毁了大部分木制的老城区。1851 年，年轻的哈布斯堡皇帝弗朗茨·约瑟夫（Franz Joseph）在盛大的游行中进入克拉科夫。皇帝的队伍骑马穿过卡齐米日，那里的犹太居民在街道上列队，高举妥拉迎接皇帝的到来。游行队伍继续穿过散落着鲜花的街道，来到装饰着凯旋门的中央广场。一大群人等待着观看阅兵游行。[26] 这是一个重要的时刻。但在他逗留期间，英国学者克拉克（W. G. Clark）发现旅馆里到处是难民和阴谋家。他遇到了"被革命风暴冲向一处的各种奇怪的流浪者"，准备帮助起义者为波兰的自由而战。[27]

没有什么地方比意大利和希腊在人们计划的旅行线路中占有更高地位。它们的美学辉煌长期以来一直吸引着文化的想象，这里是欧洲精英教育中的必经之地。上流社会到希腊和意大利去寻找古代世界。英国观光客尤其受到拜伦的诗歌和 19 世纪 30 年代制作的大量希腊旅游插图的鼓舞。他们去寻找情感戏剧场面和拜伦对自由的追求。希腊和意大利的独立运动吸引了读者大众，也搅乱了欧洲外交。拜伦对希腊从奥斯曼帝国手中独立的捍卫，以及雪莱和济慈在意大利的死亡，使得到这些地方朝圣成为一项崇高的事业。学者让-夏尔·西斯蒙第（Jean-Charles Sismondi）在 1832 年写道："意大利已经被压垮；但她的心仍然怀抱着自由、美德和荣耀的爱：她被锁链所束缚、被鲜血所笼罩，但她仍然知道自己的力量和未来的命运。"[28]意大利半岛上领土的变换和民族主义的崛起，使"意大利问题"成为在欧洲被谈论最多的问题，尽管构成意大利的实际范围依然模糊不清。

19 世纪初，意大利最重要的城市——罗马、米兰、热那亚、那不勒斯和巴勒莫都有超过 10 万的人口。意大利是欧洲城市化程度最高的国家之一。但不可忽视拿破仑战争所带来的破坏。拿破仑军队对意大利的占领伴随着无节制的暴力和毁灭。整个城镇被夷为平地，居民遭到了残杀。先是在法国，后是在奥地利军队的镇压占领下进行的重建激起了意大利民族主义的火焰。试图重新发现意大利的旅行者很可能会震惊于被破坏的城市景观和暴力的街头抗议活动。此外，欧洲南部的陆路旅行仍依赖于马匹和马车。铁路在当时刚开始投入使用。这意味着要穿越大量的领土边界，并忍受治安部队怀疑的目光，他们可以随时通知你出示身份证件。来往此处的旅行者在叙述中，发现自己与警察对峙的磨难占了不小的比例。

　　然而，游客还是来到了这里，米兰的音乐和戏剧是最激动人心的吸引点。1814年，奥地利人进入米兰，标志着这个城市作为拿破仑意大利王国首都的短暂角色的结束。维也纳会议用新的伦巴第－威尼西亚王国取代了拿破仑的意大利傀儡国家，并将其移交给了奥地利帝国。这对一个沉浸在伦巴第独立共和国遗产中的城市来说是一次降级。伦巴第地区长期以来一直是一个十字路口，它为"商品、思想和人开放，为商业开放，但也面临着持续的入侵"。[29]法国、奥地利和西班牙常年为其财富而争夺。沿着肥沃的波河谷地密集聚居的城镇生活是该地区的历史遗产。这些城镇从蒙托内（Montoue，1.8万人）到帕维亚（Pavia，2.1万人），再到安科纳（Ancona，2.3万人）、摩德纳（Modena，2.6万人）、帕多瓦（Padua，3万人）、布雷西亚（Brescia，3.4万人）和博洛尼亚（Bologna，6.5万人），米兰是该地区的首府。由于认识到伦巴第城市群的密度，甚至拿破仑也将他的法国行政和文化机构分散在了这些城市中。

　　拿破仑曾作为启蒙运动的解放者受到欢迎，并在米兰大教堂加冕为国王。拿破仑对米兰的改造有着十分诱人的计划。装饰委员会被赋予了巨大的权力，将城市改造成新古典主义的景象。宽阔的大道与米兰的凯旋门、波拿巴广场（Foro Buonaparte），以及为阅兵和皇室庆典而建造的露天剧场一起被布置出来。包围城市并有 10 座城门的巨大多边形防御工事被部分拆除，城墙被一条绿树成荫的海滨大道所取代。其中还建有一座奇妙的大殿，用于举办节庆活动和音乐会。游客评论这里"旅店、餐馆和小酒馆人流不断"，"每条街道都有酒铺，两三家备有台球、彩票等消遣服务的咖啡馆"。[30]周日晚上，成群结队的人在城市的新大道上漫步，时不时为概率类游戏、木偶剧和街头艺人的表演驻足。这些都是外国探险家在他们的笔记本上欣然记下的当地风景。[31]

　　米兰人对他们的奥地利监督者毫无好感。然而，即使在哈布斯堡帝国的统治下，这座拥有15万居民的城市仍在蓬勃发展。学校和医院相继开设；文学社团、图书馆和各个学院引领着这座城市繁荣的学术和文化生活。米兰的众多剧院是一个社交旋涡。斯卡拉歌剧院（Scala Opera House）拥有最创新的歌剧形式，在欧洲享有盛誉。这座城市是浪漫主义音乐和音乐出版的动力源。米兰的音乐，是团结与自由的意大利的爱国主义象征。这座城市超越了那不勒斯和威尼斯，成为新的意大利文化之都。[32]法国导游对这座城市的主要街道、公共演奏会、音乐、咖啡馆和剧院赞不绝口。[33]城市的街道上有25辆公共车辆行驶。富裕的商人挤在交易所里，在利润丰厚的丝绸业、城市的工艺玻璃和精细工具制造业以及印刷业中策划着交易。船运公司快运商品到威尼斯、维也纳、里昂，以及波兰和俄罗斯。到19世纪40年代，火车使这些行程变得更加快捷。[34]米兰成为意大利的主要商务总部。它是衡量其早期知识经济的一个标准，也是吸引数学和天文仪器制造、地球仪制造和地图学发展之地。科学活动是米兰领导意大利国家能力的标志。

　　毫无疑问，米兰平和的表象之下饱含着对奥地利人的敌意。1846年，英国旅行家白金汉（J. S. Buckingham）在参观米兰的教堂和图书馆后，在那里的主要街道漫步时评论道："即使在气氛最为欢乐的步道中，一旦奥地利人出现，意大利人就会有一种沉闷的沉默，似乎他们非常讨厌他们的存在，不想和他们呼吸同样的空气。"[35]奥地利的统治持续了34年。米兰的自由主义精英暗中组织了一些秘密社团和阴谋活动。虽然他们倾向于模仿当地的贵族，但他们具有世界性的精神，并渴望全欧洲所倡导的自由主义改革。米兰资产阶级无视了维也纳，与都灵、伦敦和巴黎结成联盟。他们得到了米兰的天主教会和伦巴第贵族的支持。一位死在奥地利监狱中的米兰贵族和爱国者的葬礼促使成千上万的人走上街头。1847年，在新主教来到米兰的这个庆祝时刻，丰塔纳广场（Piazza Fontana）的煤气灯被点亮，接着公众高唱爱国歌曲。奥地利警察驱散了庆祝活动。罢工和骚乱爆发了。愤怒的人群将他们的怒火指向了占领军。成群结队的平民经常在夜间袭击士兵。从1848年的早期开始，反对奥地利的运动变成了抵制、抗议、路障和血腥的巷战，并在民族主义者与奥地利军队之间的"五日"游击战中达到高潮。教堂的钟声响彻整个城市，发出革命的呼声。起义迫使约2万名奥地利士兵撤退。但他们很快重新集结并围攻该城，直到1853年。

长期以来，欧洲精英一直将访问意大利视为一项重要活动，即使在革命动乱的恶劣条件下也同样如此。但沿着巴尔干半岛旅行则完全是另一回事。它是奥斯曼帝国的领土，是"斯拉夫世界"，几乎没有什么让哪怕最有经验的旅行者认为有属于"欧洲"生活的迹象。它因猜疑、掠夺和暴力而声名狼藉。道路糟糕透顶，河流无法通航，山峦险峻，令人头晕目眩，强盗的袭击也十分危险。胆敢闯入该地的探险家很容易陷入交战派别之间的游击战、由当地酋长领导的小规模冲突，以及反对奥斯曼帝国统治的叛乱。即使地中海沿岸的港口城市，如斯帕拉托（Spalato，斯普利特［Split］）和杜布罗夫尼克（Dubrovnik，拉古萨［Ragusa］）再怎么风景如画，与之相比也只是小事了。

抛开西方对巴尔干半岛的偏见，该地区确实具有根深蒂固的奥

斯曼特性。这是一个由木建筑农村村庄与高门[1]的行政和贸易中心
交织在一起的边境地区，主要是包括杜布罗夫尼克、博斯讷
（Bosna）、萨拉热窝（Sarajevo）、斯科普里（Skopje）和萨洛尼卡
（塞萨洛尼基）。这些城镇的居民由土耳其人、希腊人、信仰基督教
的外国商人和本土商店经营者组成。巴尔干地区的城镇是伊斯兰教
的前哨站，这里对基督徒和犹太人在明面上持宽容态度。伊斯兰法
律中，规定了对少数派宗教群体跨越阶级界限的接受。亚得里亚海
沿岸的城镇进口意大利商品，出口木材、羊毛、石油和农产品。
1809 年，无畏的英国人约翰·霍布豪斯（John Hobhouse）访问了繁
荣的约阿尼纳（Jannina/Ioannina），他谈到该市精致得令人惊讶，街
道上有精心设计的婚礼游行、木偶戏和各种娱乐活动、有学识的学
者和图书馆。[36] 约阿尼纳的当地集市令巴尔干人羡慕不已。为了压制
其著名总督阿里·帕查（Ali Pacha）的权力，土耳其人在 1820 年围
攻了这座城市并将其焚毁。

　　中产阶级精英一旦背起行囊，前往欧洲大陆探索，他们的知识
品位就会专注于希腊的古典历史。壮游的路线从意大利半岛转向希
腊，最终到达雅典。19 世纪初，雅典拥有 1.2 万名居民，是奥斯曼
帝国巴尔干省最重要的城镇之一。其人口构成主要是希腊人、土耳
其人、犹太人和阿尔巴尼亚人，他们生活在迷宫般的小巷和民族风
情的街区——或称马哈拉[2]——之中。他们低矮的平顶房屋与高大
的尖塔和圆顶清真寺、教堂和古代遗迹混杂在一起。这座城市被深
厚的历史积淀所包围，被一堵毫无力量的外围墙所环绕。位于罗马

---

[1] Sublime Porte，奥斯曼帝国中央政府的象征。
[2] mahalla，阿拉伯语，指邻里社区。

阿哥拉遗址[1]上的集市是该市最重要的公共场所。它分布在3个独立的交易区，为该市提供了大量的商品，也是奥斯曼城的市政和管理中心。

前往雅典的欧洲人不可避免地遥瞩这座城市，为古都和地中海之美而陶醉。1812 年，英国外交官沃尔瑟·特纳（Walther Turner）在第一次看到雅典时，赞叹道："这是我从童年时代就对其历史感兴趣的城市，现在就在我面前，经自然之美装点，摇曳生姿。"然而，这是一种典型的西方观点，他对贩卖美食的集市只字不提，只说道："雅典——光荣、令人愉悦的雅典！如果人们在那里无饿死之虞的话，它仍然是一个最迷人的住所。"[37]旅行者通常会寻找自己所熟悉的欧洲生活的迹象，任何其他东西都被认为是野蛮的。希腊独立战争结束后，特纳一定会对这里的破坏情况感到非常震惊。在1826至1827年奥斯曼帝国对雅典的围攻中，雅典的大部分地区被摧毁，市民纷纷逃离，雅典卫城上的传奇纪念碑被轰炸，变为废墟。1833 年，当雅典被选为新成立的希腊国家的首都时，只剩下6000名勇敢的居民。萨洛尼卡和士麦那（Smyrna）的面积要大得多，但雅典象征着欧洲的古典遗产。作为新国王，路德维希一世（Ludwig I）的儿子巴伐利亚的奥托（Otto of Bavaria）离开慕尼黑来到希腊。这个年轻的国家开始了它作为巴伐利亚前哨的生活，希腊被看作一个新的德国的势力范围。

重建雅典被认为是19世纪初最重要的工程项目。这是一个关于战争变幻莫测的教训，也是一个自由主义的城市理想如何决定了欧洲边境地区的城市经验。合理化和规范城市的物理环境被认为是现

---

[1] Agora，罗马帝国时期雅典的市场。

代大都市的基础。雅典庄严的奥斯曼建筑被立即拆除了。希腊的精英们深受启蒙运动和法国大革命影响。这支欧洲理想的先锋队在反对令人憎恶的奥斯曼政权方面起到了支持作用。支持重建雅典的力量来自在黑海和地中海赚取财富的散居海外的希腊商人和商业巨头。他们是一个强大的特权阶层，控制着进出口贸易、货币市场和航运。他们参与了奥斯曼帝国领土、敖德萨和多瑙河沿岸港口的贸易的各个方面。事实上，希腊独立运动是由聚集在敖德萨的秘密社团引发的。希腊商人家族的视野是国际化的，他们是身在祖国之外的侨民。然而，他们仍然保留着高度浪漫化的对希腊身份和地点的认同理想。他们对希腊的忠诚深深植根于其古典遗产和东正教的影响。雅典将恢复其与生俱来的欧洲身份，并被承认为一个主权国家和独立的希腊人民的首都。它将作为一个欧洲城市重新焕发光彩。[38]

　　欧洲各地的建筑师都提交了重建雅典的计划，但巴伐利亚式的城市对其产生了最大的影响。很大程度上，对"地中海地区"的想象来自德国地理学家，他们充满了对古代理性主义和美学纯洁性的理想。[39]曾经改造过慕尼黑的同一批建筑师，为雅典设计了一个相互协调的新古典主义建筑群。长期以来形成的根深蒂固的迷宫式道路忽略不计，城市被改造成环绕雅典卫城的月牙形，然后以矩形网格进行扩展。[40]尽管剩下的居民迫切需要基础设施的服务，但雅典建造的第一批建筑是大学和剧院。随后，图书馆、博物馆和展览馆也迅速建成。这些建筑采用了当时盛行于欧洲的新古典主义风格。在巴伐利亚统治者和希腊精英们的心目中，这是现代雅典的完美建筑。它跨过奥斯曼帝国的历史，直接回到了古希腊。来自国外的希腊富人急于投资房地产，在靠近宪法广场（Syntagma Square）的学院和大学大道上建造他们的豪宅。这里是欧洲大都市的标志，也是自由主义者对教育作为民主公民的框架的信念。有名望的希腊家族创立了学校并资助图书印刷。城市知识分子则重新激发人们对希腊的学问和语言的兴趣。

然而，将雅典重塑为欧洲城市的这一宏伟计划却在无休止地修改、资源的匮乏以及政治和土地投机变幻莫测的暗礁上挣扎。希腊是一个踟躇又贫穷的新国家。虽然雅典拥有丰富的古迹、豪宅和宫殿，但在 19 世纪它的主要特征是无计划的城市发展、无数的小措施，非正式和拼凑性的建筑呈现出地中海定居模式的特点。它是一点一点地建起来的。西方对现代雅典的期望逐渐消失了。美国人约翰·史蒂文斯（John Stevens）对 19 世纪 30 年代末雅典的古典视图所发生的变化表示遗憾，他发现它：

> 变得异质而反常；希腊人穿着狂野，在街上和英国人、法国人、意大利人、荷兰人、西班牙人、巴伐利亚人、俄罗斯人、丹麦人，有时还有美国人推搡着。但这里仍足以吸引游客和冒险者前来，喧哗吵闹。欧洲式的商店在东方集市边上招徕购买者；咖啡馆、台球室，以及法国和德国餐馆开遍了整个城市。普尔特尼·马尔科姆爵士（Sir. Pultney Malcolm）在柏拉图学院的遗址附近建起了一座出租屋。富兰克林夫人在希米特斯山脚下买下一块土地，作为乡间庄园。[41]

外国资本转化为房地产。即使修建公共建筑也要依靠私人投资者，这些人口袋里的钱叮当作响，他们强制修改了原始的建设计划以实现自己的设计。

北欧人带着他们自有的文化背景的包袱来到阳光明媚的地中海，

忙于寻找古迹，或一心想要探索异国情调的民族文化。旅行指南手册和游记用地中海沿岸的教堂和古代遗迹的风景画来吸引旅行者。与此同时，南欧城市的日常生活也与地中海及其错综复杂的文化和商业联系紧密相关。在 19 世纪初期至中期，地中海沿岸港口发展为欧洲最大的城市。1800 年，那不勒斯拥有约 43 万人口，是欧洲大陆上人口最密集的城市。里斯本（Lisbon）的人口达到了 20 万，而巴塞罗那则有大约 18 万人。地中海沿岸的城市也是最为国际化的城市之一，各种各样的人从这里经过或在这里开始新生活。这里是拥挤的多民族、多宗教的人的聚居地。在这些年不确定的政治性和领土交换中，地中海城市提供了庇护所和避难所。商人、侨民、难民和当地武装分子的混合使这些地方成为各种政治活动、民族主义运动和革命叛乱的熔炉。1820 年，里斯本的叛军军官和共济会策划了独立，并在葡萄牙各地掀起叛乱。在 19 世纪 40 年代和 60 年代，巴塞罗那和巴伦西亚（Valencia）的激进派领导了西班牙的起义。1848 年，起义浪潮席卷了法国海岸的马赛，以及意大利半岛的罗马、那不勒斯和巴勒莫。地中海东部，的里雅斯特和杜布罗夫尼克因持不同政见的政治俱乐部和共济会的鼓动而沸腾。萨洛尼卡是保加利亚和马其顿的民族主义以及青年土耳其运动的发射台。一种自治和自由的氛围在地中海城市中共享，掩盖了国家和帝国的压迫性束缚。文化和社会的界限更加松散了。思想、信息、金钱和资源，通过大量的正式和非正式的网络涌入其中。

　　地中海沿岸的欧洲不存在单一的城市化模式。城市的发展模式是复杂而异质的，存在无数条受当地文化影响的不同轨迹。不过，像巴塞罗那、马赛和萨洛尼卡这些地方的城市景观共享了海上贸易的典型特征。抵达这些地方的最佳方式就是走海路。仓库和露天市场沿码头而列。银行、海关、船运公司和保险公司管理着商品的流动，使码头上热闹非凡。客栈和旅馆为商人和旅行者提供住宿。海员俱乐部因性交易、对毒品和非法违禁品的讨价还价，以及随船而来的犯罪活动而臭名昭著。海上贸易吸引了一系列的经济活动。地中海西部的城市开始工业化的时间比历史学家传统认知的要早。1815 年，在和平建立之后，英国工匠和企业家来到马赛、巴塞罗那和那不勒斯，带来了最新的工业机械和技术，这与当地的制革和纺织业，以及化工生产和航海业相互适应。

1830 年，法国军队攻占阿尔及尔（Algiers），这使得马赛成了一个拥有 13 万居民的繁荣的殖民地门户。它位于罗讷河三角洲的丘陵海滨，是地中海上最大的港口。1838 年，司汤达（Stendhal，法国最杰出的作家之一）在造访这里时发现，"在马赛，每个人都在努力赚钱"。[42] 来自地中海各地的商人精英，都在寻找与他们的商业企业相契合的投资机会。该市有大量的希腊、犹太、北非、阿拉伯和印度商人活动。尽管不是所有人都欢迎他们，但他们由于对城市的海洋经济至关重要而被城市所接纳。这样形成的商业关系网、社交俱乐部和支持地中海贸易的报纸，传播着工业和航海运输的最新创新信息。不仅是法国人，希腊人、俄罗斯人和德国人的资金也推动了工业化的发展。银行和信贷业务开放。企业家利用流入的移民作为当地制造业的廉价劳动力。马赛港口沿岸设有铸造厂和机械厂，为商船和客船服务。流经港口的转运和货物数量成倍增加，其中有大量货物流向了法国在非洲和亚洲的殖民地。谷物和货物，被驳船沿罗讷河运往里昂、巴黎及西欧其他地区。新的码头随铁路线和运河一起开放。其结果是，像马赛这样的南欧城市成为连接工业化和地中海之间庞大的经济流动的生产中心。[43]

图 8 马赛的早期碳印相片，罗讷河口省，法国，历史照片，1884 年

19 世纪末，马赛的人口激增至 50 万。在城市大道卡纳比埃（Cannebière）上建了一座气势恢宏的新商会大厦。煤气灯照亮了街道，一座不朽的凯旋门为城市的入口增添了庄严。司汤达发现了一家拥挤的咖啡馆，"与巴黎的咖啡馆相比也毫不逊色"，经纪人在那里进行业务交易。司汤达还去欣赏了歌剧和喧闹的杂耍表演。[44] 港口的东南方是富人区。普拉多（Prado）大道修整完毕。宽阔的大道两旁排列着树木和时尚的别墅，从卡斯特拉内（Castellane）一直延伸到海边。但这座城市的发展与其说由城市的规划决定，不如说是由投机和私人投资者的喜好决定的。在 19 世纪初，环绕城市的旧墙被

拆除，建筑向外延伸。公共车辆沿着街道哐啷哐啷地行驶，驶向周围的村庄。带有独特的"三扇窗"的朴素建筑赋予了马赛一种本土的建筑魅力。即使是最受欢迎的街区也有一些社会混合的感觉，但海上生活带来的宽广胸怀也有其局限性。隔离的北非居民区诺瓦耶（Noailles）在港口周围成长起来。这是一个由阿拉伯语占主导地位的、热闹的非正式中转站。工人的生活区在北面的勒帕尼耶（Le Panier）和贝尔桑斯（Belsunce），是一个由古老建筑和狭窄街道组成的大杂院。科西嘉人、意大利人、亚美尼亚人和西班牙人在车间劳作，在码头上游荡寻找工作。马赛是个由许多族裔组成的巴别塔，法语仍然被视为外语[1]。正是这种"异国情调"吸引了兴致勃勃的旅行者来到地中海，体验异国风情。

　　并非所有在欧洲旅行的人都想要进行一场文化享受之旅。完备的水疗和温泉小镇网络吸引着疲惫不堪和需要休息的人。还有其他人追寻海岸沙丘和大海来振奋自我，或者只是为了晒晒太阳。温泉和海滨度假胜地，是既具有现代性，又处于文化交流前沿的欧洲城市中的一类。它们体现了新的生产和消费形式，回应了人们不断提高的消费水平，和追求更好生活的愿望。[45]虽然因此获益最多的是社会的上层阶级，但即使是办公室职员、商店助理和技术工人，也能负担得起几天假期的开销。这些新的度假场所转移了旅游业的重点，增加了欧洲大陆密集的城市肌理。一个接一个时髦或朴素的水池变成了旅行的胜地。随着它们与连接欧洲主要城市的蒸汽船和铁路建设的完善，这些城市的人口翻了一两倍。每年夏天，温泉镇和海滨度假胜地都会迎来富人、名流、贵族，以及勤恳规矩的中产阶级和

---

[1] 本地普罗旺斯方言和巴黎标准语差距较大。

工人，寻求水的疗效。在这里，人们摆脱了工作、污染和有害健康的环境，也逃离了无休无止的内卷城市生活。

这种热潮始于英国的巴斯（Bath）、莫尔文（Malvern）和切尔滕纳姆（Cheltenham）等温泉镇。在法国，特鲁维尔（Trouville）、维希（Vichy）、埃维安（Evian）、比亚里茨（Biarritz）和艾克斯莱班（Aix-les-Bains），也向那些寻求疗养和健康的人发出了邀请。1859 年，美国记者威廉·卡伦·布赖恩特（William Cullen Bryant）参观了比利牛斯山脉的吕雄（Luchon）硫磺浴场，称这里有"我见过的最欢乐的景象之一"。尽管吕雄本身是"一个破旧的村庄"，但温泉周围地区为游客提供了良好的设施条件。游客早早来到"上好的宽阔街道，上面种植着四行榆树和椴树"，在前往温泉的路上，"一群头戴鲜红和鲜黄色手帕的女仆在他们身后跑来跑去，为游客提供住所。一群人，男男女女，正骑着马离开——每个人都有一个向导……向草原出发"。[46] 大自然的健康益处，与矿泉水和温泉的治疗作用相结合，在传闻中可以治愈百病。19 世纪 30 年代初，当维希首次作为温泉乡开张时，它只迎来了不到 1000 名客人，但仅仅 30 年后，这里的客人数量达到了 1.6 万人，到 19 世纪末又增加到 7 万人。中欧的疗养镇风靡一时。在公众的想象中，到巴登-巴登（Baden-Baden）、威斯巴登（Wiesbaden）、巴德埃姆斯（Bad Ems）、卡尔斯巴德（Karlsbad）和马林巴德（Marienbad）度过几晚是一种神奇的治疗。北海和波罗的海沿岸涌现出许多海滨景点。一些风景如画的渔港，如荷兰海岸的斯海弗宁恩（Scheveningen），也开始将自己打造成海滩度假胜地。俄罗斯人携家带口，前往芬兰和波罗的海省份的沿海城镇游玩。爱沙尼亚海岸的卡德里奥尔格（Kadriorg）和哈普萨卢（Haapsalu）凭借其温暖的海水和具有治疗效果的泥浆，成为时尚的度假胜地。游艇俱乐部及其丰富多彩的比赛是波罗的海沿岸夏季的典型景象。这些地点都是国际化的社交场所，在欧洲精英所接受的现代行为和社交规范标准下运作。

　　19世纪初，地中海旅游开始兴起。在拿破仑战争之后，法国和德国的地理学家根据地中海地区的气候、地形和古代遗产，将其作为一个独特的地理单元来阐述。第一批上架的旅游指南在19世纪30年代已被扫掠一空，上面向游客介绍了参观古罗马遗迹和海岸村庄中隐藏的中世纪教堂的行程路线。在那时，就有观光客顶住蚊虫的骚扰和沼泽地的危险，欣喜若狂地观赏大海的美景。但是，直到1860年，尼斯（Nice）被皮埃蒙特−萨伏依王国（Kingdom of Piedmont-Savoy）割让给法国，然后从巴黎开通了铁路，蔚蓝海岸地区[1]才成为逃离寒冷的北方的名流最喜欢的度假目的地。到1880年，每年约有2.5万名游客在尼斯过冬，其中大多数是法国人、英国人和俄罗斯人。维多利亚女王到访此地造成了游客数量的高潮，人群排队等候一睹女王陛下的风采。尼斯被描述成人间天堂，是法国和意大利文化的优雅结合。富有的赞助人建造了各种历史风格的纪念性宫殿别墅。[47]海滨林立着豪华的酒店和赌场。每天下午，时尚的度假者在新建的种满了棕榈树的英国滨海大道（Promenade des Anglais）上漫步，眺望蔚蓝的大海。

　　在精明的企业家和当地医生的带领下，度假区为他们的客户提供了丰富的娱乐和医疗活动。剧院和音乐会、展览、赌场，让赌博、舞蹈和艺术课等活动挤满了日程。街头和海滩的娱乐活动吸引着度假者。当地市政府组织了夏季的节庆活动和体育比赛。温泉小镇是

---

[1] Côte d'Azur，法国东南部的一个文化旅游区域。

超越了传统城市生活限制的幻想之地。然而，它们也是在欧洲城市
体系内运作的示范城市。它们是保持原始自然景观，却又被精心维
护的环境，迎合着游客日益复杂的口味。这里的温泉拥有欧洲最现
代化的供水和排污系统。建筑装饰异想天开。这里还拥有优雅美丽
的花园和海岸景观。它们被设计得诗情画意，配有火车站、中轴线
大道、海滨酒店和旅馆。这里的日常生活围绕着海滨长廊展开。它
是社交活动的亮点，是看与被看的地方，是八卦和新闻流传的地方，
是展示在温泉处举止投足的社交礼仪和风格的地方。公开表演和对
他人的窥视是娱乐活动中必不可少的。艺术家、作家、记者、名流
和声名狼藉者组成的时尚旋风对温泉的声誉同样必不可少。在这里，
社交角力不断上演，炫耀财富、追求名利、人情势利、调情的场景
层出不穷。温泉小镇是一个高级的城市剧场，与娱乐花园、林荫大
道和国际展览同属一类。

　　欧洲的贵族身处温泉社会秩序的顶点，他们纵情于长时间的旅
居生活，风光无限。实业家、银行家、政治家和律师都可以同他们
的家人一起享受夏季的氛围。随着资产阶级的财富在 19 世纪的增长，
这些温泉浴场越来越多地迎合了他们的需求。据说每种环境的池子
都有其独特的药用价值。沿着海滩或悬崖的步道，欣赏大海的壮丽
景色，本身就是一种独特的治疗方式。即使被大水疗中心的财富和
权力圈排除在外，欧洲海岸线上点缀着的港口和渔村也以假日的狂
欢来突出其传统的海洋氛围。它们迎合了当地中产阶级和中下层家
庭的需求。早期，利物浦为其海滩配备了长长的更衣装置[1]和浮动

---

[1] bathing machine，用于在海滩上方便地更衣和游泳的装置。通常是由木材或钢铁制
成的可移动的小房子，它有两扇门，一扇门面向海洋，另一扇门面向海滩。

图 9　海滩，布莱克浦，兰开夏，1894—1910 年

的游泳池，供人享受夏季乐趣，他们还可以欣赏到船只进港时的美景。当专门的游览列车开往爱尔兰海的布莱克浦（Blackpool），这里立即成为来自曼彻斯特和周围棉花城镇的工人和雇员的最爱。周末的木板路上挤满了热闹的度假者。冬季花园为人们提供高雅的娱乐活动。在布莱克浦的南岸，欢乐海滩游乐园是寻求刺激的人的热门去处。马戏团、动物园、旱冰场、海军剧场、赌场以及印度宫殿风格的放映厅，都让游客心驰神往。[48]布莱克浦塔和巨型摩天轮是各种享乐和娱乐活动、畅饮和舞蹈的象征。它是欧洲最大的娱乐场所。到 19 世纪初，每年有近 300 万人到访欢乐海滩游乐园。旅游和度假的生活方式拓展到工人阶级中间。首都与地区城镇、水疗中心与海滨度假地，甚至最偏远的定居点都成为旅游的亮点。游客登上火车

和汽船，冲过欧洲，陶醉在自由和好奇的感觉之中。他们带着旅行指南，考察文化遗产、美学奇迹和异国人群。这些发现之旅描绘了"当时"与"现在"之间、过去与塑造城市世界的错综复杂的变化之间的相互作用。

第4章 漫步集市

到19世纪末,城市已经成为现代的实验场。人潮涌动,商业和工业的规模发展到前所未有的程度,交通和通信的进步,使同时代的人惊叹不已。城市与其说是地图上的一个点,不如说是人员、商品、文化和思想的十字路口。流动性是现代城市生活的关键。流通和交换对城市形态产生了最大的影响。城市资产阶级文化和实践广泛传播,随之而来的是一种新的公共领域。资产阶级的情感强调文化和精致,强调物质财富的舒适性。尤其是大城市,传播了新的习惯和物质欲望。大城市的发展是无情的,也是吸引城市观察家的无尽魅力源泉。社会精英和游客被吸引到欧洲的首都,享受它们提供的一系列娱乐活动,从参观剧院和博物馆,到浏览市场和贸易展览会上丰富的商品,再到最新的百货商店购物。商业交流的规模和复杂性令人吃惊。它美化了工业化的产品,创造了一种新的消费主义秩序。随之而来的一种新的美学塑造了现代城市的面貌。建筑师以解放的豪情壮志,将铸铁和玻璃组合成现代的辉煌。巨大的新火车站、工业展览馆和商业大堂是现代城市场景的大胆标志。

1830年后,欧洲的城市化以前所未有的速度发展起来。但是,对城市的增长进行如此的追踪,需要从一开始就保持警惕。考察城市化的传统标准是人口数字。但是,关于人口增长的统计数据只是作为系统的证据出现，即使在最好的情况下，它也是不均衡的。人口的统计数字通常限于城市的传统市政辖区，这几乎没有告诉我们关于大都市拓展地区的广度。更值得注意的是，大多数关于城市发展的统计证据仅仅来自西欧国家。在这些预警之后，让我们再提统计数据——可以说在1800年，大约有12%的西欧人生活在城市里，这个数字与1700年时相比没有特别大的变化。城市在中欧和东欧发挥的作用甚至更小。总的来说，直到1800年左右，城市化水平相对于总人口增长来说保持不变。欧洲有23个人口超过10万的大城市，大约有550万人居住在这些城市。这种长期存在的城市化形象在19世纪被颠覆，当时的欧洲进入了城市转型的关键时期。人口学家保罗·拜罗克（Paul Bairoch）将5000人的人口数字作为一个定居点被视为城市的起点。根据这个定义，到1850年，大约有20%的西欧人生活在城镇中。在第一次世界大战前夕，大约42%的人是城市居民。1800至1910年间，生活在城市的人口增加了7倍，从1900万增加到1.27亿。城镇发展为小城市，小城市发展为区域性中心城市。欧洲有近50个城市的居民人数超过了25万。到19世纪末，欧洲有135个主要城市，总人口达到4600万。[1]

一般来说，这种急速的城市化发生在欧洲那些已经相对城市化和人口密集化的地区。欧洲的城市景观复制了自身。英国是欧洲城市化程度最高的国家。在19世纪30年代末的某个时候，英国的城市化水平超过了40%，到1880年，该国有近70%的人居住在城市。在那时，伦敦已经成为一个利维坦大都市。它是一个真正意义上的"世界城市"。在进行第一次人口普查时，伦敦郡议会（大伦敦议会）控制下的地区人口在1800年略低于100万；1851年该地区的人口增长到260多万，规模扩大了一倍多；1900年，它又增加了一倍，达到450万。伦敦周围各县的城镇和村庄被第一波郊区扩张所吞噬。大约20%的英国人口居住在伦敦。但"大城市"不仅仅体现在人口的增长上，还意味着现代都市。伦敦、巴黎、柏林和维也纳都是典范。它们是富裕、强大的国家及其帝国的崇高首都。300万人将巴黎作为他们的家。200万人居住在柏林，在维也纳定居的人口也几乎是同样的数量。

若仅从人口数量上对城市进行评估，这些城市的高等级评判，没有考虑到许多城市对全球以及对欧洲城市文化和社会的影响力。如果考虑到这些影响，"大城市"的标志就会在欧洲大陆传播得更广。在城市等级中，仅次于伦敦、巴黎和维也纳这神奇三巨头的，是欧洲东部的圣彼得堡、布达佩斯和华沙，以及西欧的阿姆斯特丹和布鲁塞尔（Brussels）。英国的曼彻斯特、利物浦和格拉斯哥在19世纪末的人口达到了百万大关。在荷兰，40%的居民居住在人口达到2万以上的城市，其余居住在小城镇，这种多核模式使该国大部分地区城市化。法国的城市化程度较低，只有35%的人生活在城镇中。[2] 其城市体系以巴黎为主导。德国的城市化在1871年统一后开始起步。汉堡、慕尼黑、科隆、法兰克福、斯图加特、德累斯顿、柯尼斯堡、莱比锡和布雷斯劳等城市都跨越了10万人口的门槛。普鲁士到1910年有23个城市的人口超过了10万，普鲁士总人口的22.5%居住在这些城市。各地城市居民的数量都在增加。即使是较小的城市，也经历了前所未有的人口增长。在1890至1910年期间，哈布斯堡领地内的城镇，如伦贝格（利沃夫）、萨格勒布（Zagreb）、的里雅斯特、德布勒森（Debreczen）和蒂米什瓦拉（Timişoara），其居民人数激增了50%到60%。[3]

城市人口规模跳跃性增长的背后原因其实非常简单，尤其是对于拥有"大城市"地位的地区而言。这些城市在地理上扩张，吸收了周边的城镇和村庄。例如，在德国，科隆、莱比锡、马格德堡（Magdeburg）、慕尼黑、达姆施塔特（Darmstadt）、多特蒙德和法兰克福都将其内部郊区纳入。1846年，格拉斯哥吞并了周围的大片领土，然后在1891年开始进一步扩展，使它的人口立即增加了9万人。随着城市扩张吞噬了周围的村庄，人们已经无法分辨一个社区和另一个社区的起止边界。这完全打破了传统上以城墙为标志的城乡边界。这种城市领土的吞并正在整个欧洲发生。在一些地方，人口的自然增长也是一个重要的促成因素。城市正在成为家庭兴旺的地方。例如，在大伦敦地区，1850至1890年间约85%的人口增长是由于自然增长。随着这个世纪城市的发展，出生人数超过死亡人数的比例上升了，尽管死亡率仍然很高，尤其是婴儿的死亡率。一方面，工业城市的出生率特别高。这些城市充满了年轻工人，他们结婚并组建了充满孩子的家庭。一般来说，服务型城市和行政首都的出生率是较低的。白领和公务员、熟练的专业技术人员，往往家庭成员不多。另一方面，城市的预期寿命低于农村地区。在整个19世纪，工业城市的死亡率始终很高，危险的工厂和矿山工作，以及由严重拥挤和不卫生的生活条件引起的疾病，是造成人们死亡的罪魁祸首。

人口激增的最重要因素是移民。新来者推动了19世纪空前的城市增长。战争、革命和民族敌对行动对这些人群造成的影响不可低估。19世纪出现的"流亡者"、"难民"和"弃儿"，他们是一系列被迫和自愿移民中的重要流动者。[4] 难民处于公民身份的边缘，他们的生活依赖于非正式的社交和援助网络。法国大革命和拿破仑战争引发了巨大的混乱，难民因为暴力和破坏逃离本土。1815年维也纳条约引发的领土变动，颠覆了人们的生活，导致人流进一步涌入城镇和城市，这种现象在东欧尤甚。保守派对抗议和革命的镇压造成了难民数量的再一次高峰。例如，在 1830 年反对瓜分波兰的十一月起义失败后，可能有多达 8000 名波兰上层人士，在"大迁徙"中逃离死刑判决。许多人在巴黎和伦敦流亡。希腊独立战争后，塞浦路斯人在马赛、威尼斯和的里雅斯特避难。俄国与奥斯曼帝国在巴尔干地区的冲突伴随着流亡和流离失所的浪潮。在 19 世纪初，估计有 25 万保加利亚人离开了巴尔干地区的奥斯曼领土，前往多瑙河以北的省份和俄罗斯南部，大多数人在城镇定居，特别是加拉茨和布勒伊拉。同样是在 19 世纪初，随着帝国高门的退却，奥斯曼帝国巴尔干地区的穆斯林人口开始被系统地、暴力地驱逐。穆斯林逃到了多瑙河以南，并继续向奥斯曼世界的剩余领土流亡。犹太家庭，特别是那些来自加利西亚贫困地区的家庭，继续散居在华沙、维也纳、布达佩斯、罗兹、敖德萨和柏林。另一波难民潮是在 1848 至 1849 年的革命之后。意大利革命者去了马德里、里斯本和伦敦，然后回到意大利再次战斗。[5] 1885 年，外国的波兰人被驱逐出普鲁士的东部边境地区，被迫返回自己的家乡。这是一股源源不断的流放之潮。难民和流亡者大多没有合法身份或权利，他们面临着受到歧视和镇压的风险。保护他们的最佳方式是融入城市生活的犄角旮旯之中。城市人口的易变性在很大程度上不是因为农村危机和工业化，而是因为政治不稳定、种族暴力和战争的现实。

　　一些历史学家估计，在 19 世纪，有超过三分之一的欧洲人口在流动。城市是通往安全、梦想、野心、金钱和影响力的门户。生活在欧洲首都大城市的人口中，往往只有不到一半的人真正出生在那里。到了 19 世纪中叶，外国人在各地的城镇中已是司空见惯。移民已经成为一种大众现象。总人口的增加是另一个关键因素。到1900年，欧洲的总人口已经翻了一番，达到4亿。从1800到1850年，英国的人口增加了一倍，接近2100万。到1914年，英国的人口约为4600万，德国的人口也增加了一倍多（从2450万增加到5850万），而法国的人口增加了43%（从2900万增加到4150万）。尽管东欧的人口数字是出了名的不准确，但匈牙利的人口数字从1850年的约1100万，跃升至第一次世界大战前的1800万，而奥地利的人口则从约380万增加到600多万。大量的人口给农村带来了压力，农村工业的消亡和反复的作物歉收给农村带来了巨大的损失。贫困意味着农民和无地劳动者除了收拾行李离开外别无选择——要么去欧洲的城市，要么去新世界。

种种事件交错的结果，是历史上最大规模的移民，在1846至1914年间，约有4600万欧洲人离开了欧洲大陆。这是欧洲人口结构的一次巨大重组。1876至1910年期间，仅哈布斯堡帝国就有约350万人离开，约占其总人口的8%。[6]成群结队的移民拖家带口地挤在欧洲港口城市的火车站、旅馆和寄宿所。他们在伦敦和利物浦、勒阿弗尔（Le Havre）和汉堡、鹿特丹和安特卫普、马赛和那不勒斯的码头上仔细检查身份证件，忍受着伤感告别的煎熬，随后登上拥挤的客轮，扬帆远去。欧洲人在全球范围内扩散——到美国和欧洲的殖民帝国——这一现象前所未有，具有世界性的意义。在人员流动的另一种选择上，农村人口外流导致向其欧洲城市的大规模迁入，在那里，劳动者可以在工厂或家政服务中找到工作，并加入庞大的非正规经济，以此生存。他们大多是年轻的男女。流动是他们的一种生活方式。他们往往形成了被归类为"外来者"的流氓无产者，为最低工资而工作。数十万逃避土豆饥荒的爱尔兰人迁往格拉斯哥、利物浦和伦敦。意大利人在英国的工厂城镇和法国北部的工业区，

以及从马赛到里昂的罗讷河沿岸找到了工作。波兰农民和工人涌向
鲁尔区的工业城镇。大量的农民从德意志帝国东部地区向西部迁移，
特别是向柏林、莱茵兰和威斯特伐利亚地区以及鲁尔煤炭和钢铁地
区迁移。他们在定居的城镇中形成了自己的民族社区，这为其他人
提供了一个参考。俄罗斯人，特别是生活在"居留地"的犹太工人
和家庭，为了逃避贫困和频繁的大屠杀而向西迁移。哈布斯堡庞大
的领地内，人们长途跋涉地寻找工作。维也纳的大多数外国人来自
哈布斯堡君主国的波希米亚王室领地[1]以及帝国的遥远地区。

　　这些移民潮总是处于一种不断变化的状态。人们为求安全的生
计而多次搬家，往返城市间。他们迁移的频率比历史学家原本想象
的要高，距离也比想象的更远。向国际化劳动力市场的转变意味着
工人们要跨越国界，前往更远的地方。虽然总人口的数据提供了城
市化的规模的重要指标，但它们却没有告诉我们城镇之间以及城镇
与乡村之间的人口湍流的状态。从村庄和小城镇到城市的季节性和
连锁性迁移，对成千上万年轻和渴望改善自己处境的工人来说至关
重要。这种对移民的理解与对工业化的重新思考相类似，认为工业
化是一个较长的、扩散的过程，而不是一场技术驱动的革命。现代
城市是一个动态的、波动的环境，与欧洲更广泛的城市网络以及移
民和交流的潮流联系在一起。值得一提的是，在欧洲范围内，从
2000名居民的小型定居点到拥有2万至3万名居民的城镇形成了一片
密集的区域。它们对这些移民的流动至关重要。1871年，德国三分
之二的城市人口——近1000万人——居住在人口不足2万的城镇
中。[7]大多数城市居民仍生活在中小型城镇。他们是动态的迁移网络

---

[1] 包括波希米亚王国，莫拉维亚侯国，西里西亚公国以及上下卢萨蒂亚。

图 10　伦敦帕丁顿车站，基于复古摄影制作的点阵插图，1895 年

中的节点，这个网络因铁路而愈发密集。事实上，铁路建设本身也创造了一种临时性的迁移模式，因为工人找到了铺设轨道和铁路侧线的工作。铁路使原有的时空概念崩塌了。以往工人和移民从一个地方到另一个地方需要花费数周的时间，现在只需几天。城市和农村这两个世界之间的界限逐渐消解。

铁路成为这种令人惊叹的人和货物流动的手段与象征。火车站是宏伟的建筑——巨大、宽广的棚拥抱了现代建筑的可能性。铸铁大梁和铁托梁[1]被安装在一起，形成了跨度巨大的屋顶。下面的地板上，建有火车平台和冒着蒸汽的机车，它们的铁轨像章鱼的触手

―――――――――

[1] iron joist，一种次梁。

般向城市延伸。建筑和工程一起形成了一种现代技术的美学。车站外墙的装修采用了历史主义风格，使其在发挥自己的功能时也带有一种庄严的感觉。在伦敦，建成的圣潘克拉斯车站拥有世界上最大的单跨拱形屋顶。车站前有一座新哥特式风格的红砖米德兰兹酒店装点着。巴黎北站启用于1864年，是一座铸铁结构的纪念碑。其宏伟的外墙以装饰有火车目的地的寓言式雕像为特色。布达佩斯的凯莱蒂火车站是欧洲最现代化的火车站之一，拥有雄伟的布扎[1]风格的外墙和凯旋门。

　　火车站是非同寻常的建筑陈列品和宏伟的公共空间。1815至1914年期间，有超过2200万人离开不列颠群岛前往海外。1869年，《劳埃德周报》（Lloyd's Weekly Newspaper）的报道记录了圣潘克拉斯车站的情景，当时约有300个来自白教堂（Whitechapel）和贝斯纳尔格林（Bethnal Green）贫民窟的贫困家庭聚集在站台上，准备开始他们到利物浦的航程，然后乘坐蒸汽船前往加拿大，寻找新生活。"恩典[2]被唱起……墙壁不时回荡着许多声音，然后被铁路发动机的尖锐叫声所淹没。热烈的拥抱，'上帝保佑你'，伴随着深深的啜泣和泛滥的泪水，突然，火车猛地离开了车站，仿佛要结束这痛苦的一幕。"8 1886年，瑞士记者维克托·蒂索（Victor Tissot）在德国旅行时来到科隆火车站，形容"那里的气氛庄严宏大：有餐厅、候车区、售票厅和行李区。当几列火车同时到达时，会出现一幕幕狼吞虎咽的场景，让人忍俊不禁……列车放出大批饥饿的旅行者，他们扑向

---

[1] Beaux-Arts，一种源于法国19世纪的建筑风格，被称为巴黎美术学院风格。该风格强调了建筑的宏伟和秩序性，多用于具有繁复的装饰和富丽堂皇的外观的大型纪念建筑。

[2] Grace，此处可能指著名的基督教赞美诗、福音歌曲《奇异恩典》（Amazing Grace）。

自助餐以果其枵腹……英国人和俄国人最热衷于这种狂欢"。在蒂索说来，"科隆看着像一个非常繁荣的城市，莱茵省的所有财富都流经此处，生产、工厂、制造业无休止地运作着，可以说，大城市在这里串联在一起"[9]。

现代城市是人口、交通和货物的不断变化的集合体。查尔斯·狄更斯创编的周刊《家常话》（*Household Words*）中，一篇名为《擦肩而过的面孔》（"Passing Faces"）的文章评论道："在伦敦的街道上散步，我们会看到各种各样不同类型的人……生活，以及它所有的快乐和痛苦的无穷力量——这是一本可以在伦敦街头阅读的巨大画册。"意大利小说家埃迪蒙托·德·亚米契斯（Edmondo De Amicis）于1878年抵达巴黎的巴士底广场，那里"喧闹声震耳欲聋"。这个伟大的广场"充满光亮，色彩缤纷，有着宏伟的七月柱、树木、快速移动的马车和人群"。当他来到博马歇大道（Boulevard Beaumarchais）时，被这里的景象惊呆了："马车、大型货车、引擎拉动的车和载满人的公交在凹凸不平的人行道上颠簸，发出震耳欲聋的噪声。"[10]拥挤的人群和城市加快的节奏激起了人们强烈的好奇。在街上闲逛，混入人群，观察人们的移动和行为，成为揭示现代状况的一种方式。法国诗人夏尔·波德莱尔（Charles Baudelaire）是个超级漫游者和城市观察者，或称"浪荡子"（flâneur）。他为巴黎的波希米亚世界发声——这个年轻的叛逆者和作家，在边缘地区过着看似闲散、自由的生活，却以敏锐的洞察力捕捉到了现代的状况。波德莱尔的散文诗抓住了"巨大城市"的本质。他发现人群"陶醉。

容易跟群众结合的人才懂得狂热的快乐"。[1]11 但这种感觉不仅被幸福笼罩，也被绝望笼罩。波德莱尔坐在一家令人眼花缭乱的咖啡馆里，审视着"使人眼花的雪白的墙壁，一片片耀目的镜面，上楣和装饰线条上的贴金"。[2] 然而，就在这闪亮的表面之下，严峻的现实却让人感到不安。在窗外，他看到了"一家人的眼睛"，一个衣衫褴褛的父亲带着小男孩，入迷地看着这个"只有跟我们不一样的人才能进去"的地方。波德莱尔很受触动，"为我们的那些对于解渴来说显得太大的酒杯和酒瓶感到有些惭愧"。[3]12

　　波德莱尔的小故事揭示了一个事实：现代城市只能作为一系列的片段来认识，而且这些片段也往往是矛盾的和不连贯的。在这种氛围中，个人就像风中的树叶一样被抛来抛去，在各种感觉和图像的万花筒中飘荡，让人深感矛盾。甚至在19世纪30年代，法国小说家奥诺雷·德·巴尔扎克（Honoré de Balzac）也强调，在巴黎，"你必须像炮弹一样冲进这群人中"。在巴黎，"一切都浓烟滚滚，一切都在燃烧，一切都火光闪闪，一切都在沸腾，一切都冒着熊熊的火焰，蒸发，熄灭，然后重新燃烧起来，火星飞溅，噼啪作响，最后燃烧净尽"。[4]13 这种描述也适用于伦敦，以及任何19世纪的欧洲大城市。德国社会学家格奥尔格·齐美尔（Georg Simmel）是第一个将

[1][法] 夏尔·波德莱尔:《恶之花　巴黎的忧郁》，钱春绮译，北京：人民文学出版社，1991年，第401页。

[2][法] 夏尔·波德莱尔:《恶之花　巴黎的忧郁》，钱春绮译，北京：人民文学出版社，1991年，第440页。

[3][法] 夏尔·波德莱尔:《恶之花　巴黎的忧郁》，钱春绮译，北京：人民文学出版社，1991年，第441页。

[4][法] 巴尔扎克:《人间喜剧》第十卷，袁树仁译，北京：人民文学出版社，1994年，第345页。

城市作为一种心理和身体的体验来观察的人。从他所在的柏林来看，大城市的节奏和复杂性影响了人们的心态，人们在大城市生活的心态与在小城镇的生活心态有天壤之别。大城市提供了个人自由。但其环境的刺激和强度塑造了一种麻木的态度作为防御机制。齐美尔将现代性理解为一种基于先进资本主义经济的文化体系，它创造了一种虚假的稳定和秩序意识。对齐美尔来说，它最具破坏性的影响是创造了这种使人精神瘫痪的幻觉。它的背后隐藏着一种"无情的实事求是，以及其合理计算的经济利己主义"。它使个人沦为"一个单一的齿轮，与庞大的、压倒性的事物和力量的组织相对立，这些事物和力量逐渐从他手中夺走与进步、精神和价值有关的一切"。齐美尔认为，金钱和交换取代了一切。作为商业中心的大都市是这个真相最明确的标志。财富，而非特权，成为社会和政治权力的关键。富裕是对个人功绩和才能的一种证明。这里有很多致富的机会与不断壮大的、有大量钱可花的资产阶级。

新的市场模式和新的物质文化界定了社会关系。美好的生活围绕着商品和富裕的中产阶级的无限欲望展开。满载着来自世界各地的货物靠岸卸货的船，将物质福利的可能性变成了一场盛宴，这一现象与帝国主义有着密不可分的联系。对外贸易呈指数级增长，英国处于领先地位。城市成为全球消费最重要的景象。装载在火车车厢中的商品从欧洲的各大港口运往各地的城镇，极大地降低了运输成本。消费品泛滥，拥有日常奢侈品的可能性也随着商品价格的暴跌而膨胀。消费者在吞噬着全球市场的商品的同时，形成了全新的习惯和享受方式。全球商品市场发展取决于全球范围内经济和军事力量的行使。各种各样的东西、小玩意和新奇之物在城市的日常生活中扮演着越来越重要的角色，它们包括珐琅、乐器、镜子、钟表、书籍、珠宝、家具、银器、亚麻织品、机械玩具、服装、异国的收藏品和纪念品。它们成为身份地位的"必要"象征。对品位的评判标准是由购买、收集和展示物品决定的。即使是中产阶级和工人阶级，也可以通过自豪地展示他们的财产来宣称自己有一定的修养和社会地位。从大城市到城镇和乡村，舶来品通过城市系统向下渗透。

消费主义被刻在了城市的地形上。与工厂环境中的生产重组一样，大胆的购物场所将城市与雇佣劳动和不断扩张的全球经济联系起来。旧的商业形式适应了新的市场动态，具有惊人的弹性。与它们一同出现的，是奇妙的新市集、贸易展览会和国际博览会、购物廊和百货商店。这是商品文化的精湛表演，市民在这里学会了成为消费者。对丰富物质的展示、各类建筑令人着迷的外观和巨大的规模，使消费者和路人都不由自主地沉醉其中。它们是梦想的机器，使人们有可能想象到一个充满丰富而廉价的物资的社会，一个有着不断变化的奇迹和商品的世界。伦敦和巴黎站在这个物质浮华的新领域的顶峰。它们魅力十足、光彩夺目，是伟大的购物天堂，是19世纪中期欧洲最大的消费中心。关于这两个地方的充满崇拜的描述数不胜数。社会改革家弗洛拉·特里斯坦（Flora Tristan）在19世纪40年代访问了伦敦这座"怪兽城市"，并为之倾倒。"伦敦真是太棒了！它宽阔的街道无限延伸；它的商店里有人类智慧所能设计出的每一个杰作；众多的男女不停地来回走动。第一次看到这一切是一种令人陶醉的体验。"[14]巴黎是光之城。林荫道上的煤气灯使这座城市成为令人陶醉的仙境，它也是"法国所有飞扬的幻想的集散地"。在林荫大道上，"人们可以说一切，听一切，想象一切"。巴黎的百货商店是一个丰富的、充满魅力的剧场。在法国文学大师爱弥尔·左拉（Émile Zola）1883年的小说《妇女乐园》（*Au bonheur des dames*）中，年轻的黛妮丝被百货公司煤气灯的光芒所诱惑。"在大雨下的黑暗而又静寂的这个大城市里，在她所不认识的这个巴黎里，这家店像一座灯塔似地闪耀着，在她看来，它本身就是这个城市的生命和光明。"[1]15

城市的表面被商业化了。"只是看看"的乐趣被用于建造市场大厅、拱廊和百货公司的玻璃，以及铁制的精妙建筑式样增强了。到19世纪中叶，廉价的平板玻璃和煤气照明的出现使现代店面成为可能，并使橱窗购物成为行人的乐趣，特别是在伦敦的摄政街（Regent Street）和牛津街（Oxford Street）、巴黎的意大利大道（Boulevard des Italiens）、柏林的莱比锡大街（Leipzigerstrassse）及维也纳的卡尔特纳环路（Kartner Ring）。林荫道上的散步者对商店橱窗里大量闪闪发光的事物啧啧称奇。城市被视为一个商业戏剧的舞台。建筑物的墙壁上贴满了宣传单和广告牌。公共汽车的内外也是如此。新的商业标识使用通用的国家语言，而不是地方方言。行人避开人行道上的广告车和夹板广告牌。到了19世纪末，"幻灯机"将梦幻般的广告图像投射到建筑墙壁上。特拉法尔加广场（Trafalger Square）的纳尔逊柱（Nelson's Column）、伦敦的国家美术馆，甚至埃菲尔铁塔都被用来做广告。

伦敦是19世纪的首要城市，也是整个全球贸易复杂体系的中心。伦敦是巨大的。它的规模远远超过了欧洲的任何一个地方，帝国驱动下的伦敦生活奢华夺目，影响深入其核心。伦敦是"世界清算中心"。伦敦市区和威斯敏斯特的公共建筑与纪念碑是英国世界权力的一个缩影。伴有两座大型狮身人面像的克利奥帕特拉方尖碑耸立在

---

[1][法]左拉：《妇女乐园》，侍桁译，上海：上海译文出版社，2003年，第23页。

泰晤士河堤上。新的外交部是伦敦庞大的商业和领土领域的控制中心。它包括印度办事处及其在英国统治了一个多世纪里所获得的信息积累成的资料库。伦敦的大型帝国机构派出探险家进行殖民探险。皇家地理学会支持查尔斯·达尔文（Charles Darwin）的研究。大英博物馆收集着如此多的文物（包括罗塞塔石碑和亚述楔形文字泥板以及帕台农神庙的装饰雕塑），搬到了一座全新的建筑里。最有气势的是特拉法尔加广场，它于 1844 年开放，展示了一列列军事英雄的大理石石雕，尤其是海军上将霍雷肖·纳尔逊（Horatio Nelson）的。帝国的盛况在阅兵式和庆典中被庆祝，这也是无数音乐厅表演的主题。各种教派的传教士在伦敦登船，准备去履行他们在殖民地的使命，商人和贸易商同样如此，他们前去寻求利润，工程师则是去负责监督整个帝国的公路、铁路和桥梁的建设。印度海员、政府官员、商人、学生，以及中国的派遣团都在伦敦旅行或定居。阿瑟·柯南·道尔（Arthur Conan Doyle）称，伦敦"这个大污水池里，大英帝国所有的游民懒汉都汇集在这儿"[1]。

　　伦敦金融城（或被称为"一平方英里"）变成了大英帝国的统治中心。英格兰银行和皇家证券交易所的堡垒建筑群使针线街（Threadneedle Street）周围的迷宫般的小巷相形见绌。它们是商业的支点，是货币体系和金融流通的管理机构，为英国的霸权和自由市场资本主义提供了便利。19 世纪在自由贸易的祭坛上顶礼膜拜。这是英国繁荣的秘密。无论人们对资本主义市场力量的影响有什么疑虑，都不会影响到他们对自由交换和经济进步的忠诚。整个帝国机

---

[1]［英］柯南·道尔：《福尔摩斯探案全集：血字的研究》，兴仲华译，北京：新星出版社，2011 年，第 9 页。

图 11   英格兰银行和伦敦金融城皇家交易所外的交通状况，1896 年

器依赖于英格兰银行的稳定，而英格兰银行则依赖于其黄金储备。1849 年，一笔由来自加州的黄金和墨西哥银元构成的财富被火车运到这里，装载在满溢的马车上穿过伦敦金融城的街道，送到等待着的银行金库。[16] 汇票、信贷票据、证券、债券、保险承保、合同创造了一座纸山，将伦敦金融城与伦敦的工厂，以及曼彻斯特、格拉斯哥、伯明翰的工厂联系在一起，并延伸到一个巨大的全球帝国。来自伦敦金融城的资金流向海外投资、欧洲各地的铁路，以及船舶和矿山。人们很容易获得信贷。股票市场上的投机成为一条新的致富途径。每个有闲钱的人都在投资。他们的钱像水一样流进了伦敦金

融城的金库。

19世纪初，伦敦金融城虽然还有人居住，但它很快就变成了一个繁忙的商业区。每天早上，人们如潮水般涌向他们的工作岗位，然后在工作日结束时通勤回家。从经纪人、保险人到承包商和汇款人，一排排文员蜷缩在办公桌前，进行着管理伦敦货币市场的日常工作。皇家交易所前的广场上，马车、货车和工作人员争先恐后地赶着日程，形成了无休止的拥挤景象。大大小小的仓库都被塞入城区。里面装满了商品——从茶叶和咖啡，到纺织品和毛皮，在那里可以对任何一种能想象到的全球产品进行讨价还价。银行业的世家王朝，如罗斯柴尔德家族（Rothchilds）和巴林家族（Barings），还有省级银行、股份制银行和海外银行，以及100多家保险公司都在伦敦市设立了豪华的总部。[17]他们的财富让人难以置信。船舶经纪人、商人和金融家像秃鹫一样围着他们转，目的都是赚钱。狂热的野心，投机性的繁荣和萧条的循环，街道上、酒馆和商店里的节奏激烈的步伐，使英国的全球市场每天都是城市的盛会。整个城市的生活节奏以惊人的速度奔跑着。

尽管伦敦的城市景观中充满了帝国的纪念碑，但码头区最能证明大英帝国的伟大存在。它是英国人和外国游客最想看到的地方之一。它比其他任何地方都包含更多的财富和对英国与它的帝国至关重要的东西。码头区的景致一贯欣欣向荣。根据贝德克尔旅行指南，"没有什么比参观仓库更能让陌生人了解到伦敦的巨大活力和惊人财富，这里充满了各种外国和殖民地产品，无穷无尽"。码头在整个19世纪里，逐渐吞噬了伦敦东区的河畔。1802年，西印度码头在道格斯岛（Isle of Dogs）开放，随后是萨里码头、伦敦和东印度码头。然后，圣凯瑟琳和米尔沃德码头填补了泰晤士河沿岸的空白。对更多的码头、船坞、仓库的永无止境的需求，使皇家维多利亚码头和皇家阿尔伯特码头的活动进一步向东发展。河流中每一个可用的弯道都被利用起来。数以千计的大小船舶及渡轮在泰晤士河上行驶，从伍尔维奇（Woolwich）一直到伦敦桥的"泳池"。仅在1860年，就有大约3万艘各种规模的船只进入港口，装载的货物达到700多万吨。[18]河流交通与伦敦街道上的交通一样繁忙密集。

英国奉行的帝国政策是开放并有利于消费者的。在整个19世纪，英国的进口量成倍增长。来自中国的丝绸和茶叶价值高昂。原棉、靛蓝草、亚麻籽是来自印度的主要进口货物。异国香料和咖啡被卸到了码头上，它们分别来自东南亚和英属锡兰。脂油、亚麻、大麻、木材和谷物来自俄罗斯，葡萄酒来自法国。肥皂、蜡烛、面包、人造黄油、橘子酱、橡胶、雨衣、皮鞋、油墨、染料、油漆、化肥和木制家具被拖进仓库。一旦被清空，船只又会再次装满英国商品——棉花和毛布、铁和铅、铜和钢、机械类制品、玻璃和刀具——送往世界各地。依靠这种商品流动来维持生计的工人数量达到100万甚至更多。

作为势力蔓延世界各地的大英帝国的首都，伦敦的经济在很大程度上以服务业为中心，到19世纪末，近60%的城市劳动力从事这一行业。但码头区是该市工业的中心区。码头上挤满了仓库、精加工和制造企业以及贸易办事处。码头周围聚集了铸铁厂、机械车间、锅炉厂、造船厂及煤矿、焦炭、煤炭和煤气厂、蒸馏厂，还有化学工业。道格斯岛是一个由蒸汽工厂、化学品、肥皂、橡胶、染料、绳索制造、麻袋制造、锡罐制造车间组成的大杂烩。夹在工厂和仓库之间的是臭名昭著的"穷人巢穴"（rookeries），每天都有伦敦和它的帝国所依赖的廉价劳动力从这里涌出。东区臭名昭著的贫民窟与伦敦的帝国机构同时存在。两者都与全球化进程和社会某些部门的资本积累以及其他人的被剥夺紧密地相连。码头区到处都是小商贩，他们对从码头和仓库偷来的违禁品进行销赃。警察四处搜寻盗贼和走私者。在码头区，伦敦人可以体验到他们的全球霸权，以及其对城市影响的焦虑。社会主义作家玛格丽特·哈克尼斯（Margaret Harkness）在她1889年的小说《最黑暗的伦敦》（*In Darkest London*）中捕捉到了这种异乎寻常的现象：

> （白教堂路）是伦敦最国际化的地方……一个咧着嘴的霍屯督人[1]穿过一群细长眼睛的犹太妇女。一个阿尔及利亚商人与一个加尔各答人搭着手臂走着。一个意大利小孩和一个俄罗斯小孩玩投球和掷球。一个波兰犹太人和一个德国非犹太人一起享用酸菜。在这些外国人当中，伦敦东区的街溜子仿佛统御其所视万物的君主，自视非凡……看到他英国式的优越感是很有趣的。他被自己的国家视为渣滓……他有头脑，但尽力用麻醉品和兴奋剂来摧毁它。[19]

伦敦的码头区处于全球供应链的峰巅。除此之外，欧洲海岸线上的一连串港口也是全球贸易旋涡的门户。邮政蒸汽船的运行和苏伊士运河的开通（1869年）有助于实现奢侈品和易腐食品贸易的多样化。利物浦市和伯明翰市进口的货物量远远超出了运往纺织厂的原棉。利物浦在进口印度棉花方面发挥了关键作用。不过该市的商品贸易商和金融家还与美国、亚洲、阿根廷、非洲和澳大利亚以及

---

[1] Hottentot，对科伊科伊人的贬称。

地中海的港口进行贸易。到19世纪末，利物浦的"绅士资本家"使进口贸易多样化，并使该市成为一个世界转口港。它的货运量已经超过了伦敦的码头区。进口茶叶和香料成为这里运出的主要商品。进口加工业，特别是玻璃、化学品和糖的提炼，成为重要的产业。这座城市广泛的海外联系在许多来自大英帝国各地的人士身上表现出来，特别是水手。在1886年的国际航海、旅行、商业和制造业展览会上，利物浦庆祝了其国际地位。[20] 1897年，维多利亚女王的钻石庆典在利物浦举行，展出了4英里长的海上船舶，约1.5万人的游行队伍前往圣乔治厅庆祝，在那儿，欢呼雀跃的人群等待着庆典的到来。[21]

苏伊士运河的开通也给荷兰的阿姆斯特丹和鹿特丹港口提供了一条能够更快通往荷属印度的通道。这两个城市长期以来都是欧洲的重要转口港。船驶入阿姆斯特丹，那里的仓库装满了来自荷兰东南亚殖民地的货物，而鹿特丹则以与美洲和非洲的贸易为主。汉堡和安特卫普是欧洲中部的主要全球货运门户。它们的港口蓬勃发展，德国在东非的殖民地和南美的贸易在此尤为繁荣。汉堡的贸易额估计每年超过5000万英镑，贸易范围从海豹皮到乐器，什么都有。建于1883年的该市的仓库城（Speicherstadt）区堆满了咖啡、茶、可可和香料。在木桩上耸立的砖头仓库弥漫着异国气味。驳船沿着迷宫般的运河穿行并直接从它们的货舱中分发战利品。1895年，威廉皇帝运河（基尔运河）的开通，连接了波罗的海和北海，这使其成为一条主要航道。波罗的海沿岸的柯尼斯堡和斯德丁港口通过铁路与柏林、西里西亚和加利西亚相连。它们的码头堆满了进口的铁矿石、化学品、石油和煤炭。马赛是法国最大的航运公司法国邮船公司（Messageries Maritime）的母港，该公司在整个法兰西帝国运送货物和乘客。与欧洲的其他港口城市一样，马赛的大部分劳动力是外国人。他们是挤在贫民窟里的临时流动人口，在公众心目中，与盗窃和小型犯罪等港口生活的特征联系在一起。[22] 在拉若列特（La Joliette），新的港口设施的建设确保了马赛作为地中海最大港口的地位。

的里雅斯特是亚得里亚海沿岸的"帝国自由城"，它是作为哈布斯堡帝国的商业港口发展起来的。早在 1800 年，帝国就有整整三分之一的出口商品需要通过的里雅斯特。然后，从 19 世纪 50 年代开始，铁路的到来和苏伊士运河的开通使的里雅斯特成为通往中东和亚洲的主要门户。到 19 世纪末，它在地中海贸易中的地位仅次于马赛。这座城市拥有大约 20 万居民，柔和的建筑环绕着海港，俯瞰海湾蔚蓝的海水。它是哈布斯堡帝国的第四大城市，仅次于维也纳、布达佩斯和布拉格，却严重缺乏清洁的水资源或适当的污水处理系统。[23] 尽管如此，这是一个多语言世界，展现了港口城市典型的语言混杂场景。聚集在小酒馆和咖啡馆里聆听新闻和八卦，汇集信息，是此地繁荣商业的根基。该市的犹太教徒、希腊东正教徒和塞尔维亚商人享有与他们的天主教同行类似的公民和经济权利。这些特权的扩展是他们商业技能的证明。宗教宽容和赚钱是的里雅斯特的口号。

这座城市的精英共同控制着证券交易所、银行和保险公司，将欧洲中部与全球贸易网络连接在一起。的里雅斯特是埃及棉花和原材料的入境港，这些物资随后会被运往维也纳、罗兹和波希米亚工业中心的纺织厂。该市的保险公司在整个欧洲以及孟买、上海和香港都有代理机构。奥地利劳埃德航运公司（Austrian Lloyd Shipping Company）是哈布斯堡帝国最大的航运公司，它最初是在的里雅斯特的咖啡馆里成立的。[24]它的蒸汽船在的里雅斯特和马赛、萨洛尼卡和君士坦丁堡的港口、塞得港（Port Said）以及远东等港口之间运送货物、乘客和信息。这种全球连通性使的里雅斯特具有一种独有的特色，并使其成为新兴的亚得里亚海地区身份认同以及意大利民族统一主义的中心。当地的忠诚度是多重叠加的。正是的里雅斯特的不整洁、对将自己束缚在一个单一身份上的拒绝、机会主义的开放性，使它具有如此世界性的吸引力。居民就像认同政权明确的哈布斯堡、意大利或南斯拉夫一样，认同和依恋着这座城市。

哈布斯堡帝国的王室领地上散布着省会、商业中心和驻军城镇，它们沿着密集的公路和铁路线网络交织在一起。哈布斯堡帝国拥有欧洲最大和最实用的铁路系统之一。哈布斯堡国家和地方政府修建了数千公里的新公路和桥梁。这些成片的连接设施甚至使地方城镇也能够受到全球影响。它们在各种意义上都是世界的一部分。成吨的货物和成千上万的乘客经常通过铁路和公路穿越哈布斯堡的领土。这种交通的繁忙可见于上西里西亚的布雷斯劳，在那里，象牙、茶叶、糖和巧克力等殖民地商品诱惑着在城市的商店里穿梭的消费者。旅行家约翰·乔治·科尔在1859年访问了位于加利西亚东部、在"文明欧洲边界"的斯坦尼斯拉沃夫（Stanislavov［Stanislau / Stanislawów］），也透露了全球商品的普及程度。他发现花哨的商店里"充斥着维也纳的漂亮玩具……药剂师的店铺井然有序，咖啡馆豪华美观"。[25]乌克兰的基辅（Kyiv）吸引了众多投资该市制糖业的风险资本家。这座城市获得了俄罗斯帝国资本主义狂野西部的美誉。它的犹太糖业大亨依靠银行、商品交易所、地区博览会和市场[26]使基辅成为一个繁荣的转口港。

世界博览会与全球繁荣一同诞生，也是其最大的展示平台。它们是城市中前所未有的令人着迷的剧场。大型博览会的概念作为一种文化现象缓慢发展了近一个世纪，直到1851年英国盛名远扬的水晶宫展览会——第一次被认定为国际"世界博览会"的活动的举办。随着工业革命的发展，英国和法国成立了一些机构，专门推广那些引人注目的新机器制造的商品。展览，是促进贸易、宣传新技术和教育公众体会消费主义益处的一种手段。1797至1849年期间，法国在巴黎举办了10次全国性的工业展览，展览的规模和范围每次都在增加。巴黎的成功鼓励了法国其他城市在19世纪30年代至40年代举办自己的贸易博览会。最令人印象深刻的博览会在南特（Nantes）、里尔、波尔多（Bordeaux）、图卢兹（Toulouse）和第戎（Dijon）举行。它们成为商业日历上的一个例行事项，参与其中很快成了一种必不可少的商业活动。英国人也举办了一系列早期的"艺术和工业展览"。曼彻斯特和伦敦的机械学院从19世纪30年代开始举办小规模的工业展览。反谷物法联盟于1845年在伦敦的科文特花园剧院（Covent Garden Theater）组织了一场大规模的集市活动，展示的商品颇为壮观。剧院的铁制和玻璃结构被装饰成哥特式风格，《伦敦新闻画报》（*Illustrated London News*）称其为"现代商业大教堂"。[27] 19世纪20年代和30年代，在布鲁塞尔、慕尼黑、根特、斯德哥尔摩、哈勒姆（Haarlem）、都柏林、马德里、莫斯科和圣彼得堡等城市都有类似的工业和贸易展览。1844年柏林举办了一次全德展览会。这些展览的地理范围和举办频率标志着它们对工业化和现代物质时代的基础意义。

　　到目前为止，最大和最壮观的活动是1851年5月至10月在伦敦海德公园（Hyde Park）的水晶宫举行的各国工业作品大展。约有1.4万名参展商展示了大量令人惊叹的技术和商品。维多利亚女王在

图 12   1851 年在海德公园举行的万国博览会

庄严地宣布展览开幕后，总结了振奋人心的情绪："我们无所不能。"
这些展览是规模惊人和种类繁多的英国制造业及其殖民地财产的万
神殿。在从女王本人到参观的 600 多万人的心中，一种深深的宗教感
情被展览会激发，对上帝能够激励人类创造如此非凡的东西而感到
敬畏。五分之一的英国人在展览期间访问了伦敦，其中许多人利用
了新的旅行社提供的旅游套餐，并首次乘坐火车。火车游览将至少
75 万人从英格兰北部带到这里，只是为了观看人类天才的盛会。展
馆内，各种各样的物品组成了一个幻化世界。纺织机、蒸汽机和印
刷机、早期的汽车和自行车激发了参观者的好奇心。各种类型的制
成品都摆放在那里供人参观。该展览是对全球商业和世界自由贸易

秩序的致敬。观众对来自印度充满异国情调的奢侈品和珠宝，以及来自全球各地的奢华瓷器和珐琅、雕塑和艺术作品目不转睛。他们挤在著名的光之山钻石[1]周围。金银绣品、羊绒围巾、丝绸和染色棉布、乐器和机械玩具、餐具和工具、装饰性家具、香水以及来自大英帝国各地的土特产，都在诱惑着潜在的消费者。这是一个巨大的商品市场。

　　该展览被誉为"人民的宫殿"，为英国社会各阶层提供了交融的机会。组织者为了让工人阶级能够参加展览，设立了收费较低的一先令日。他们被戏称为"先令族"。尽管组织者争辩说，英国坚实的工人阶级没有什么好担心的，但许多人对大量人群的潜在危险以及工人和农民在闪亮的展品间跌跌撞撞的情景感到焦虑。在先令日，增设的警员随时准备，以防出现不良行为。英国媒体对这一大展进行了报道，并在大量的杂志和报纸文章中叙述了展览中的场景。如果说展览向英国人展示了他们是世界上最聪明和最富有的人，那么《伦敦新闻画报》和《笨拙杂志》（*Punch Magazine*）却仍然将那些盯着展览的工人家庭描述为要么"粗鄙无知"，要么"行为端正、满怀赞赏"。除了来自英国殖民地的梦幻般的财富，展会上还有穿着异国服装的本土"标本"。托马斯·昂温（Thomas Onwhyn）的《布朗夫妇参观万国博览会》（*Mr. and Mrs. Brown's Visit to See the Grand Exhibition of All Nations*）是以一个无助的英国家庭被异国的霍屯督人和俄罗斯哥萨克人"吓得魂飞魄散"为题材的著名娱乐作品。[28]尽管展览宣传和平友好，但有关社会分裂、种族主义和对外国人的恐

---

[1] Koh-i-Noor，著名的大钻石之一。曾属印度，后来辗转流传，1850年，该钻石被赠送给维多利亚女王。1851年，光之山钻石在英国水晶宫举行的万国博览会展出。

惧的场面却与展品一样多。

　　1851 年的大展对伦敦乃至全球的城市发展产生了非凡影响。举办展览的建筑本身被《笨拙杂志》称为"水晶宫"。约瑟夫·帕克斯顿（Joseph Paxton，德文郡公爵的首席园丁，活跃于火车站设计领域）将展览厅设计成一个由铸铁柱子围成的巨大玻璃房。这是一项全新的尝试，将 30 万块独立的平板玻璃和铁梁拼凑在一起，创造出如此规模的建筑结构。该建筑包括新设计的雨水槽、新的通风系统、调节光线的窗纱，以及防滑的木地板。它在 17 周内建成，占地 19 英亩[1]。规模如此宏大，超乎想象。这座建筑被热情地称赞为一个梦幻世界，一个奇异之地。它似乎是一个幻影一般无穷无尽的地方——一个现代意义的直接指向点。该建筑的插图和早期照片在整个欧洲传播开来。水晶宫立即成为一个地标建筑，也是游客到伦敦首先想看到的地方。它是这个城市最具国际化气息的区域，来自世界各地的人们聚集在这里。他们迅速将水晶宫作为英国的世界眼光和领导地位的象征，即使英格兰自身的统治阶层对此持傲慢的拒绝态度。

　　水晶宫在欧洲各地的城市掀起了一股工业展览的狂潮。任何在欧洲和世界舞台上以自己的重要性为赌注的地方都在不断地举办多种展览，以展示当地的聪明才智和物质财富。数以百计的展览相继举行。数以百万计的人前往参观。早在 1852 年，布雷斯劳就举办了第一次西里西亚工业展览。布雷斯劳市位于多瑙河上方的山坡上，它是西里西亚的首府，也是中欧最重要的商业城市之一。它位于两条历史贸易路的交界处，即南北向的琥珀路（Amber Road）和东西向的皇家大道（Via Regia，或称 Royal highway）。其 4.2 万名居民中

---

[1] 1 英亩约合 4046.86 平方米。

的大多数是德国人。但布雷斯劳是中东欧国际化旋风的象征。大多数人实际都是多语言使用者，在帝国相关的交流中使用匈牙利语，在商业往来中使用德语，在日常交谈中使用斯洛伐克语，来回转换，互相打趣。到 19 世纪 40 年代，布雷斯劳已经拥有 3 个火车站，与柏林、布达佩斯、德累斯顿、维也纳和克拉科夫相连。货物涌入该市。经销商们在 4 个年度的大宗商品交易会上就商品和机器进行交易。从东边，远至俄罗斯，都有车队到达该市，西边和波罗的海港口也会有商品流入。1852 年的布雷斯劳展览会炫耀了公民的自豪感和当地的爱国主义精神。展览是在一个模仿水晶宫的铁和玻璃的长廊中举行的，中心有一个香气四溢的喷泉，西里西亚的旗帜在大梁上飘扬。参观者在西里西亚制造——铁制品、亚麻布和羊毛制品——以及从瓷器、珠宝到香水等奢侈品的展览中漫步。[29]

　　1854 年，轮到慕尼黑在巨大的玻璃宫中举办了第一届德国工业博览会。玻璃宫拥有欧洲最大的钢铁和玻璃结构。约有 10 万人参加了博览会开幕式。然而展览疲劳已经出现。到 1876 年，在慕尼黑玻璃宫举行的又一次活动中，一名被派去报道的厌倦的英国记者称："对这种怪兽一样的表演感到厌烦，而且对它们所带来的好处持怀疑态度。"[30] 但这并没有阻止这些展示。1875 至 1914 年是展览的黄金时代，其中许多是大型活动。格拉斯哥就特别热衷于这样的盛会，它在 1847 年、1865 年、1886 到 1887 年，以及 1890 到 1891 年都举办过大型展览，这些都是"帝国之城"的展示。1873 年，维也纳将普拉特公园（Prater Park）布置成为一个巨大的贸易和工业展览，安特卫普和布鲁塞尔则在 19 世纪 80 年代举行了它们的展览。到 1900 年，巴黎举行了 3 次重磅的工业展。随着欧洲各城市沉浸在贸易和旅游的竞争狂欢中，某种类型的"工业和艺术展览"每年都会举行。标志性的铸铁和玻璃展厅出现在各个欧洲城市中，一路到敖德萨和圣彼得堡。令人惊呼的布置展出和科学技术魔法般的演示赢得了观众的心。

巡回的展览是 19 世纪的物质生活得到了深刻改善的证明。强大的银行家和金融家在提升消费者的口味和对依赖海外殖民地的产品需求方面有着巨大的利益。这包括城市居民吃的食物，以及营养和日常饮食的质量。他们可以越来越多地依靠全球市场和遥远的分销网络来满足自己对食物的永不满足的需求：不仅是谷物和蔬菜等日常食品，还有曾经被认为是只有富人才能买得起的奢侈品的商品。配备有"冷藏室"的火车和蒸汽船将产品从全球各地运来。铁路站在其基础设施中增加了"货运站"。运输革命意味着进口食品较之以往便宜了许多。其种类之多也令人惊叹。肉类、鱼类、各种季节性水果和蔬菜、乳制品、咖啡和茶都可以在日常餐饮中享用。即使是工人阶级也减少了他们在食物上的支出，却吃得更好。越来越少的人依靠社区农圃，转而用他们每周的工资购买食物。城市居民成为品位消费者和消耗食品供应的大户。城市周围的当地市场农场扩大了规模以满足大众的需求。在巴黎，大约有 1800 个果蔬农场，雇用了 9000 名园丁，大部分农场建在城内。伦敦是世界上最大的需求中心，进口了最多的食品。食品加工是其最大的产业之一。蒸汽驱动的谷物和面粉厂、炼糖厂、蒸馏和酿酒厂、食品加工厂中雇佣了数千人。

随着行会特权的松动和自由贸易的到来，出售食品和殖民地产品的街角杂货店和专卖店成为街头常见一景。不仅仅是在大城市，较小的商业和工业城镇同样如此。即使在贫困地区，也出现了可以廉价买到饭菜的小菜馆和酒馆。对于来自农村的新移民和日益式微的手工业者，以及失业者来说，开店出售固定价格的食品，或者在每周的街头市场上摆摊，上街贩卖食品，都是赚钱的方法。[31]街头商贩和流动小贩是城市场景中最知名的成员之一。他们所处的角落和地点、他们的推销、他们提供的商品和服务都是劳动社区日常生活的组成部分。弗洛拉·特里斯坦来到伦敦的圣贾尔斯街区（St. Giles neighborhood），"到处都是摆着旧鞋子、旧衣服和碎布的商店；锡匠和出售杂货的小贩……这个街区几乎所有破旧的小屋都是商店"。在衬裙巷（Petticoat Lane）的犹太人区中则是以下景象：

> 人群是如此密集，以至于你几乎无法移动……每个人都在不断移动——男人、女人和孩子……他们同时都在说话，一个人吹嘘他想卖的货物，另一个人诋毁他想买的货物，于是在所有的叫喊声、争论声和粗暴的侮辱声中，你无法听到自己的声音。

然后在菲尔德巷（Field Lane），"除了卖二手丝绸手帕的商人，什么也看不到……妓女、儿童和各种年龄、各种条件的流氓都来卖他们的手帕"。[32]伦敦外围白十字街（Whitecross Street）周围，非正式市场发展至150到200个摊位，当工人阶级家庭采购的周六来临时，它可以开放到深夜。成群结队的人在成堆的水果蔬菜、肉类鱼类周围讨价还价。他们仔细打量着家居用品，怀疑地听着小贩夸耀它们的价值。这种非官方的街头交易所进行的社会和物质交易，仍然在新兴的资本主义交易的节奏之外。[33]它代表了一种以邻里和日常公共领域为基础的民众社交。街头商贩被当局认为是麻烦制造者和粗俗的滋扰者。但尽管当局严格限制街头售货，并试图根除非法的街头市场，这种有数以千计的商贩在街头从事的非正规经济对于工人阶级和穷人是至关重要的。

即使是正规经营的露天市场也不堪重负，无法满足人们的需求。大城市的市场数量和市集日增加了。数以百计的马车从周围的村庄连夜轰隆隆地入城，穿过曲折的道路前往大城市中的批发终点站。在伦敦，装满水果和蔬菜的马车在科文特花园（Covent Garden）的批发市场卸货，在比林斯盖特（Billingsgate）的市场卸鱼，咯咯嘎嘎的家禽被运往莱登霍尔市场（Leadenhall Market），而成群的牛羊则被运往哥本哈根田场（Copenhagen Fields）和史密斯菲尔德市场（Smithfield Market）。运输的骚动和喧闹一直持续到凌晨时分。数以千计的动物被尖声吆喝的牲畜搬运工驱赶过街道，前往等候已久的屠宰场。科文特花园挤满了手推车和马车，以及摇摇晃晃的摊位。大量的蔬菜堆积在木桶和篮子里。小商贩们争夺空间，高声叫卖兜售他们的货物，力争超过竞争对手。争执经常发生。人群在混乱中挤来挤去，紧随他们身后的是商贩尖锐的叫卖声。妓女在人群中徘徊，招徕客人。到了晚上，这个广场变成了伦敦的戏场和性交易区。

伦敦食品供应系统的庞大规模使这些交易场面变得壮观。这些场景在欧洲各地以不同的尺度重复出现。石版画和早期照片记录了男人、女人挤在搬运畜体的屠夫中间，以及在成箱成堆的产品间，穷人避开牛马翻找剩饭菜的情景。所有主要城市的街道上都有一种准游牧的非正式经济。数千名街头商贩出售一切可以想象到的东西，提供一切可以想象到的服务。别无选择的穷人在街上寻找被扔掉的物品，在河边挖垃圾——所有这些都以这样或那样的方式出售。来自各行各业的喧嚣人群在销售的迷宫中蜿蜒前行。市场是盗贼的大好平台。犯罪分子公开活动。年轻的男孩在毫无戒心的人群中徘徊，抢夺他们可以得到的东西。黑帮敲诈和压榨市场上的小贩，盗窃其

图 13　科文特花园市场，伦敦

珍贵的货物，并在黑市上以离谱的价格卖掉。

具有讽刺意味的是，在一个遵奉自由市场资本主义为行动秩序的时代，消费成为最应该被系统化和规范化的城市活动之一。街头市场与像伦敦的科文特花园和巴黎的巴黎大堂（Les Halles）等地方的狂热气氛，使它们变得令人恐惧和反感，并成为改革者的直接目标。对于道德改革者来说，无良的商人和混乱的人群充斥了市场。拥堵使街道无法通行。市场是违法和不道德的场所，也是疾病滋生的温床。一位伦敦医疗改革者将史密斯菲尔德市场的"吹尿泡人"[1]和"杀马人"斥为堕落。他愤怒地将矛头指向某个院子，这个院子是"附近内脏的囤放点；而在它那堆积如山的内脏的阴影下，可能会发现夜间有半野蛮的男女，他们围着装满未经祝福的食品的大锅痛饮、亵渎上帝"。[34]女商贩则常年被指控卖淫。露天市场的狂欢气氛以及粗暴的言行常被指责为令人震惊和野蛮。

尽管存在这些可怕的描述，露天市场仍然是一个文化互动和交流的普遍场所。来自各种背景和社会阶层的人们在市场买卖、饮食。从资产阶级到工匠和工人，社会各阶层都经常到市场光顾，在市场周围工作和生活。它们是城市肌理的组成部分。商业活动日夜进行着，并形成了自己特有的习惯和风俗。尽管有人对它进行讨伐，这个庞大的网络并没有消失。它适应了现代性的节奏，继续在日常生活的层面上为人们提供工作和生活必需品。如果说有什么变化的话，那就是露天市场的影响扩大了。小贩、行商和杂货贩子向位于城市边缘的工人阶级社区中扩展。他们超越城市的界限，扩大了可以获得的廉价本土商品的范围，也跨过了警察和慈善家的监管。

---

[1] 贩卖的膀胱要充气展示。

　　然而，城市改革者坚持认为，改进和规范的市场设施可以增加食品供应、改善卫生条件，并导向更高的道德水准和适当的公共行为。如果可能的话，他们要求有一个封闭的、合理化的市场空间。市场大厅本身并不是一个创新的概念。精心设计的谷物和布匹大厅是长期存在的城市机构。到了18世纪，有顶棚的食品贩卖大厅为许多欧洲城市增添了光彩。其规模以及与之相适应的组织和行政监督都不同以往。有顶棚的、封闭的贩卖大厅为食品供应提供了一个干净有序的环境，还有关于开放时间、摊位与商贩许可证、价格、重量和计量的专门规定。市场的照明和通风得到了改善。警察和市场守卫在人群中穿梭，小心翼翼地搜寻罪犯。在改革者的心目中，这种监控保护了正派的妇女，也保护了买卖双方，免受下层阶级的冒犯和街道骚乱的影响。它将暴力和民众动乱的风险降至最低。市场大厅教会了人们新的行为规则，和正确的购买"品位"。

　　到19世纪中叶，宫殿式的市场大厅已经成为城市中最重要的公共建筑之一。[35]它们在欧洲各地揭幕，常常伴随精心设计的公共典礼。新的市场大厅是一个壮观的空间，铁和玻璃的结构格外耀眼。随着销售方面的创新，市场的规模也发生了彻底的改变。许多市场大厅都是高耸的建筑，具有折中历史主义风格的建筑装饰。格拉斯哥是第一批创建封闭式墙体空间的城市之一，这种空间被称为集市，与街道完全隔绝。利物浦、伯明翰、利兹、纽卡斯尔和阿伯丁等城市都建造了巨大的市场大厅。位于利物浦圣夏洛特街（Saint Charlotte's Street）的铁和玻璃制的圣约翰市场有煤气灯照明，并根据食物种类划分了"购物大道"。它与伯肯黑德（Birkenhead）的巨大市场大厅一并开创了一种全新的购物体验。在伦敦，史密斯菲尔德肉类市场、比林斯盖特鱼类市场和莱登霍尔市场都进行了重建，并与铁路联系

图 14　巴黎大堂，巴黎的中心市场

了起来。

　　在巴黎，随着城市人口的爆炸性增长，当地的市场和食品商店变得随处可见。在城市右岸的阿里格广场（d'Aligre）和左岸的圣日耳曼区，已经有了有顶棚的食品大厅。1853 年，作为奥斯曼男爵（Baron Haussmann）[1] 对巴黎进行现代化改造的一部分，城市中央食品市场，即巴黎大堂开始建造（见第 5 章）。它由维克多·巴尔塔（Victor Baltard）设计，其出现极大地扩展了食品批发贸易。巴黎大堂位于靠近塞纳河的城市右岸，由 10 个铁架市场大厅组成，分成两

―――――――――

[1] Georges-Eugène Haussmann（1809—1891），法国政治家和城市改革者，被认为是现代化巴黎的主要建设者之一。他被拿破仑三世任命为法国塞纳省省长，主导了巴黎的城市重建。他的重建措施被广泛称为"奥斯曼式"的城市规划。

排，由玻璃板通道连接，并按照食品类别分组。这个展馆综合体在
建成时是世界上最大的封顶市场，并成为整个欧洲模仿的榜样。到
1885年，柏林有20个市场，其中最大的一个有1300个摊位。布达佩
斯的市议会在全市建立了一张由6个市场大厅组成的网络，其多瑙河
畔的巨大的市场大厅是一座不朽的建筑。它由著名的匈牙利建筑师
绍穆·派茨（Samu Pecz）设计，其内部是丝状的铁桁架，与华丽的
新哥特式风格的砖瓦外皮相映成趣。

　　当时的观察者热切地描述了伦敦和巴黎，以及欧洲其他大城市
（如柏林和布达佩斯）的大型食品市场。爱弥尔·左拉在其1873年的
作品《巴黎的肚子》（*Le Ventre de Paris*）中描绘了巴黎大堂的奇观，
这一场景发生在巴尔塔的展馆和周围的街道上。这些刻板印象的形
象，如熟肉贩、鱼贩、禽肉贩、卸货的壮丁，以及巴黎大堂的喧嚣
人群，其物质性和日常语言，都被编织成城市记忆的一部分。但市
场不仅仅是岗位上劳动者的视觉动态景象。周六晚上的市场是购物
和免费娱乐的热闹场所。带着孩子的家庭穿过走廊，年轻的情侣和
单身人士在市场上调情地闲逛。在这里，他们可以看到各种各样的
新产品和小玩意。这是一个购物、讨价还价和分享八卦的地方，是
一个可以看与被看的地方。市场是这座城市的主要步行区之一，从
资产阶级夫妇到工薪阶层，还有游客，各行各业的城市居民都来体
验城市游巡。煤气灯、镀金大梁、玻璃、喷泉、装饰摊位，以及丰
富多彩的食品和家居用品，使市场大厅成为城市中最豪华、最喜庆
的地方。[36]

　　伦敦和巴黎是大型零售圣地，其光辉和魅力让购物者和游客着

迷。它们是日益商业化的城市社会的剧场。伦敦的西区和梅费尔[1]、巴黎的皇家宫殿[2]和意大利大道等优雅的地区提供了天底下一切可以想象的奢华。到19世纪初，购物作为一种休闲活动已经确立。城市商店以固定价格出售国内和进口的"高档商品"，并用镜子和灯光制造华丽的展陈来吸引顾客。服装商、香水商、女帽商、缝纫用品店、金银匠和家具卖家的生意兴隆。随着经济繁荣，消费者对瓷器、厨房设备、地毯和家具以及钟表等家居用品的需求也旺盛起来。城市中产阶级渴望享受帝国诞生的放纵。伦敦的一些商店非常热闹。1796年开业的位于帕尔玛尔街（Pall Mall）的哈丁与豪厄尔的大时尚货仓（Harding & Howell's Grand Fashionable Magazine）开设了4个货品区，销售织物和皮草、帽子、珠宝和香水。它致力于服务在安全、高雅的环境中自由浏览和购物的时尚女性。摄政街是时尚和优雅的缩影，是一条"奢侈大道"，[37]时尚的商店出售进口的、异国情调的奢侈品。在伦敦，有大约15个集市，其时尚商品令人眼花缭乱，其中许多也为顾客提供娱乐，如音乐、全景画和暗箱屋[3]。[38]

　　巴黎是优雅和时尚的中心，它的魅力使其成为欧洲特权精英的聚集地。"我们是欧洲的鲜奶油"，伏尔泰早在1735年就曾这样说过。即使在革命和战争时期，这个声誉也几乎没有受到影响。法国的时尚和奢侈品在专卖店中大放异彩，这些专卖店以炫耀性的门面宣传自己的商品。塞纳河右岸的皇家宫殿周边地区以其商店、咖啡馆和餐馆而闻名，还有骗子和妓女，也是街头生活中常见的一部分。享乐主义闪闪发光。但在19世纪，正是在巴黎的商业场所最能激起

---

[1] Mayfair，伦敦著名的富人区。

[2] Palais Royale，拱廊购物广场。

[3] camera obscura，屋型暗箱，顶部装有旋转反光镜，可使暗箱内的人欣赏四周外景。

人们的共鸣，并成为欧洲其他地区的典范。拱廊是奢侈品商店的封闭通道，是巴黎的特色。这里的大约25个拱廊拥有最晚近的新奇事物和时尚，以及令人垂涎的美食。许多拱廊都位于吸引人进行消费和娱乐的巴黎大道上。著名的城市评论家瓦尔特·本雅明在他的《拱廊计划》（Arcades Project）中，将拱廊描述为神奇的"童话洞穴"，以及商品拜物教的超级形式。它们是"淫荡商业……完全适应于唤起欲望的街道"。拱廊是"一座城市，一个缩影的世界……'现代性'的形象由此而生"。[39]透过玻璃屋顶照下来的光线、装饰柱子和镶嵌大理石的地板，使这些空间令人陶醉。巴黎第一个被煤气灯照亮的公共空间是1816年蒙马特大道（Boulevard Montmartre）上的全景廊街（Passage des Panoramas）。它位于两个风靡一时的全景画展之间。隔壁就有综艺剧院（Théâtre des Varietés）的音乐杂剧，旁边还有它的综艺咖啡厅（Café des Variétés）。时尚人群席卷了巨鹿廊街（Passage du Grand Cerf）和小场街（rue des Petits-Champs）上优雅的薇薇安拱廊街（Galerie Vivienne）。

拱廊在19世纪20年代广受欢迎，并像野火一般在欧洲主要城市迅速传播。英格兰西约克郡（West Yorkshire）的利兹市是一个领先的工业和商业中心，拥有自己的证券交易所、多家银行，以及一个挤满了精明商人的商会。新古典主义的市政厅及其雄伟的塔楼是公民自豪感的巨大源泉。维多利亚女王出席了市政厅的落成典礼，这里还举办过音乐节和当地工业展览。该市富有的中产阶级商人和制造商积极推动当地设施的改造。[40]该市东部破旧的房产被清扫一空，建成新的豪华拱廊商业区。桑顿拱廊（Thornton Arcade）、女王拱廊（Queen's Arcade）、大拱廊（Grand Arcade）、维多利亚拱廊（Victoria Arcade）和豪华的郡拱廊（County Arcade）都是由企业家

图 15　都灵的苏巴尔皮纳画廊，意大利。埃内斯托·曼卡斯特罗帕刻制，鲁道夫·格里菲原画,《意大利插画》第一期，1890 年 1 月 5 日

和房地产投机商建造的，他们从城市的重建计划中获利。这些拱廊用砖石和砂岩建造，入口豪华，装饰富丽堂皇，呈意大利风格。3 层楼高的玻璃屋顶、枝形吊灯、拱形窗户、大理石柱和地板，给顾客提供了极致的购物体验。拱廊的揭幕仪式是当地盛大的庆典。女王拱廊的开幕日正值伊朗国王访问利兹之际，当地人在装饰华丽的步道上举行了一场音乐会来迎接他。[41]

所以，百货公司有着悠久的历史和各种各样的祖先，它的许多特点早已在此前的这些高档购物场所得到了应用。但百货公司的出现，并没有导致早期的商业形式的消失。与其说城市零售是从这些早期的商业形式向百货公司的演变，不如说商业奇观是多样化的，并为各种贩卖形式提供了大量的机会。即使在 1914 年，百货公司的贸易额在西欧的零售贸易中所占比例也不到 3%。小商店、拱廊和集市以及折扣店的数量与它们提供的大量商品一样保持了快速增长。[42]尽管如此，当代购物者确实将百货公司视为现代性的醒目象征。它们是"大城市"现象和自觉的全球机构，它们协调国际贸易并满足人们对异国情调奢侈品的需求。百货公司以其丰富的商品、固定的价格、特价活动及奢华的陈设来吸引顾客。它们的规模经济和范围经济带来了令人兴奋的商业文化。百货公司大楼的气势磅礴、富丽堂皇的外墙以及它们在林荫大道上张扬的位置，使它们成为现代性的即时象征。众多的顾客和货架上展出的繁多的商品，是城市社会越来越多地反映在其消费商品种类上的标志。城市生活以全新的规模商业化。目录营销的较早出现意味着新的消费主义已经触及欧洲大陆各省城镇和城市的狂热购物者，他们对现代"大城市"的品位和来自世界各地的商品已经习以为常。

在巴黎大道上，已经排列了许多集市。最大的是鱼贩大道

（Boulevard Poissonnière）上的工业集市（Bazar de l'Industrie, 1827—1829 年）和意大利大道（Boulevard des Italiens, 1829 年）上的布弗莱尔集市（Bazar de Boufflers）。它们用铸铁建造，有 2 层或 3 层楼高，廊台围绕着中央中殿排列，其中包含有数百个摊位，许多摊位由女性经营。在 19 世纪 30 年代，博内努维尔集市（Bazar Bonne-Nouvelle）是当时最宏伟的商业宫殿，共有 5 层楼，300 家商店，以及一家餐厅、咖啡厅、剧院和展览厅。这些都是与巴黎第一家百货公司蓬马歇（Bon Marché）类似的商店先行者。1869 年，蓬马歇在左岸开业，规模巨大。这座铁和玻璃的建筑由建筑师路易-奥古斯特·布瓦洛（Louis-Auguste Boileau）和古斯塔夫·埃菲尔（Gustave Eiffel）设计，建筑本身与商品销售一样具有创新性。蓬马歇的顾客在挂满鲜花和季节性装饰的奢华展品和柜台间徘徊。巨大的楼梯被安装在一个令人惊叹的视觉剧院中。效果令人叹为观止。悠扬的乐曲在空中回荡。在蓬马歇的阅览室和艺术画廊中，顾客可以从购物劳碌中放松下来。销售是一种表演技巧。城市景观、娱乐和消费主义变得难以区分。

　　蓬马歇的成功激发了一群竞争对手，其中一些由它的前雇员创立。1875 年，卢浮宫百货公司（Grands Magasins du Louvre）开业。巴黎春天百货公司（Printemps department store）和老佛爷百货（Galaries Lafayette）使奥斯曼大道（Boulevard Haussmann）成为巴黎最棒的购物区之一。莎玛丽丹百货公司（Samaritaine）是市中心的主要地点之一，俯瞰新桥（Pont Neuf）。这些百货公司丰富了巴黎作为华美商业剧场的声誉。商品和装修相得益彰，彼此交融，形成了一片色彩斑斓、令人陶醉的幻想世界。异国情调的奢侈品、装饰华丽的圆形大厅和镶有窗饰铁艺的购物广场使购物者目不转睛。他们

图 16　乐蓬马歇百货公司室内，巴黎，《画报》第 1518 期第 59 卷，1872 年 3 月 30 日

在新奇的"移动楼梯"和可直升的电梯上，从一层楼滑到另一层楼；气动管道[1]被用来派发订单；愉快的购物在收银机的叮当声中进行。据现代研究估算，当时百货商店的待客量令人震惊：据称在 19 世纪 80 年代，处于购物旺季的蓬马歇可以一天接待 1 万人；19 世纪 90 年代，这个数字可能达到了每天 1.5 万到 1.8 万。1882 年左右，法国作家爱弥尔·左拉观察了卢浮宫百货公司，认为甩卖日当天有 7 万人次到访。

　　到世纪之交，一大批百货商店在欧洲的大城市开张。[43]它们如雨

---

[1] pneumatic tube，利用压缩空气来运输物品的系统。

后春笋般发展，成为大型企业，提供邮购目录，在整个欧洲大陆的
城镇都设有分店。伦敦的第一家百货公司是位于威斯特伯恩街
（Westbourne Grove）的怀特利购物中心（Whiteley's），它于1864年
开业，紧邻伦敦铁路的一个站点。从贵族到工人阶级家庭的顾客蜂
拥而至，他们在这个被称为"万能供应商"的地方寻找实惠商品。
怀特利的屋顶上建有茶室、剧院和高尔夫球场。这就是豪华娱乐的
高度。哈罗德百货（Harrod's）在水晶宫对面的骑士桥
（Knightsbridge）开业，并在怀特利的前任经理的带领下蓬勃发展。
格拉斯哥的布坎南街（Buchanan Street）变成了一条优雅的购物街，
拥有斯图尔特和麦克唐纳（Stewart & McDonald's）[1]、怀利和洛克黑
德（Wylie & Lockhead）[2]等商店。后者拥有一座建有4层购物廊的铁
框架玻璃屋顶建筑，并在伦敦和曼彻斯特开设了分店。[44]

　　小店主强烈抗议，他们试图通过政治游说阻止新的竞争，然而
收效甚微。对于城市而言，百货公司意味着金钱和就业机会。在百
货公司工作的售货员通常是年轻未婚的工人阶级和中下层阶级出身
者，并且在很长一段时间以内，大部分是男性。经理们指导他们如
何得体地着装和谈吐，以及如何与客户——尤其是富裕的女性——
打交道。百货公司的成功取决于中产阶级行为所必需的礼仪和体面。
这些都是坚定的资产阶级的组成机制。对于站在柜台后面微笑的年
轻男女来说，这家商店是一种文化教育和社会阶层流动的形式。它
提供了稳定的生活和通过对公司忠诚服务来获取晋升机会的可能
性。到1890年，怀特利百货雇佣了6000多人，而哈罗德百货雇佣了

[1] 一家服装批发商和零售商，成立于1826年。
[2] 主营家具制造，成立于1883年。

4000人。许多员工住在公司的男、女宿舍里，受到严格监管，他们每周工作6天，从早上7点工作到晚上11点。这需要很长时间在深度受控的环境中表现出最佳行为，但对于许多有抱负的年轻人来说，这是值得的。家长式管理的公司还为员工提供食堂、医疗服务、养老金以及休闲俱乐部。

意大利的第一家百货公司，意大利之城（Alle Città d'Italia，最初名为Aux Villes d'Italie）于1877年在米兰开业，在随后的10年里，它在意大利其他的大城市开设了更多门店。1880年，斯托克曼百货公司（Stockmann's department store）于赫尔辛基开业，并在波罗的海地区首府城市慢慢发展出分店网络。在德国，百货公司起源于省级城镇。格奥尔格·韦特海姆（Georg Wertheim）在施特拉尔松德（Stralsund）开设了他的百货公司。赫尔曼（Hermann）和奥斯卡·蒂茨（Oscar Tietz）在德国中东部的格拉（Gera）开设了他们的第一家商店。卡施泰特（Karstadt）在吕贝克和新明斯特（Neumünster）开设了自己的店铺。随着这些首创举措的实施，百货公司巨头开始连锁经营，将百货公司带到了德国各地的城镇。慕尼黑、汉堡、科隆和柏林等大城市有成群结队的顾客正准备掏钱。位于柏林亚历山大广场（Alexanderplatz）的蒂茨百货公司（Tietz department store），将工人居住区变成了首都中心的繁华购物场所。超现代的蒂茨大楼每晚灯火通明，屋顶上还有一个灯球在转动。巨大的平板玻璃橱窗内摆满了穿着时装的人体模型和商品，吸引着街上来往的行人。莱比锡广场上，韦特海姆百货（Wertheim department store）建有83台电梯、巨型的枝形吊灯，以及带有电灯和天窗的圆拱形中庭。这是一个展示着来自世界各地的商品的耀眼舞台。柏林观察家弗朗茨·黑塞尔（Franz Hessel）在此陶醉不已："我们的目光停留在大理石和镜子上，飘过闪闪发光的镶木地板。我们坐在中庭和冬季花园中的长椅上，腿上搁着包裹。艺术展览与茶点室融为一体，阻断了玩具和沐浴用品货架的布置格局。在丝绸和缎子装饰的华盖之间，我们漫步到了香皂和牙刷区。"[45] 位于柏林西部的奢侈品零售宫殿卡迪威（Kaufhaus des Westens）令它所在的库达姆大街（Kurfürstendamm boulevard）焕然一新："光线朝我们流淌。向左向右，一个橱窗接着一个橱窗，陈列的男女装扮显示出阳刚与柔美的优雅。穿着时尚的人成群结队，他们沿着街道走动，大笑和调情，享受生活，消磨时光。"[46]

在维也纳，最早的旗舰百货公司是赫茨曼斯基（Herzmansky，1897 年）和格恩格罗斯（Gerngross，1904 年）。赫茨曼斯基是奥匈帝国最大的纺织品公司之一。这家商店在充满平板玻璃幕墙的奢华环境中为顾客提供天鹅绒、丝绸面料、羊毛、花边和各种高档商品。在布雷斯劳，巴拉施（Barasch），以及后来的韦特海姆和彼得斯多夫（Petersdorf）这些现代百货公司，都以殷勤款待来诱惑购物者。巴拉施百货公司拥有新艺术风格的外墙和主塔上的发光玻璃球，这成为该城的标志之一。在莫斯科和圣彼得堡，探索购物的俄罗斯人可以漫步在装饰华丽的波波夫拱廊（Popov arcade）、索洛多斯尼科夫拱廊（Solodovnikov arcade）、玻璃围成的亚历山德罗夫斯基拱廊（Aleksandrovskii arcade）、波斯特尼科夫斯基拱廊（Postnikovskii arcade），以及巨型的缪尔和梅里利斯百货公司（Muir & Merrielees department store）。在欧洲各地，城市成为由工业和全球贸易以及殖民主义支配的商业盛宴。这些生产力极大地改变了零售店的规模和数量。城市景观中长期存在的市场和小店铺，与诸多拱廊、集市、百货公司相融合。现代性的意义里多了购买的乐趣和迷人的商业陈列。百货公司将欧洲城市的建筑环境和公共空间变成了消费主义的幻觉奇观。

第5章　城市改革与规划的城市

工业生产使商品的制造和销售发生的巨大转变，对城市生活产生了非凡的影响。历史学家将19世纪城市景观的蜕变描述为现代大都市的诞生。这是一个诱人的叙事，包含了工业资本主义，或者正如人们常说的高度现代主义时代所带来的惊人变革。"现代主义"、"现代化"和"现代性"，这些词都与欧洲的城市体验及其特定的外观和感受有关，欧洲城市成为建立现代生活的全球基准。[1] 这一点在各地建设公共项目，重塑其标志性中心区的建筑形式时表现得尤为明显。当然，大型公共项目和城市美化计划在19世纪之前就已经存在。那么是什么让这一时期的城市规划方案如此不同，以至于它们象征着这种现代性的范式转变？——简而言之，是其宏大的操作规模使它们与过去有所区别。现代性的信条发誓要洗去过去岁月的碎片，一头扎进未来。为了给这种激进行动造势，历史名城被贬低为腐朽的、过时的和对文明的灾难性威胁。人们毫不怜惜几个世纪以来建立起来的城市肌理，愤慨刻薄。19世纪中后期，基础设施项目破坏了建筑环境，使城市多年来一直处于骚动状态。这种持续的创造性破坏和重建的过程，在很大程度上是城市现代性的全部内容。在现有的社区中，新的林荫大道匆忙铺设，为人员和货物的流动开路。为了建造铁轨和火车站，数英亩的房屋被拆毁。城市的整个区域被扒开，以便铺设供水、排水管道和修建地铁。日常生活在堆积如山的瓦砾和碎片中继续进行，嘈杂、肮脏的建筑工地则不断干扰着人们的生活。

更重要的是，19 世纪下半叶的城市改革是中产阶级自由派创造力的最佳证明之一。自由主义是商业、工业和官僚精英的信条，他们以自己的形象塑造着公共生活。他们的工具是国家和资本主义企业的现代制度。他们的目标是治理城市，并合理化和规范化其物质环境。城市更新和基础设施项目是创造一个有序和高效的城市领域的实验室。几个世纪以来混乱的、难以渗透的社会阶层，将被合理的组织结构所取代。在城市改革者心目中，城市的空间可以被拆除，重新构想，变得连贯可读。在最基本的层面上，这些都是资产投机和寻租的资本运作。这种对现代城市生活的愿景建立在效益主义哲学和对进步的崇拜之上。这些价值观塑造了人们关于现代城市应该如何运作，以及它应该是什么样的看法。随着帝国的基础设施的扩展，这种愿景被推广到全球各地。一个又一个的"欧洲城市"作为现代生活的典范被建立在了殖民地的首都。林荫大道、公共空间、带有最新的欧洲建筑风格的优雅建筑，以及最先进的文化机构等特征，让它们能被人一眼认出。

然而，现代转型的叙事建立在一个不稳定的基础之上。这些更新战略并没有什么特别的原创性。欧洲城市的建设有着可以借鉴的悠久规划传统。城市形态的编排、皇家大道和大林荫道，以及花园和开放空间都是文艺复兴和巴洛克城市设计的主题。这一遗产是欧洲许多城市肌理中宝贵的一部分。18 世纪，一系列理性化城市的项目在启蒙运动的原则基础上出现。在拿破仑战争后的几年里，更多的城市美化项目被启动。建筑师约翰·纳什（John Nash）为伦敦修建了摄政街的凯旋大道（triumphal boulevard），该大道于1825年完工，以皮卡迪利广场（Piccadilly Circus）的优美曲线为终点。这是一个富人购物的奢华剧场，也是现代城市规划的首批范例之一。19世纪20年代和30年代，路德维希一世在慕尼黑修建了皇家大道路德维希大街，并以纪念碑和文化地标作装饰。从19世纪20年代到19世纪40年代，巴黎出现了一批城市美化项目。新的道路被铺设，并安装了煤气照明。城市的供水和排水系统得到了改善。乔治-欧仁·奥斯曼男爵曾被历史学家称赞为"转变巴黎"的功臣，但由于他的基础设施项目完全是在法国规划的传统范围内，先进现代城市规划的地位便下降了。从更深层次的意义来说，当城市精英以进步的名义忙着拆毁街景时，同样的城市精英却也沉迷于历史主义的建筑主题。林荫道上的建筑是浮夸的新古典主义、新哥特式和新文艺复兴建筑的无休止标榜。这是人们对植根于过去的现代意义的探索。与其说这些建筑和规划代表了一种突破传统的激进霸权，不如说它们是沿着传统的连续体进行活动，并将其作为资源使用的。

　　即使把现代主义的活力视为试金石，欧洲城市究竟发生了什么变化也需要仔细观察。现代的含义是流动而多变的。它被嵌入到时间和地点中，被文化遗产和各种社会经济条件所塑造。[2] 尽管人们对历史城市充满愤怒，但现代的规划却是不完全且不均匀的。在火灾、洪水或战争灾难之后，城建项目被匆匆投入使用，旧的模式和地方的特殊性依然残存。现代形式以巧妙的方式被本土化，并充满了矛盾。它们既基于对过去的认识，也基于对未来的憧憬。这个观点特别有价值，因为19世纪的城市改革似乎是围绕着伦敦和巴黎制定的自由主义理想来规范欧洲城市的。下水道、供水管和林荫大道等城市基础设施，在任何地方看起来都一模一样。欧洲各地城市都把下水道安装在拓宽的道路下，历史学家就经常将它们简单地解释为模仿。这些美化建设以伦敦和巴黎为蓝本。开展改造的确切时间，是判断现代发展是否"迟到"或"不完整"的一个指标。但这些变革背后的现实实际上要复杂得多，当然也更发人深省。在欧洲的每一个地方，现代性都在波动，都备受争论，都为适应当地情况而被重新定制。

这些总体规划的现代之处在于其统一的逻辑。在流通、统一和治理环节，对城市处理方式的整体性和综合性打破了以往的常规。这是一种有意识的、经过深思熟虑的努力，要在进步和资本主义关系的基础上创造一个资产阶级城市。这是一种文化自决的形式，也是对其经济主导地位的致意。在东欧，对城市现代化的追求因民族主义和新首都的出现而变得更加尖锐了。建筑和规划的语言成为民族身份认同形成的核心组成部分。它有一种独特的能力，来传达所有这些社会信息，并最终传达政治信息。现代性的口号是一种手段，让中产阶级在合理的公民社区和公民价值的原则下将城市作为他们自己的城市。这似乎更有必要，因为生活在欧洲城市的人有一半是在其他地方出生的。资产阶级精英们如何应对各种语言和种族，如何应对工人阶级，以及如何应对地方主义的持续存在，是欧洲城市故事的关键部分。一旦民族主义介入，多重身份就几乎不被容忍。每个人似乎都必须做出选择。但是，即使民族主义的力量敦促人们与以前的行事方式彻底决裂，很多问题也仍然不会得到解决。多元文化主义不会简单地消失。人们在日常生活中扮演了多种角色，尽管有些身份比其他身份更为突出。

城市规划也是现代行政管理以及市级和州级权力扩张的标志。传统上，城市治理是由地方权贵负责的，他们除了社会地位之外没有什么资质，往往不称职且腐败，不愿意使用他们拥有的权力来解决那些他们宁愿忽视的令人烦恼的城市问题。19世纪中叶，现代城市政府开始形成，也形成了市长、市议会，以及由受过教育的中产阶级专业人士所任的公职。选举权的扩大为政策的制定带来了公众的声音。随着城市合并周围的城镇和村庄，政府的管辖范围也在扩大。然而，欧洲各地地方政府的做法截然不同。赞助人的存在和庇护主义[1]迫使市政管理部门做出让步。随着投票权的扩大和民主化程度的提高，政治可能会侵扰到城市政策和专业管理的实施。市政服务往往以一种缓慢的、大杂烩的方式发展，私人公司争夺合同，既得利益者进行游说，工程师和改革者则努力研究新技术，每个人都死守着自己势力范围的利益，这对公共利益是有害的。[3]市政府能否对城市的发展拥有真正的权威，也取决于国家机构的监督。城市可能会受制于对国家的财政依赖。特别是在首都，国家政府从地方政府手中夺取了改良城市的控制权，对创造国家象征场所的追求超越了其他优先事项。

城市生活成为科学研究的对象。公共卫生机构和市政统计局相继成立。第一代的社会科学家开始执行调查任务，研究社会状况并解释城市发展的进程。统计调查和人口普查提供了关于城市如何运作的信息。关于人口、出生与死亡、疾病与精神疾病以及犯罪的数据支持了这种观点：大城市威胁着道德秩序和社会的稳定。这种新的城市科学具有道德价值，并具有改善城市环境的潜在能力。消灭流行病的祸害和改善公共卫生是可解决的。绘制地图和命名街道，

[1] clientism，为了获取政治支持而交换商品和服务等，通常涉及隐含或明确的交换条件。

将城市划分为行政区域，能令城市地形有序化并使其可被治理。[4] 土木工程工具可用于规划城市景观及其运作方式。新技术、通讯和流通是这种城市改革想象中的关键因素。它将一种颇具资产阶级特性的精神强加于城市。在城市改革者的心目中，基础设施的改善将产生一个有凝聚力的、运行良好的城市。他们认为每个人的生活都会得到改善。

也许没有其他的改进措施比宽阔的林荫大道更能象征这一篮子的信念。19世纪末，这些林荫大道在欧洲的许多城市中得以实现。在欧洲和全球范围内，这种基础设施的优雅和美丽代表了现代性新鲜的可能性。艺术家和摄影师热情地捕捉到了这种气氛。他们锁上工作室的门，跑到户外记录正在发生的非凡变革。但是，这个非凡的愿景中有得有失。从巴黎到布加勒斯特，重复的环形林荫道使中心城市在形式上更加同质化，并使它们的功能标准化。公共空间和街道成为资产阶级剧场的一种形式。然而，它们极大地僵化了城市的轮廓。尽管出现了许多要求清理和更加谨慎地建设城市结构的呼声，但19世纪的规划项目却加剧了城市核心区的拥堵问题。交通量猛增到前所未有的水平。巴黎市中心的车辆流量就在奥斯曼式大道建成后，增加了300%至400%。欧洲城市的社会阶层分化现象正在不断加深——社会精英主导城市中心，弱势人群则多聚集在郊区。历史上，中产阶级、工匠和工人家庭在某种程度上于社会混合住房和社区中共存。那些收入微薄的人被安置在建筑物中较高的小公寓里。现在，这已成为一种罕见的现象。工业化已经开始打破这种社会格局。城市规划进一步加速了各阶层的空间划分。林荫道和旧城墙一样，成了社会的壁垒。

沿着林荫道和广场修建的时尚建筑，是为资产阶级准备的。他们在宽敞的公寓里享受着私密而奢华的家庭生活空间，里面塞满了所有供人奢侈享乐的物品、奇珍异宝和纪念品收藏，舒适精致的生活标志着资产阶级的文化。建筑业不断地生产出这些过剩的豪宅。市中心的土地所有权成为富裕的企业家和建筑协会的专属。小商贩和商人，甚至是拥有一些财富的中产阶级投资者，几乎不可能在内城拥有房产。为修建这些新的豪华区而进行的贫民窟清理也加剧了大多数城市居民的住房危机。整个街区的拆迁使剩下的建筑更加拥挤。业主们通常把旧公寓拆成更小的单元，结果是工人阶级和穷人被挤在更小的空间里。没有阳光和空气的阁楼与地下室被变成了出租的小屋。工人阶级被迫到外围地区寻找住所。公共工程项目几乎没有缓解这些边缘地区的状况，这里再现了贫民窟的恶劣情况。

　　城市变革产生的影响长期存在，处理日常问题的城市改革者最关心的是公共卫生和在19世纪欧洲的城市中游荡的霍乱疫情。霍乱杆菌就像一个罪恶的载体，从印度通过被污染的饮用水和旅行者的肠道，穿过中亚，进入俄罗斯，然后横跨欧洲。它沿着河流和铁路的路径，在整个欧洲大陆的城镇和城市的温水池中定居。第一次霍乱大流行发生在1830年。第二次则在19世纪40年代发生，随后在1854年、1863年和1881年，更多的疫情暴发了。每一次它都带来了恐惧、彻底的苦难、可怕的痛苦和死亡。一半以上的患者最终死于这种疾病。成千上万人的生命被霍乱夺走，特别是在巴黎和伦敦等大城市。1832年，约有4万名巴黎人深受霍乱折磨，2万人像苍蝇一样死去。1849年的第二次瘟疫又杀死了1.9万名受害者。在格拉斯哥，1832年暴发的第一次霍乱造成1万人死亡。霍乱的暴发摧毁了贝尔法斯特、都柏林、利兹、谢菲尔德（Sheffield）和曼彻斯特。它蹂躏了整个欧洲大陆的城市，让所有人都感到恐惧。它不会尊重财富或地位。它既打击强者，也打击弱者。

　　起初，医生都无法解释这一可怕的疾病及其传播方式。大多数人认为这是一种由直接接触污秽和腐败物质所带来的瘴气病。"肮脏"和"污垢"成了中产阶级对现代城市焦虑的代名词。因此，公众的愤怒直接落在了贫民区。人们普遍认为，那些在道德上和身体上从事不正当行为的人，或者那些文化习俗低劣的人更可能感染霍乱。穷人只能自认倒霉。医疗改革者们指出，疫病导致了个人堕落和社会凝聚力的急剧瓦解。城市已经变得"病态"。利物浦的死亡率非常高，被称为"英国最不健康的城市"，而伦敦则因其污染的空气和溢流的下水道而被称为"雾都"和"阴沟威尼斯"。盛行的传染病还不仅仅是霍乱。由虱子传播的斑疹伤寒在1816至1819年间肆虐爱尔兰。估计有10万名爱尔兰人因此丧生。它在19世纪30年代末和1846至1849年爱尔兰大饥荒期间再次暴发。斑疹伤寒被称为"爱尔兰热"，并在英格兰的工业城市以及伦敦蔓延，伦敦在1837到1838年暴发了可怕的斑疹伤寒疫情。1837年和1847年，格拉斯哥发生了严重的斑疹伤寒流行病。在巴黎，每年有1.5万人死于肺结核。黄热病则每年给数十万的欧洲人带来死亡。流感疫情经常发生。天花和腹泻蹂躏着婴儿和孩童。这些传染病杀死来自所有阶层的人，但对社会底层或"不清洗的"阶层打击最大，因为他们在贫民窟中勉强维持生活。工人阶级和穷人遭受疾病蹂躏的程度远远超过富人。他们还忍受着百日咳、猩红热、麻疹和天花的折磨。疾病的威胁使社会有崩溃的危险。

　　贫穷和疾病是丑陋的同伙。霍乱和传染病揭示了整个地区悲惨而贫困的存在——成群的贫民窟、"发热区"或"霍乱区"，不然它们就会被人遗忘和隐藏起来。伦敦极端的贫富分化以及对不公正现象的麻木，总是让城市的观察者和旅客感到震惊。美国人亨利·科尔曼（Henry Colman）在19世纪40年代访问伦敦时对这种悲剧进行了描述："在最非凡的物质丰裕中，却有男女和儿童死于饥饿；华丽的马车配备了镀金的装备、丝绸的内衬和穿制服的侍者，但旁边就是奔走着的贫穷、凄惨、无依无靠、几乎赤裸的可怜人，看起来就像人类的碎片。"上层阶级与下等人保持着社会距离，避免与之打交道。富裕的伦敦人在他们专属的西区俱乐部与朋友们共进晚餐，相互拜访。这些俱乐部专为私人服务，鼓励对自我的崇拜、隐居和脱离城市领域。摄政街上坐落着雅典娜俱乐部和联合服务俱乐部（United Services Club）这两家豪华的私人会所，这是西区富人的奢华大道，成了抵御贫民侵袭的屏障，并强化了伦敦生活极端的空间划分。上层阶级尽其所能保护自己远离街道上的不愉快和危险的影响。

　　特权和潦倒之间的界限非常明显。这些城市社会极端两极分化。1845年，社会改革家弗里德里希·恩格斯在调查曼彻斯特工人阶级的状况时说："这些富有的金钱贵族为了走近路到城市中心的营业所去，竟可以通过整个工人区而看不到左右两旁的极其肮脏贫困的地方。"[1]优雅的商业和住宅区"不使那些肠胃健壮但神经脆弱的老爷太太们看到这种随着他们的富贵豪华而产生的穷困和肮脏"。同样的社会分化困扰着格拉斯哥，它被列为欧洲最好和最富有的城市之一。宏伟的公共建筑和大量的博物馆、美术馆和图书馆是当地自豪感的主要来源。然而，这座城市却深陷于可怕的贫困和疾病。城市西区

---

[1]［德］恩格斯：《英国工人阶级状况》，中共中央马克思恩格斯列宁斯大林著作编译局译，北京：人民出版社，1956年，第99页。

富丽堂皇的豪宅与城东的高街（High Street）、盐市（Saltmarket）和加洛盖特（Gallowgate）的小巷相比，简直是天壤之别。

工人阶级和穷人通常被描绘成不清洁的、野蛮的、酗酒和道德败坏的形象。更糟糕的是，他们正在发展自己的阶级意识，他们对自己的困境，以及如何解决这个困境有自己的表述。对上层阶级来说，叛乱才是真正的恐怖。大城市的条件和贫困有可能使体面的工人变成无政府主义者和疯子。劳工纠纷和抗议活动频频爆发。1830年和1848年革命的街垒让人们记忆犹新。为了将选举权扩大到工人阶级、罢工、群众集会和骚乱发生了。在1819年曼彻斯特彼得卢大屠杀（Peterloo Massacre）中被骑兵击溃的群众集会和1831年的布里斯托尔（Bristol）暴动激起了人们对于类似法国大革命规模的起义的担忧。1855年，伦敦发生了骚乱，当时示威人群出现在海德公园，看看"贵族是如何守安息日的"。在7月的一个星期天，有15万主要是来自东区的人，聚集在一起，观看上流社会人士乘马车而行，用嘶嘶声和尖叫向他们致意。贝尔格拉维亚（Belgravia）的时尚房屋被砸碎窗户。1886年2月，失业工人在特拉法尔加广场举行了大规模集会，其中包括该市一些最粗暴的帮派分子。600名警察保护白金汉宫免受攻击。暴徒经过帕尔玛尔街的绅士俱乐部，穿过圣詹姆斯（St. James）和梅费尔的街道，大肆破坏窗户和抢劫商店。同年10月，大规模人群举行示威，并在礼拜期间侵入威斯敏斯特教堂。随后人群转移到特拉法尔加广场，在那里与警察发生冲突，最终有两人死亡，数百人受伤。[5]

城市的贫民如同疾病本身，可以逃离他们在东区的悲惨小屋，威胁到整个城市。混乱和疾病是同一枚硬币的两面。在霍乱流行期间，公众通过医生的报告可以了解到令人震惊的情况。对在维多利亚时代贫民窟周围积聚的人类苦难和堕落的描述再怎么夸张也不为过。所有"贫民窟文学"都致力于叙述肮脏的细节。揭露丑闻的记者和社会改革者都对东伦敦的"穷人巢穴"进行了爆炸性的揭露。数以百计的私人慈善机构和戒酒会来到了白教堂和七晷（Seven Dials）区等臭名昭著的贫民窟。政府建造了医务室、济贫院和发热医院。上层社会的男女以及富裕的慈善家去执行时髦的任务，调查穷人，而其他人则只把前往"贫民窟"当作一种刺激冒险。人们看待此处的视角从清醒的调查和服务变成了空想慈善、猎奇，更糟糕的是把贫民窟作为耸人听闻的题材和娱乐奇观。这些探索不可避免地集中在工业资本主义留下的残骸上——赤贫者、无家可归者、病人和没有技术的人。

伦敦东区成为书写社会弃儿和视觉景象的舞台。虚构的描写，如查尔斯·狄更斯在《荒凉山庄》（*Bleak House*）和《雾都孤儿》（*Oliver Twist*）等小说中的，与无畏的亨利·梅休（Henry Mayhew）等城市改革者的可怕描述相呼应。梅休对伦敦穷人的调查发表于他1851年开创性的著作《伦敦劳工和伦敦穷人》（*London Labour and the London Poor*）中。许多这些叙述都在大众报纸上连载。读者被瘟疫和恐怖的耸人听闻的描述所吸引。同时代的人称"沉没的六分之一"（sunken sixth）为穷人中最穷的人，他们的生活处于极度的悲惨之中，并且会因为铁路、仓库和办公室的大规模拆迁而变得更糟，这些拆迁将穷人挤压到了更恶劣的环境中。非法占用、租借房屋或者住在街头成了他们生存的策略。捡破烂、做麻袋、折火柴盒、拔兔毛等大多数家庭活计，使恶劣的生存条件变得更糟了。饲养小型农场动物非常普遍。贫困地区没有澡堂，大多数家庭只能用"便桶"作为厕所。从公理会牧师安德鲁·默恩斯（Andrew Mearns）1883年的揭露性报告《伦敦弃儿的苦难呼声》(*The Bitter Cry of Outcast London*) 中，可以看到福音传教士在描述中的道德愤慨和恐惧：

> 在这些腐烂发臭的公寓里，每个房间都住着一个家庭，有时候甚至有两家。在一个地下室里，一个卫生检查员报告说，发现了父亲、母亲、三个孩子和四头猪！在另一个房间里，一位传教士发现一个患有天花的男人，他的妻子刚从第八次分娩中恢复过来，孩子们半裸着身子，满身是土，到处乱跑。这里有七个人住在一个地下厨房里，同一个房间里还躺着一个死去的小孩。另一处住着一个可怜的寡妇、她的三个孩子，还有一个死了十三天的孩子。她的丈夫是个出租车司机，不久前自杀身亡。[6]

这种怪诞的景象被刻在了公众的心灵上。它是一种畸形的现实主义的运用。对伦敦街头无家可归者和穷困潦倒者的描述捕捉到了维多利亚时代对城市底层的深刻焦虑。这也是抨击旧城市的一种策略，是其灭亡的第一步。

城市改革者对历史景观几乎没有怀旧感情或审美情调，也不认为像"穷人巢穴"这样的环境值得尊重。马尔萨斯经济理论认为，任何给予不幸者的剩余收入只会加剧人口过剩。贫穷、疾病和死亡必须被接受为人口控制的自然形式。如果非要做些什么，就是要改变懒散和堕落这种"性格"缺陷。穷人应该自己帮助自己。社会改革者对中产阶级对外表的尊重和对"道德败坏"的担忧给予了极大的重视。他们谴责在贫穷地区酒吧外的纵酒、放荡和暴力行为。教会领袖坚持认为，道德上的救赎是第一步，然后才能改善社会和物质条件。道德约束的力量应是改革大城市及其"愤怒的、讨厌的、不分青红皂白的群众"运动中最壮大的一支。基督教复兴主义者威廉·布思（William Booth）开始在白教堂的一个帐篷里传讲福音，这里是伦敦的一块飞地，主要居住着爱尔兰和犹太移民。最终，他成立了救世军，以便"穷人能够拯救穷人的灵魂"。不知何故，改革者们说服自己，苦难中有一种救赎的价值。新教和天主教教会都领导了慈善活动，为贫困儿童建立了避难所、收容所和孤儿院。他们为工人阶级的儿童开设了主日学校[1]和教育课程。作为宗教团体的成员，中产阶级妇女自愿帮助贫困妇女并向穷人提供援助。

但是，无论基督教的热情如何，都无法解决贫民窟根深蒂固的贫困问题，也无法避免这里成为流行病的培养皿。问题的部分原因在于城市治理缺乏公共监督。与欧洲各城市的实际情况相同，伦敦没有中央管理机构，它的整片区域被伦敦和威斯敏斯特[2]这两个争吵不休的城区所分割。60个教区邻里嫉妒地守护着自己的地盘。选举产生的教区和大约300个公共委员会在一个充满腐败的奄奄一息的系统中分享权力。城市的高速发展没有连贯性，也没有处理环境危机的可能性。伦敦因其污染的空气而臭名昭著。烟雾从工厂的烟囱中喷出，然后在这个城市同样臭名昭著的雾中凝结成浓郁而刺鼻的霾。饮用水来自河流和水井，甚至在肉眼下都可以看出它已被污染。清除污水和排泄物的公共服务仅限于粪坑。这些地方累积的淤浆被倒入泰晤士河，或被送到郊区的灌溉农场。

改变这一现状的催化剂是埃德温·查德威克（Edwin Chadwick）

---

[1] 主要面向儿童举办的周日宗教教育课程，通常由教会或其他宗教组织提供。
[2] 这里的伦敦和威斯敏斯特，指英格兰大伦敦下的两个核心区域。

于 1842 年发表的《大不列颠劳动人口卫生状况报告》(*Report on the Sanitary Conditions of the Labouring Population of Great Britain*)。作为济贫法委员会的秘书，查德威克是卫生运动的执旗手，倡导净化城市环境，以之作为防范致命疾病的最佳防线。这份报告对于最肮脏、最悲惨的"穷人巢穴"中所存在的环境问题做出了严厉的揭露。霍乱和伤寒等传染病暴发的背街小巷，通常邻近开放式排水沟、停滞的沟渠与池塘、装满腐烂废物的水沟以及粪坑。解决卫生问题的方法是消除这些臭气的源头和改善城市的循环系统。在一系列报告中，改革活动家提出了一系列措施，以改善供水、街道清洁和污水排放等问题。清洁的泉水可以通过蒸汽泵输送到每个住房，每个住宅都会配备一个抽水马桶。污水系统将会把废物冲洗到污水处理厂作为肥料。这是一场为公众健康而发起的卫生运动。然而，它的目标是道德上的。清洁能够缓和社会冲突，并使"危险阶层"变得清醒、和平和守法。卫生运动最终成为一场关于城市政治和社会健康的道德战争。

骚动的浪潮最终刺激了政府采取行动。英国各城市将市政当局的工作范围扩大到住房和公共卫生领域。19 世纪 40 年代，曼彻斯特、诺丁汉（Nottingham）、利物浦和利兹等城市颁布了一系列"卫生法案"和"城镇改善法案"。公共卫生检查员四处奔走，评估环境。1848 年，议会通过的第一个《公共卫生法》(Public Health Act)，改变了英国城市的卫生状况。市政府现在可以承担下水道和水供应以及街道清洁的责任。中央卫生委员会成立了。伦敦指定了一个卫生总委员会、一个大都会下水道委员会和一个市区下水道委员会。大都会工程委员会（1855 年）负责建造一个综合的下水道和排水系统。[7] 然而，在 1858 年炎热的夏天，委员会就安置下水道出口的位置陷入了僵局。工业污染和人类排泄物流入泰晤士河所产生的味道令人难以忍受，以至于被称为"大恶臭"。高温将污水煮成了腐烂的炖菜，简直令人作呕。公众惊慌失措，担心吸入腐臭的空气会造成另一次传染病的传播。这一全国性的丑闻促使政府下场，打破了僵局。伦敦的大都会下水道系统于1865年建成，是19世纪最伟大的工程壮举之一。在总工程师约瑟夫·巴泽尔杰特（Joseph Bazelgette）的监管下，长达82英里的下水管道在伦敦地下铺设，每天几乎完全靠重力冲走4.2亿加仑的废物和雨水，倒入泰晤士河下游。最引人注目的是泰晤士河畔的维多利亚堤坝，它本质上是作为主要下水道管道和大都会地下铁路的盖子而建造的。巴泽尔杰特工程持续的挖掘工作在多年间扰乱了伦敦的街道和交通。这是现代管理的一种表现，为地下发生的根本性转变提供了可见的证据。

　　随着城市改革者开始应对传染病的祸害和令人震惊的死亡率，卫生运动在英国的各个城市之间展开。查德威克的《劳动人口卫生状况报告》涵盖了英格兰、苏格兰和威尔士的城市。医学专家罗伯特·考恩（Robert Cowan）的《格拉斯哥人口统计》（*Vital Statistics of Glasgow*，1838年）等出版物描述了一连串令人震惊的情况。格拉斯哥的第一位卫生官员威廉·盖尔德纳（William Gairdner）对公共卫生危机开展了详细研究。最具突破性的解决方案是维多利亚女王在1859年开启的卡特琳湖计划，该计划通过特罗萨克斯湖的水渠为格拉斯哥的居民提供淡水。市政洗浴中心和发热医院的建立有助于降低死亡率，城市改良信托基金设立的"清洁部"也起到了同样的作用。1864至1865年格拉斯哥暴发斑疹伤寒后通过的《改善法案》为拆除条件最恶劣的住宅铺平了道路。宽阔的林荫道穿过阿盖尔（Argyle）、布坎南和绍奇哈尔（Sauchiehall）街道的古老结构，为城市带来了"阳光和空气"。到19世纪90年代，格拉斯哥的市政服务超过了任何与之规模相同的城市。另一方面，曼彻斯特的进步一波三折。市政府在19世纪70年代末开始解决河流和空气污染问题。到19世纪90年代，淡水从湖区通过管道输送过来。但即使如此，饮用水的分布仍然不均衡。活动家查尔斯·罗利（Charles Rowley）在曼彻斯特糟糕的安科茨区领导了一场环境正义运动，要求建设澡堂、获取清洁的水资源和基本的卫生设施。但由于缺乏政治意愿和资金，城市改革只能勉强进行。抨击性新闻最终成为清理曼彻斯特贫民窟的主要催化剂。该市因丑闻"被羞辱和勒索"，[8] 最终在20世纪初引入了适当的污水处理机制，吓人的婴儿死亡率这才真正有所下降。

　　公共卫生运动席卷了整个欧洲大陆的城市。巴黎的早期突破缘于医生的调查，例如克劳德·拉雪兹（Claude Lachaise）和他的《巴黎医学地形学》（*Topographie médicale de Paris*，1822年）以及路易斯–勒内·维莱梅（Louis-René Villermé）和亚历山大·帕特–杜沙泰莱（Alexandre Parent-Duchâtelet）1829年的《医学公共卫生年鉴》（*Annales d'hygiène publique et de la medicine légale*），后者在整个欧洲都广为人知。卫生委员会和住房条件调查在法国的主要城市开展。[9]到19世纪中叶，卫生工程成为城市活动家之间相互交流和分享知识时最重要的主题之一。公共卫生考察和会议举行了无数次。改革者尝试使用不同的技术来进行供水和排污。城市苦苦探索，是应该依靠私营公司来管理基本公用事业，还是将其作为公共所有的事业，通过收费来获取利润。尽管人们就城市改革和公共卫生进行了激烈的辩论，但总的来说，整个欧洲的进展仍然缓慢得令人痛苦。改进是渐进式的、试错式的，被巨额开支和严重的干扰以及施工时间的滞后所拖累。当基础设施项目真正步入实施，城镇往往与商业慈善家和私人慈善组织共同承担费用。通常情况下，城市改革工作和公共设施仅限于市中心，也只有较好的街区才会在建筑物中安装供水和污水处理系统，以及抽水马桶。

在许多城市，卫生改革只是19世纪后期对反复出现的霍乱的一种本能反应。1873年，维也纳暴发了致命的霍乱，使游客望而却步，并毁了该市的世博会。布达佩斯当局对1866年和1873年暴发的霍乱采取了有意无意的冷漠态度。到1886年霍乱疫情发生时，德国仅实施了一些小型的废水处理项目。1884年马赛和米兰暴发的霍乱导致了数千人的死亡，最终刺激了这些城市进行改革。欧洲的港口人流来往源源不断，尤其面临传染的风险。1892年，汉堡暴发了一次重大的霍乱疫情。当局将疫情的暴发归咎于前往美国的俄罗斯犹太人。挨家挨户的消毒活动暴露了可怕的住房条件——直到20世纪，许多城市的工人阶级居住区都缺乏重要的卫生服务。在最恶劣的卫生情况下，1884年和1911年，那不勒斯的贫困地区发生了数千起与霍乱有关的死亡事件，但被腐败的地方官员隐瞒不报。

卫生改善的迟缓与19世纪50年代和60年代开始的华丽的城市规划方案形成了鲜明的对比。疾病仍然盘踞在小巷，欧洲各地的城市却开展了"扩展"和"点缀"城市肌理以及建设宏伟大道的全面项目。实施这些项目的部分原因是为了应对旧城几个世纪以来的过度建设和破败状况，以及公共卫生危机。但是，关于"阳光和空气"的卫生叙述最常被用来作为清除贫民窟和开放城市发展的借口。这些项目也是对作为过时的军事战略城墙和防御工事的回应。它们在很大程度上已经陷入了被忽视的状态。拆除城墙和防御工事后，可以获得大量的土地，创造出建有宽阔林荫大道的全新区域。交通革命也是一种推动力。人们有可能把地面基础设施——街道、林荫道和铁路——想象成一个融合了城市肌理的流动循环系统。但这些技术上的解释掩盖了第一波现代城市规划浪潮背后的自由主义意识形态议程。循环和交流必须得到保障，以允许自由交换。城市必须被治理以形成"安全秩序"和促进经济进步。城市，是"现代性的竞技场"。[10]

到19世纪30年代，汉堡市已经从拿破仑战争期间法军的占领中恢复过来，其人口达到约12万。它是波罗的海上一个繁荣的港口，也是一个自我管理的自治自由的城市。如果说19世纪初的欧洲有哪座城市有资格趾高气扬，那就是汉堡——富有、强大，具有世界性的视野。1842年5月，一场灾难性的大火摧毁了这座城市的中心。大火烧了4天，席卷了迷宫般的古老小巷中错综复杂的木结构建筑。市政厅、证券交易所、珍贵的中世纪教堂都被烧毁了。约2000座住宅楼遭受了毁灭性的破坏。先锋摄影师赫尔曼·比奥（Hermann Biow）用银版摄影记录了大火造成的巨大损失，并在此过程中创造了最早的城市灾难纪录。大约有7万人在普遍的混乱和恐慌中逃离。2万人无家可归，主要是居住在老区的穷人。抢劫者在街上游荡。城市的四分之一变成了废墟，运河被烧焦的残骸堵塞。当城市仍在燃烧时，前来游览灾难的旅行者来到这里，目不转睛地看着这些破坏。被掠夺的货物在公共市场上出售。城市里的收藏品和纪念品层出不穷——从纪念币到熔化的碟子，无所不有。

汉堡的自由派改革者把这场灾难看作是一个机会，想要从行使市政府职能的旧寡头手中夺回城市的控制权。孤立无援的商人贵族已经证明自己完全没有能力管理危机和维持秩序。大部分的市政职位传统上都是自愿性的，而且公共雇员被禁止在市政府中任职。为了应对这场灾难，中产阶级改革者组织了公民协会，要求改良政府和扩大公民权——重建是一个使汉堡现代化和进行合理规划的机会。[11]英国铁路工程师威廉·林德利（William Lindley）被派去负责重建工作。作为埃德温·查德威克的弟子，林德利在欧洲各地游历，为卫生改革奔走呼号，并参与了30多个城市的污水处理系统的建设。他对汉堡的愿景完全是功利主义的，并立即向汉堡的开拓者分发了查德威克《劳动人口卫生状况报告》的副本。他的行动的结果是：汉堡成为第一个提供中央供水的德国城市，并拥有了欧洲最先进的污水处理系统之一。城市中被破坏的区域被清理，土地被征用。为了表彰汉堡的商业精神，在林德利的市政中心改造计划中，证券交易所被作为核心参考点。商业是重建的驱动力。严格的直线道路网格规划围绕它推进实施，让城市享受阳光和空气，并将汉堡与通往汉诺威（Hannover）、不来梅和柏林的高速公路连接起来，促进流通。河流因筑坝拦截而形成的阿斯特尔湖（Aster Lake）成为水力发电的来源。一条优雅的亲水步道被建造起来，享受水库的宁静风光。汉堡的重建对自由主义改革者来说是一个预言性的时刻，尽管纠缠和争端的现实很快使他们从狂欢中清醒。

　　并非所有人都喜欢英国的影响，对"英国热"的怨恨越来越多。比起城市建设的现代性实验，不如说大火激发了公众对保护和拯救旧城遗迹的兴趣。反对英式规划的建议堆积如山，特别是著名的德国建筑师戈特弗里德·森佩尔（Gottfried Semper）的建议。森佩尔是汉堡本地人，也是一个浮夸的公众人物。他认为，建筑环境总是能说明城市社会的故事。他自己为汉堡所做的替代性设计融入了传统艺术和文化的参考。这个设计想象了意大利式的门廊和凉廊，以及装潢豪华的公共空间。森佩尔将城市的市政中心构想为一连串的纪念性广场——市政厅广场、证券交易所广场、圣尼古拉斯教堂广场。林德利的功利主义计划中，几乎没有这种富丽堂皇的城市美学。此外，森佩尔的设计愿景沉浸于纹理和色泽的复杂性，参考了威尼斯、巴洛克和新古典主义风格。

当地关于汉堡重新设计的政治斗争和诡计也层出不穷，城市的每个派别都在争夺控制权。房地产投机活动也很猖獗。砖和砌体结构取代了旧的木结构建筑。汉堡在分歧和矛盾，以及公共和私人谈判的混乱之下，成为一个拥有50万人口的现代城市。重建迫使许多贫困居民离开了城市。他们搬到了汉堡人不感兴趣或不愿意去的边缘地区。在这些被公然忽视的外围地区，市民俱乐部主动为街道重新命名，并为房屋编号。在这场类似于曼彻斯特环境正义运动的活动中，他们为争取像样的卫生设施、清洁的水，以及街道照明进行游说。活动家们呼吁，将外围地区合并到城市中，以期获得急需的基础设施。大火之后汉堡的状况对人们来说是具有启发性的，原因多种多样。欧洲的现代城市改革往往是为了应对灾难才实施的。改革的发生比学者想象的要早，在这个案例中是19世纪40年代。对汉堡中心区设计的争论，反映了城市现代化计划中的各种矛盾的想法和经验。尽管计划很精彩，但现代城市改革更常被零散地实施，而不是整体应用，且不断被政治变数所干扰。

这些现象为巴黎提供了一个发人深省的反面教材，巴黎作为现代性的先驱，历来受到历史学家最多的关注。奥斯曼男爵的城市项目被吹捧为整个欧洲一再重申推崇的模板。这种说法长期占主导地位，以至于19世纪的基础设施项目在很长一段时间里被称为"奥斯曼化"。其背后策划者是路易·拿破仑·波拿巴（Louis Napoleon Bonaparte）。他在1848至1852年作为总统统治法国，然后在1852至1870年成为皇帝。他早年在英国生活了很长时间，深受英国功利主义思想以及卫生运动的影响。拿破仑三世和奥斯曼对巴黎现代化的宏伟设计回应了各种各样的问题，但其主要目标是使首都成为帝国权力的展示中心。到1850年，巴黎的人口已经增长到100多万。这座城市变得拥挤不堪，建设过度，被撕裂成一个由扭曲的小巷所组成的迷宫。从19世纪20年代到19世纪40年代，巴黎进行了大规模的城市改良，铺设了大约150条新街道。塞纳河右岸的林荫大道组成的内环形成了一条近3英里长的通路，成为巴黎社会生活的中心。[12]污水和供水系统也得到了改造。但巴黎古老的中世纪中心区几乎没有什么变化，大多数巴黎人在他们社区的几个街区内生活和工作，除此之外，他们对城市几乎一无所知。西部的富人区和巴黎东部的工人阶级社区之间存在着严重的分歧。城市改革的拥护者将东部地区斥为瘟疫的温床，它们也是政治动荡的温床。在1789年、1830年和1848年的革命中，恶名昭著的圣安托万（St. Antoine）区的工人曾设置路障，发动叛乱，并击退了所有镇压力量。东部街区的迷宫般的小巷是街头战斗的战略中心地带。大片的贫民区在塞纳河右岸蔓延。它们沿着西堤岛（Île de la Cité）延伸——西堤岛是塞纳河中巴黎圣母院所在的岛屿，它是巴黎最贫穷、最不安稳的地区之一。

对此，奥斯曼的解决方案是在城市中开辟一个宽阔的林荫大道网络，然后拆除沿途的一切。这些大道与华丽的广场和象征着巴黎作为帝国首都的著名纪念碑交错相连。这一设计蓝图来自奥斯曼对18世纪波尔多城市设计的钦佩之情。他受到了由富有远见的规划师图尔内里侯爵（Marquis de Tourney）设计的宽阔、绿树成荫的街道和环绕的林荫大道的诱惑。应用到首都巴黎，奥斯曼的理想是建立一个新古典主义的纪念碑、几何和轴线构成的空间以及和谐统一的城市。如果说奥斯曼从过去寻找灵感，那么城市设计的创新之处则是对流通和商业的强调。在右岸，里沃利街（rue de Rivoli）被延长以创造一条贯穿城市的东西向走廊。两条新的林荫大道（塞瓦斯托波尔［Sebastopol］和斯特拉斯堡［Strasbourg］）从北面延伸，将一些最糟糕的"霍乱区"彻底摧毁。它们通过两座横跨塞纳河的桥梁与左岸相连，共同形成了一个大型的十字，其轴线位于沙特莱广场（Place du Châtelet）。它穿过迷宫般的古老街道，向"阳光和空气"开放城市景观。人和车可以自由流动，商贸往来也变得容易了。

在城市的边缘，旧的海关壁垒被拆除，外围的地区被并入了城市的防御墙。这里挤满了工坊、铸造厂和化工厂、磨坊和仓库、铁路货场以及巨大城市的屠宰场。其中，小波兰（Petit Pologne）街区是工业外围最肮脏的地区之一，也是1848年革命期间叛乱的温床。奥斯曼沿着被拆除的海关关卡的路径，设计了一条环绕塞纳河右岸林荫大道的外环大道。这条道路被强行穿过了小波兰区和其他工人阶级的抵抗区域。随后，清除的景观被重新开发，修建了公路、桥梁和环绕城市的小波兰铁路。城市两侧，国有的布洛涅森林（Bois de Boulogne）和万塞讷森林（Bois de Vincennes），与肖蒙山（Buttes Chaumont）和蒙索公园（Parc Monceaux）一起被建成了美丽的公共公园。一系列的学校和医院落成。维克多·巴尔塔开创性的市场大厅在巴黎大堂建成。城市的整个区域都被挖开了，新的供水和污水处理系统耗资巨大。

这是一次旨在重塑整个城市的浩大努力，是一项惊人的事业。新巴黎散发着进步和现代的气息。每条林荫大道的开通都被隆重地庆祝了一番。甚至连下水道也开放给人们参观。巴黎成为一个巨大的建筑工地，在数年的时间内打扰着人们的日常生活。约有35万人被迫搬离，尤其是在东部地区——那里的林荫大道冲破了工人的社

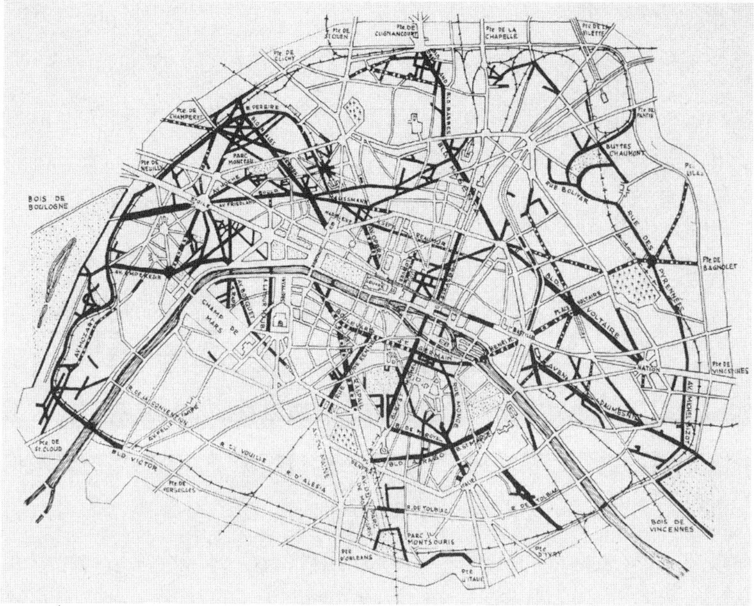

图 17 巴黎平面图（加黑处为乔治–欧仁·奥斯曼的林荫大道），约 1870 年

区。从一开始，奥斯曼的巴黎重建工作就备受争议，其中最重要的原因是其约为 25 亿法郎的资金消耗。批评家们也指责其对美学造成的损害：对具有历史价值的老建筑和街道的摧毁；对宽阔笔直的林荫道和单调统一设计的强硬坚持；一种在每个地方都被强制推行的，浮夸、平庸的官方建筑风格。但人们对几个世纪以来建立的城市肌理也没有多少怀念。摄影师夏尔·马维尔（Charles Marville）被委托以视觉的方式记录所有要被奥斯曼的破坏球[1]砸毁的老街区和蜿蜒

[1] wrecking ball，一个悬挂在起重机吊钩下使用的巨大钢球，利用惯性破坏建筑。

曲折的街道。其表面原因是为了记录历史，根本目的则是证明奥斯曼之前的巴黎的悲惨状况和重建所带来的积极好处。它们是"之前"和"之后"的照片，[13]操纵着过去和未来之间的对比。马维尔的镜头聚焦于对建筑环境的彻底改造，但缺乏任何正常的生活流动。他的街景是空的。捕捉建筑和城市肌理的转变本身就成了一种目的。在一连串的批评声中，奥斯曼的改造运动逐渐平息，他最终被解雇，城市中许多准备被拆除的老城区实际上被保存了下来。历史学家们逐渐认为，"奥斯曼化"实际上并没有完全成功地改造巴黎的城市景观。城市的广大地区仍然没有被触动。城市秩序继续自我延续。不过，巴黎的占地面积增加了一倍多，人口增加了近50%。街道面积也增加了一倍。尽管有争吵有批评，但新的街道系统使人们可以通畅无阻地乘坐马车和公共马车在城市中旅行，到新火车站的路程尤为便利。中心城区的空间被世俗化、有序化，并成为巴黎社会精英的居所。

上流资产阶级是奥斯曼重建计划的主要受益者和财政支持者。他们是"由大胆的金融家、大型建筑承包商、大型百货商店业主、酒店经营者以及其他'新贵'商业人群组成的新阶层"。他们沿着林荫大道购买公寓，将巴黎市中心变成了自己的领地。标准化的建筑准则被确立。建筑物现在排列整齐，其高度由法令规定，外墙的装修被严格管控，以使街景协调统一。林荫道两旁，树木、闪亮的煤气灯，与带有锻铁阳台的豪华公寓楼相映成趣。因其迷人的氛围，林荫道建成即受到人们的欢迎。这里集中了最时尚的商店和拱廊、音乐剧院和舞厅，以及豪华的咖啡馆。游客对这座"光之城"的热情描述清楚地表现了这里令人惊叹的气氛。他们受到了媒体宣传的鼓动——大量图文并茂的旅游指南将巴黎宣传为奢华和娱乐之都。

对 19 世纪末的巴黎的赞美描述几乎成为陈词滥调。1867 年的《巴黎指南》(*Paris Guide*) 说："但是它多么优雅，多么辉煌！……世界上所有的诱惑都在这里。"一本美国旅游指南热情洋溢地称，林荫大道"车水马龙，人来人往，尤其在晚上，会呈现出一种绚丽夺目的景象。街灯，以及商店、咖啡馆和剧院的窗户中涌出的煤气灯光淹没了整条街道，人行道上挤满了成千上万的游览观光的男女老少，使这里常常陷入拥堵之中"。意大利大道是"现代巴黎最欢乐的街道……两旁都是旅馆和咖啡店"，"天气好的时候，这些旅馆和咖啡店前总是坐着一排排的人。你走不了多远就会遇到你认识的人……无论是朋友还是敌人"。报纸文章吹嘘说："在林荫大道上，人们可以说一切，听一切，想象一切。"[14]香榭丽舍大街 (Champs-Elysées) 大广场的东端被重新设计，增建了马戏团和全景大厅、餐厅和含音乐与舞蹈表演的户外咖啡厅 (即著名的 "音乐咖啡厅" [café-concerts])，以及雪糕铺和演奏台。巴黎的中心变成了资产阶级的公共场所。漫步在林荫道上，浏览商店橱窗，在咖啡厅悠闲地喝咖啡，这些都是现代优雅和精致不可或缺的标志。精湛表现是奥斯曼式改革的标准。中产阶级涌向户外，津津乐道于公众对其优越性的认可。

巴黎作为露天剧场的持久魅力被 19 世纪末的印象派的艺术运动记录下来。我们对这个城市空间梦幻般的想象仍来自他们的杰作。印象派画家通过对林荫道和公共空间的焦点的柔化处理，捕捉到了这个现代城市。巴黎成为辉煌笔触的模糊地带。这对首都这个公共旋涡来说是极大的褒奖。尽管印象主义作为轰动一时的艺术手法一直受到好评，但它同时也是一个社会信息的重要传播者。精致的画面描绘了都市资产阶级的家庭旅行。印象派艺术家克劳德·莫奈 (Claude Monet)、卡米耶·毕沙罗 (Camille Pissarro)、古斯塔夫·卡耶博特（Gustave Caillebotte）、埃德加·德加（Edgar Degas）和奥古斯特·雷诺阿（Auguste Renoir）描绘了穿着时尚的"巴黎女郎"，她们在公园出游，观看芭蕾舞和歌剧表演。时尚的人群在雨中的街道和人行道上穿梭，高举着雨伞。马车在煤气灯下行驶。林荫大道被渲染出丰富的色彩，创造了现代生活的非凡视觉叙事。许多印象派艺术家本身就喜欢去咖啡馆，或在林荫道上漫步，沉浸在中产阶级公共文化的特权之中。这些市民英雄（civic hero）从"审美"的品位和快乐的角度游走于公共空间，而非与城市真正接触。他们的目光是超脱的、不参与的，他们是现代城市生活的起伏的旁观者。

图 18　蒙马特大道，1897 年春。卡米耶·毕沙罗绘

漫游者能够有多种视角，某种来自"理解"和理性接受的相对主义。

作为"19世纪的首都"，巴黎展现出了神秘而吸引人的魅力。这种魅力很容易让人们想象其他的城市也会紧随其后，急于去创造一个如此复杂的、中产阶级的公共领域。但是，如果我们将目光投向其他城市，现代性观念混合的各种影响或许会更具启示性。从巴塞罗那的角度，我们可以看到当地融入城市改革的地方特色。在负责这个加泰罗尼亚首府城市的改革者看来，在这里，工业社会的所有弊端显而易见。虽然居民向周围村庄扩散，但巴塞罗那的旧城区被蒙特惠克（Montjuïc）和特比达波（Tbidabo）山脉、贝索斯河（Besòs River）和略夫雷加特河（Llobregot River），以及大海所包围。巴塞罗那被困在围墙内，无法扩张，因为西班牙政府在马德里实行了军事限制——这也导致两地之间的仇恨加深。自14世纪以来，巴塞罗那的规模未曾改变，结果导致18.7万人挤在老城区内，面临着严重的过度拥挤和疾病问题。巴塞罗那拥有欧洲最高的人口密度，居民生活在像沙丁鱼罐头一样的公寓楼里。疫情经常暴发，1854年霍乱疫情就被观察家们立即归咎于可怕的过度拥挤和不卫生的环境——这一年漫长的夏季充斥着闷热、致命的疾病和骚乱。

在1856至1858年期间对巴黎的长期访问中，加泰罗尼亚建筑师和土木工程师伊尔德方斯·塞尔达（Ildefons Cerdà，1815—1875年）以他已经应用于诊断巴塞罗那社会悲惨状况的专业精度，对奥斯曼的城市改革工作进行了检视。他在城市中游荡，测量街道和建筑，调查无产阶级的健康和生活条件。他的研究结果出版为《1856年巴塞罗那工人阶级统计专论》（*A Statistical Monograph on the Working Class of Barcelona in 1856*）。塞尔达是越来越多的进步人士中的一员，他们呼吁拆除防御工事，并以明确的计划扩展城市。这样可保证个人自由和社会凝聚力在一个平等社会中达到健康平衡。塞尔达认为，奥斯曼对巴黎的改造与因其项目被立即驱逐的下层阶级是脱节的。这个项目永远只能服务于一个狭隘的精英阶层。与之相反，塞尔达认为，扩大城市面积将保持足够低的土地和住房价格，使每个人都能负担得起。塞尔达密切地参与到巴塞罗那的市政政治中，他对工人阶级的困境特别敏感，呼吁将清洁、可负担的住房作为改善生活的先决条件。

与身为城市管理者的奥斯曼不同，塞尔达是一位城市理论家。他的两卷本《城市化总论》（*General Theory of Urbanization*，1867 年）阐述了他的社会哲学和对一个宽敞、开放的城市的构想。他的计划在老城区狭窄的 500 英亩土地上增加了近 5000 英亩，将巴塞罗那扩展到周边的桑茨（Sants）、莱科尔特（les Corts）、萨里亚（Sarrià）、圣赫瓦西（Sant Gervasi）、格拉西亚（Gràcia）、奥尔塔（Horta）、圣安德鲁（Sant Andreu）和圣马丁（Sant Martí）等城镇。其目的是通过使用不同大小的"街区"来解决社会问题，这些街块被编织成棋盘状，并与 3 条宽阔的大道相交。直角的网格状道路布局将确保"阳光和空气"以及个人隐私，还有对塞尔达来说最重要的社会平等。除了他设想的宽敞住宅，塞尔达的扩展区（Eixample/Enlargement）概念图还为学校、医院、市场、公园和通道提供了空间。工厂和车间填满了邻近的建筑。交通、下水道和供水系统被直接整合到设计之中。扩展区是一个运动和流通的空间。塞尔达在1863 年的计划中还包括了一个贯穿整个街区的庞大蒸汽火车网络。他有意创造一个"基于广泛工业城市的完整模型"，并逐步发展。[15]塞尔达的精妙设计概念和大约 60 张示意图为西班牙的城市扩张提供了指南，如马德里、毕尔巴鄂（Bilbao）和圣塞巴斯蒂安（San

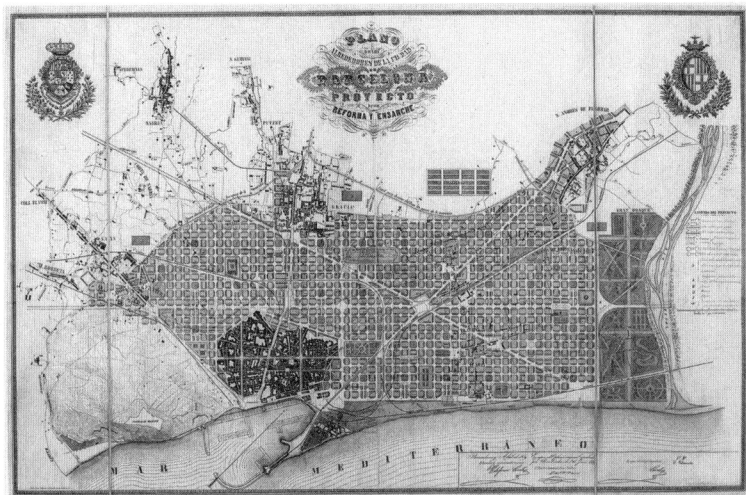

图19 伊尔德方斯·塞尔达设计的巴塞罗那平面图，以及他计划的被称为拓展区的扩展部分

Sebastian）。

　　扩展区是一个富有远见的战略，浸透着那个时代的乐观主义。这是一种不折不扣的理性城市主义，得到了城市新兴资本主义中产阶级的支持。该发展计划于1860年正式启动。塞尔达在接下来的15年时间里监督了施工，并监看了第一批扩展的250英亩土地的进展。但尽管他进行了监督，随着时间的推移，该项目被巴塞罗那市政府和私人开发商改变了。后者认为塞尔达的财产限制是对利润丰厚的房地产市场的无谓干涉。1897年，周围的城市被并入巴塞罗那市，到20世纪初，几乎所有原计划中的1000个街区都已建成。但是，它们已经远远偏离了塞尔达最初的理想。扩展区比塞尔达想象

的更密集、更高，成为一个更混乱但肯定更有利可图的项目。

维也纳遭遇了同样的棘手问题，即同样的统一规划与疯狂的房地产投机之间的矛盾——尽管规模有所不同。1850 年，维也纳拥有42.6 万人口，是欧洲仅次于伦敦和巴黎的第三大城市。但就面积而言，它只限于老城区的 3 平方公里。这个哈布斯堡帝国的中心被多瑙河运河、城墙、要塞工事和一个 500 码[1] 的军事斜堤所包围。它像化石一般留存下来，充当了遥远的哈布斯堡领地的首都。在更远的地方，一道宽阔的砖石墙，即利尼恩墙（Linienwall），提供了另一层隔离和防御。城墙和斜堤曾是皇权的象征，但到了 19 世纪，它们作为军事战略已经过时了。斜堤已经变成了一条林荫步道，上面有人行道、喷泉，还有为人们夜晚散步提供照明的提灯。利尼恩墙仍然发挥着收费关卡的作用。它是周末郊游和大众娱乐的最受欢迎的地方，这里的旅馆和餐馆为度假者服务。

但是，城墙确实具有一种残留的象征价值。它保护了内城的等级和荣耀，并使其在 19 世纪仍能保持一种皇家气派。哈布斯堡王朝及其奢华的宫廷是维也纳社会的顶峰。这个城市的资产阶级融入了这个特权贵族的环境中。他们崇高的地位建立在 19 世纪 50 年代一系列自由主义改革的基础上，这些改革打开了曾经被严密封锁的维也纳上层生活的入口：财产所有权和职业选择的自由、所有公民统一遵守的法律制度、改革的官僚机构、经济自由化和现代化。为帝国服务的新银行和保险公司的总部设在老城区主要干道上的浮夸建筑里，特别是在玛丽亚希尔夫大街（Mariahilferstrasse）上的百货商店旁的玛丽亚希尔夫（Mariahilf）区。维也纳是一个炫耀性消费的世

---

[1] 1 码约合 0.9144 米。

界。情侣在绿树成荫的普拉特大街（Praterstrasse）上漫步，那里有高贵的联排别墅，有剧院和咖啡馆。这是一个处于19世纪欧洲顶峰的优雅社会。

在老城区的皇室辉煌之外，是维也纳的郊区。在这片被忽视的土地上，越来越多的人口严重缺乏基础设施服务和住房。传统上，维也纳的大部分人口是德意志人。但快速的工业化意味着来自整个帝国的新移民都涌入维也纳寻找工作，特别是在1867年哈布斯堡帝国公民在法律上被赋予自由迁徙的权利之后。移民络绎不绝地来到维也纳，其中许多是来自波希米亚、摩拉维亚和加利西亚的农工和半熟练工人。他们在工人阶级中占了绝大多数，只能住在被称为"兵营式公寓"（zinskaserne）的郊区多层楼房中，或在破旧的建筑中寻找出租的房间或床铺。他们在服装业和家具制造业工作。第一批大规模的机械工业、电气和工程工厂聚集在环绕利尼恩墙和多瑙河的铁路线上。贡彭多夫（Gumpendorf）和诺伊鲍（Neubau）地区逐渐发展成为制造业区。对这些具有威胁性的工业郊区，被庇护在老城区皇室的保护茧中的城市精英怀有普遍的焦虑，特别是在1848年革命之后。

维也纳的城市改革直到皇帝在1857年的备忘录中下令摧毁城墙后才得以推进。周边的郊区被纳入了城市，工事和斜堤的空地被用于投机性开发。一条长长的新水渠被修建起来。多瑙河运河上建起了桥梁，洪水频发的多瑙河得到了支撑。这些项目以及新的城市铁路系统的建设，都由维也纳著名的建筑师奥托·瓦格纳（Otto Wagner）负责。一个宏伟的计划形成了：一条宽60英尺[1]、长2.5英

---

[1] 1英尺约合0.3048米。

里的环形林荫大道，上面有纪念性的公共广场、公园和华丽的公共建筑。它将像一条华丽的项链环绕着老城区。一场建筑设计竞赛相应开展，参考了在巴黎、慕尼黑、柏林、汉堡和日内瓦正在进行的项目。不仅仅是表面上的华丽，环城路还代表了皇帝弗朗茨·约瑟夫将维也纳转变为一个现代帝国首都的雄心。就像路易·拿破仑在巴黎一样，皇帝找到了愿意执行该计划的行政官员——内政部长亚历山大·冯·巴赫（Alexander von Bach）和他的参谋长弗朗茨·梅青格（Franz Matzinger）。与巴黎一样，该项目也是由帝国政府控制的。直到后来，维也纳的市政领导才对该项目产生了一些影响。环城路于1865年5月1日开放。工程一直持续到第一次世界大战和哈布斯堡政权的崩溃。然而，当环城路完工时，它已经过时了，被斥责为浮夸和沉重。它不再符合现代性的形象。就像哈布斯堡帝国本身一样，环城路已经变得不合时宜。但在其漫长的酝酿过程中，它是19世纪一些最重要和最有争议的知识和艺术成就的舞台。

　　环城路的建设揭示了这个城市社会的复杂性。如果说它象征着哈布斯堡的帝国霸权，那么它也是对维也纳上层富裕资产阶级政治和文化崛起的一种庆祝。它框定了一个新兴自由主义的时代。公共建筑强调世俗文化和宪法政府。议会大厦、市政厅、大学和市剧院都采用了浮夸的历史主义的外观装修。虽然它们代表了现代公民生活的潮流，但它们的宏伟壮丽是哈布斯堡专制主义的胜利。帝国文化的魅力继续将中产阶级牢牢抓住。维也纳散发的贵族气质，是巴黎和伦敦所没有的。1879年，弗朗茨·约瑟夫皇帝和伊丽莎白皇后（即人们崇拜的"茜茜公主"）的银婚庆典在环城路上举行。盛大的庆典上，约1.4万人身着历史服装，骑兵护送着镀金马车，整个城市在哈布斯堡旗帜的海洋中熠熠生辉。这是一场闪亮的城市盛会。另一方面，环城路周围的大部分地区被私人房地产投机者指定为开发区域。新市政厅周围的拉特豪斯（Rathaus）区是最抢手的街区，拥有新巴洛克和新文艺复兴设计风格的豪华公寓楼。奢华的建筑和纪念碑与宽敞的林荫大道相得益彰。城市的喧嚣汇入了环城路的庆典气氛之中。它为城市精英提供了一个戏剧性的公共舞台。

在林荫大道上亮相，看与被看，被认为是一种社会责任。对维也纳社会的一流的时尚人士来说，礼仪和优雅的行为是必须的。奥地利艺术家西奥多·扎什（Theodore Zasche）和卡尔·莫尔（Carl Moll）描绘了环城路上的时尚人群，他们聊天、交游，炫耀性地展

图20　环城路上的弗朗茨路段（Franzring）全景图，维也纳

示自己。莫里茨·奈尔（Moritz Nähr）、威廉·布格尔（Wilhelm Burger）和奥古斯特·斯陶达（August Stauda）等奥地利先锋摄影师跃跃欲试，将他们笨重的相机对准环城路的建筑工地，然后又对准人潮涌动的林荫大道，见证这座城市的现代崛起。斯陶达在1900年前后用数千张照片直观地捕捉了维也纳的建筑、街道和小巷。他直观地记录了一个处于现代性边缘的大城市。在这些照片中，环城路被树木和宽阔的人行道所衬托，被那个时代的摩天大楼——庄严的6层楼房——所包围，这是一幅广阔的现代主义图景。有轨电车和马车沿着大道蜿蜒而行。这些照片从高处拍摄，创造了一个由林荫道和开放空间以及不朽建筑组成的优雅城市的全景。1882年，英国摄影师亨利·巴登·普里查德（Henry Baden Pritchard）在考察欧洲的摄影工作室时，认为维也纳的生活极有巴黎的风韵，同时又有着自己的特点。这里的咖啡馆文化更加闪耀，音乐和戏剧是日常生活的一部分。"格拉本大街（Graben Strasse）、煤市街（Kohlenmarkt Strasse）和卡特纳大街（Kärtner Strasse）总是熙熙攘攘、热闹非凡……魅力十足的环形歌剧院……形成了一条宏伟的长廊，把人民公园（Volksgarten）也囊括其中。的确，只有一个恺撒城，只有一条环城路。"在伟大的奥地利作家斯蒂芬·茨威格（Stefan Zweig）难忘的记忆中，也可以看到这种快乐和享受，以及他对城市外观的痴迷。回顾这个在第一次世界大战中不幸崩溃的世界，茨威格称维也纳是一个狂热于艺术和戏剧的"行乐之城"。

所有的人都会在城堡剧院和盛大的节日里彼此交往。譬如说，在普拉特绿化区举行鲜花彩车游行时，十万人会热情地向坐在华丽的马车里的"一万名上流人物"喝采三次。在维也纳，

> 凡事都可成为庆祝的理由，让位给色彩和音乐，如宗教游行、
> 基督圣体节、军事检阅、"皇家音乐节"等，无不都是如
> 此。……正是在这种对一切声色和节日气氛的爱好之中，在这
> 种对演戏似的生活（生活的表演形式和反映形式；也不论是在
> 舞台上还是在现实中）的乐趣之中，维也纳全城的人都是一致
> 的。[1]16

帝国首都维也纳成为整个哈布斯堡领土内城市和城镇的典范。
作为自由主义改革的一部分，国家将市政自治权赋予地方，并为大
量的城市制订了雄心勃勃的计划——皇城、自由城市、行省城镇。
在帝国政策的支持下，环城路、剧院、音乐厅、城市博物馆、大学
出现在帝国各地的城镇中。这是一幅现代化和新的公民领域的蓝图，
也是一个地方正在成为"欧洲"的标志。这些项目得到了帝国政府
的正式批准，并由在维也纳接受过培训、受雇于帝国各部委的官方
建筑师负责实施。著名的维也纳建筑师，如卡米洛·西特（Camillo
Sitte）、奥托·瓦格纳和他的学生与市政当局合作，设计了仿维也纳
风格的城镇景观。维也纳建筑师费迪南德·费尔纳（Ferdinand
Fellner）和赫尔曼·黑尔默（Hermann Helmer）设计的酒店、剧院和
歌剧院，成为整个帝国的王都和行省城镇的地标性建筑。17最受青睐
的公共建筑是新巴洛克风格，通常涂有哈布斯堡政权独特的皇家黄
色。甚至连路灯、售货亭和候车亭都是由奥地利公司设计并运往各
城市的。现代化试图将多民族的帝国编织成一个来自首都的同质化

---

[1][奥]斯蒂芬·茨威格:《昨日的世界：一个欧洲人的回忆》，舒昌善、孙龙生、刘
春华、戴奎生译，北京：生活·读书·新知三联书店，1991年，第19页。

的领域。城市化在很大程度上就是这种编织的形式，此外，在 19 世纪的大部分时间里，城市的语言和文化方面也被施加了明显的德意志特色。

与欧洲西部相比，中东欧和东欧地区的城市更多地成了自我表征的机制。城市空间和建筑形式是历史遗产，是来自维也纳和圣彼得堡的文化密码，以及对现代民族主义身份追求的混合体。这并不是模仿西欧模式的简单愿望。相反，它对无数的灵感持开放态度——特别是那些可以被资产阶级精英通过现代性的棱镜转化的过去的灵感。布达佩斯是这种探索本土型现代大都市的一个独特表现。1848 至 1849 年，布达佩斯在匈牙利民族主义革命和反奥地利独立战争失败后沦陷。激烈的战斗和奥地利对布达和佩斯的轰炸之后，又是对俯瞰该城市的城堡山的破坏性围攻。在此后的几年里，这座城市被奥地利军队占领并实行戒严令。它由维也纳直接统治。这反而助长了匈牙利的爱国主义之火。支持匈牙利民族主义的民众示威活动屡见不鲜。在 1867 年的折衷方案后，匈牙利在奥匈帝国的双重君主制下获得了自治权，布达佩斯才有了首都的外衣。这座城市早在 1838 年毁灭性的洪水后，进行了大规模的重建（见第 1 章）。围绕佩斯的旧城墙和城门被一条环形道，即小环路（Kiskoru）取代。浮桥曾是横跨多瑙河的唯一通道，直到 1849 年铁链桥的建成。它的落成引发了公民自豪感的高涨，并促成了 1873 年将布达（皇权中心）、佩斯（商业城市）和欧布达（Obuda，老市场城市）合并为一个统一的城市。布达佩斯拥有 28 万居民，迅速成为东欧的一个重要地区。19 世纪末，它的人口以疯狂的速度增长，到 1900 年时居民人数远超 70 万，到 1910 年时超过 100 万。它是欧洲除柏林之外发展最快的城市。

　　布达的居民大部分讲德语，他们观念保守，信奉天主教，并忠于哈布斯堡的统治。奥地利的德意志人仍然掌控着布达佩斯的经济命脉，他们在各部门和城堡山上的哈布斯堡皇宫中主导着政府。但是，民族主义的紧张情绪和对匈牙利现代化道路的探索在暗地里沸腾起来。佩斯是匈牙利民族主义和政治激进主义的中心。多瑙河的佩斯一侧居住着布达佩斯的大部分人口，这里是这个城市傲慢的商业和金融中心。在1839年的旅行中，英国诗人朱莉娅·帕多（Julia Pardoe）注意到，"即使对历史悠久的布达来说，佩斯现在被视为一个突兀的入侵者，但总有一天，它会成为一个国家的首都，而这个国家就像一个巨人，从深深的死亡睡眠中慢慢苏醒"。[18]它的面粉厂、机械车间和工厂都洋溢着旺盛的商业精神。甘兹工厂（Ganz Works）生产有轨电车、铁路设备和用于面粉加工的铁制机械。布达佩斯的工厂生产铁螺栓、缝纫机和自行车。这座城市很少有建筑物可以追溯到1800年之前。杂乱无章的街道由内部核心区向外沿河延伸至一系列新区，每个新区都以哈布斯堡统治者的名字命名。城市的精英住在靠近多瑙河的时尚街区，而工人阶级则定居在更远的地方——为适应其快速的人口增长，布达佩斯像变形虫一样蔓延。

　　同时，布达佩斯也从一个多语言和多民族的城市转变为一个明显以匈牙利文化为主导的城市。整个中东欧的城市都面临着因国家统一的政治需要和社会文化多样性的现实而产生的两难局面。矛盾的是，民族主义既有解放的潜力，也有排除的潜力。究竟谁会被纳入国家的范畴，谁会被排斥在外，这个问题非常关键。民族性越来越多地建立在19世纪末普遍存在的语言和族群概念上。这座城市吸引了来自周边地区的匈牙利农民和劳工。当局故意操纵移民政策，以设计一个同质化的匈牙利人口。匈牙利语作为日常使用的语言，是对国家承诺的一个标志。大多数离开匈牙利的移民都不是以匈牙利语为母语的人。[19]

匈牙利贵族很容易与匈牙利本土的金融家和商业巨头结合。该市富有的资产阶级精英与哈布斯堡的官僚机构和国家都没有什么联系。他们中的大多数人是被同化的德意志人、犹太人，以及匈牙利人和来自东欧各地的民族的组合。他们的世界性心态与现代欧洲身份相融合。犹太精英的情况尤其如此。到1900年，布达佩斯的犹太人口约占总人口的23%。在首都，每三个人中就有一个是新来的移民。对许多人来说，进入布达佩斯，自由选择职业，成为医生、律师、记者、工程师，是社会地位的一次跃升。特别是对于新兴的富人而言，城市的物业和房地产市场是最受欢迎的投资。通过购买房产，通过教育和经济机会，同化成为城市体验的一部分。布达佩斯的幸运儿形成了一个崛起的阶层，包括知识分子和专业人士、贵族和非贵族、企业家和公务员，他们都代表着现代的世界文化。他们认同匈牙利的独立运动和自由主义改革。匈牙利将摆脱落后状态，步入一个现代的、进步的未来。

布达佩斯作为一个欧洲首都的愿景是由久洛·安德拉希（Gyula Andrássy）推动的，他是1867年《奥地利–匈牙利折衷方案》后的第一任总理。久洛·安德拉希曾在伦敦和巴黎流亡，并决心打造一座与西方国家首都和维也纳一样的现代城市。当时还有一场将地名和街名匈牙利语化的运动。布达佩斯的公共建筑朝着纪念性和夸张的方向发展。最引人注目的标志是宏伟的新哥特式议会大厦，于1896年匈牙利建国1000周年之际落成。它位于多瑙河畔，其规模和威严毫无疑问彰显着民族主义的豪言壮语。1895年，匈牙利建筑师伊格纳茨·奥尔帕尔（Ignác Alpár）建造了欧洲最大的证券交易所，采用布扎风格。然而，匈牙利人对现代化有一种矛盾心理。寻求匈牙利意识形态的过程中，人们回顾历史和民间传统，也回顾东方和奥斯曼帝国的影响。[20]建筑师厄登·莱希纳（Odön Lechner）是匈牙利文艺复兴中最重要的人物之一，他受到印度和波斯纹样的启发，将它们与匈牙利本土装饰结合起来，创造出一种独特的建筑美学。莱希纳的建筑，尤其应用于艺术博物馆，其装饰使用的马约里卡瓷砖来自佩奇（Pécs）的著名厂商若尔瑙伊制造厂（Zsolnay manufactory），其陶瓷产品在国际展览中常年获奖。大理石板和瓷砖是匈牙利建筑的传统表面材料。在莱希纳的设计中，它们被转化为表达民族忠诚的现代建筑。高耸的中央市场大厅由匈牙利建筑师绍穆·派茨（Samu Pecz）设计，屋顶用若尔瑙伊制造厂的釉面瓦片装饰。布达的皇家城堡被重建和扩建。加冕教堂（马加什教堂）进行了翻新，采用了匈牙利传统的多色釉面砖组成的宏伟马赛克。这样的建筑模式使城市现代化成为一种政治图腾，也成为匈牙利文化身份的一种表达。匈牙利国家和布达佩斯市政府都支持这些实验，认为这是新匈牙利的灵魂所在。

1870 年，布达佩斯模仿伦敦的都会工程委员会，成立了一家市政公共工程委员会。工程师费伦茨·赖特尔（Ferenc Reitter）被任命为技术部门的负责人。他曾前往伦敦、巴黎、柏林、维也纳和慕尼黑研究城市规划。在对布达佩斯的定居区进行了系统调查后，他制订了一个雄心勃勃的计划，在佩斯修建一条半圆形运河，运河上有12 座桥梁，并从中心向城市边缘延伸辐射道路。赖特尔的设想没有实现，赢得城市总体规划的国际设计竞赛的是匈牙利公共工程部的总工程师，拉约什·莱希纳（Lajos Lechner）。他用一条环绕佩斯建筑区的外环大道取代了赖特尔的运河。这条大道便是大环路

（Nagykörút），它从 1871 年开始建造，1896 年正式开放，每一段都以一个哈布斯堡王朝的君主之名命名。它的落成恰逢匈牙利国家千年展览会。然而，与巴黎的林荫大道或维也纳的环城路不同，大环路的建造并不是为了社交活动。它本质上是一条交通要道，布满了道路交叉口和十字路口，以及西部火车站周围的交通车流。它不像其他城市的环路那样形成一个隔离带，反而将内部城市与迅速扩散的外围地区融合在了一起。穿过大环路的放射状街道可以一直延伸到外围街区。[21]

与其他城市相比，布达佩斯的社交景象发生在放射状大道（Sugárút），或可称之为安德拉什大道（Andrássy Avenue）。这是一条宽阔的辐射状长廊，表现了布达佩斯作为一个伟大城市的追求。安德拉什大道具有慕尼黑的马克西米利安大街（Maximilianstrasse）甚至柏林的椴树下大街（Unter den Linden）的传统，它与开放的广场相交，并以一个大公园为终点。城市的社会精英沿着它漫步走过歌剧院、音乐学院、博物馆、城市优雅的酒店、商店和百货商店。大道两旁有煤气灯、亭子和喷泉，这里是戏剧性的公共剧场。这条大道由城市的商业资产阶级通过私人投机开发，两旁是新古典主义风格的豪华公寓楼。在地下，欧洲第一条电动地铁线贯穿其中。该地铁线于 1896 年建成，并由弗朗茨·约瑟夫皇帝举行了盛大的开幕仪式。安德拉什大道与林荫大道相交，汇合在新的八角广场（Oktogon Square）上，那里的人行道边建有一系列优雅的咖啡馆。然后，它继续延伸到科龙迪广场（Körönd）以及纪念匈牙利部落首领和国王的巨大纪念碑的拱廊。布达佩斯的现代性在新的可能性和对昔日辉煌的赞颂之间来回摇摆。

1896 年的匈牙利国家千年展览会庆祝了布达佩斯总体规划的完

成。展览会在新的城市公园举行，其宏伟的入口位于科龙迪广场。这次活动将布达佩斯宣传为一个与维也纳和巴黎齐名的现代西方首都，并将其介绍为一个令人兴奋的旅游目的地。成千上万的人蜂拥而至，欣赏那些颂扬匈牙利身份的建筑。游行仪式上，该市领导人身着匈牙利历史服装。游客沿着新的林荫大道漫步，乘坐有轨电车和新的电动地铁线，惊叹于壮观的议会大厦。1000多家工厂在生产中嗡嗡作响。在19世纪的最后几年，英国艺术家沃尔特·克莱恩（Walter Crane）在欧洲旅行时说，布达佩斯"是我见过的最先进的城市"。这座城市作为现代性的惊人体现，得到了旅行者的认同。美国作家弗兰克·伯克利·史密斯（Frank Berkeley Smith）在1903年报道说："我们驶入一个巨大的、热闹的现代车站……在一个巨大的玻璃屋顶的钢棚下停了下来，棚内有几十辆火车的引擎正在喘息。"他的车厢外是"比巴黎的林荫大道还要宽阔的街道，铺设了华丽的路面，有花费了巨额资金建造的建筑物……有最现代化系统的地面电车，有现代的地下铁路"。布达佩斯的奇迹清单还在继续。[22]

　　但在布达佩斯，没有真正的中心，没有独特的连贯性。如果说安德拉什大道是城市的长廊，那么码头上方的多瑙河沿岸的主要街道也是如此。那里充斥着咖啡馆、餐馆和豪华酒店。附近的瓦齐街（Váci Street）是城市的主要购物长廊。布达佩斯现代性的特点是它的未完成。与巴黎或维也纳的统一结构相比，狂热的建设速度是此地的标志。规划无法跟上城市的发展。它几乎在一夜之间成为了一座现代城市。城市观察家阿道夫·阿高伊（Adolf Agai）在他的《1843—1907年佩斯至布达佩斯之旅》（*Journey from Pest to Budapest 1843-1907*）中记录了这场重大变化，这本书于1908年首次出版，大受欢迎。阿高伊描述了城市广场上的场景，以及场景中的"一群恶

图21　布达佩斯（安德拉什大道）

棍和白痴"、犹太商人和非犹太商人的市场、漂亮的吉卜赛小提琴
手、英国王室和花花公子。还有典型的匈牙利波希米亚人、来自村
庄的斯拉夫帮工、来自苏丹的苦行僧、商店探员[1]、鞋匠、报童、魔
术师和骗子。阿高伊的描写叠加起来，形成了一个毫无疑问在色彩、
古怪性和多样化方面都是匈牙利式的大都会。[23]它是东西方的交会点。

　　匈牙利传奇摄影师哲尔吉·克勒斯（György Klösz）在世纪之
交用镜头捕捉到了布达佩斯。和印象派一样，新的摄影媒介被现代

————————

[1] 商店内担任安全工作的专门人员。

城市的景象深深吸引。现代布达佩斯的建筑、街景和交叉口、城市空间都是克勒斯镜头下的主题。许多镜头是全景式的,从高处拍摄,在城市场景中平移,沉醉于现代城市景观。这些角度从摄影术诞生之初就是真实不虚的。路易·达盖尔(Louis Daguerre)在1839年拍摄的第一张照片是至今仍被人称道的《巴黎大道风光》(*View of a Parisian Boulevard*)。它描绘了宽阔的寺院街(Boulevard du Temple)与法国首都的建筑物一起延伸至远方。早期的摄影师捕捉到了现代环境的美丽、建筑的奢华、林荫道和广场的宏伟和开放。这些都是对城市主题的赞美,是见证城市肌理转型的有力工具。新的摄影媒介将城市的日常世界转化为理想化的现代性愿景。图像的技术完美性本身就是一种美。摄影是一种具有诱惑力的媒介,能够发出强有力的修辞信息。照片迫使观察者看到城市转型的过程。它既描绘了现代世界,也创造了一个非凡的视觉表现。它加强了一个城市作为世界舞台上强大对话者的身份,但也掩盖了这些场景背后酝酿的社会和文化的紧张关系。

第6章　漫步城市街道

19世纪末，新能源、新材料和新产品重塑了欧洲城市的工业景观。从纺织品和工具到制伞，这些变化发生在广泛的制造领域。石油和水力发电与煤炭一起加入了能源的行列。这极大地增加了生产规模。机械、电气工程、钢铁和化工成为朝阳产业。资本集中在大中型公司，这些公司可以为大众市场提高机械化程度并使之合理化。小规模的企业发现除了通过分包，自己已经很难参与到竞争之中。任何一家公司，无论规模有多大，都无法单独处理这种生产规模所需的所有流程。相反，欧洲的工业强国将大都市地区紧密地联系在一起，形成了一个内部生产和外包结合的制造网络。离心力继续把工业从城市中心向外推，并向广阔的地理区域扩散。工人阶级在不断扩大的大都市范围内追随工业工作的召唤。随着制造业规模的扩大，工业对环境的影响也在增加。城市活动家谴责有毒的工业污染，将其视为疾病的根源之一。公共卫生运动致力于清洁城市，使其得到新鲜的空气和阳光。渴望土地的工业厂房和从事污染性活动的屠宰场等，被驱逐到有便宜的空地的城市边缘。它们在那里形成了密集的工业带，推至古老的边界，并向基本服务和市政法规不存在的郊区的空旷地带蔓延。

法国南部罗讷河沿岸的里昂市及其周边地区是19世纪末工业景

观变化的典范。1900 年，里昂的人口为 46 万，是仅次于巴黎的全国第二大城市。煤炭和铁矿石、冶金和丝绸推动着里昂地区的经济发展。距离里昂约 60 公里的圣艾蒂安煤田和铁矿使里昂的工业保持繁荣，包括为法国军队制造武器。里昂也是一个早期的汽车发展中心，各公司在城市的街道上和阿尔卑斯山麓的新公路上摆弄他们的汽油动力汽车。汽车工业的兴起，使大胆的驾驶者可以选择贝利埃（Berliet）、奥迪贝尔和拉维罗特（Audibert et Lavirotte）、科坦-德古特（Cottin-Desgouttes）和罗歇-施奈德（Rochet-Schneider）等品牌。汽车零部件制造商提供从马达到汽车灯和轮胎的所有产品。这些车间开始设在市中心，然后随着生产的扩大转移到郊区。1898 年，罗歇-施奈德公司已经可以每年生产 120 辆汽车，当时它在弗亚街（rue Feuillat）开设了一家最先进的工厂，堪称效率和合理生产的典范。在铁棚和玻璃棚内，熟练的工人制造汽车并出口到欧洲及美国。[1] 卢米埃尔兄弟在里昂开设了他们的第一家小工厂，并为早期的电影摄影机和投影仪申请了专利，称为活动电影机（cinématographe）。1895 年他们进行了第一次展示："工人们离开里昂的卢米埃尔工厂。"几年后，他们在商业上推广用于彩色摄影的自动着色工艺。

里昂的丝绸工业有着悠久的历史和传奇的故事。整个大都市地区拥有 300 多家丝绸厂和 21 万名工人。它们的规模从家庭经营的商店到大型企业不等。但像许多行业一样，到 19 世纪末，丝绸生产被新技术和新材料所重塑。可以制成人造丝和丝绸混纺的合成纤维使过去的奢侈品平民化。里昂华美的丝质织物被销往欧洲、中东和亚洲。罗讷河左岸的郊区小镇维勒班（Villeurbanne）成为了一个丝织品堡垒。尽管里昂的地方政府已经将附近的郊区并入市区作为市政改革的一部分，但维勒班作为一个独立实体在郊区坚守。法国工人和意大利移民涌入维勒班，在机械化的丝绸工厂，特别是在吉莱父子丝绸染色厂（Gillet & Sons silk dying plant）工作。该厂雇用了1500名工人，是合成染料生产的领导者之一。吉莱染成黑色的丝绸在巴黎的百货商店里大受欢迎。该公司通过在制药、摄影和人造纤维领域工作的熟练工人进一步实现了化学生产的多样化。致力于织物染料和化学品生产的大型工厂沿着维勒班河岸涌现。到1913年，他们雇用了超过3000人。

　　大部分意大利移民来自皮埃蒙特（Piedmont），更确切地说，是来自都灵周围，那里的小城镇网络长期以来一直支持着当地丝绸业的季节性工作。这两个地区在经济上是连在一起的。劳动者经常在两个地区之间来回寻找工作。但是，向大规模工厂生产的转变意味着意大利家庭在里昂和维勒班永久定居。到1911年，他们的人数达到12630人。较大的公司为其员工修建了基本的宿舍。维拉尔公司（Villard company）更进一步，建造了一个并排的工人社区，吉莱公司则建造了低成本的住房。但这几乎不能满足日益增长的居住需求。意大利工人临时拼凑，搭建自己的小屋，或者在工厂周围的古老的乡村建筑群中寻找住所。随着大都市向农村腹地[2]扩展，维勒班成为建筑形式和追求的典型大杂烩。到1881年，维勒班的人口达到1.1万人；到1900年，这里的人口增加了一倍多，达到2.9万人。随着19公里长的若纳日运河（Jonage canal）和罗讷河支流上的大坝的建成，水力发电为创新提供了更大的动力。丝绸厂将他们的财富与电力挂钩，维勒班的工业生产因水电能源而进一步多样化。在世纪之交，库塞水电站是法国功率最大的水电站。化学和机械工程公司搬到维勒班，以利用这种无限的新能源。该镇已转变为一个尖端的工业飞地和社会主义据点。

这些发展产生了深远的社会和文化影响。19世纪末的新工业需要一支具有高级技能和受过培训的有文化的劳动力队伍。在工业化的最初阶段，涌入城市的移民大多来自农村地区，仅受过基本教育。他们通常很贫困，社会流动的希望渺茫，在中心城市的广大贫民区过着艰苦的生活，这让同时代的人感到震惊。到19世纪末，工人阶级的社会结构变得更加复杂。贫困依然存在，特别是那些没有什么技术或被困在衰落行业的人。有许多人不安地徘徊在贫穷的边缘。经济衰退和失业可能意味着灾难。但苦难不再是一个必然的结果。无产阶级的范围很广，有无技术的和四处流离的人，也有生活水准较高的半熟练工和高技术劳工。对于后者来说，从一个城镇到另一个城镇的季节性工作变得不那么频繁。他们与来自同一地区的人一起定居在城市社区。他们的家庭生活更加稳定。更高的工资和几天的休息时间使工人阶级的家庭能够摆脱严酷的生活事实。即使是新一波的移民，也往往已经成为城市化的人，他们熟知城市生活的节奏。他们登上火车，利用信息网中的各个城镇和城市中的就业机会，流动性和速度远超几十年前。

经济条件较好的工人有自我意识，并通过工会和合作社运动、工人俱乐部和政党进行政治活动。要求扩大选举权和工会合法化的大规模工人阶级示威最终迫使劳工改革。法国和德国分别于1848年和1871年授予男性投票权。在英国，这一权利逐渐扩展到所有支付租金或拥有财产的男性。1905年11月，哈布斯堡帝国各地城镇的数千人集会，要求给予男子普遍的选举权，他们最终在1907年获得了这一权利。投票权的扩大将广大工薪阶层带入政治。一批社会主义和左派政党在欧洲各地成立，并热衷于在选举中进行竞选。随着他们稳步获得政治力量，欧洲的一个又一个城市变成"红色"。劳工和社会主义政党的报纸闪亮登场，呼吁工人上街。罢工成为一个强大的政治武器。1885年，大约1.2万名泥瓦匠在柏林罢工，成功地赢得了10小时工作制和涨薪。1890年，英国中部工业城市布拉德福德（Bradford）的女织工举行了罢工，拒绝接受减薪。她们组织了一个工会，并在城市的公园里举行示威，导向了独立工党的成立。[3] 罢工浪潮和街头抗议成为公共领域的常规特征。伦敦码头区工人的恶劣条件是工会组织者和社会主义者抗议的原因。著名的1889年的罢工使数以千计的码头工人手持印有口号的横幅并顶上有臭鱼头和腐烂洋葱的木桩走上街头。罢工使伦敦港停滞了6个星期，直到雇主屈服于工人的要求。工会人数激增。争取妇女选举权的游行是一个持续不断的公共景观。在1907年的"泥浆进军"（Mud March）中，英国妇女参政权论者挥舞着红色和白色的旗帜，在雨天的泥泞中艰难前行，从海德公园到斯特兰德（Strand），然后在特拉法尔加广场集会争取选举权。

　　新近合法化的工会和社会主义政党推动了一种真正的工人阶级和邻里关系的日常政治文化。工会和政党组织游行，挨家挨户地进行拉票活动。他们在需要时提供救济资金，并为改善住房条件和租户权利而斗争。他们为城市工人阶级文化带来了新的凝聚力，在附近举行了大量以工人阶级团结为主题的庆祝活动。国际工人纪念日，如五一节，成为当地庆祝活动和停工的时刻。工人阶级的政治活动意味着教育计划和体育俱乐部，这是一个让具有共同背景的年轻人在社会环境中成长的机会。1892年，巴黎北部的工业城圣但尼（St. Denis）有25个工人文化俱乐部，提供从体操到摄影、音乐和阅读等各种活动。[4] 匈牙利作家费伦茨·莫尔纳（Ferenc Molnár）在大受欢迎的小说《保罗街男孩》（*The Paul Street Boys*，1907年）中捕捉到

图 22 码头罢工，1889 年 9 月 7 日。摘自《图解伦敦》，《伦敦东区的码头工人罢工》，1889 年出版

布达佩斯工人阶级的"成长"。读者被这个关于勇敢和荣誉的故事所吸引，在城市繁忙的街道上，两帮十几岁的男孩为一个旧锯木厂而战。

在西欧和中欧，政府也采取措施缓解工人阶级的困境，这主要是作为遏制社会紧张局势的一种策略。德国在提供社会保险和初级教育方面处于领先地位。1881 年，宰相奥托·冯·俾斯麦（Otto von Bismarck）推出了第一项事故保险和社会保障措施。尽管巨大的不平等仍然存在，但德国城市中工人阶级的孩子开始在国民学校（völksschulen）和职业培训学校上学。识字率飙升。以德国为榜样，

1888年奥匈帝国为所有产业工人制定了全面的健康和事故保险计划。在法国，大多数城市在19世纪末将初等教育作为优先事项，并规定学校必须是免费的。在英国，地方学校委员会成功地开展了扩大教育的运动。到19世纪80年代，英国城市的学校和学生数量已经翻了一番。[5] 1906至1914年的英国自由党改革引入了国家保险、失业金和养老金。许多行业男性的实际工资上升，使妻子可以放弃外面的工作而专注于家庭劳动和消费。家庭可以负担更好的食物和衣服。购买家具标志着真正的地位和独立。消费品的日益普及改变了工人阶级的习惯。家庭加入到周末市场和流行集市的人群中，为最新的小玩意和新奇物品讨价还价。一旦每周休息一天成为惯例，人们就有时间进行家庭休闲活动，专门来到乡村或海边郊游。尽管欧洲城市的条件各不相同，但一种独特的工人阶级身份和生活方式正在形成。由于有更多的时间和金钱可以支配，技术工人和他们的家庭可以获得某种社会尊重。[6] 城市空间中创造了一个真正的工人阶级的世界。

到哪里寻找住所仍然是个难题。整个欧洲对可负担住房的需求远远超过了供应量。即使对经济条件较好的工人家庭以及工匠、店主和小资产阶级来说，寻找住所也是一种困境。19世纪中后期的卫生改革和公共基础设施项目改善了城市生活的质量。但是，住房问题的解决却严重滞后于这些现代化的改进措施。建筑业不断地迎合资产阶级对昂贵的多室公寓的需求。到1900年，城市中产阶级地区的新建筑普遍配备了自来水、下水管道和煤气。在里昂和曼彻斯特，大约一半的公寓楼有自来水。在华沙和布达佩斯，三分之二的建筑都通了自来水，这是这些蓬勃发展的城市中新建筑的建设情况。[7] 但老城区和城市周边很少达到这些标准。工人阶级的家庭挤在老建筑和寄宿房中。它们通常有两三层楼高，是工业区里混乱的混杂物，提供简陋的出租房和简陋的家具。这就是巴黎东北部工人阶级地区的景观，这些地区仍未被奥斯曼的公共工程项目所触及。[8] 莱茵-鲁尔区的城市通常具有这种规模。在中欧和东欧以及苏格兰的城市中，较大的多层公寓更为常见。在那里，工人阶级地区的住房密度要高得多。

总的来说，在 19 世纪末至 20 世纪初，家庭居住空间正在缩小，租金急剧上升。业主将他们的建筑砍成更小的单元，并敲诈租金。挤在一室和两室的公寓里成为常态。拥挤是一种生活方式；隐私是只有上层阶级才能负担得起的奢侈品。各种政策出台，试图结束在旧建筑中将人们塞进狭小空间的现象。格拉斯哥在 19 世纪 60 年代引入了一个票证系统，在前门上贴上一块金属板，说明建筑物的容量。警察和公共卫生监督员进行了午夜突击检查。德国城市引入了警察检查。市政当局通过了建筑法规，采取了密度分区的措施。尽管这些来之不易的改革措施是对以往情况的重大改进，但与人们对住房的旺盛需求相比，仍然存在不足。住房严重短缺，而且由于贫民窟清理计划拆除了一些建筑物，工作的穷人被驱逐到剩余的区域，情况变得更糟。随着城市中心变得开放和优雅，工人阶级的世界变得更加拥挤和过度建设。

越来越多的劳动家庭和穷人被迫离开中心城市到外围，结果加剧了社会和空间的隔离。新移民找到的最便宜的住房都在边缘地区。在巴黎等城市，郊区有一半的人口是移民。[9] 那些经济条件一般的人租得起带花园的小平房，或者在服务不完善的投机性土地上建造自己的房子。在城外空气洁净且绿化良好的地方拥有一座小屋仍然是工人阶级家庭的梦想。只要能在郊区找到便宜的土地，房地产投机者就会建造平房、一两层的排屋和"背靠背"的住宅。合作社和工厂主也建造了平房。最贫穷的人在拆毁城墙和斜堤后留下的空地上拼凑营地。一些家庭用金属、木材和焦油纸建造脆弱的小屋，住在有顶棚的马车或废弃的建筑物里。巴黎城市北部边缘有一个臭名昭著的棚户区。摄影师欧仁·阿特热（Eugène Atget）走到外围，将他的木制相机对准那些破烂不堪的营地，以及营地中的棚屋、阴暗的大篷车、拾荒者和废品商。在报刊上耸人听闻的文章的推动下，在巴黎人的心目中，"禁区"[1]成了流浪者和小偷的暴力地下世界。心怀恐惧的外人无法看到隐蔽的小酒馆和花园、小巷的迷宫、滚球游戏，也无法听到人们在洗衣处分享的八卦和新闻。这些营地是宽松、活泼的，人们在贫困的日常生活中艰难地生存下来，在家庭和朋友之间得到社会关系和感情凝聚。它们作为生存景观非常成功，因此每当移民涌入城市和住房危机恶化，非正式定居点也随之扩张。

中心区与郊区之间的差异越来越明显，前者由优雅的砖石建筑和壮观的林荫大道组成，而后者却没有精心设计的规划界线，建筑则是简陋木制的房屋。在 1869 年出版的《巴黎地下旅游指南》中，位于市郊意大利广场（Place d'Italie）附近的"废品商别墅"（Villa des Chiffoniers）被认为是必看景点。这里有数以百计的小铁皮屋，是一个"城中之城……在奢华之乡中迷失的贫穷之都"。法国社会改革家亨利·塞利耶（Henri Sellier）在 1915 年被任命为法国廉居房办公室的第一任主任，他谴责了巴黎郊区的生活条件："分散在这里和那里的旧村庄在几年内已经成为大型人口中心，它们连成一条不间断的链，形成混乱的群体，像一个从中心不断蔓延的城市。"农村和

---

[1] la Zone，该区域划定了一片 250 米宽的土地，沿着 1844 年在巴黎周围建造的 34 千米的防御工事延伸。该地本应保持空置用于军事防御，但逐渐被穷人填满。

图23　拾荒者，伊夫里门，巴黎，1910—1912年。欧仁·阿特热摄

城市之间的界限是难以察觉的。法国诗人朱尔·罗曼（Jules Romains）回顾了19世纪末平凡朴素的巴黎郊区，那里生活着成千上万的人，在一个超出他们能力范围的城市里工作。巴黎的边缘地区是各种房屋的混合体，"一排菜园、一个无家可归者的营地、一座市政厅和它的垃圾箱、一座教堂、一家电车公司的办公室、一座只能通过一些建筑细节辨认的蜡厂"。[10]

新建筑的建造主要由私人房地产市场决定。但严重的住房危机和飞涨的租金迫使公共辩论变得激烈，即使只是为了避免社会抗议和起义，这也是一个非常严肃的问题。进步的新闻记者和社会激进分子猛烈抨击肮脏的住房条件。大批的活动家和变革者慷慨激昂，聚集在各种会议上。大量的实验性住房项目被匆忙启动。1867年和1889年的巴黎国际博览会上展出了许多工人住房模型。在英国，皇家工人阶级住房委员会制定了1885年和1890年的住房法案，为贫民窟地区的重建带来了一些希望，而直接选举产生的伦敦郡议会（LCC）的成立也是如此。郡议会于1890年开始实施边界街区计划，拆除了东区臭名昭著的老尼科尔贫民窟（slums of Old Nichol），代之以第一个社会住宅区。慈善性住房在改革者和工业家中开花结果，成为一场全面的变革行动，他们急于稳定工人阶级的家庭，希望缓解罢工的威胁。在英国，利华兄弟公司（Lever Brothers）[1]为其肥皂厂的工人赞助了利物浦郊外的阳光港项目。巧克力制造商乔治·吉百利（George Cadbury）在伯明翰外建造了工人住房。哥本哈根、柏林、苏黎世（Zurich）和维也纳都建立了带有实验性"中央厨房"的集体住房计划。维也纳有改革意识的赞助人在1898年建造了禧年之家（Jubilee Houses），以改善高技术工人的生活条件并使他们融入社会。每个宽敞的公寓都有自己的厨房和浴室，并有花园和操场。住宅区内有洗衣房、商店、图书馆和保健中心。禧年之家成为维也纳社会住房的杰出典范。[11]在法国，住宅公司开展了低成本住房运动。但总的来说，对于为住房活动奔走的人来说，他们心中理想化的住宅原型仍然是被绿树环绕的浪漫家庭小屋。它被想象成一个道德升华的地方，让一个家庭可以有尊严地生活。在法国和德国，由私人企业建造的带有单家独户住房的工人住宅区一直有很大的影响力。但是，这些都是只能缓解住房危机严重性的小药方。

最终，改革者不情愿地承认，住房建设的规模必须扩大，公寓

---

[1] 联合利华的前身之一。

住房是解决这一紧急情况的唯一可行办法。公寓楼成为欧洲各地城市的标志性建筑。在大多数情况下，它们是由房地产投机者建造的，他们利用爆炸性的需求，用一排排不合标准的建筑填满了街道。在柏林、维也纳和布达佩斯，多层公寓或公寓营房无处不在。它们大多数都是围绕着内部庭院建造的，只有一条楼梯通往上层。人们通过昏暗的内部走廊或开放式长廊进入公寓。虽然院子是为了通风而建的，但它们很快就被改造成了商业空间和工坊。带有基本烹饪设施的一室或两室公寓成为标准。家庭将床位转租给夜宿者以维持生计。例如，布达佩斯的典型建筑是多层公寓楼，为了便宜的租金，人们挤在很小的单位里。格拉斯哥和爱丁堡的情况也是如此。汉堡的版本是"槽式"建筑，狭窄的单元沿着一个小中庭排列，以便通风。在维也纳，6 到 8 个人住在一个单间里是很常见的。厕所和供水口集体使用，因此这类房屋在维也纳被称为供水口房屋（bassena-houses）。

　　工人阶级的社区既让资产阶级着迷，又让他们感到恐惧。工业区的郊区是一个陌生的下层社会。资产阶级与工人阶级社会交往的缺乏，为刻板印象留下了大量空间。工人被贴上了暴躁和令人厌恶的标签。城市边缘地区的幻象是无序的、动荡的、威胁性的空虚。那是一个充满犯罪、毒品和卖淫的地方。在资产阶级城市自我吹嘘其精致程度的同时，工人阶级的世界在公众心中变得更加野蛮。利物浦尊贵的市民大喊大叫，称他们被来自贫民窟的恶棍吓坏了。臭名昭著的开膛手帮（High Rip Gang）在街上疯狂横行，不分青红皂白地用刀子和弹弓攻击人们。[12]柏林和汉堡的当局为城市居住困难户（habstarke）感到痛苦，这些堕落的年轻无产阶级在街头和市场上闲逛。布达佩斯的警察把目标对准了工人阶级郊区的"流氓分子的聚

图24　科堡街，格拉斯哥兵营式公寓

集地"。匈牙利5个最大的工业区中有3个位于首都的边缘地带。它
们向北部和南部扩展，工人阶级在那里找到了庇护所，并在工厂和
工作场地勉强维持生计。在布达佩斯郊区的一个小镇，军队被召集
来平息一名当地屠夫神秘死亡后出现的暴乱。当地报纸刊登了这些
在离安德拉什大道遥远的工业边界发生的可怕罪行。[13]在巴黎，东北
部和南部的工人区——梅尼尔蒙唐（Ménilmontant）、贝尔维尔
（Belleville）、贝尔西（Bercy）和鹌鹑之丘（Butte-aux-Cailles）——
是最常被贬低为充满犯罪和暴力的地方。然而，最可怕的是巴黎周
围的工业"红色地带"。根据曾在"城市边境"外冒险的作家德尔
斐–法布里斯（Delphi-Fabrice）的说法，这里可以发现"一个被血和

死亡染红的国家"。[14]

城市里巨量的人口如同公共工程项目的噪声和混乱，令人感到焦虑。大城市的人群既具有吸引力也令人惊恐。大量的人在城市里穿梭往返。他们喜欢酒吧和咖啡馆，以及游乐园和音乐厅的喧闹乐趣。他们挤在世界博览会和体育赛事中，惊奇地漫步于豪华的百货商店中。大众文化似乎正是将城市的控制权转移给了这些无名的人群，他们的行为很难预测。由于他们的数量、匿名性和他们明确的政治信念，城市的群众威胁着资产阶级城市精英刚刚建立的霸权。中产阶级屈服于对街头抢劫或袭击的麻痹和恐惧，尤其是在夜晚。维也纳《奥地利刑事画报》（*Illustrierte Österreichische Kriminal-Zeitung*）认为有责任告知公众，"流莺"和"鸡奸者"潜伏在体面人中间。[15] 城市生活的匿名性使得捕食者和猎物共存。警察部队被强化了。他们报告了越来越多的街头袭击事件——即使只是因为他们的记录工作变得更有效率了。警方关于百货公司的入店扒窃和偷窃的报告堆积如山。在林荫道上散步并非没有风险。单独外出的中产阶级妇女有可能被误认为在时尚区站街的妓女。现代性有其阴险的一面，而在公众看来，城市的公共空间就是可以找到它的地方。

这些对城市社会的观察在政治保守主义和传统价值观的捍卫者说来尤为尖锐。英国作家马修·阿诺德（Matthew Arnold）以其严厉的社会批评而闻名，他总结了自己对工人阶级的看法："不成熟的、半发达的工人阶级长期以来半隐半现于贫穷和肮脏之中，现在正从其隐蔽处走出来……并开始使我们为难，他们爱在哪游行就在哪游行，爱在哪集会就在哪集会，爱破坏什么就破坏什么——我们可以非常恰当地把这个庞大的残余阶层命名为群氓。"[16] 对保守派来说，城市人群很容易被邪恶势力所误导。公共空间随时可能被令人厌恶的暴徒所占领。他们是社会的威胁，只受渴望和欲望驱使。社会理论家认为，城市人群有一种不符合常理的特殊心理。"群众"是一种不可预测的、病态的力量。最引人注目的是法国心理学家古斯塔夫·勒庞（Gustave Le Bon）的《乌合之众》（The Crowds，1895 年）一书。勒庞是一个极端保守的人，他宣扬种族主义，为贵族精英主义辩护，并强烈敌视大众民主。他把即将到来的时代称为"乌合之众的时代"，并认为他们是一个善变的干扰源。人群是一种奇特心态的牺牲品，它诱使人们去做他们自己永远不会做的事情。他们只是对当下做出反应，而不考虑规则或纪律。对勒庞来说，19 世纪末的人群（他指的是工人阶级）无非是想破坏社会。文明有可能因此沉沦为野蛮。

　　大量耸人听闻的贫民窟小说和犯罪小说激起了人们对潜伏在阴影下的犯规和野蛮行为的焦虑。1842 年，法国作家欧仁·休（Eugène Sue）开始在法国报纸《辩论报》（Journal des débats）上连载小说《巴黎的秘密》（Les Mystères de Paris），它带领心甘情愿的读者进入城市贫民窟的小巷和道德荒原，那里充斥着各种罪恶和犯罪。这部小说一经出版便获得了成功。休把这个城市的贫困阶层塑造成一个充满戏剧性的人物群体。无耻的罪犯、流浪的犹太人、小偷和妓女的形象在书中随处可见。这部小说引发了一股城市哥特式惊悚小说的浪潮，从《伦敦之谜》（The Mysteries of London，1845 年）到里斯本、布达佩斯和圣彼得堡之谜。在伦敦，廉价印刷的"一便士恐怖"和"一便士戏剧"大量涌现。它们讲述着在城市的阴暗角落里发生的不可告人的犯罪故事，精彩刺激。公众对这些关于野蛮的下层社会的可怕报道总看不够。媒体对夜间袭击、流血和谋杀进行了血淋淋的描述。关于卖淫的暴力黑社会的性幻想比比皆是。妓女代表了现代城市的所有越轨和腐败行为。妓女是邪恶的、性感的、不羁的，体现了潜伏在城市公共空间的所有危险。[17]报纸上充斥着无辜的移民妇女被皮条客胁迫到妓院工作的故事。工人阶级家庭中的夜宿者被认为是性堕落的，这一点受到了强烈的关注。通过这种耸人听闻的报道，普通公众开始了解同性恋。粗俗的耸人听闻的题材、色情作品和对社会状况的严肃调查之间的模糊界限几乎消失了。关于警方谋杀调查和犯罪团伙的文章在大众媒体上大量出现。1888年，开膛手杰克在白教堂贫民窟的连环谋杀案的耸人听闻的报道使伦敦为之疯狂。关于其受害者（5名年轻妓女）残缺不全的尸体的报道呈现出一则让人充满窥视欲望的故事，描绘了一个在黑暗中潜藏的恶魔。

　　世纪之交的柏林似乎将现代城市的所有希望和恐惧都化为一体。它是现代性的化身，是奢侈和极端的化身。1879到1914年是柏林惊人的发展时期。1871年，柏林被宣布为新统一的德意志帝国的首都。它几乎在一夜之间成为一个大都市，或称世界城市。这座城市位于普鲁士领土深处的施普雷河（Spree River）畔，被沼泽林地所包围，运河、湖泊和溪流纵横交错。在其历史上的大部分时间里，它更像是一个无望而死气沉沉的、地方性的落后地区，而不像是一个主要城市。但到19世纪70年代末，柏林的人口突然达到100万，约30年后的1900年，人口膨胀到了200万。到1914年，柏林的人口达到近300万。正如艺术评论家卡尔·舍夫勒（Karl Scheffler）在1910年所说的那样，柏林是一个新秀。它已经超越了北岸的老牌港口城市汉堡和不来梅。它的扩张是"鲁莽的、暴力的，建立在一片无人之地，远离欧洲文化的地盘"。正是柏林崛起的速度和其充满活力的生活使城市观察家们着迷。马克·吐温（Mark Twain）于1891年访问柏林，他说："这是一个新的城市：是我见过的最新的城市……这座城市的主要部分看起来好像是上周才建成的。"[18]这是著名的"柏林速度"——惊人的发展速度，却几乎没有给人留下什么精致的空间。对于大多数观察者来说，柏林是无根的，是一个丑陋的杂乱无章的城市，它处于一种永久的演变状态。

　　柏林的社会分化十分明显。长期以来，这里一直是普鲁士的皇家据点和军事要塞。椴树下大街是该市最负盛名的大道，从普鲁士皇宫延伸到勃兰登堡门。普鲁士容克贵族[1]和士兵在公共生活中占主导地位，城市的居民对他们俯首称臣。军国主义和专制主义是其主要精神特征。法兰克福和汉堡历来是金融重镇，拥有德国领先的证券交易所。随着1871年德意志帝国的建立，柏林将它们推到一边，成为德国的金融中心。德国大型银行和股份公司在新首都设立了总部。这个城市繁荣的经济创造了一种疯狂的投机和物欲横流的氛围，这就是著名的奠基时代（Gründerjahre），或称繁荣年代。[19]大小投资者都争先恐后地在房地产、铁路和新工业中投入资金。钱很容易赚，利润惊人。新贵们在西边的夏洛滕贝格（Charlottenburg）、里克斯多夫（Rixdorf）、舍讷贝格（Schöneberg）和维尔默斯多夫（Wilmersdorf）等街区的大公寓上大肆挥霍，甚至在更远的郊区的绿树成荫的街道上，也有一栋栋富丽堂皇的别墅。普鲁士贵族和柏林的资产阶级结合在一起，成为有特权的、富得流油的精英。在城市的另一边，工人阶级在向北和向东延伸到城市的边缘的广阔工业带中生活和劳作。这里被人们认为是一片荒芜的无人区而避之不及，却挤满了为城市提供生产力的公寓和工厂。

　　机械和电气工程、精密机械和化学是柏林生产制造的专长，并

---

[1] junkers，地主贵族，通常支持君主制和军事传统。

使这座城市成为欧洲的经济强者。它生产出了从火车头到卡车、发动机、锅炉和缝纫机等一切产品。1896年，这个城市的经济实力在柏林工业展览会上得到了展示，它在施普雷河畔展出了约4000件展品，场面宏大。起初，工业地块集中在城市的北部。在奥拉宁堡（Oranienburg）和汉堡门（Hamburg Gates）周围的这些传统工厂区被称为"火之地"，因为那里的钢铁工厂冒着滚滚黑烟和火焰。随后，在1877年，环绕柏林的带状铁路建成，使工业能够进入城市外围更远的廉价土地。大约5000名工人在北面莫阿比特（Moabit）的博尔西希工场（Borsig workshops）制造铁路设备和火车头。博尔西希吸引了一批重型机械和武器制造商的加盟。然后，它又搬到了泰格尔（Tegel）的一个巨大场地，在那里建造了博尔西格瓦尔德（Borsigwalde），为其劳动力建立了一个完整的新定居点。柏林城市西北部的西门子工厂（Siemens plant），从1914年起被称为西门子城（Siemensstadt），这里生产电力发动机、电报电缆和通信设备。当维尔纳·冯·西门子（Werner von Siemens）和埃米尔·拉特瑙（Emil Rathenau）获得了利用托马斯·爱迪生（Thomas Edison）的专利的德国权利时，柏林成为新兴电气工业的总部。到1907年，德国通用电气公司（AEG）已经雇佣了7万人，制造各种电气设备。从事汽车、飞机和工业机械制造的公司聚集在柏林的郊区，其中包括了化学巨头爱克发公司（AGFA）。它们被一张由铁轨和道路交会处、电车线路和水路组成的网络连接在一起。工人阶级随之发展起来。到世纪之交，柏林郊区的人口增长速度超过了中心城区。

　　问题在于，如何针对这些新工业设计功能性建筑？早期工业时代阴暗的砖厂已经不再适用于新的生产规模和技术范围。1907年，建筑师彼得·贝伦斯（Peter Behrens）和约瑟夫·玛丽亚·奥尔布里希（Joseph Maria Olbrich）成立了德意志工艺联盟（Deutscher Werkbund），这是一个由建筑师和工业家组成的协会，他们急于提高大规模生产的技术和德国在世界市场的影响力。其使命是在标准化和现代产品设计的基础上为大众社会创造一种机器美学。[20]比材料本身更重要的是它所代表的精神：作为工业哲学的良好、实用的形式。整整一代的前卫艺术家和建筑师都是通过德意志工艺联盟第一次接触到现代设计的理念的。彼得·贝伦斯受雇于德国通用电气，负责从公司工厂的设计到广告的一切外观。其主要设计作品是位于柏林

图25　德国通用电气涡轮机大厅，胡滕大街，柏林莫阿比特区，20世纪50年代。彼得·贝伦斯摄

莫阿比特区的德国通用电气电器厂的巨大涡轮机大厅。这是一栋革命性的钢结构建筑，有高耸的玻璃幕墙。玻璃幕墙上印有该公司的标志。它代表了德意志制造联盟的梦想，即建立一个干净、明亮的高质量生产设施，并将工人作为一个人加以尊重。

工厂建筑正在成为前卫建筑师手中的企业品牌。1914 年，在科隆举办的第一届德意志制造联盟展览会展出了一系列建筑原型，将建筑与工业的生产力联系起来。建筑师布鲁诺·陶特（Bruno Taut）设计了极具创意的玻璃馆，作为德国玻璃工业协会产品的展示平台。它的水晶玻璃穹顶使用了钢筋作为框架。内部是一个由彩色玻璃组成的万花筒般的仙境，每 20 秒就会发生一次变化。这是一种融合了商业广告的全新的建筑美学。德意志工艺联盟的影响在萨克森的阿尔费尔德（Alfeld）镇的法古斯鞋厂（Fagus Shoe Factory）中很明显。由建筑师瓦尔特·格罗皮乌斯（Walter Gropius）和阿道夫·迈尔（Adolf Meyer）设计的这一混凝土和砖块的开拓性结构是一种新的工作空间——开放、实用，有一个透明的玻璃立面。它的设计标志着现代制鞋业的三维呈现。格罗皮乌斯和迈尔设计了生产机械、公司办公室，并围绕现代工业美学设计了法古斯工厂的标志、名片和办公用品。

虽然有这样出色的建筑引领现代建筑的发展，但柏林的工人阶级却在闷热的工厂和车间里辛勤工作。重工业的平庸现实在柏林的外围地区最为突出。在一定程度上，1858 至 1862 年的霍布雷希特计划（Hobrecht Plan）为柏林的扩张做了准备，并在城墙的市政边界之外规划了宽阔的林荫大道和广场。但是，霍布雷希特肯定没有预料到，在工业郊区会布满拥护的贫民窟。大量的新移民带着自由和机会的梦想来到这里。他们来自勃兰登堡（Brandenburg）、东普鲁士和

图26   在利格尼茨大街9号公寓的一个柏林工人家庭的客厅里的景象，1910年

西里西亚。其中有许多是逃避大屠杀和贫困的俄罗斯犹太人。他们遭遇的住房短缺情况令人气愤。数以千计的人无家可归。棚户区沿着城市的边缘出现。

大多数新移民都挤在被贬称为"出租屋"（miethausen）或"兵营式出租房"（mietskasernen）的地方。[21] 它们是由韦丁（Wedding）、莫阿比特、新卡伦（Neukölln）和克罗伊茨贝格（Kreuzberg）等外围地区的房地产投机者建造的。这些巨大的 5 层楼建筑延伸到整个街区，成为柏林这个工业城市的沉闷象征。这些建筑的外墙往往被装饰成新古典主义或华丽的意大利风格。但是，引人注目的临街面掩盖了里面的现实。兵营式出租房被分割成极小的一室和两室公寓，旨在压榨出最大的租金利润。超过 40% 的柏林家庭住在单间里，另有 28% 的家庭住在两室公寓里。走廊是黑暗的、不通风的。兵营式出租房的住户共用公共的水龙头和厕所。这些公寓围绕着一个内部院子，院子里满是粗劣搭建的棚屋和数不清的小卖铺，其中许多都散发着有毒的气味和污染。疾病十分猖獗。在那些最大的建筑物中，如韦丁的迈尔斯-霍夫建筑群（Meyers Hof complex）中，形成了一个阴暗和压抑的迷宫，在一连串院子周围容纳了数千人。

城市观察家们被对柏林工人阶级这个陌生的边缘世界的描写所吸引。乘坐电动有轨电车到莫阿比特的北郊，一个无畏的探险家向外望去：

> 从鲍尔咖啡馆、椴树下大街或库达姆大街的窗户可以看到一个不同的柏林……北方是这枚硬币的反面……有深院的兵营式出租房和又窄又斜的房子，街道上郁郁寡欢的面孔，很多孩子，店主，许多酒吧、医院，等等。这里的空气比起腓特烈施

塔特（Friedrichstadt）更为稠密，整个地区似乎都飘着一层纱。[22]

一方面，艺术家弗朗茨·斯卡比纳（Franz Skarbina）和汉斯·巴卢舍克（Hans Baluschek）以批判现实主义的坦率态度描绘了柏林坚韧的工业世界和无产阶级生活。他们的画作捕捉到了工业区魂灵的缺失。在工厂、铁路支线和雷鸣般的轻轨的砖砌立交桥下，疲惫的工人弓着背来到他们的岗位上。生活的艰辛在他们酸楚的脸上表露无遗。在铁路栈桥下的雪地上，到处都是棚屋，富裕的柏林人则无动于衷地走过这里。斯卡比纳和巴卢舍克等艺术家再现了柏林无产阶级的生活环境——街道、铁路高架桥、工厂和公寓。另一方面，最具代表性的"贫民窟艺术家"海因里希·齐勒（Heinrich Zille）将这个城市喧嚣的底层展现在不同的光线下。他的绘画和摄影以惊人的尊严记录了人们的工作和生活。幽默的素描将他们从苦难中拉了出来。齐勒擅长拍摄的"门口肖像"，揭示了劳动者创造自己生活的能力。齐勒转换了工人阶级地区典型的悲惨角度，将柏林的丑陋转化为一种美。他的作品将租用营房描绘成一个亲密的世界。院子里热闹非凡："居民和寄宿者来来往往；小贩和街头艺人，如风琴师，在做生意；煤堆和木头堆面向不同的顾客销售；垃圾箱和茅厕被经常使用；儿童在跳舞和玩耍。"[23]

这些艺术漫画是一种他者的奇观，类似于查尔斯·狄更斯对伦敦东区的描写和爱弥尔·左拉对巴黎贫民窟的描述。然而，齐勒强调了工人阶级社会空间的复杂性。街头生活对于工人阶级的日常体验至关重要。尽管存在社会排斥和残酷的苦难，街道仍然是进行日常生活的人居环境。漫步街头，就意味着与卖花的、摊贩、小贩、理发师、无业游民、流浪汉、皮条客和他们的姑娘打交道。工人们

图27 《在牛奶店的前面》，1924 或 1925 年，海因里希·齐勒绘

经常更换住处，但他们仍然待在同一个街区，依靠这些密切的社会网络。不同族裔团结在一起，为彼此提供点滴资源，并在他们的住所、当地市场以及他们的礼拜场所周围形成紧密的社区。店主和市场售货员分享八卦和信息，记录非正式的赊账。最边缘化和被剥夺

权利的人，在这些普通空间的隐蔽处找到了支持。邻里关系是在大城市的世界大熔炉中寻求日常团结的关键。

邻里关系也是一个高度政治化的空间。这里有一个由密切关系构成的抵抗地形图。中产阶级普遍担心，工业社区的状况最终会使这里爆发出叛乱。诸如犹太人和移民等边缘人物受到了严格的审查。在公众舆论中，他们是没有合法居留权的外国人，不纳税，并会投票给社会主义者。家庭和工作的条件确实使无产阶级变得激进。街上的抗议和小规模冲突经常发生。住在租赁房里的人抵制上涨的租金，并对房东进行了拒付房租的抗议。1910年，布达佩斯的200多间租赁公寓里组织了几起喧闹的罢租。[24] 工人阶级社区的日常生活很容易与秘密的政治活动相融合。聚集在志同道合的酒馆和咖啡馆里，当地的伙伴们讨论，抱怨，低声谈论着最新的政治传闻。他们策划着下一次上街的行动。当地的店主和家庭与工人联合起来，举着标语牌，高呼着他们的不满，艰难地进行抗议。在露天集会上，杂乱的人群载歌载舞，传递政治传单，聆听演讲。革命斗争的纪念日，甚至是送葬队伍，都成了加强社区认同的政治集会。传统的民俗盛会变成了吵闹的示威活动。瓦沙尔卡德（Vachalcade）是一项对生命和自由的狂欢式的街头庆祝活动，定期在巴黎工人阶级的郊区举行，在警察的监视下，这一天很有可能以骚乱结束。

城市群众构成了一种潜在的火山似的力量，他们被压抑的不满可能会沸腾成兵变，这种情况几乎在每个城市都有体现。19世纪70年代至1914年间，罢工浪潮席卷了欧洲的各个城市。这数十年以血腥的巴黎公社开始。普法战争和拿破仑三世在色当战役中的失败在首都引发了一场特殊的危机。当德国军队开始包围城市并等待其弹尽粮绝，以至投降之时，该城市的居民拒绝放弃战斗。在工人阶级的领导下，巴黎人宣布自己独立，并英勇地保卫了他们的地盘长达 10 周。工人涌入奥斯曼新装饰的中心区，开始实施激进的社会改革。他们控制了工厂，固定了房租租金，使学校向所有人开放，并向穷人提供援助。政府把起义者看作杀人犯和犯罪分子。法国军队奉命进入被围困的巴黎，残酷地逐街逐巷地镇压叛乱。被激怒的叛乱者在杜伊勒里宫（Tuileries Palace，位于卢浮宫旁）装满了火药，涂上沥青和汽油，放火焚烧。在战斗中被摧毁的建筑物包括市政厅、法院、警察总部、财政部，以及奥斯曼珍爱的里沃利街的一些路段。约 2 万人被屠杀。大规模的处决使塞纳河染成血色。那些幸存下来的工人阶级领导人被送进了魔鬼岛（Devil's Island）的监狱。

在整个 19 世纪 80 年代，法国和意大利的城市都发生了暴力罢工，到了 80 年代末，罗马发生了大规模罢工。法兰克福爆发了血腥的骚乱。1889 年，鲁尔区的煤矿工人发起了一次大规模停工行动。1890 年，工人和警察之间的残酷冲突在柏林发生。罢工和停工是伦敦生活的常态。建筑项目将伦敦戏剧性地转变为一个现代的世界城市，也使其发生了持续的劳工动乱，导致他们与警察的激烈冲突。19 世纪最激烈的工业纠纷之一是 1859 到 1861 年的建筑行业罢工，该罢工召集了城市的建筑大师和建筑工人进行长期的罢工和公众抗议活动。在 1891 到 1892 年，巴黎发生的无政府主义者的暴动导致一家餐馆发生了可怕的爆炸，数十人受伤。一枚炸弹在众议院爆炸。小型恐怖组织对咖啡馆、火车站和城市著名的林荫大道进行了无差别的攻击。而汉堡，在 1896 到 1897 年经历了一场激烈的劳工冲突和港口罢工。

20 世纪初的罢工运动达到了创纪录的规模。这些时刻是极其动荡、具有突破性和社会平等化的时刻。1904 年，意大利发生了首次全国性罢工，并在北部工业城市出现了无法控制的暴力事件。法国多个城市包括马赛爆发了起义运动。1905年革命浪潮的凶猛程度前所未有，尤其是在俄罗斯帝国。大约5万至10万名工人在1905年1月22日穿过圣彼得堡的街道游行，聚集在冬宫前，但他们遭到了沙皇军队的射击。约有200人被屠杀，另有500至800人受伤。"流血星期日"引发了一系列罢工、抗议和军队叛变。戒严法被宣布，圣彼得堡的战略点驻扎了军队，他们与叛乱分子作战。在敖德萨，战舰波将金号（Potemkin）上，水手的叛乱引发了骚乱和流血事件。到了10月，一场导致全面瘫痪的大罢工迫使沙皇尼古拉二世（Nicholas II）屈服，并发布了《十月诏书》（October Manifesto），赋予公民权利并建立了由普选产生的杜马议会。

　　一系列的不满情绪于1905年在整个俄罗斯帝国内引发了革命浪潮。这些不满包括对俄罗斯化和日俄战争征兵的不满，在工厂里收入微薄的长时间工作，外国对工厂的控制，高昂的租金，以及贫民窟的恶劣条件。在波兰，俄国军队与有组织的工人和学生队伍在华沙、维尔纽斯和罗兹爆发了冲突。罗兹纺织厂的织工和纺工已经在1892年举行了抗议活动，这场抗议最终演变成一场巷战。1905年，成千上万的工人参加了大罢工，并占领了沙伊布勒纺织厂（Scheibler textile mills）。6月，一名工人被俄国骑兵杀害，引发了激烈的示威活动。当地民兵在工人区设置了路障，并对警察和军事巡逻队发起了攻击。城市陷入了停滞状态，火光冲天，冲突使街道上到处都是死伤者。大约200名男子、妇女和儿童丧生。叛乱的结局以起义者的悲剧收场。这场动乱被俄国军队残酷镇压，随后这儿便实行了戒严令。

　　1905年革命的余震在里加也可以看到。19世纪末，里加是一个繁荣的工业港口，是俄罗斯帝国的第五大城市。它位于宽阔的道加瓦河（Daugava River）上，道加瓦河从白俄罗斯流经利沃尼亚省的森林和沼泽地，流向波罗的海。一张铁路网将里加与华沙和圣彼得堡，以及整个中欧和巴尔干地区的城镇连接起来。铁路从两方面来说都是对里加经济发展的强大刺激——传统上，里加是德意志的，后来在帝国官方政策下迅速俄罗斯化。该市工业繁荣背后的企业家主要是波罗的海德意志人和德意志帝国的德意志人。里加最先进的工业技术和资本大多来自德国。在历史悠久的中心区以西的时尚新区，富有的商业和工业巨头建立了自己的地位（见第 7 章）。长期以来，里加一直是日耳曼商业的东部飞地，但它也是俄罗斯帝国的一个重要前哨。来自俄罗斯南部的粮食通过其港口出口。大量的谷物升降机、啤酒和烟草加工设施，设置在道加瓦河沿岸的码头上。大约 50% 的俄罗斯工业生产实际上是在里加进行的。里加的工业制造了从纺织品到机械、电气设备、化学品和橡胶以及铁路车辆等一切产品。仅在 1894 到 1899 年，就有 27 家大型企业在该市注册成立。大型铁路车辆制造商俄罗斯波罗的海制车厂（Russo-Baltic Wagon）生产了俄罗斯帝国的第一辆汽车并开创了飞机制造的先河。普罗沃德尼克公司（Provodnik Corporation）是当时世界上最大的汽车轮胎生产商，它在里加的工厂雇用了 1.4 万名工人。[25]

1867 年，里加的人口刚超过 10 万，到 1914 年则激增了 5 倍，达到 50 万。工人数量超过里加的仅有莫斯科、圣彼得堡和罗兹。成千上万的人涌入里加，到工厂中工作。新来的人是拉脱维亚人、波兰人、白俄罗斯人和立陶宛的犹太人。许多人技术高超，有文化，并迅速被同化为一个激进的工人阶级。里加理工学院（Riga Polytechnic Institute）培养了高素质的拉脱维亚工程师和技术人员，他们在俄罗斯帝国的工业研究中发挥了重要作用。另一些人则从事着粗浅的工作，生活在赤贫之中。他们共同改变了这座城市的民族构成，使其产生了巨大的变化。拉脱维亚人开始取代德意志人成为最大的民族群体。约40%的拉脱维亚人在里加从事制造业，30%的俄罗斯人和约50%的犹太人在工业领域工作。到19世纪末，新的工人阶级占到了全市人口的一半以上。他们搬进了港口区和莫斯科东部的郊区，那里有杂乱无章的老旧木屋、砖厂和仓库。5层或6层的阴暗公寓楼围绕着错综复杂而又荒凉的内部庭院而建。社会隔离现象是深刻的，而且随着人口的膨胀愈发恶化。阶级和族群的分裂一直是激烈冲突的根源。

　　里加的左派新潮流运动和拉脱维亚社会民主工人党在工厂工人的不满和街头骚乱中蓬勃发展。1905年的革命动荡在莫斯科郊区引发了一波抗议活动。大规模的群众集会举行了。大批人群沿着莫斯科大街向市中心行进，打着旗帜，唱着革命歌曲。这种街道的主张被俄国当局视为一种直接威胁。当他们走到道加瓦河上的铁桥时，士兵开火了，70多人被杀。屠杀事件激怒了劳工领袖，他们呼吁举行大罢工，并设置了路障。武装工人涌入该市的监狱和警察总部，袭击了普罗沃德尼克橡胶厂。尼古拉二世发表了《十月诏书》，给予人们言论自由和选举产生的杜马以回应叛乱的浪潮，欢呼雀跃的人群聚集在里加的公园里庆祝。但这对平息叛乱没有什么作用。在1908年的五一节，超过2万名工人举行了罢工，随后在1910到1912年又出现了一波罢工。在1910年这场动乱中，尼古拉二世和他的家人访问了里加，上演了一场盛大的和解场面。早期的电影镜头记录了他们抵达道加瓦河，在挂满旗帜的林荫道上举行阅兵式的场面。在里加中央广场为彼得大帝（Peter the Great）雕像揭幕时，庄严的游行队伍高傲而优雅。尽管场面壮观，但社会和平的希望渺茫。

随着工人阶级因不公正的待遇而发动起义，这种城市的战争变得非常频繁。1909 年 7 月 26 日至 31 日，巴塞罗那的"血腥周"活动达到了前所未有的暴力程度。数以千计的人在街上游行，情绪激动。流动的骚乱者队伍推翻了有轨电车，切断了电话和电报线，毁坏了鹅卵石铺地，并把守路障。其他数以千计的人从周围建筑物的窗口观看了这一骇人场面。叛乱分子和军队之间的激烈战斗将城市变成了一幅杀戮的景象。天主教教堂和学校被烧毁。约有 100 座建筑物化为灰烬。1910 年，柏林的工人在莫阿比特工业区举行罢工，并在街上与警察和士兵作战。1912 年，鲁尔区发生了罢工和街头战斗。在 1911 年的利物浦骚乱中，约有 200 人受伤。矿工、码头工人和铁路工人在利物浦、南安普敦（Southampton）、赫尔（Hull）和卡的夫（Cardif）等城镇闹事到 1912 年。建筑物被纵火烧毁，抢劫者夺走了一切能得到的东西。大约 5 万名警察和军队被派来平息骚乱。[26] 1914 年 8 月，第一次世界大战爆发，这意味着工人阶级骚动和政治暴力的结束。数以百万计的人穿上了军装，被派往战斗前线。在一个短暂的时刻，街道上诡谲的人群变成了爱国公民，他们挥舞着旗帜，为部队开赴战场而欢呼。城市的公共空间变成了一个民族主义狂热的舞台。

有点不可思议的是，工人阶级和穷人在这种混乱中以某种方式生存了下来，并在各种日常消遣中找到乐趣。他们坚持过好自己的生活，不管他们生活受到的限制，也不管他们反叛的结果。出租屋本身是一个具有高度社会团结性的空间，人们有足够的机会分享日常生活。休闲和娱乐则在院子、小巷和街道上进行。一些娱乐追求来自旧式的享受，另一些则在范围上更为现代。它们并存于此。宗教节日和传统庆祝活动，如狂欢节，都在邻里的集体空间内举行。狂欢节或化装舞会上的匿名性和对社会规范的颠覆，是荒诞的遐想和颠覆性游戏的实例。城市的娱乐花园向所有人开放。虽然那些收入不高的人独处一隅，但评论家称，在游乐园中漫步和享受娱乐活动的人群混合了不同的社会阶层。市场和牲畜交易会以及民间节日都有自己传统的杂耍和木偶表演。在露天市场和季节性集市上，杂技队和风琴手以及训练有素的猴子或熊，是市场随处可见的特有景象。喧闹的队伍穿过街道，是巡回马戏团到来的信号。这些消遣活动提供了一种油然而生的欢乐时刻，提供了社交和求爱的机会。它们是免费的娱乐活动，因此受到了收入微薄的工薪阶层家庭的欢迎。

现代主义先锋派深入到这些娱乐形式的大杂烩中，寻找创意灵感。然而，一般来说，旧的游戏形式在新娱乐面前正慢慢消失。在英国城市，早期的酒馆音乐和"自由又轻松"的娱乐[1]在工人区出现，这项活动面向当地的顾客举行。入场不收费。男人和女人都喜欢这种娱乐活动，特别是在星期五发薪日之后。音乐和表演来自移民文化，尤其是爱尔兰传统。当地的表演者唱着喜剧歌曲和伤感的民谣，观众也加入其中。气氛活泼欢快。伦敦东区的绿门酒廊（Green Gate Tavern）和老鹰酒馆（Eagle Tavern）生意火爆。在柏林，郊区的啤酒花园提供军乐会，或称歌咏节（Sängerfest），观众在此高声歌唱。尽管有爱国主义色彩，但这些音乐会可能会陷入混乱，表演者和观众之间会发生争吵。[27]工人阶级的咖啡馆在法国各地的城镇扮演着同样的角色。首都巴黎的绝大多数咖啡馆都是为工人阶级和中下阶层服务的。经过奥斯曼的改造，这类饮料店大约有2.2万

---

[1] 一些小酒馆开始提供专业和业余表演者的娱乐节目。

图28　慕尼黑皇家啤酒屋，约1886年

家。到1900年，它们的数量已经增加到2.7万家。[28]它们在东北部地区的工人阶级据点形成了密集的肌理，特别是在沿着旧关卡墙的地方和周边的小巷。

　　娱乐活动的社会仪式存在断层和隔离区——尤其对于最贫穷的人而言。但是，无产阶级咖啡馆和酒馆、当地的小酒馆和啤酒馆，都发挥着从客厅到政治场所、从劳动交流到工厂附属设施的各种功能。特别是对于移民和新到城市的人来说，这里是一个民主的空间和亲切友好的绿洲。在这里的友谊由男性主导。妇女虽然没有被排除在外，但饮料店的调情气氛和卖淫的诱惑使她们面临风险。深夜的狂欢、赌博、饮酒和性交易是现代性的阴影。这些都是抵抗的地方，可以策划抗议和罢工。集体饮酒和唱歌激起了政治情绪，伴随着侮辱和嘲弄，下流的歌词和白话俚语中夹杂着鬼鬼祟祟的讥讽。

激进的周刊和报纸被翻开，政治煽动者找到了热心的听众。饮品店的庆祝活动是激进主义的温床，并迅速跃升为罢工行动和政治抗议。

这些娱乐活动的挑衅性使它们大受欢迎，也使娱乐场所成为塑造现代音乐和舞蹈的高度创造性空间。在里斯本港口区的酒馆和妓院里，水手和渔民在吉他声中唱着忧郁的法朵音乐。歌词很有魅力，在政治上也很激进。在塞维利亚（Seville）和安达卢西亚（Andalusia）的城市，然后在马德里，这里的歌舞咖啡厅（café cantante）是弗拉明戈的诞生地。柏林的低级娱乐场所（Tingeltangel）提供了讽刺贪婪的上层阶级的短剧和大量下流的娱乐节目，开创了滑稽剧的先河。巴黎的平民舞厅吸引了被称为"阿帕奇"（les Apaches）的街头帮派，他们编制了情侣吵架的舞蹈哑剧。舞蹈经常在探戈音乐中进行，并带有性暴力色彩。探戈、阔步舞和雷格泰姆等舞蹈是由工人阶级的马夫用脚踩出来的，然后渗透到广大的城市公众中。巴黎郊区有手风琴乐队伴奏的大众化舞厅和柏林东郊受欢迎的舞厅，逢周末挤满了当地的工人和他们的家人，在欢乐的气氛中还夹杂着妓女和小混混。英国媒体记者亨利·维泽特利（Henry Vizetelly）描述了柏林郊外的科隆纳别墅，那里的舞蹈和音乐非常狂热，"女孩们努力在充满狂野和激情的动作中超越对方。随着夜幕的降临，狂欢的人群中传出了响亮的笑声和叫喊声……与热闹的音乐交织在一起，灰尘和烟草的烟雾则飘浮在脸红心跳的舞者头上"。[29]工人阶级的流行文化被社会精英们束之高阁，但对寻欢作乐者来说，进入这些另类世界是一次调皮的冒险。探访贫民窟成为进入城市无产阶级底层世界备受喜爱的游览活动，以至于小酒馆和舞厅老板经常为演出做广告。这个城市作为现代巴比伦的神话创造了一个诱人又有伤风化的幻想，让经济利润也大大增加。

　　布达佩斯是哈布斯堡帝国非官方的夜生活和流行娱乐之都，以其音乐厅、卡巴莱[1]和咖啡馆而闻名。在火车站、娱乐花园以及咖啡馆和餐馆里，吉卜赛的旋律无处不在。音乐从该市的特雷兹瓦罗斯（Terézváros）街区流淌出来，那里是该市大多数犹太工人和中下阶层的居住地。到了世纪之交，特雷兹瓦罗斯和周边地区的人口达到了 10 多万。约瑟夫·基什（Jósef Kiss）是生活在布达佩斯的伟大编年史学家，在他 1874 年的长篇小说《布达佩斯之谜》（*Mysteries of Budapest*）中捕捉到了基拉伊街（Király Street）主干道上的氛围。"人们体验到一个世界城市的真正节奏，它的喧嚣和骚动，它的来来往往，它的活力和匆忙的生活方式。这是首都悸动的心脏，它从不睡觉，从不休息，充满了喧闹的生活。"[30]这是一幅充满生机的景象，人们拥挤在一起，在街头市场、二手服装店、犹太餐馆、商店和仓库中。人行道上咖啡馆和啤酒馆一家挨着一家。卡巴莱和奥菲姆剧院（Orpheum theaters）不间断地进行音乐表演和单口相声表演。他们对布达佩斯生活的尖锐、搞笑的评论使观众挤满了场馆。参加演出是一次令人兴奋的冒险。狂欢者与皮条客、妓女、小混混擦肩而过。意第绪语音乐厅（Yiddish music halls）被认为是穷人的娱乐，是对匈牙利化的威胁。但他们生意兴隆，接触了广泛的公众。

　　人们对逃避现实的乐趣有着极大的需求。精明的经理人和市政当局利用公众对娱乐的渴望，创造了一系列令人兴奋的前景。娱乐活动变得更加商业化，更加壮观。巡回杂技剧场和魔术表演受到了极大的欢迎。加利奇–朗西戏剧团（Théâtre Gallici-Rancy）精心设计了魔术和杂技表演，在世纪之交的法国，从图卢兹到马赛，从南特

---

[1] cabaret，有歌舞或滑稽短剧等表演助兴的餐馆或夜总会。

到波尔多，从亚眠（Amiens）到鲁昂（Rouen），巡回演出。[31]音乐厅大受欢迎，演出场场爆满。为了吸引大量的观众，招揽生意，这里的票价一直比较便宜。从到贫民窟探险的贵族、傲慢的资产阶级夫妇到工人阶级粉丝，以及前来观光的游客，每个人都挤在座位上。这里提供的剧目包括歌舞、滑稽戏、喜剧表演、杂技和动物表演。旧时喧闹的工人阶级歌曲文化被引导到有专业表演者的盈利业务中。这些商业场所并没有取代社区休闲文化。它们是并存的。演出从平民化的酒馆转移到咖啡馆再到音乐厅的舞台，这种流畅多变的转移过程明显体现在争议性素材和表演中。歌曲和短剧以尖锐的讽刺和歇斯底里的喜剧方式演绎着大城市的生活。

　　1851 年，坎特伯雷音乐厅在伦敦开业，带来了它的"歌唱"和"自由与轻松"之夜。它成为商业音乐厅的原型。仅仅几年后，伦敦就有 33 家大型音乐厅和几百家小型音乐厅开张营业。1862 年，法国采用了英国音乐厅的概念，女神游乐厅（Folies Bergère）、阿尔罕布拉宫（Alhambra）、红磨坊（Moulin Rouge）和奥林匹亚音乐厅（Olympia）很快就开业了。这些音乐厅和卡巴莱大多存在一个季节性的演出周期。性暗示和色情表演增加了人们的兴奋感。在柏林，有瓦尔哈拉剧院（Walhalla）、贝尔维音乐厅（Bellevue）、美国剧院（Amerikanisches Theater）、奥菲姆剧院和神奇的冬季花园音乐厅（Wintergarten）。在瓦尔哈拉剧院，观众对舞台上的喷泉赞不绝口，灯光和半裸的女人依次出现。音乐厅的许多表演者都是妓女，诱惑前来寻求感官享受的男人。敖德萨豪华的谢韦尔纳亚音乐厅（Severnaya music hall）有多达 50 个节目，每晚都会发生丑闻和醉酒事件。尽管有人把音乐厅轻蔑地称为庸俗娱乐，但它们还是在各地的城市中开张。其所具有喧闹的娱乐性和公开的煽动性，使它们

图29   皇家维多利亚咖啡宫和音乐厅，伦敦，摘自《画报》第24卷第612期，
1881 年 8 月 20 日

成为典型的现代艺术形式。

地方城市的节奏可能比不上伦敦或者巴黎，但人们仍登上火车前往本地的首府享受娱乐。利物浦和伯明翰各有6个音乐厅。布里斯托尔的人民宫（People's Palace）和帝国剧院（Empire Theatre）可容纳3000人以上，并提供家庭娱乐。[32]只需支付少量费用，他们即可在里昂、勒阿弗尔和鲁昂欣赏不同版本的女神游乐厅式歌舞。演出经理人在一个季节内雇佣演员、租用剧院，在欧洲各城市和城镇停留数周或数月。到1900年，蒸汽船和铁路将西欧和东欧之间的旅行时间急剧缩短。剧团带着服装和道具登上船，在现代文化形式从伦敦和巴黎转移至从第比利斯到基辅的城镇的过程中发挥了重要作用。通过媒体，读者可以了解到本地世界以外的演出和音乐厅的八卦。音乐厅和杂耍娱乐的广泛普及是现代城市视觉幻觉的一部分，越来越多的城市文化被注入奢侈的景象和激动人心的娱乐。音乐厅舞台上热闹的表演及其对规范和习俗的喧闹嘲弄，捕捉到了现代生活的节奏。

巡回马戏团、猴子剧院、蜡像馆和全景画的展出也可让观众一饱眼福。受欢迎的"祖鲁表演"和"人种展示"（Völkerschauen）定期在欧洲巡演。身着本土服装的非洲人和岛屿居民在专门建造的背景和立体模型中被展示出来。"人种展示"的演出备受期待，它的出现被认为是欧洲一流城市和殖民国家的标志。一季又一季，中欧城市布雷斯劳欢迎来自苏丹的努比亚部落、澳大利亚原住民、黄金海岸的阿散蒂人以及几内亚的富塔人的展览。每年，"信不信由你"的展览都会让许多人着迷。法兰克福的聚林世界展（Süring's Universum）和乌姆劳夫世界博物馆（Umlauff's World-Museum）、慕尼黑的加布里埃莱斯全景展（Gabrieles Panopticon）和汉堡的汉萨全景展（Hanseatic Panopticum）将令人惊叹的杂耍与实景模型、蜡像展示结合在一起。[33] 整个娱乐区围绕着华丽的演艺界形成。莱斯特广场（Leicester Square）是伦敦的第一个大型娱乐区。在其反复蜕变的过程中，闲逛者可以参观皇家科学与艺术馆的展品，并爬进怀尔德大球[1] 内部，这个球的直径为 60 英尺。罗伯特·巴克（Robert Barker）的砖砌圆形建筑展示了 2 层的全景展览。辉煌的摩尔式建筑中的阿兰布拉剧院（Alhambra Theater）是马戏团和音乐表演的盛会。这种从印度到摩尔和埃及风的外国杂耍，被认为是大英帝国对其扩张成果的享受。现代城市娱乐活动的展示分享了那些来自殖民地的奇妙场景的视觉效果。帝国剧院以其法式咖啡馆、全景画和综艺表演，与阿尔罕布拉宫相媲美，剧院的上层阳台游荡着妓女。旁边的加富尔餐厅（Cavour restaurant）有下流的舞蹈、滑稽的娱乐活动，以及"在阿尔罕布拉宫结束后的午夜狂欢"。[34] 莱斯特广场是一个充满奢侈、幻想和昙花一现的地方，旨在满足普通人的幻想。

在巴黎，塞纳河右岸的林荫大道上有许多音乐剧院和咖啡馆，这些景点中最引人注目的是格雷万蜡像馆（Musée Grévin wax museum）。俯瞰城市的蒙马特尔山（Montmartre）以及山脚下的克利希（Clichy）和皮加勒（Pigalle）街区成为城市著名的卡巴莱和舞厅的享乐主义的神经中枢。黑猫（Le Chat Noir）卡巴莱和煎饼磨坊（Moulin de la Galette）的欢乐享誉国际。音乐厅埃利泽–蒙马特尔（Elysée-Montmartre）和红磨坊在壮观的康康舞表演中脱颖而出。在经理人夏尔·齐德勒（Charles Zidler）的推动下，红磨坊成为巴黎的

---

[1] Wyld's massive Great Globe，1851 至 1862 年间位于伦敦莱斯特广场的一个景点，是一个中空的巨大球体。

招牌。[35]拉古吕（La Goulue）和雅内·阿夫里尔（Jane Avril）等艺人以其性感的舞姿和音乐享受着名人的地位。虽然康康舞起源于工人阶级的舞厅，但红磨坊的女人用她们摆动的裙子、高踢腿和侧手翻使其成名。巴黎的夜生活充满了性欲。到了世纪之交，克利希大道（Boulevard de Clichy）和蒙马特尔周围地区因卖淫和粗暴的犯罪行为而臭名昭著。位于蒙马特尔山脚下的大木偶剧院（Théâtre du Grand Guignol）专门表演俗艳的性场面，并使用逼真的特技效果。大量的色情娱乐和放纵行为给这座城市带来了欧洲快乐之都的称号。准备享受美好时光的狂欢者和游客被这座城市的感官欢乐和奢侈的融合所催眠。但对某些人来说，巴黎不再是巴黎了。保守派的埃德蒙·德·龚古尔（Edmond de Goncourt）抱怨说，巴黎已经变成了"一个浪荡城市，地球上所有赚了一笔的小偷都来这里吃着垃圾，并和自称是巴黎人的肉体睡觉"。[36]

音乐厅和剧院的节目难免涉及巧妙的小玩意，并以此为特色。慕尼黑的音乐厅"三巨头"——角斗场音乐厅（Kolosseum）、花厅（Blumensäle）和德意志剧院（Deutscher Theater）——为争夺顾客而竞相呈现更令人兴奋的表演，其中包括模拟断头台的处决场景。杜塞尔多夫的阿波罗剧院（Apollo Theater）建于1900年左右，设有一个全景展览、一个美国酒吧和一个老虎机大厅。到了20世纪初，剧院开始使用投影仪播放闪烁的电影。巴黎的女神游乐厅在歌舞和杂技表演之间播放电影。[37]即使是欧洲中等规模的城镇也可以拥有3到4个剧院，提供现场表演、全景展览和粗糙电影短片的混合服务。表演者阿瑟·邓肯·托马斯（Arthur Duncan Thomas）创造了结合电影和多种表演形式的盛大演出，这种演出在英格兰各城镇的音乐厅传播，从布赖顿（Brighton）的阿尔罕布拉宫、伯肯黑德的阿盖尔剧院

图 30 红磨坊的出口，约 1900 年

（Argyle Theatre）到莫克姆（Morecambe）的冬季花园音乐厅。塔林（位于东欧波罗的海地区的深处）的雷克德剧院（Rekord Theater）以一个俏皮的喜剧演员和一个木琴演奏者作为开场秀来吸引观众观看其正剧——一名狡猾的侦探主演的无声电影。[38]

全景画是 19 世纪最受欢迎的景点之一。数以百万计的人被"全景"所吸引，蜂拥而至，观看这些展览。欧洲所有的大城市几乎都至少有一个甚至几个全景制品。它们是巨大的 360 度半透明布板，上面画着美妙的场景，用灯光照亮，然后在专门建造的圆形建筑中放映。观众被带入一个神奇的圈子，被传送到城市、历史事件和风景名胜的时空。公众被这种视觉幻觉迷住了。通过丝绸和彩色背光的薄纱过滤器观看幻想中的场景是一种旅游观光，一种虚拟的壮游。早期最著名的全景画是罗伯特·巴克在莱斯特广场的展览。观众无需离开座位，就能从空中鸟瞰伦敦的逼真细节。查尔斯·狄更斯等人对全景画的热潮持嘲笑态度，狄更斯创作了一个名为布利先生（Mr. Booley）的人物，他穿越了大半个当时已知范围内的地球——跟随陆路邮递前往印度，乘坐蒸汽船溯密西西比河而上——所有这一切都在莱斯特广场的范围内完成。1793 至 1863 年期间，仅在伦敦就有超过 100 个全景画展出，其中莱斯特广场、斯特兰德和斗兽场大厅（Colosseum）的展览最受欢迎。

美国人罗伯特·富尔顿（Robert Fulton）作为蒸汽船的发明者而闻名，他在巴黎开设了两个全景圆形大厅，鸟瞰巴黎的方式让观众目不暇接。当他们认出在灯光下闪闪发光的熟悉的建筑物时，都惊呼起来，并兴奋地指着纱幕上起伏的地方。在高处观看城市，引发了公众的想象，这在很大程度上是因为它使整个城市领域变得容易理解。人们喜欢看到城市的风景。当时乘坐热气球也很流行，他们陶醉于空中的有利位置。富尔顿的合作伙伴詹姆斯·塞耶（James Thayer）建造了两座圆形大厅，构成了城市的第一条全景通道购物街。塞耶用里昂和阿姆斯特丹的柔软的"声光"幻觉吸引观众。迷人的场景设计将观众带到了那不勒斯、安特卫普和伦敦。城市评论家瓦尔特·本雅明在回顾19世纪的巴黎时，指出了全景画和新的商业拱廊（比如上述的全景通道购物街）之间的并列关系。它们构成了一个梦幻般的世界，一个由技术向导和新的消费观念召唤出来的幻觉。它们是一个虚拟和真实交织的漫步场所，并且是现代生活的一种表现形式。路易·达盖尔因其灯光表演实验和达盖尔照相术（早期照相机）的发明而闻名，1822年，他更进一步，用幻景透视画演示了一种三维效果。第一个画馆在巴黎的桑松街（rue Sanson）开放，就在共和国广场（place de la République）附近。

全景画展览从一个经营者传到另一个经营者，从一个城市巡回到另一个城市，直到最后变成破烂。它与音乐厅、杂耍表演者、马戏团和异国情调的"人种展示"一起，构成了欧洲娱乐业界的一部分。每个娱乐项目都搭起帐篷，通过街头游行和嘈杂的叫卖进行宣传，并在城镇周边张贴海报。莱斯特广场的全景画在汉堡、莱比锡和维也纳巡回展出。德国建筑师卡尔·弗里德里希·申克尔（Karl Friedrich Schinkel）的《巴勒莫全景画》（*Panorama of Palermo*）大获成功，在德国和欧洲各地巡回展出。为了迎接全景展示及其巧妙的道具，法兰克福、科隆、莱比锡和慕尼黑都建造了奢华的巴洛克风格全景圆形大厅。演出经理卡尔·加布里尔（Carl Gabriel）在慕尼黑开设了国际商业全景馆。这是一个5层楼高的杂耍和伪科学的盛会，包含一个"解剖博物馆"和巡回的全景展示。[39]在柏林，霍亨索伦画廊（Hohenzollern Gallery）是一栋巨大的十六边形全景建筑。它的展示通过声光效果，模拟蒸汽船将观众"送到"纽约，并以起伏不定的图像模仿波涛汹涌的海洋。在整个德国和奥地利的城镇中，运营着超过250个恺撒全景（Kaiser Panoramas），这是一种暗箱屋。[40] 在布达佩斯，第一个全景画展于1885年在该市的公园开放。但最大的展览是在1896年的千年展览会中举行的，当时为一个名为"匈牙利人的到来"的展览搭建了一个巨大的圆形大厅。屏幕被运到伦敦展出，然后回到布达佩斯，被安装在该市一个著名的温泉浴场附近。在千年展览会庆祝活动之后的几年里，还有9个全景展览出现在了该市。

老式的游乐园让位于现代游乐园。这种娱乐场所或被称为"月亮公园"（Luna Parks），其吸引力超越了年龄、性别和阶级的界限。每年有数以百万计的人来到这里。它们是一种大众文化的现象，是现代性的殿堂，将城市作为一种奇观。月亮公园是一座趣味之城。炫目的灯光和狂欢式的建筑、高速过山车、旋转游乐车和滑水道的组合，游乐场的刺激是一种解放的体验。它让人们从工作生活的例行公事中解脱出来，并满足其对新奇的渴望。月亮公园、全景画、百货公司和国际展览使人共享惊奇和兴奋。对于许多到此享受的人来说，现代生活意味着大量的娱乐和消遣，以及新奇和技术魔法般的迷人体验。在20世纪的头几年，英国各地的城镇运营着大约30个大型公园。匈牙利-英国表演者伊姆雷·基拉伊（Imre Kiralfy）是公共娱乐热潮中的核心人物。他在伦敦西部哈默史密斯（Hammersmith）区建造的"白城"成为该市最大的博览会场所之一，这里有张扬的东方主义风格的展馆、露天剧院和游乐设施，包括将寻求刺激的人抛到60米高空的翻转机。数百万人前来白城游玩。位于巴黎马约尔门（Porte Maillol）的月亮公园设有过山车、滑水道和幽灵列车，晚上还有在闪烁的电灯下进行的舞会。1895 年，奥地利经理加博尔·施坦纳（Gabor Steiner）在维也纳的普拉特公园开设了"维也纳威尼斯"（Venedig in Wien）主题公园。这是一个技术性的梦境，有闪亮的电灯、运河上的电动船，有时还有新奇的留声机和图画表演。柏林月亮公园位于库达姆大街西端，于 1910 年开业，开业第一年就吸引了 100 万游客。游乐园在欧洲的大城市中无处不在。这是一个如万花筒般迷人的时刻，使人们远离了日常生活的现实。

对许多上层阶级来说，音乐厅和游乐园、全景画和杂耍娱乐是不公平的窝点，它们打破了传统社会的结构。在这些地方，社会阶层的混合是难以控制的。基于外表和说话方式，或适当的行为规范的阶级区分对每个人来说都很清楚。然而，这些场所使尊贵与下贱之间的界限变得难以维持。如果工人阶级终于可以从他们的苦难中得到一些愉快的休息，那么资产阶级的焦虑和不安全感就会油然而生。然而，他们不可能阻止大规模的文化娱乐活动的涌现，这些活动正在极大地改变着城市生活。电影（moving pictures）加入到这些奇迹之中。在游乐园和游乐场，甚至在市政厅、火车站和工厂设立的巡回演出中，观众第一次接触到了粗糙的黑白电影，这些影片的时长通常只有几分钟。放映者与他们装饰华丽的"车轮上的宫殿"一起来到这里，里面装有耀眼的灯光和镜子，以及用于通过窥视孔观看电影的放映机。他们立即受到了欢迎。巡回电影展从大城市到中小城镇巡回展出，有成千上万的人前去观看。到 1907 年，仅在德国，每年就有大约 500 场巡回电影演出，他们到访过 700 个地方。[41]与全景画一样，神奇的电影是城市娱乐圈的一部分，它横扫欧洲，以惊人的速度传播大众文化的新媒介。

到20世纪初，大多数城市，无论大小，都有了一家固定的电影院。电影院数量的增长是惊人的。到1914年，伦敦有近500家电影院，巴黎有约260家电影院。大多数电影院都是由音乐厅或卡巴莱改建的，属于街区内的业务。但大城市则以其美妙的电影宫殿而闻名。巴黎的两个老赛马场被改造成了壮观的电影宫——位于寺院街上的百代电影（Cinéma Pathé）和位于蒙马特大道的戈蒙宫（Gaumont Palace）。它们拥有宏伟的转角入口和华丽的内部装潢，是电影奢华的最高体现。在欧洲大陆的另一端，圣彼得堡有100多家电影院，其中最受欢迎的是皮卡迪利电力影厅（Pikkadilli electric theater），每天这里能够吸引915名顾客。莫斯科有71家电影院，在基辅这个约有25万人口的城市则有几十家。[42]有数千人每天都去看电影，观看主流连续剧、业余电影短剧和国际大片。在第一次世界大战之前的几年里，基辅的电影迷欣赏到了美国的喜剧和西部片，这表明了大众文化娱乐活动的广泛传播。[43]

电影作为一种通用语言代表了大众娱乐的所有兴奋和惶恐。这是一个迎合人们日益增长的期望并能够持续生产幻想的产业。城市生活的节奏被分成了工作时间和休闲时间，每周6天工作的繁重和休息日的享受——无聊的日子，以及有趣和兴奋的日子。人们对下一次刺激体验的需求不断上升。整个城市的场所都致力于让人们沉浸于视觉刺激，视觉刺激被用于游戏和快乐。学者认为，娱乐业的商业化使人们成为被动的观众，被广告和技术的魔法，以及华丽的表演所催眠。这种冲击掐灭了日常流行文化中存在任何创造力的可能性。这种说法是有一定道理的。但是流行的、工人阶级的和边缘的表现形式是无止境的，并继续涌现出来。它们被商业企业收编和挪用的同时，街头文化也抓住了商业形式，在这个过程中对它们进行改造和操纵。这种持续的文化磨合和融合产生了适应现代生活节奏的新型文化实践和城市空间。

第7章　世纪末的大城市观光

　　大都市的躁动和它的生活节奏似乎在加快。新人蜂拥而至。人们四处活动，融入人群，遇到陌生人，四处奔波，跳上马车和有轨电车。电车轨道和电话线在街道上纵横交错。成群结队的购物者在百货商店中穿梭，在商场和市场中匆匆进出。报摊、广告牌、商铺和小摊贩堵塞了人行道。城市的地形随着新建筑和工厂的兴起而不断变化。新的有轨电车和铁路线突然出现。这是一个持续不断的创造性的破坏和重建的过程。运动和速度是它的运作方式。这是一个混乱的、令人着迷的景象。大都市的繁忙节奏令人振奋。但在所有的景象和声音中，很难找到任何固定的方向。人们对连贯世界的感知消失了。城市编年史学家警告说，在这一环境，个体有可能在刺激和意外性下陷入僵硬的恐慌状态。大城市是不连贯的，无法被完全理解。

　　新颖的通信和运输技术正在撼动日常生活的基础。电报和电话使通信变得即时。到19世纪70年代末，电话干线已经连通了伦敦和曼彻斯特、格拉斯哥、利物浦、爱丁堡、伯明翰和布里斯托尔。电话公司是最早雇用妇女的服务行业之一。她们操作总机，帮助客户拨打电话，并提供现场信息。妇女实际上成了连接的代言人。第一台电话交换机在布鲁塞尔开通，到1886年，比利时的7个城市包括安特卫普、根特和列日（Liège）都提供了电话服务。在荷兰，阿姆斯特丹、鹿特丹、海牙（Hague）、格罗宁根（Groningen）、哈勒姆和阿纳姆（Arnhem）的人们都在用这种新出现的奇迹通话。西门子公司在柏林开设了第一个公共电话交换机。意大利在 12 个城市有超过 8000 个用户。19 世纪 80 年代，美国贝尔电话公司（Bell Telephone Company）开始在圣彼得堡、莫斯科、华沙、敖德萨、里加和罗兹安装电话网络。到 1893 年，布达佩斯的电话新闻服务覆盖了 6000 个家庭。电话的普及速度非同寻常。到 1914 年，欧洲已经有 350 万条电话线。[1] 即使是小村庄也可以使用由当地接线员管理的电话交换机，他们与客户聊天并将线路连接到当地网络。距离被拉近了，空间和时间被压缩了。

数千英里的铁轨在欧洲纵横交错，将城市和城镇连接在一起的交通系统，将旅行时间缩短了 90%。英国和比利时是首先发展铁路网络的国家，法国、德国和意大利很快赶上，哈布斯堡帝国和俄罗斯帝国的广大领土也紧随其后。数百万人乘坐火车出行。突然间，任何有铁路连接的城镇都具有了巨大的影响力；没有铁路的城镇都立即陷入困境。华丽的火车站成为进出城市领域的礼仪性门户，乘客匆忙赶路。酒店、咖啡馆和商店聚集在车站周围。一张铁轨网划过城市空间。有轨电车与铁路一起成为现代城市的象征。1870 到 1914 年是有轨电车的黄金时代。马拉街车沿着铁轨在林荫道上行驶，乘客上下车，行人在周围飞奔。尽管马车和马拉街车主导了城市景观，但它们已经变得过时。电动和汽油驱动的车辆从他们身边呼啸而过，速度令人陶醉。1881 年，维尔纳·冯·西门子在柏林展示了第一辆电动街车。19 世纪 90 年代，它们在布拉格的街道上飞驰。1901 年在克拉科夫，一群好奇的围观者聚集在一起，为新的电动街车举行开幕式，车上挂满了鲜花和旗帜。[2] 在 19 世纪的最后几年里，车载内燃机驱动的巴士在电动街车旁蹒跚行驶。在此起彼伏的喇叭声中，巴黎、柏林和伦敦的街道上已经挤满了出租车。震耳欲聋的噪声和交通拥堵令人不堪其扰。当时没有任何交通法规，也没有采取什么实质性措施，防止司机在狭窄的小巷中飞驰或在大道上加速。在柏林的弗里德里希大街（Friedrichstrasse）上漫步是一场感官爆炸的体验。

> 车水马龙的喇叭声、风琴师演奏出的旋律、报贩的叫卖声、博勒牛奶售卖员的铃声、水果和蔬菜商贩的声音、乞丐的嘶哑哀求、轻佻女人的窃窃私语、街车的低吼声和它们碰撞旧铁轨的刺耳声，以及数百万脚步的拖动、绊倒和重踏声。[3]

过马路成了无畏的行人和车辆之间的危险竞赛。报纸上充斥着关于事故和意外的报道。地铁在地下疾行。新的电动地铁车取代了旧的蒸汽动力车。世界上第一条地铁在伦敦建成，1863 年，从帕丁顿（Paddington）到市区史密斯菲尔德（Smithfield）的线路开通。1890 年，在威尔士亲王的主持下，伦敦的第一条电动地铁线开通。1896 年，布达佩斯安德拉什大道下的地铁开通。在 1900 年国际博览会期间，巴黎地铁的第一条线路开始运营。它横跨城市，在文森门（Porte de Vincennes）和马约门（Porte Maillot）之间。柏林的城市捷运（S-Bahn）的 4 条主要线路也已经开始建设。早上，成群结队的上班族从地铁站的台阶上冲上大街，晚上又迅速消失在地下，回到家中。

从自行车、汽车到足球比赛，体育赛事成为一种大众现象，成千上万的观众在看台上和体育场周边欢呼。城镇间的赛车是重大事件，吸引了大批民众走上街头。汽车制造商路易（Louis）和马塞尔·雷诺（Marcel Renault）兄弟经常在比赛中测试他们的原型车，并在巴黎—图卢兹、巴黎—柏林和巴黎—维也纳的比赛中获胜。这些跨越国界的"首都赛事"是巨大的媒体事件。成千上万的人聚集在巴黎—柏林比赛的终点，将花环献给获胜者。1907 年，北京—巴黎的比赛结束时，大批人冲过警察的障碍物为他们欢呼，获胜者在欢呼中，驾车穿过巴黎直达赞助比赛的《晨报》（Le Matin）的办公室。意大利记者路易吉·巴尔齐尼（Luigi Barzini）陪同获胜的车手并记录了他们的抵达。共和国卫队试图为他们开路，但人群挤到了车轮边上："人行道上的人黑压压一片……欢呼声变得喧闹、激烈、持久。"[4] 最引人入胜的交通工具是飞机。在城市上空举行的飞行集会将大量的人带到了街上，他们伸长脖子，目光投向那些驾驶着脆弱的双翼飞机的飞行员英雄。1908 年，齐柏林飞艇（Zeppelin）沿着莱茵河飞过巴塞尔（Basel）、斯特拉斯堡、美因茨，然后回到斯图加特，让聚集在一起见证它的人群大吃一惊。1911 年，30 万名观众在清晨聚集在巴黎机场，观看法国英雄朱尔·韦德里纳（Jules Védrine）和罗兰·加罗斯（Roland Garros）为巴黎—马德里的飞行比赛起飞。1909 至 1912 年期间，基辅的工厂制造了约 40 种不同类型的飞行器，成千上万的人在周日来到这里，观看在城市上空的试飞，当地报纸报道称"公众为之着迷"。[5]

　　大众文化以城市为背景创造了一种新的现代性景象。阅兵式吸引了沿途的大批民众。柏林是守卫霍亨索伦宫（Hohenzollern Palace）的精英军团进行无数次军事游行的场所。他们色彩鲜艳的制服和昂首阔步的姿势是群众的最爱。每到弗朗茨·约瑟夫皇帝的生日，军

图31　钻石庆典：维多利亚女王车驾路过国家美术馆，伦敦，1897年

乐队都会在哈布斯堡帝国的城镇中游行。1897年维多利亚女王的钻石庆典是一次壮观的城市活动。伦敦成为庆祝大英帝国力量的戏剧性舞台。300万人来到伦敦参加庆祝活动。街道上挂满了花环和旗帜。来自大英帝国各地的约2.5万名士兵在海德公园的帐篷里扎营。在阅兵前一周，有超过100万人在阅兵游行的路线上争抢观赏位置。穿着全套帝国礼服的游行队伍在雷鸣般的掌声中蜿蜒穿过6英里街道。1898年和1908年，为了纪念弗朗茨·约瑟夫皇帝登基50年和60年，维也纳环城路上举行了夸张的游行，成千上万身着盛装的参与者昂首挺胸，走在林荫道上。数以百万计的哈布斯堡臣民参加了当地的庆祝活动，在为纪念这重大时刻而举行庆典的教堂和市政厅挤得水

泄不通。城镇中心披上了庆典的装饰。[6]

露天庆典是一种非常受欢迎的娱乐形式，尤其是在英国。这些表演超越了单纯的视觉剧目。它们的吸引力建立在规模和奇观的基础上，包括奢华的服装和精致的布景，所有社会阶层的合唱团和舞者，还有大量的普通人参与其中。正是由于表演者有机会进行自己的文娱活动，庆典活动才如此成功。1911年帝国展览节期间的伦敦庆典是最精妙的庆典之一。它由来自伦敦各区的1.5万名志愿者在3天内上演。40个宏伟的场景戏剧化地展现了伦敦作为一个帝国城市和大英帝国中心的历史。甚至英格兰的小城镇也举办了历史庆典。舍伯恩（Sherborne）镇（人口为6000人）在1905年举办了有3万人参加的盛会。当地人重新发掘了他们的历史遗产，并上演了精心制作的古装剧。斯特拉斯堡市的文化俱乐部挖出了正宗的阿尔萨斯民俗服装，并为历史性的庆典活动打扮了其成员。[7]这种群众性的演出是没有界限的。19世纪末20世纪初的波罗的海歌曲节，大众合唱团的表演在里加和塔林的户外上演。成千上万的参与者紧握着他们的歌谱，高声唱出爱国的赞歌，这成了他们“文化觉醒”的一部分。

现代城市在很大程度上被解释为一个巨大的公共表演场所，其中最重要的是世纪之交的国际博览会和“装饰和应用艺术”展。它们从早期的水晶宫和贸易展演变成了现代性最富丽堂皇的隐喻。这些活动数量惊人。它们是第一批真正的大型活动，在创造欧洲的现代性形象方面发挥了巨大的作用。重大活动在巴黎、维也纳、柏林、布拉格、巴塞罗那、布达佩斯、布鲁塞尔、都柏林、阿姆斯特丹、杜塞尔多夫、都灵、米兰、列日、安特卫普、莱比锡、格拉斯哥、克拉科夫、伦贝格、布加勒斯特等地举行，并且举办地的名单还在不断加长。它们是超级的旅游胜地。这些博览会展示了国家的威望和帝国的力量，令人瞠目结舌。在会场上，到处都是新奇的技术和最新的娱乐活动。这里展示了城市规划和设计中最具创新性的理念。展览的举办，是对新基础设施、有轨电车和地铁线路进行重大公共投资的机会。活动的方方面面都旨在"展示"现代的欧洲城市。对其举办地来说，这些展览构建了现代性的空间和时间维度。同时，它们也是数百万人在文化上体验欧洲精神的首批场所之一。

　　总而言之，街道和公共大道、体育场和公园以及博览会场地，都是强大的娱乐和表演空间，上至特权阶层，下至在游行路线两旁排队的工人家庭都对它们感到兴奋。所有这些大型活动的举办都需要资金和劳动力，这也有助于刺激当地经济。[8]宏大而奢侈的规模、意义深远的视角和技术上的神奇性是现代城市的形象特点。它带来了游客，并将城市打造成一个令人着迷的对象。大都市被转化为一个极乐的梦幻世界。人们被一种具有非凡魅力的戏剧美学所笼罩。公共博物馆为城市的庆典增添色彩。对纪念、收集和展示的狂热将城市变成了一个艺术品的展示厅。城市历史博物馆和那些致力于艺术和手工艺、自然历史和人种学以及古代文明的博物馆大量涌现，不仅出现在首都，而且出现在区域中心，当地文化以显著的新方式得到了体现。现代城市的浮华，所有这些在举办的活动，车水马龙，人潮涌动，汇成一幅令人陶醉的壮观景象。

　　电力也许是最具象征意义的城市技术魅力的代表。著名的法国科幻作家阿尔贝·罗比达（Albert Robida）撰写了小说《电力生活》（*The Electric Life*，1892年）和《20世纪》（*The Twentieth Century*，1882年）。他在书中想象了一个未来，所有的客运交通都在空中进行，地面车辆震耳欲聋的喧嚣被电流的悠扬嗡嗡声所取代。"电力无处不在，通过其动力或光促进所有社会互动。成千上万悦耳的铃声和钟声从天空、家庭，甚至从地面传来，汇成一种充满活力的金属旋律……堪称伟大的电力交响曲！"[9] 电是一种生命之力。它被想象为一种技术的崇高，一种将黑夜变成白昼的神奇液体。世纪之交见证了一系列展览，电力仿佛阿拉丁的神灯。大量的资金被花在令人眼花缭乱的电力照明上，把城市变成了一个闪闪发光的仙境，让公众陶醉其中。1900 年在巴黎举行的世界博览会最为重要。它完全致力于创造一个电气世界。5000 万人前来参观。博览会观众乘坐电动火车，并试着走活动人行道和电动扶梯。每天晚上，数以万计的参观者挤在展览的楼梯和露台上，观看电力宫的表演。5000 只多色的白炽灯泡在开关的拨动下被点亮。这一景象与水城堡（Chateau d'Eau）的水景展示结合起来，使水柱的颜色不断变化，效果令人叹为观止。在展览的宏伟入口处，由彩虹颜色的闪亮珠宝构成了纪念碑门（Porte Monumentale）的轮廓。塞纳河两岸及其桥梁都装上了电灯。博览会上的电力被描述为一种吗啡。

长距离电力传输的突破来自 1891 年在德国西部美因河畔法兰克福镇举行的电工技术展览会。约有 10 家德国电气设备制造商在该市开设店面，包括德国爱迪生公司，该公司是后来的德国通用电气公司，或称 AEG 的前身。德国西门子公司率先在柏林的街道上安装了电灯，并在圣彼得堡的涅夫斯基广场（Nevsky Prospect）和冬宫安装了照明设备。布达佩斯的甘茨公司（Ganz company）输出电力，照亮了卢塞恩（Luzern）、罗马和维也纳等城市。朴素的电灯泡是人们日常生活中最具变革性的商品之一。拉下灯绳就能照明，是城市生活中最受欢迎的好处之一。杰拉德·飞利浦（Gerard Philips）在荷兰的艾恩德霍芬（Eindhoven）建立了他的灯泡和灯具工厂。到 1914 年，位于布达佩斯的联合白炽灯公司以其 3000 名员工的劳动力

图32   1900年巴黎博览会上的水城堡和电力宫

每天生产数万个灯泡。城市剧院、壮观的大饭店、百货商店、优雅
的餐馆和银行，都装饰着电气水晶吊灯和电梯。

城市的现代性宣称了其普适性和塑造现实的能力。飞驰的火车
和有轨电车、汽车和摩托车、头顶上的飞机，以及电话、电灯——
这些新技术是现代经验的标志。欧洲各地的城市人都自觉地意识到
了他们所属的变革性的城市文化。城市人，"大城市型人"成为一个
公认的角色。他们期望拥有煤气甚至电灯、水和污水处理服务、铺
设好的道路和现代基础设施。他们理所当然地乘坐有轨电车和火车，
每天与陌生人打交道。他们阅读大城市的报纸，了解最新的新闻。

他们在百货公司购物，穿同样风格的现代服装，以至于传统的民族服装在城市街道上消失了。他们陶醉于同样的音乐厅表演，观看同样的电影。他们在月亮公园和体育赛事、飞机和汽车拉力赛以及国际博览会上享受着兴奋的感觉。他们有一种基本的共同经验，越来越具有"欧洲性"、现代性和世界性。欧洲性是文化流通的产物，也是存在于世界的一种方式。1906 年，斯洛文尼亚作家约西普·拉夫蒂扎（Josip Lavtižar）在欧洲旅行时，对现代"欧洲化"进行了抱怨：

> 如果你见过一个大城市，你就见过所有的大城市。到处都是美妙的建筑、华丽的商店橱窗、有轨电车和人类头脑中的新技术创造。然而，当你不断重复看到同样的东西时，你会感到厌烦……居民也是如此。他们的衣服遵循同样的时尚……人们也在谈论同样的话题……为什么？因为他们的知识来自同样的书籍，因为他们阅读完全相同的报纸。[10]

城市代表了一种摆脱约束的自由。它提供了机会和开放的世界观。居民每天与不同出身、语言和习惯的人混杂在一起，并对其他人保持日常的宽容。城市是社会和文化经验的强大熔炉。1903 年在德累斯顿举行的一次会议上，德国学者调查了大城市的影响，其中海因里希·温蒂希（Heinrich Waentig）认为，城市人的特点是"非常警觉……工作和娱乐都是紧凑的"。城市是伟大的平衡者；它是健忘的。"那些想要开始新生活的人真是太幸运了。"[11]艺术评论家奥古斯特·恩德尔（August Endell）在考察柏林时承认，"尽管有那么多丑陋的建筑，尽管有那么多噪声，尽管其中有那么多可以批评的东西", 但大城市"对任何愿意观察的人来说, 是一个美丽和诗意的奇迹"。恩德尔认为, 笔直的街道在美学上的价值高于其他所有的街道, 因为"直线给人以速度的感觉"。[12] 奥托·瓦格纳是在维也纳工作的最著名的建筑师, 他认为, 现代城市是一个自由不受束缚的地方, 具有更多获取知识和物质的机会。他因城市的能量而精神焕发。"今天宁愿作为公寓门上的数字消失在人群中的城市居民的数量, 比那些在乎每天从他们的八卦邻居那里听到'早上好, 你好吗?'的人要多得多。"现代大都市扭转了过去的狭隘主义。瓦格纳在他的《大城市的发展》("The Development of the Great City", 1912 年）中认为, 匿名是大众社会的基本属性之一。生活方式已经改变, 城市景观必须适应当代生活。[13] 对瓦格纳而言, 大都市的节奏以及互动和交易的加速才是关键。

　　瓦格纳认为林荫大道上的快节奏景象非常迷人, 但许多人对他们周围城市的现实表示愤慨。如果人们离开摄政街或环城路的迷人世界, 就会突然间发现, 这里"没有任何重要的公共建筑, 没有市政当局, 没有贵族, 没有马车, 没有士兵, 没有画廊, 没有剧院, 没有歌剧"。在英国小说家沃尔特·贝桑特（Walter Besant）1882 年的小说《人的各种情况》(*All Sorts and Conditions of Men*）中, 对伦敦东区的访问揭示了一个沉闷的功利主义世界, 在那里:

　　　　一英里又一英里的街道上的房子——又小、又寒酸、又单调的房子; 人们过着同样平庸乏味的生活……在这里, 在东区, 没有漫步者。这里整天都是来来往往的乘客, 他们互相推搡, 面带忧虑, 每个人都被那无形的、使所有人类成为奴隶的必需品所驱动。[14]

从这个角度来看，世界主义诞生于文化特权。它投射出一种建立在社会关系基础上的道德和政治等级制度。给城镇带来创伤的罢工浪潮和抗议活动，以及持续不断的种族暴力，表明世界主义可能只是上层阶级享有的一种外衣。

无论城市是否具有世界性，它都吸收了现代变革，并改变了它们的意义。现代性从侧翼进入，在许多不同的城市地区嫁接欧洲的身份认同。尽管现代性的侵蚀模式增强，但保守的品位和传统仍然在当地文化中占有一席之地。其结果是造就了混合的城市环境，这些环境是围绕着现代世界性的感觉和当地甚至国家的本土联系而形成的。归属感和忠诚心叠加在一起。哈布斯堡加利西亚（Hapsburg Galicia）的伦贝格（利沃夫）是一个繁荣的省会，拥有一系列的现代公共机构。但它在庆祝纪念英雄的波兰国王的索别斯基节（Sobieski Festival）时，举行了前往大教堂的游行和宗教仪式，数以千计的人穿着当地的传统服装参加。[15]宗教在城市居民的日常生活中继续发挥着重要作用。对于中产阶级和上层阶级来说，去教堂和积极参与教区活动是一种社会责任。礼拜堂是代表穷人利益的慈善工作和志愿服务的中心，特别是对正直的妇女而言。但是，即使是工人阶级也将洗礼、婚礼和基督教葬礼看作生命历程的标志。城市居民——不论是贫穷还是富有——都参加了教堂的游行，盛装打扮穿过街道。他们参加宗教朝圣活动，前往欧洲各地的圣地进行群众集会。这些也是大众文化的现象。城市的生活经验是复杂而矛盾的，具有多层的文化意义和身份。

许多城镇在没有大规模工业化的情况下经历了现代城市化进程。它们依然是商业和行政首都，或地方交通枢纽。甚至中小型城镇也通过一系列的公共基础设施项目使自己变得现代化。电力路灯、新的学校建筑、图书馆和剧院、新的火车站和有轨电车线路为整个欧洲的城镇景观增添了光彩。对许多这样的地方来说，现代化使当地文化和外来力量之间的紧张关系更加尖锐。价值观和忠诚度似乎更具争议性。纪念和庆祝传统习俗和历史变得更加有意义。建筑和城市设计被赋予了象征性意义，特别是在中欧和东欧，哈布斯堡帝国将现代化作为官方政策。人们对维也纳的影响往往抱有反感或直接拒绝。奥地利城市理论家卡米洛·西特在中欧和东欧影响深远，他认为城市进步的基础是历史经验，而不是那种侵蚀城市生活的模板式项目。城市经验受到历史和民族学、宗教和当地机构的影响。西特认为，若要美化城市的外观，地方应该将过去的例子投射到未来。对地方的情感依恋应该是规划的基础。通过这种方式，城市景观就能赋予人们幸福和快乐。[16]

　　早期的社会学家和城市理论家关注现代城市对人类心理的影响。神经系统的医学研究，发现外部刺激与身体和情绪反应之间有直接相关性，这一点特别重要。在法国，神经学家让-马丁·沙尔科（Jean-Martin Charcot）在19世纪80年代的公开演讲中，证实了个人神经紊乱甚至国民层面上存在健康不良状况的想法。现代大都市的感官过载是导致国民退化和普遍萎靡不振的、被广泛讨论的因素。社会学家埃米尔·涂尔干（Emile Durkheim）认为，现代化进程与社会的无规范状态和异化是分不开的，消费主义和不受监管的资本主义使情况变得更糟。尽管如此，他认为城市正在摆脱束缚，团结和相互依赖将会以新的形式被建立起来。德国社会学家格奥尔格·齐美尔的著名研究著作《大都市与精神生活》（*The Metropolis and Mental Life*，1903年）详细介绍了个人被施加的强大压力。"外部和内部刺激的快速和持续变化……随着街道的每一个路口，随着经济、职业和社会生活的节奏和多样性，大都市都会影响个人的精神状态。"为了适应这种感官过载，大都市类型的人采取行动更多依据头脑而不是情感，并采取一种"麻木"的态度，这给了他们一定程度的个人自由。[17]

城市消费文化正在撕毁过去的道德理念。一种新的开放性出现了。年轻和性感的魅力被公然展示。一个世纪以来，修长美好的身体首次成为一种时尚。妇女的公共角色得到扩展。1913 年以前的一本法国礼仪手册警告说，一个受人尊敬的年轻人永远不会和一个年轻女人坐在同一张沙发上，这似乎变得荒谬可笑。油头粉面的男人、"波希米亚人"和城市人在公共场合招摇。同性恋获得了更大的公众知名度。柏林有大约 40 家同性恋酒吧，据警方估计，有大约一到两千名男妓在街上游荡，特别是在弗里德里希大街上。审查制度的普遍放松导致了大量的色情制品和淫秽的低俗文学涌现。在蓬勃发展的零售业中，在广告中，在下流的歌舞厅和音乐厅的表演中，性行为被公开炫耀。大众报刊对娱乐界和上流社会的公众人物的活动大肆发表文章，助长了对名人的迷恋。人们感到道德上的恐慌和堕落。1913 年 5 月，佳吉列夫（Diaghilev）的俄罗斯芭蕾舞团于巴黎首演《春之祭》（*The Rite of Spring*），尼金斯基（Nijinsky）担任主角，音乐由伊戈尔·斯特拉温斯基（Igor Stravinsky）创作，布景由让·科克托（Jean Cocteau）设计，这场演出引起了人们的愤怒。搭配着原始的服装和化妆，舞者们沉溺于生硬的不连贯动作和垂直跳跃，仿佛牵线木偶。他们表演了一种原始的异教仪式。对原始情感、性欲和色情的庆祝使观众感到恐惧。表演期间发生了拳脚相加的情况。观众的喧闹声淹没了音乐，舞者的反应是将他们的舞步与噪声同步。对前卫艺术来说，任何东西都比令人窒息的循规蹈矩要好，哪怕是道德上的混乱和困惑。震惊和挑衅成为艺术的工具。

　　保守派思想家认为，大城市是"制造道德败坏的活跃工具"。德国历史学家奥斯瓦尔德·斯宾格勒（Oswald Spengler）在他的经典著作《西方的没落》（*The Decline of the West*，1918 年）中贬低大城市的生活，他愤怒地说："取代一个世界，出现了一个城市，一个点，广大地区的整个生活都集中在它身上，其余的地方则走向萎缩。取代一个真实的、土生土长的民族，出现了一种新型的、动荡不定地黏附于流动人群中的游牧民族，即寄生的城市居民，他们没有传统，绝对务实，没有宗教，机智灵活，不结果实。"[1]18 低俗书籍、报纸和大众娱乐刺激了颠覆性的思想和粗暴的激情。德国社会学家斐迪南·滕尼斯（Ferdinand Tönnies）哀叹城市社会失去了紧密的社会联系和强烈的社区意识。他担心城市中的无根感。这些影响似乎在螺旋式上升为"现代性危机"、退化和衰退。德国社会学家马克斯·韦伯甚至比滕尼斯更坚信，世界正在经历一个失落的过程，现代人被锁在一个他自己制造的铁笼子里。一个"冰冷黑暗的极夜"是他对未来的预言。19 一种对失去的世界的怀念和忧郁感占据了上风，随之而来的是对未来的悲观情绪。

　　对艺术家、插画家、大众媒体的记者以及从事摄影和早期电影新媒体工作的先驱而言，现代城市有着无尽的魅力。每个人都对城市的经验有自己的看法。人群和无休止的活动令人神魂颠倒。捕捉超乎寻常的、不断变化的城市场景，成为公众讨论和现代文化想象力的核心。在 20 世纪的头几十年里，大众传媒是一种强大的社会和

---

[1][德]斯宾格勒、[美]路易斯利·摩尔根：《西方的没落　古代社会》，吴琼、杨东纯等译，西宁：青海人民出版社，2003 年，第 46 页。

政治力量。廉价的日报、小报和图文并茂的周刊每期发行量达百万份。人们开始依赖它们来获取信息和解释令人迷惑的城市景象。报纸描述了典型的"城市人"和日常生活中的幽默故事。它们介绍了读者自己熟悉的街道和地方，以及异国情调的未知地点。有林荫大道上的公共生活素描、街头的日常场景，以及对无产阶级社区的间接考察。它们展现了各色人等组成的阵容，从奸诈老油条到来到大城市感到困惑的乡下"土包子"。作家彼得·阿尔滕贝格（Peter Altenberg）常出没于维也纳。他在首都的街道上闲逛，然后在绅士街（Herrengasse）的中央咖啡馆找到避难所，在那里他把自己的印象写在纸片上。然后，城市生活的插曲和片段被刊登在图文并茂的新闻中："你有这样或那样的麻烦——去咖啡馆吧！/你的靴子破了——到咖啡馆去！/你赚了 400 克朗，花了 500 克朗——在咖啡馆！"[20] 就像吸引观众蜂拥而至的城市全景鸟瞰图一样，这些小插曲是对城市现实的自觉描写，既是娱乐性的虚构，又是真实的生活。

　　早期的摄影和业余电影捕捉到了现代性的新地理，从伦敦的斯特兰德到圣彼得堡的涅夫斯基广场，跨越了整个大陆。视觉媒体在真正意义上促进了现代城市景观的产生。有轨电车的林荫道、火车站、百货商店和商店橱窗以及音乐厅，都是相机镜头下的拍摄对象。摄影师约翰·汤普森（John Thompson）记录了伦敦的街头生活和这个国际大都市无数的社会类型。舰队街（Fleet Street）的新闻机构拍摄了无数张伦敦街头的交通状况和人群来往的照片。诺丹（Neurdein）和莫里斯-路易·布朗热（Maurice-Louis Branger）等摄影工作室记录了巴黎的社会和政治生活，市场和咖啡馆露台的街景，街车和地铁站的人群。他们记录了各种事件，从 1910 年巴黎的洪水到赛车和世界博览会。移动摄像机经常被安装在车厢和街车上，以捕捉在城市中飞驰的快感，以一种新的漫游形式欣赏风景。就像城市本身一样，这些场景和印象都是转瞬即逝的。行人匆匆赶路，向各个方向赶去。各种大小和形状的街车、马车和汽油动力车在林荫道上穿梭。每个人、每样事物都在运动中。沿着铺好的人行道，交通的喧嚣被突起的现代建筑团团围住，掠过摄像机的视野。街头市场的人群在镜头前来回晃动。影像资料记录了1900年巴黎万国博览会上，观光客们在欣赏美景的同时，欢快地跳上活动人行道。他们在镜头前打闹，表演他们的滑稽动作，完全自觉地意识到自己正在被记录下来。这些影像资料记录的是世纪之交的现代欧洲城市和现代人肖像，它们是城市进步的场景和城市生活的动力，几乎无处不在。

拥挤的市中心与大都市向周边地区进行的无情扩张相呼应。铁路和公共汽车，以及泰晤士河上冬季每30分钟一次、夏季每15分钟一次的汽船，为伦敦的日常生活创造了一种新模式。居民每天分散到周边地区的居所，而都市则是伦敦人工作之地。铁路上廉价的工人票将城市发展推向了邻近工业的外围地区，在那里，工人家庭可以找到租金更便宜的房子，获得更好的生活质量。伦敦东区向外延伸，出现了一排排简陋而不透气的背靠背露台和朴素的工人别墅。在19世纪80年代，使用特价票到伦敦通勤的工人大约有2.5万人。仅仅20年后，约有32.5万人购买廉价车票前往伦敦，其中大部分人从东北外区的家中利用大东方铁路（Great Eastern）出行。这些工人阶级在郊区的出现惹怒了城市观察员。英国记者托马斯·克罗斯兰（Thomas Crosland）嘲笑说："半个便士的报纸、廉价的音乐厅、警察和郡法院、台球比赛、小型赛马会、三等铁路车厢……总之，凡是让上等人觉得不够完整、不够优秀和不够杰出的，都可以绝对安全地称之为郊区。"[21]

　　对于上层阶级来说，郊区传统上是一个远离城市噪音、异味和粗俗人群的田园式休憩场所。乘坐马车到乡村风景中，沿着乡间小路漫步，是周末最受欢迎的消遣方式。19世纪中期的第一批郊区城市化浪潮主要与富有的商业和工业精英有关。他们抛弃了位于中心区的壮观豪宅，选择到郊区的著名别墅休养生息。[22] "郊区"一词最初并不意味着社会的优越性，它也经常被用来描述在城市边缘寻求廉价住所的工匠和工人。但随着19世纪的慢慢流逝，这个词越来越多地与逃离拥挤的人群和城市生活中最糟糕的方面联系起来。这些趋势最早发生在英国，如在格拉斯哥、曼彻斯特、利物浦、伯明翰和伦敦等城市。伯明翰郊外的阿科克斯格林（Acock's Green）和奥尔顿（Olton）的居民"独来独往"，一位当地记者如是说。尽管有"看不见的砖头潮"经过该地区，"适合少数人而不是大多数人的铁路服务使他们保持优越……并使这两个地方能够藐视来自大城市的前进潮流"。[23]

　　古老的乡村成为新移民的中心。在城市边缘，特别是在有轨电车和铁路沿线，投机性建筑商的住宅区如雨后春笋般出现。道路被铺设好，地块被刊登广告出售。房地产是一种安全的私人投资形式。选择范围从优雅的资产阶级别墅跨到为不太富裕的人建造的简陋小屋。文员和店主、教师和公务员登上火车，寻找他们的郊区梦想。在英国，带有修剪整齐的前草坪的红砖排屋和维多利亚式小屋成为中产阶级的理想和社会地位的象征。1899年，英国作家威廉·佩特·里奇（William Pett Ridge）描述了伦敦南部的新月城（Crescent）郊区，"已经建了大约12年"，其街道"第一天还是一片空白，第二天是一排35英镑的别墅；再过一天，就有快乐的年轻已婚人士居住，一切都如此明亮"。每个工作日的早晨，新月城的居家天堂都会"派遣其成年男性居民去捞金……其中一些先驱者离家时，会有一位好脾气的妻子在窗前催促婴儿也做出告别的手势"。[24]

19世纪末，城市的尽头变得很难确定。人口增长率最高的地方往往在外围地区。从1901到1911年，伦敦市区的人口略微下降到450万左右，而整个伦敦都市圈的人口几乎翻了一番，超过500万。城市被一个巨大的、错综复杂的发展光环所包围。早期的内部郊区被扩展到更远的新社区所掩盖。强大的离心力使人们的活动范围向外移动，进入远处的城区。甚至博物馆和展览馆也抛弃了中心区的限制，转而在郊区寻找更宽敞的场地。伦敦郊外的南肯辛顿（South Kensington）被开发为博物馆综合建筑群，毗邻伯爵宫展览中心（Earl's Court）和奥林匹亚等流行的提供马戏团表演和异国娱乐的展览场。大都市的无情膨胀激发了改革者的激烈辩论。大规模的郊区被想象成一种新的社会。以诸如德国建筑师戈特弗里德·森佩尔和奥地利人卡米洛·西特为代表的、将城市美化作为解决城市弊病的古老理想，与日益增长的对整个大都市进行理性而务实的规划的需求发生了冲突。

经验数据的收集达到了新的高度。从利物浦的船主转变为社会主义者的查尔斯·布思（Charles Booth）组织了一小队助手来调查整个伦敦的状况。以《伦敦人民的生活与劳动》（*Life and Labor of the People in London*，1889年、1891年）为题出版的著作，对人口的各个部分进行分类，详细描述了他们的状况。布思花了数年时间，采访家庭并从学校董事会收集信息，然后将这些数据绘制成彩色涂层的"贫困地图"，[25]这些研究说明了从西部的哈默史密斯到东部的格林尼治（Greenwich）的整个内城和郊区的状况。调查员由警察陪同，警察对其辖区的印象被记录在笔记本上，作为研究的一部分。这些详细的图表是一种开创性的社会科学技术，映照出了伦敦的大都市社会形态。布思的目标是为国家扶贫提供具体的证据，作为其行动的基础。苏格兰先锋城市规划师帕特里克·格迪斯（Patrick Geddes）认为，城市是一个具有活力的生活环境，能够以复杂的方式进行蜕变。大都市的发展可以通过全面的调查和区域规划来引导，这些规划要将地理和生态、经济和社会结构、文化和历史作为基本分析单位来考虑。这些都是城市生活的动力和转型的种子。城镇和区域规划是公民教育的形式，它将控制阿米巴虫式城市群的蔓延，并为民主觉醒打开大门。

进步斗士倡导建立一个合理的组织和公平的定居制度。埃比尼泽·霍华德（Ebenezer Howard）是呼吁改革的最重要的城市哲学家之一，尽管他只写了一本薄薄的书。在《明日的田园城市》（*Garden Cities of To-Morrow*，1902 年）中，霍华德设想了社会和物理环境的彻底转变。他的田园城市将由生活在1000英亩土地上的3.2万人组成。它将自给自足，作为一个吸引轻工业和服务业的股份制公司在当地动作。本着自耕农的开拓精神，人们将建造自己的家园并开展自己的小规模业务。对于霍华德来说，田园城市提供了城市生活的好处，也具备乡村生活的优点。一旦一个田园城市达到其规划的极限，另一个田园城市将在不远处启动，所有这些城市都由一个快速交通系统连接。这些社区最终将在一个巨大的、有计划的聚集区中形成一个网络，被称为社会城市。霍华德在伦敦以北30英里处的第一个田园城市莱奇沃思（Letchworth）（1903年）提出了他的梦想，随后是汉普斯特德（Hampstead）田园郊区（1906年）。

田园城市的理想对整个欧洲的城市改革者产生了深远的影响。

人们对霍华德将城市设计与社会改革的巧妙融合表现出无限的热情。《明日的田园城市》出版后不久就被翻译成多种语言。田园城市和田园郊区的实验在欧洲各地兴起。早期的两项努力是柏林的法尔肯贝格（Falkenberg）田园郊区和德累斯顿附近的埃勒奥（Hellerau）田园郊区。1912年，工业家族克虏伯在鲁尔区的埃森郊区开发了玛格丽滕高地（见第2章）。改革者们设想了依偎在绿树成荫的风景中的宁静的城镇和村庄。这些绿树成荫的空地将调节现代生活的力量。生活在大自然中与健康和纯洁的灵魂有关，是"回归大地"的体现。许多这类项目成为中产阶级的飞地。它们往往与特权中产阶级改革者古怪的另类社区有关，他们支持从素食主义到乌托邦社区主义的一切。有些项目是由想为中产阶级通勤者提供郊区住房的铁路公司开发的。[26] 华沙郊区的米拉努韦克（Milanówek）是在华沙—维也纳的铁路沿线开发的，作为该市富裕居民的避暑胜地。莫斯科—喀山铁路公司开始在莫斯科以东25英里的普罗佐罗夫斯基车站建造俄罗斯第一个田园城市的模型。

20世纪初的规划竞赛和会议层出不穷，人们在这些会议上对大都市的扩张进行了激烈的辩论。数以百计的代表聚集在这些峰会上，这也是此类峰会的最初召开。这些会议是现代形式的城市学讨论，也是城市规划运动的催化剂。会议为大维也纳的总体规划、斯图加特和杜塞尔多夫的总体规划、大柏林的规划以及阿姆斯特丹的扩张制定了各种各样的提案。1903年在德累斯顿举行的德国城市展览会聚集了128个城市的政府和400家制造商，并吸引了40万名参观者。他们查看了大量关于城市作为一个社会有机体的数据和展示。[27] 顶尖的城市学家维尔纳·黑格曼（Werner Hegemann）是德国城市规划运动的策划者，他指导了1910年在柏林举行的世界城市规划博览会。

博览会大约有6.5万人参观，然后又转移至杜塞尔多夫。同年，英国皇家建筑师协会在伦敦举行了一次城市规划集会。法国先锋城市学家马塞尔·波埃特（Marcel Poëte）和聚集在巴黎社会博物馆周围的社会科学家们努力解决控制城市的问题，并为"大巴黎"的区域愿景进行游说。帕特里克·格迪斯创造了广受赞誉的"城市和城市规划展"，并在爱丁堡、伦敦、都柏林、贝尔法斯特和根特进行了展出。在1913年的根特国际展览会上，格迪斯组织了一次城市调查，其中包含有大量的历史、地理、经济、人口和公共卫生数据。观众在"现代公民管理"和"公民改善"的展厅中徘徊。格迪斯和比利时城市改革家保罗·奥特莱（Paul Otlet）组织了一个比较全球城市的展览。在活动期间举行的国际城市大会上，许多城市改革名人出席了会议。争吵不休的地方政府是寻求综合大都市规划的最棘手的难题之一。诸如此类的展览和大会为活动家们提供了增长专业知识的机会，为他们在无休止的政治争吵中提供了一条前进的道路。这种专业知识体系是城市现代性和世界主义最重要的来源之一。这里是城市主义的前线，并对雄心勃勃的提案进行检验。在根特，城市名流的集会提倡"世界城市"的理念，它就像世界博览会一样，将汇集世界上所有主要机构，并致力于和平。

大都市的规模已经彻底改变。到20世纪初，维也纳环城路和巴黎林荫大道的迷人世界似乎已经过时，与现代生活格格不入。大林荫道刚刚建成，先锋派就开始反抗它们。这在艺术和建筑领域尤其明显。世纪之交的艺术实验背后的冲动是对解放的追求，是在艺术和道德方面与中央权威、与资产阶级的一致性的反叛，以及——简而言之，与主要被巴黎和维也纳等大国首都支配的欧洲传统的决裂。文化中"先锋"的整个概念，即那些似乎走在前面、定义现代性的开拓者，来自他们对欧洲大城市林荫道上的资产阶级世界的反叛。先锋派对他们周围发生的快速转变做出了回应，并试图描绘其后果——对他们来说，这意味着奄奄一息的 19 世纪社会的瓦解。中产阶级需要被震撼，意识到他们的价值观只是过时的虚饰。这种激进的前卫性是一种明显的都市现象。年轻的叛逆者在里加的鲁其斯圈子（Rūķis circle）、布拉格的马内斯团体（Manes group）、克拉科夫的斯度卡圈子（Sztuka circle）和赫尔辛基的青年芬兰（Young Finland）中宣誓要进行艺术创新。[28] 欧洲范围内的对青年创新的狂热在德国被称为"青年风格"（Jugendstil），在中欧各国的首都被称为分离派。在法国和比利时，它被称为"新艺术"，而在意大利则被称为"自由风格"。俄罗斯的先锋派打着"现代风格"的旗号。[29] 所有这些城市运动都热情地拥抱现代性，并定义了时代的精神。

先锋派不依靠官方认可的艺术沙龙，而是挤在咖啡馆和卡巴莱。这些聚集地成为了在资产阶级社会边缘活动的城市波希米亚的场所。世纪初的卡巴莱是流行文化和高雅文化的融合。就像它经常取材的音乐厅一样，歌曲和口语是它的主要创作媒介。它们是讽刺当代生活和嘲弄权威的利器。卡巴莱是艺术发明的实验室，通常植根于本土语言、民间戏剧和平民节日，被先锋派视为自然的文化形式。与娱乐大众的音乐厅不同，卡巴莱更具有知识性和自觉的艺术性。表演是在小酒馆和酒窖的密室中进行的。卡巴莱的私密性允许演员和观众来回互动，这使其能够进行激进的实验性表演，对社会和政治进行厚颜无耻的讽刺，以及表演巧妙的独白和小品。焦虑的城市当局将其视为不道德的享乐主义，而这正是前卫艺术所追求的冲击和挑衅。[30] 从巴黎到克拉科夫，从圣彼得堡到敖德萨，他们在欧洲文化的中心四处出没。

　　卡巴莱的诞生是在1881年，鲁道夫·萨利斯（Rudolphe Salis）在巴黎北郊的殉道者山（即蒙马特尔山）开设了他的黑猫。蒙马特尔远离城市优雅的林荫大道，保留了它的乡村特色，有蜿蜒的土路和风车、工人的小酒馆、陈旧的建筑和村舍。闪亮的白色圣心教堂当时刚刚在山顶上落成，以纪念1871年公社的最后一场血战。当法国军队逼近时，反叛者已经撤退到山坡上。最初，黑猫是作家、诗人和画家的一个简朴的聚会场所，他们向朋友表演他们的作品。当这里向公众开放时，观众陶醉于它对中产阶级文化的辛辣嘲讽和它的寒酸恶名。卡巴莱获得了重大成功，于是搬到了维克托马塞街（rue Victor Massé），在那里，它在巴黎夜生活自由奔放的人群中风靡一时。许多其他的卡巴莱在它周围兴起，蒙马特尔的声誉吸引了富人和名人、好事的游客和年轻的波希米亚追随者。最成功的卡巴莱是那些表演者阿里斯蒂德·布吕昂（Aristide Bruant）用丰富多彩的街头俚语表演歌曲和口语的地方，这些表演讲述了城市社会边缘人的生活。

　　巴黎的卡巴莱成为整个欧洲波希米亚式夜生活的典范。铁路使前卫的叛逆者有机会在各个欧洲文化之都旅行，吸收最新的艺术潮流，然后让本土的镜头对其进行折射。在德国，慕尼黑因其相对宽松的审查制度吸引了来自远方和附近的先锋派。市郊的施瓦宾（Schwabing）区是不合群者、被遗弃者和文化不安定者的天堂。这是一个人所共知的文学和艺术场所，它考验着社会和性规范的界限。它的咖啡馆和卡巴莱以及狂欢舞会是波希米亚人的魔幻剧场。"人行道上挤满了半疯的人，"一位美国音乐系学生在狂欢节的最后一天写道，"有些人穿着各种颜色的服装，有些人穿着街头出行的衣服，都用五彩的纸屑互相泼撒，街道本身也挤满了缓慢移动的马车队伍，车上的人也同样疯狂地加入到这场欢乐中。"她的同伴跳进一家咖啡馆，跳上舞台，对一个浮夸的乐队指挥进行了即兴的嘲弄。[31] 施瓦宾的咖啡馆——斯蒂芬妮咖啡馆（Stefanie）、卢特波尔德咖啡馆（Luitpold）、夸大狂咖啡馆（Mégalomania），特别还有简单咖啡馆（Simplicissimus）（德国最肆无忌惮的讽刺杂志就诞生于此），都成了灵感的平台。1901年，先锋剧院"十一个刽子手"（Die Elf Scharfrichter）在土耳其大街（Türkenstrasse）的一家当地旅馆的里间成立。这些表演和诗词往往是令人震惊的、带有明显性暗示的，是对资产阶级社会的尖刻羞辱。诗人斯特凡·乔治（Stefan George）周围充满同性恋色彩的"宇宙圈"（Cosmic Circle）培养了一种神秘的异教主义，作为他们创作艺术的试金石。[32] 施瓦宾地区吸收了来自欧洲各地的杰出人物，从托马斯·曼（Thomas Mann）、瓦西里·康定斯基（Wassily Kandinsky）到弗拉基米尔·列宁（Vladimir Lenin）。

当施瓦宾成为过去式，它的许多追随者都逃到了维也纳，并在鲍尔街（Ballgasse）建立了夜光（Nachtlicht）卡巴莱。它在卡特纳大街（Kärtnerstrasse）下面的一个地窖里变成了更复杂的蝙蝠卡巴莱（Cabaret Fledermaus），其装饰由建筑师约瑟夫·霍夫曼（Josef Hoffmann）和维也纳工作室设计。彼得·阿尔滕贝格观看了一位"年轻的摩洛哥舞者"在蝙蝠卡巴莱的演出。"全新的氛围，"他说，"比习惯性的旧氛围要好……这是一种精力充沛的兴奋剂，就像茶、咖啡、香烟。无论你是多么的怀疑和矜持，惰性的传统的东西都会被激怒和扰乱……它在你身上孕育了一个变化，一个更好的变化。"[33] 维也纳有它自己的"简单咖啡馆"。咖啡馆是维也纳的知识和文化生活的真正中心。据推测，到20世纪初，这些咖啡馆的数量达到了600家，为从文人到记者和政治家的所有人提供服务。顾客在他们的固定地点花上几个小时，沉浸在知识分子的戏谑和闲聊中。咖啡馆是艺术家的圈子和讨论最新创意趋势的广阔舞台。熟客津津有味地阅读各种各样的报纸，尤其是《新自由报》（Neue Freie Presse），它是自由主义新闻的堡垒，也是当代城市生活的脉搏。最优雅的咖啡馆是格林施泰德咖啡馆（Café Griensteidl）、中央咖啡馆（Café Central）、赫伦霍夫咖啡馆（Café Herrenhof）、博物馆咖啡馆（Café Museum）、帝国咖啡馆（Café Imperial）和施佩尔咖啡馆（Café Sperl）。[34]

　　卡巴莱歌舞厅向东蔓延。绿气球（Zielony Balonik）在克拉科夫的迈克尔之窝（Jama Michalikowa）咖啡馆开张，那里装饰着该市政治家和精英的不雅讽刺漫画。它陶醉于对宗教的蔑视和这个城市对过去行将消亡的崇敬。圣彼得堡的流浪狗（The Stray Dog）和歪镜子（Crooked Mirror）以及莫斯科的蝙蝠（The Bat）都对资产阶级文化的自命不凡做出滑稽模仿。[35]在敖德萨，俄罗斯先锋派开设了讽刺性的哗-吧-啵（Bi-ba-bo）。在布达佩斯，卡巴莱成为破坏讲德语的维也纳的文化影响的场所。对现代匈牙利身份的追求，导向了布达佩斯知识和文化生活的异常繁荣。"年轻一代"的目标是将匈牙利文化从其"落后"中拯救出来，并赋予其现代形式。这是一个寄托在人民身上的民族理想。由诗人、画家和建筑师组成的匈牙利先锋派拒绝西方文化习性，特别是来自维也纳的文化习性。1907年，糖果盒（Bonbonnière）卡巴莱凭借知名记者安德烈·纳吉（Endre Nagy）的诙谐戏仿和匈牙利语的表演一炮而红。第二年，优雅的现代剧院卡巴莱在安德拉什大道开业。当纳吉接手并将其改造成现代舞台卡巴莱时，布达佩斯进入了一个歌舞文化的黄金时代。纳吉尖锐的政治独白和戏剧性的新闻报道进入了媒体和政治权力的大厅。[36]

在维也纳或巴黎等城市，咖啡馆是一种新兴事物，而在布达佩斯，咖啡馆与奥斯曼帝国有着悠久的传统联系。它们是邻里间的聚会场所，每周开放 7 天。根据当代人估计，咖啡馆的数目为 500 家到 600 家。咖啡馆是一个超脱于生活的文化象征，每个人都在这里了解新闻，讨论当天的话题事件。[37]纽约咖啡馆（Café New York）、阿巴兹亚咖啡馆（Café Abbázia）、博物馆咖啡馆（Café Múzeum）、日本咖啡馆（Café Japán）和中央咖啡馆（Café Centrál）都拥有用大理石墙壁、镀金镜子和天鹅绒窗帘装饰的豪华环境。无论其规模和奢华程度如何，布达佩斯的咖啡馆都是一个知识的旋涡，文学和艺术的特立独行者与思想自由的资产阶级精英在这里交融。这里最吸引人的地方是他们取之不尽的各种各样的报纸。布达佩斯有 22 种日报，比维也纳还多。与维也纳和布拉格一样，很大一部分文化上的特权者是被同化的犹太人。他们富有，具有世界性，并渴望展示他们的现代性。通过旅行，商人和工业家了解了欧洲各国首都最新的艺术潮流。同时，他们受到民族主义的驱使，在日益衰弱的哈布斯堡帝国内领导争取公开承认民族主义的斗争。正是对自己文化身份的自信，使他们能够接受新的城市愿景，并对现代生活做出自己的解释。他们充当了一代艺术家的赞助人，并将先锋派的反抗精神引向创新项目，让城市成为现代主义的试验场。他们的目标是从家庭内部，到艺术和建筑的公共领域，对城市生活进行重塑。

这些是新艺术运动背后的准则。人们坚信现代创意艺术可以促进社会目标的实现，并促进对国家或地区身份认同的建立。这是一种新的审美语言，也是世纪之交的资产阶级强大自信的标志。城市里公开展示着新贵们的财富。这不仅仅关于建筑设计，而且是对现代生活风格的追求，包括时尚与个人配饰、家具与装饰性奢侈

图33　布达佩斯中央咖啡馆，约1900年

品。这是对新的物质世界的吸收，也是财阀特权的产物。富丽堂皇、注重风格和激进的新艺术统治了整个世界。1900年的巴黎国际博览会被认为是新艺术的高潮，其展馆由艺术品经销商塞缪尔·宾（Samuel Bing）准备，他在巴黎拥有一家名为新艺术沙龙（the Salon de l'Art Nouveau）的艺术画廊。但是，这一先锋派运动的顶峰并不在伦敦或巴黎这些伟大的欧洲首都。它最大的发展是在那些现代主义暴露了对区域或民族特性的追求的城市——格拉斯哥的麦金托什风格，都灵的雷蒙多·达龙科（Raimondo d'Aronco）的作品，布鲁塞尔、慕尼黑、维也纳、巴塞罗那，克拉科夫、布拉格和布尔诺，里加和伦贝格，以及赫尔辛基。它们很少在城市现代主义的编年史

中占据重要地位。哈布斯堡帝国各城镇建立的由200所技术和工艺学校、博物馆和应用艺术学校组成的网络，是想象力狂热的温床。这些新的机构和当地的艺术协会培育了创意之潮。艺术家和建筑师们搭乘火车，在城镇间穿梭，带来了最新的趋势和创新。即使在圣彼得堡，新艺术运动在20世纪初也已经广泛流传。

新艺术的装饰性浮夸往往使其沦为建筑的装饰品，成为通往现代主义道路上的一个弯路。但它的浮华与它在欧洲的边缘和边境地区的立场有很大关系，在那里，新艺术运动代表了革命的思想。现代城市形式的演变不是一场连贯的运动，而是一块棱镜，散射成各种各样的审美、文化和本地化的表达。区域风格以其独创性和独特性展示自己。现代运动的力量来自这种腹语术和多样性。新艺术运动的一切，都显露出古怪的创意，有改编自乡土或民间文化的图案，来自大自然的有机图案和植物装饰，以及叛逆的反理性主义。诸如此类的现代主义冲动包含了各地的本土血统。对一些人来说，这意味着打造一种民族或地区风格，而对另一些人来说，现代主义表达了一种民主精神，或两者的某种结合。它体现了普遍真理和国际视野。新艺术运动在方向上同时具有世界性和地方性。它是现代世俗、资产阶级文化的缩影。它是对解放的追求，是在艺术和道德方面与像石头一样压在建筑上的历史主义惯例的决裂。不过，新艺术也同样经常深深植根于浪漫化的民俗过往。

由于这些无限的变化，任何对新艺术运动的定义都可能是混乱和不精确的。但是，对其短暂的非凡成功期的追溯，可以让我们了解到世纪之交的城市生活。它是资产阶级社会的一面镜子，既是世界性的、对文化交流持开放态度的，同时又是坚定的民族主义和地区主义导向的。新艺术的最早起源是在布鲁塞尔，在那里它被视为国家当务之急的必需之物。布鲁塞尔在世纪之交享有无可比拟的繁荣。它是1830年成立的新独立国家比利时的首都。它是拥有自由化资本主义经济的工业龙头。土壤之下埋藏着的丰富物质资源——煤、铁、锌、铅、锰、黄铁矿——被开采出来用于城市的重工业生产。比利时的蒸汽机和柴油机、铁路设备、机械和工具以及武器装备的贸易是全球性的。[38]这些工业分散在围绕首都布鲁塞尔的城镇系统中。它们也与比利时的殖民经济有关。布鲁塞尔依靠对比利时在刚果自由邦的广大殖民地进行的种族灭绝式的掠夺而变得富有。凭借马基雅维利式的聪明才智，一船船的珍贵货物和资源从刚果被大量运入首都。资产阶级品位奢华。布鲁塞尔成为一个全球贸易中心，可以接触到前所未有的商品文化。城市里充斥着来自全球的外国奇珍异宝和珍贵物品。建筑和城市设计从来不是中立的。在预示着一种新的生活方式的同时，新艺术展示了比利时帝国的自负和对其殖民地的恶性剥削。所有这些都可以从城市的美化方式和建筑的炫耀性装饰中看到。

比利时国王利奥波德二世（Leopold II）渴望以拿破仑三世重建巴黎的风格来美化他的首都。布鲁塞尔的老中心城市有大约80万居民，非常拥挤和陈旧。居民忍受着尘土飞扬、震耳欲聋的城市更新建设项目，这些项目清除了工人阶级的贫民窟，使成千上万人流离失所。取而代之的是宽阔的大道和环形林荫道，中间点缀着整齐的花园和广场。宏伟的公共建筑、凯旋门和帝国纪念碑庆祝着比利时的殖民成就。新的火车站和有轨电车线路、商业拱廊以及位于"上城区"的浮夸的司法宫使布鲁塞尔成为现代城市的缩影。新区被布置在城市的郊区，特别是在伊克塞勒（Ixelles）、圣吉勒（Saint-Gilles）和斯哈尔贝克（Schaerbeek），然后通过电动有轨电车与市中

心相连。这些地区被急于离开拥挤市中心的布鲁塞尔自由派资产阶
级所认领。他们热情地支持先锋派的建筑风格。新艺术运动成为该
城市现代化进程中的最有代表性的风格。在1880至1905年期间，共
有1.4万座建筑被建造。[39]

　　数以百计的新住宅、学校、咖啡馆和商店，在新区竞相追求艺
术的原创性。布鲁塞尔出现了一种非常规的前卫文化，它没有受到
在19世纪的建筑中占主导地位的历史主义拼贴风格的束缚。像
"二十人团"（Le Circle des XX）和"自由美学"（La Libre Esthétique）
这样的圈子，是解放思想的比利时艺术家的沙龙，他们认为自己是
在为新社会创造物质条件。他们的作品与布鲁塞尔强大的资产阶级
精英的社会改革观点，以及他们对现代风格的偏好相匹配。这种明
显的比利时现代主义，很大程度上来自殖民主义的设计和对刚果资
源的无情开采。[40]在这种情况下，新艺术是西方至上主义的表现，并
深深卷入了帝国的暴力实践。在1897年布鲁塞尔的殖民博览会上，
新的皇家刚果博物馆展示了刚果的殖民掠夺物，[41]一家又一家的画廊
展示了信奉新艺术的现代主义炼金术士用殖民地的原材料制造的艺
术品。

　　这就是比利时先锋派艺术的特质，他们在设计残暴的殖民主义
圣殿的同时，也支持工人阶级。这是很滑稽而且暗藏危险的。维克
多·霍尔塔（Victor Horta）成为布鲁塞尔的主要建筑师，他最初的
任务是为比利时工人党在工人阶级的马罗勒（Marolles）区设计新的
人民之家（Maison du Peuple）项目。它对砖、玻璃和白色铸铁的实
验性使用使其成为布鲁塞尔最具影响力的新艺术主义建筑之一。霍
尔塔和"二十人团"以及"自由美学"的成员与社会主义党紧密结
盟，并为男子普选权的实行和社会主义者进入议会而喝彩。改善工

人阶级的生活是他们许多创造性工作背后的抱负。1905年为列日展览设计工人住宅模型的竞赛也显示了建筑实验的社会野心。新艺术设计的快乐和活力被视为社会苦难的解药。多彩的装饰和新的现代风格将改变工人阶级郊区住宅以往的单调平庸。

霍尔塔为工程师埃米尔·塔塞尔（Emile Tassel）建造的塔塞尔公馆（Tassel House）是新艺术运动的首批代表作之一，它基于布鲁塞尔的传统建筑风格，通过使用铸铁、石头和平板玻璃，以及悦目的阿拉伯花纹和有机图案，以现代的名义进行重新诠释。其内部弯曲的、鞭状花纹的装饰细节和奢华的材料使其成为一种革命性的生活风格。该建筑立即被誉为第一座不受历史约束的现代建筑。它表达了活力和想象力的自由发挥。霍尔塔为化工巨头欧内斯特·索尔维（Ernest Solvay）之子——工业家阿曼德·索尔维（Armand Solvay），和富有的金融家乔治·德普雷（George Deprez），以及比利时殖民地刚果自由邦的秘书长、比利时国王的帝国企业的幕后策划者埃德蒙·范·埃特费尔德（Edmond Van Eetvelde）建造了新艺术风格的豪华住宅。埃特费尔德的豪宅饰有以刚果的动植物为基础的风格化图案。霍尔塔的新艺术实验也出现在1897年世博会的刚果馆中，同时出现的还有布鲁塞尔的创新百货公司，其宽大的展示窗面向街道和安斯帕赫大集市（Grand Bazar Anspach）。

布鲁塞尔在世纪之交时期前所未有的住房热潮和建筑创新机会背后，仍存在一个难以解决的问题。作为拉脱维亚的首都，里加也是如此。我们已经了解到，里加是一个异质性大熔炉，由波罗的海的德国商人、俄罗斯工人，以及一个既具有世界性又具有民族主义倾向的富裕资产阶级组成。对这些人来说，这座城市是通向现代国家身份的关键节点。因其与德国文化的关系过于密切，旧时对波罗

图 34 创新百货商场，布鲁塞尔，维克多·霍尔塔，1901 年

的海身份的希望落空了。取而代之的是，一个在民族主义的幌子下被精心打造的拉脱维亚民族的身份。它引发了拉脱维亚文化和艺术中最具创造性的时期之一。城市的西部新区是一块资产阶级的飞地，其中包含咖啡馆、剧院、新建的理工学院、里加艺术学院和里加市艺术博物馆。一件现代欧洲城市的外衣对民族主义身份认同至关重要。优雅的住宅楼配备了蒸汽散热器和电梯，并有奢华的装饰性外墙。里加的西部地区建有大约800座新艺术风格的建筑。建筑师是当地理工学院的毕业生，他们的设计是新风格的古怪版本。人们漫步在装有令人眼花缭乱的装饰的街道上。外墙有着奇特的花卉图案、人脸与人像、动物、狮身人面像、龙及几何形状。[42]阿尔伯特大街（Albert Street）上的建筑正面是华丽的视觉剧场，夸张到狂野奔放的地步。这一运动在城市的北郊继续进行，在皇家森林（Kaiserwald）开发了欧洲最早的花园郊区之一。在基舍泽尔斯湖畔的松树林中的一个小村庄里，100多座充满幻想的新艺术派别墅为里加的上层精英建成。该计划包括一个动物园、游乐园和运动场。

里加奢华的新艺术体现了一种民族浪漫主义风格——一种针对日耳曼影响和俄罗斯化的审美怒火。它刻意展示了拉脱维亚的民族觉醒。1868年，该市的富裕精英成立了拉脱维亚协会，并于1873年组织了第一届拉脱维亚歌曲节。由1000名成员组成的合唱团和30个管弦乐队演唱的拉脱维亚民谣在空中回荡，气氛激昂。到1910年，里加歌曲节已经成为一个爱国聚会，有超过5000名歌手和2.5万名观众加入到激昂的音乐表演中。市政府组织了一场关于里加文化历史的展览，得到了广大公众的好评。1896年的拉脱维亚人种学展览展示了拉脱维亚的历史和文化成就。这些活动标志着里加作为拉脱维亚名义上的首都出现，既反对德国的建制，也反对俄罗斯帝国在波

图35 米哈伊尔·艾森斯坦设计的斯特拉涅库大街4A号新艺术风格建筑，里加

罗的海省份实施的镇压政策。在拉脱维亚语言和文化仍然受到官方审查的时候，该市富有的中产阶级精英成为文化复兴的领导者。就像新艺术运动本身一样，民族志展览是对外国统治的一种抵抗形式，也是关于城市多民族身份的辩论的前沿阵地。里加在1901年的第700届工业和手工业庆典上再次展示了其现代风貌。为庆祝活动发行的明信片描绘了一幢又一幢壮观的新艺术主义建筑，以及两旁设有有轨电车和繁忙人行道的煤气灯大道。

现代主义的冲动涵盖了各种不同的地方血统，时而令人着迷，时而令人困惑。新艺术之旅中的都灵一站，充分体现了地方的特殊性和独特的意大利风格的形成。在世纪之交，意大利西北部的皮埃蒙特地区及其围绕米兰–都灵–热那亚的金三角正在成为意大利经济核心的工业龙头和商业转运点。意大利约40%的铁路网位于皮埃蒙特。凭借阿尔卑斯山丰富的水资源和地热资源，该地区在水力发电方面走在了前列。欧洲最大的水力发电站就建在皮埃蒙特的阿达河（Adda River）上。阿尔卑斯山隧道使该地区直接进入欧洲，而热那亚港则为跨大西洋航运进行了现代化改造。米兰成为重要的银行中心。都灵市经历了意大利最快的经济增长速度，并成为新的统一意大利的工业首都。其野心勃勃的企业家阶层旨在围绕其自身的发展进程塑造意大利复兴运动。

都灵的城市文化兼收并蓄且具有世界性，成为意大利国家建设的催化剂。都灵皇家理工学院提供了意大利最好的工程教育，并引领了电气工程的发展。该市的工业博物馆将都灵与欧洲最重要的技术创新联系在一起，并将研究结果传播给广大读者。当地的冶金和工程、化学和纺织工业蓬勃发展。有超过100家小公司生产自行车和各种车辆。但汽车工业是都灵工业发展的焦点。1899年，乔瓦尼·阿

涅利（Giovanni Agnelli）建立了他的意大利都灵汽车制造厂
（Fabbrica Italiana de Automobili Torino），即菲亚特（Fiat），该厂雇
有50名工人。到1914年，菲亚特的雇工人数达到4000名，每年生产
汽车4000辆。都灵成为一个菲亚特城市。该市工业人口的三分之一
在此工作。都灵的技术工人是有特权的精英，也是工人阶级政治的
先锋队。汽车工业促成城市中供应和服务企业以及全新的工业部门
的产生。[43] 人口伴随着工业的发展激增。1880年都灵的25万人口到
1911年几乎翻了一番，达到41.5万。

　　正如在布鲁塞尔和里加一样，都灵的自由派资产阶级精英也热
衷于推广新艺术，寻找新的城市身份。现代主义被他们用来达成自
己的目的。都灵的社会主义政党由人文主义的中产阶级知识分子主
导，他们相信工人阶级道德水平的提升。他们与该市的工业家一起，
在地方政治中形成了一个"工业化集团"，致力于经济进步、社会改
革和对新艺术的赞助。据当地的《新闻报》（La Stampa）报道，他们
是"一个新的资产阶级，具有活力和才华，对所有问题都持开放态
度"。[44] 埃德蒙多·德·亚米契斯（Edmondo De Amicis）的《都灵
1880》（Turin 1880）是一本优雅的旅行指南，介绍了人们想象中的
理想意大利大都市。它是都灵的全景画，带领读者漫步于其街区、
林荫道和广场的"奇迹和乐趣"。在德·亚米契斯的设想中，这座城
市管理良好，组织合理，是一种永久性的博览会。[45] 这种形象被通过
一系列壮观的活动描绘出来，活动庆祝了这座城市作为工业引擎的
兴起。都灵于1902年举办的国际现代艺术博览会在生产和消费方面
提倡一种自觉的意大利现代风格。意大利建筑师雷蒙多·达龙科被
选中设计世博会的建筑。这些展馆装饰繁复，色彩绚丽，装饰图案
的组合天马行空，这得益于达龙科多年担任君士坦丁堡奥斯曼苏丹

首席建筑师的经验。它们向公众介绍了新艺术，表达了一个真正的意大利身份。汽车馆里挂着华丽而明亮的电灯，摆满了菲亚特最新的车型。博览会是都灵独特的工业文化和意大利民族主义宏伟希望的独特结合。

在维也纳，先锋艺术的绽放也从城市的咖啡馆中萌发。施佩尔咖啡馆和蓝色自由之家咖啡馆（Café Zum Blauen Freihaus）等地方提供了一个聚会场所，可以摆脱维也纳环城路社会的官方建筑和艺术的压抑束缚。1897年，年轻一代的艺术家和建筑师成立了"维也纳分离派"艺术沙龙和维也纳工作室。其成员主要由维也纳应用艺术学校的毕业生组成，他们反对19世纪建筑的浮夸，认为其无味和野蛮，并反对维也纳社会中的外观枷锁。分离派的大楼是作为该运动的总部和展览空间而建造的。建筑物上印有他们的座右铭："给每个时代以艺术，给艺术以自由。"与法国和比利时的新艺术中的奢华的曲线设计不同，维也纳的新艺术以简单的几何形状为特色，这在分离派建筑的立方体和平面上是很明显的。分离派的艺术反叛是异端的，但它得到了维也纳工业资产阶级的支持。建造分离式建筑的资金由赞助人提供，如钢铁大亨卡尔·维特根斯坦（Karl Wittgenstein），他是欧洲最富有的人之一。在乌托邦和社会主义理想的驱动下，维也纳工作室实现了20世纪的设计和品牌的革命。它由纺织业巨头弗里茨·瓦恩多费尔（Fritz Wärndorfer）资助，他也是麦金托什设计风格的幕后推手，以及维也纳和格拉斯哥先锋派运动的重要中间人。

到1910年，维也纳拥有200万居民，是继纽约、伦敦和巴黎之后的世界第四大城市。它吞并了环城路以外的工人阶级郊区，这种调整需要为这个不断扩张的大都会区制定一个具有一致性的计划。

奥托·瓦格纳赢得了大维也纳总体规划（1893年）的竞争，这成为他打造现代大都市的宣言。这是城市设计中的一个根本性突破。瓦格纳是一个大胆的、不妥协的建筑师和城市规划师，他在维也纳的文化精英中近乎是一个偶像式的人物。他坚持认为，建造公共轨道交通以及笔直的街道和交通干线是必要的。它们将城市和外围地区连成一体。维也纳将均匀地扩展，其铁路和辐射状的街道有如一张巨大的蜘蛛网。所有的地区都将被合理地安排建造简洁的多层公寓楼。这是与环城路的思维方式的彻底决裂。对瓦格纳来说，实用性和统一性表达了现代社会的民主性质。他被指派开发维也纳的大都会铁路，并对流经该市的多瑙河运河进行改造。这需要建造船闸和水闸、高架桥、桥梁和隧道，以及36个城铁车站。这些都成为瓦格纳思想的示范作品。他找到了与维也纳分离派的共同点，并反抗长期以来支配环城路的历史主义。瓦格纳精心打造了一栋应和着现代生活节奏的建筑。城铁车站的设计采用了曲线形态的新艺术主义风格。他在环城路设计的邮政储蓄银行是大理石、铝和玻璃的革命性现代主义的融合，它们闪闪发光。

　　从巴塞罗那的角度，我们也可以了解到这一时期城市文化的特殊性。此地的先锋派从被称为帕特里亚尔卡大道（Passage del Patriarca）的商业拱廊入口处的四只猫（Els Quatre Gats）卡巴莱歌舞厅，开启加泰罗尼亚文化的重生。这个卡巴莱将巴黎的艺术表演与皮影戏和木偶戏的流行传统结合起来。它是加泰罗尼亚现代主义的温床。到19世纪70年代，巴塞罗那的现代主义（modernismo）运动已经蔓延到语言、文学和艺术表达的所有领域。该市的富裕资产阶级完全接受了这种生活方式，这与他们在其他欧洲城市看到的生活方式类似，却具有加泰罗尼亚的特色。现代主义意味着摆脱西班牙统治。这意味着加泰罗尼亚语、音乐和节庆以及传统艺术和手工艺的复兴。

　　1888年巴塞罗那的万国博览会是加泰罗尼亚人倾泻创造力的平台。约有200万游客参观了展馆，并参加了根植于当地文化的百花诗赛（Jocs Florals）复兴活动。博览会促进了该市古老的里韦拉（Ribera）区的重建，并利用加泰罗尼亚生产的现代主义风格的材料建造了铁和玻璃的伯恩公共市场（El Born public market）。一家示范医院和监狱被规划，并在兰布拉大道（boulevards of Las Ramblas）和加泰罗尼亚议会大道（Gran Viá de la Corts Catalanes）上安装了电灯。安东尼·高迪（Antoni Gaudi，1852—1926年）是加泰罗尼亚艺术风格的伟大天才。他的许多作品都是为有权势的资产阶级精英在扩展区建造的住宅。纺织业巨头欧塞比奥·格尔（Eusebio Güell）和何塞普·巴特略（Josep Batlló）是他最重要的赞助人，他们将现代运动誉为加泰罗尼亚的文艺复兴。高迪心怀深刻的民族主义和深厚的宗教信仰。他的美学扎根于加泰罗尼亚的自然景观、历史和宗教文化。在海洋生物中发现的颜色和曲线形状是他建造骨屋（Casa Batlló）的灵感来源。外墙和整个建筑仿佛水波一样荡漾，尽显加泰罗尼亚特有的华丽装饰风格。

　　这些美学和建筑原创的场景在欧洲的各个城市上演，受到了寻找根植于本土文化和地方的现代身份的启发。他们得到了自信的富裕精英的支持，这些精英将城市文化想象成共享的世界性价值观与民族主义色彩的混合体。城市景观成为想象这种新的城市性的特殊调色板。这些实验在欧洲的边缘地区得到了最浓烈的表达，那里的城市要应对由多民族组成的不断扩大的人口和现代化的迫切需求。其结果是大量通常被描述为民族浪漫主义的风格化诠释。

伦贝格（利沃夫）抓住了这种文化和审美的复杂性。它位于哈布斯堡帝国产油区的心脏地带，是一个制造业和金融中心，也是新指定的加利西亚王国的首都。加利西亚是18世纪末波兰被帝国列强瓜分后，哈布斯堡帝国从他们分得的那片波兰土地中创造的领土单位。加利西亚位于波兰东南部，即现在的乌克兰地区，是欧洲最贫穷的地区之一。它的南部边界由喀尔巴阡山脉塑造。一旦在喀尔巴阡山脉的山坡上发现石油，来自欧洲各地的冒险家就会来到这个地区寻找"黑金"。加利西亚那散布着农村的广阔乡间地区偏远贫困。但石油财富是伦贝格成为经济发展中心和繁荣的建筑工地的原因之一。伦贝格的金融家们为石油大亨提供了资金支持。[46]它是第一批改用石油为燃料提供公共照明的城市之一。这里的人口到20世纪初达到了16万，并迅速增长到20万。它是哈布斯堡辖区内的第五大城市。

尽管哈布斯堡帝国将该城市的现代化作为其文明化使命的一部分加以推动，但以德语命名的"伦贝格"是由波兰精英、波兰文化的影响以及意第绪语和乌克兰世界塑造的。因此，它的名字多种多样。1925年，德国小说家和旅行家阿尔弗雷德·德布林（Alfred Döblin）沿着莱吉奥诺沃街（Legionow Street）漫步，"那里有充足的光线，白昼的亮光……宽阔的人行道上，在光芒四射的时尚商店前，涌动着成群的人。这些都是高大修长的波兰人，脸色黝黑，穿着现代风格的大衣和尖头鞋……一片混乱，人们在莱吉奥诺沃大街上推搡着。两行人，一条传动带……繁多的灯光把人们聚集起来，宽大的队伍笔直地伸向远处"。该市大约一半的居民是波兰天主教徒。其余的是犹太人和乌克兰人/鲁塞尼亚人，他们都越来越多地从现代民族的角度看待自己。德布林说，"因此，三个民族并肩生活在

利沃夫"，"波兰人，主宰着这个城市……犹太人，不团结，心不在
焉，冷眼旁观……乌克兰人，在哪儿都像透明人……这里危险、悲
伤，被阴谋家和叛乱者的紧张气氛所包围"。德布林经过莱吉奥诺沃
街时，"犹太人成群结队，戴着黑色和棕色的天鹅绒帽子……街上的
波兰教士：面目模糊，粗野而质朴，心地善良。贵族和显贵……绿
色制服的士兵不断走过。他们戴着钢制的头盔，步枪斜放在他们肩
上。雨水太多；树上都是光秃秃的"。[47]

　　作为拥有 9 条独立线路的铁路网枢纽，伦贝格这座城市被哈布斯
堡风格的环形大道所修饰，其两旁是一批酒店、剧院和歌剧院。它
们与该市的历史遗产巴洛克式教堂和修道院相互映衬。在陈旧的加
利西亚，伦贝格是一个优雅时尚的前哨站。当地的媒体和电影院蓬
勃发展。"青年风格"的装饰为新建筑的外墙增添了光彩。在当地精
英和理工学院及应用艺术学校的支持下，当地建筑师在他们的作品
中加入了维也纳分离派的图案，并与民间装饰相融合。奢华的壁画
和彩色玻璃窗，华丽的建筑带有以居住在乌克兰西部的民族命名的
"胡楚尔风格"（Hutzul style）。它也被打上了乌克兰–鲁塞尼亚人分
离派的烙印。这种加利西亚式的伦贝格现代主义风格，在米科拉什
拱廊购物街（Mikolasz shopping arcade）表现得非常明显，这里的天
花板是铁和玻璃，壁画充满节日气氛，在该市新中央车站中，高耸
的圆顶也体现了这种风格。在 1894 年的加利西亚行省综合展览会上，
第一个电车系统开始运行，从中央车站到市中心，再到斯特里基公
园（Stryiskyi Park）的展览会场。展览庆祝了加利西亚的进步和现代
性，并有力地强调了该行省的传统特色。一条窄轨铁路带着参观者
绕过设计成各种奇特风格的展馆。他们对民族学的展示和一个充满
了民间小屋与服装的加利西亚童话村充满了喜爱之情。加利西亚拜

占庭风格的宗教艺术是博览会的亮点之一。[48]一个闪闪发光的白色圆形大厅展示了描绘著名的波兰独立战争的拉茨瓦维采（Racławice）全景图。特价列车将来自华沙、克拉科夫、维也纳、伯尔尼（Bern）和布拉格的观众送至博览会。

　　第一次世界大战，是一个世纪以来非凡的城市发展的掘墓人。战前的几年是欧洲城市文化和影响力的顶峰。城市生活充满了进步、自信和欢快的气氛。然而，有一种潜意识的不安，让人们觉得这种繁荣不会持久，这几乎是对即将消失的现代世界的一种感伤忧郁。人们很容易忽视波罗的海沿岸和鲁尔区的军事集结——基尔、斯德丁、柯尼斯堡和埃森等城市的工人正在制造战舰和重炮。在英国伍尔维奇的皇家兵工厂以及巴黎和里昂的工厂里，机枪和喷火器在装配线中被生产出来。1914年8月，为前往前线的士兵欢呼的人群仍然对即将到来的灾难视而不见。一片人海聚集在柏林的椴树下大街，迎接德皇，高唱爱国歌曲，庆祝战争爆发。这一幕在巴黎、伦敦、维也纳、圣彼得堡重演。每个城市的火车站里，混乱的人潮将站台堵得水泄不通。

　　第一次世界大战并不以城市作战著称，至少在西线和中欧的战事不是如此。从表面上看，城市生活仍在继续。剧院里全是颂扬军队事迹的音乐剧。咖啡馆里仍然挤满了人。当男人去往前线，妇女负责城市服务和公共交通。然而，要认识到战争对城市生活的影响，就必须深入到战争的深渊之中。在这幅欢乐场景的背后，是来自战区的每日公告，以及递送至家门的可怕信件——告知人们他们的儿子、丈夫或兄弟在战斗中死亡。人们涌入城市，在军工厂和战争工业中工作。欧洲主要的冶金和工程公司纷纷投入战争生产，赚取滚滚而来的财富。1917年，约有7.5万人在伦敦的伍尔维奇兵工厂工作。在巴黎，雪铁龙（Citroën）和雷诺（Renault）的工厂转而制造军用车辆和坦克。在都灵，菲亚特接满了卡车和飞机发动机的军事订单。在战争年代，它的员工人数攀升至 4 万人。为了安全起见，鲁尔和上西里西亚工业密集区的德国工厂被迁往国家中心的汉诺威（Hanover）、马格德堡和哈雷（Halle）等城镇周围。波罗的海沿岸的罗斯托克（Rostock）建立了新的军火和飞机工厂。彼得格勒（Petrograd，圣彼得堡）是俄罗斯的军事生产中心。

随着战争的延宕，食品短缺、物价飞涨、仿制品或替代品以及黑市，从一个城市蔓延到另一个城市。奢侈品、肥皂、羊毛和棉花都消失了。肉类、食糖、土豆、鸡蛋和牛奶逐渐被定量配给。食品短缺加剧了社会局势的紧张。为了食糖，来自伦敦东区的妇女到骑士桥的哈罗德百货公司游行。约有 3000 人在伦敦排队等候人造黄油，直到他们的愤懑最终演变成了混战。在柏林，韦丁和利希滕贝格（Lichtenberg）工人区的街头抗议活动蔓延到新克尔恩（Neukolln）、夏洛滕贝格等其他地方。在维也纳和布拉格，愤怒的妇女领导的粮食暴动发生了。在 1916 至 1917 年的可怕冬天，营养不良笼罩着中欧和东欧的城市。柏林的面包店和肉店被洗劫一空。300 多家企业和 30 万名工人进行了罢工，抗议活动蔓延到莱比锡、哈雷和马格德堡。1917 年 2 月，数千名俄罗斯工厂女工发动了一场面包骚乱，骚乱在彼得格勒演变成一场大规模示威。10 多万人涌上街头，要求解决食物短缺的现状。到战争结束时，饥饿和严寒淹没了日常生活。数百万平民因营养不良和流行病而丧生。军队的集结和城市里人口的集中滋生了疫病——1918 年的流感尤为严重。

第一次世界大战带来的损失和痛苦令人震惊。在欧洲大陆上，大约有 660 万士兵死亡。有 500 万平民成为牺牲品。大约有 30 万伦敦、巴黎和柏林的男性在战争中死亡。很大比例的城市伤亡人员是文员、教师，以及担任军官的中下层市民。但就绝对数字而言，整个欧洲的城市伤亡者大多来自工人阶级。葬礼队伍从医院排到公墓，蜿蜒穿过街道。街头出现了临时的悼念地点。西线和东线的战斗都造成了大面积的破坏。平民和难民四处逃离，远离前进的军队。城镇变成了军营，食物和住宿地点被征用，平民被占领军残害。随着战争岁月的推移，难民从一个城镇流浪到另一个城镇寻找食物。许多人被驱赶到临时营地。在西线，战争的主要战场是从海峡沿岸蜿蜒穿过比利时和法国的战壕。城区爆发的战役不多。但是，比利时曾经繁荣的伊普尔（Ypres）和勒芬（Louvain）因挡住了德军前进的道路而被变成了瓦砾。法国北部，兰斯（Rheim）、阿拉斯（Arras）、圣康坦（Saint Quentin）和贝蒂讷（Bethune）等城镇也遭遇了同样的命运。凡尔登（Verdun）被炮火轰击，成为一片废墟。

在东线，处于大战前线的城镇和城市被占领和摧毁。早在1914年，伦贝格就是一场重大战役的发生地，并最终落入俄军手中。土耳其舰队袭击了敖德萨。贝尔格莱德在1915年遭到的轰炸，造成毁灭性的生命和物质损失。一旦德国军队越过多瑙河进入贝尔格莱德，就会发生恶性巷战，因为塞尔维亚人试图保卫这座城市。在哈布斯堡帝国、德意志帝国和俄罗斯帝国之间，波兰的领土是最激烈的战斗现场，这里遭受了巨大的人员和物质损失。波兰的城市处于战争的前线。随着德军的推进，约有100万波兰难民向东逃到俄罗斯防线后面。到1914年年底，华沙已经涌入了10万名难民。戒严令被宣布了。随后，在1915年8月，这座城市被德军占领，并受到其直接的军事控制。经济一片混乱。通货膨胀失控。失业率高达75%，约5万名工人被疏散。城市的人口减少了近20%，在战争结束时又急剧增加。[49]波兰的城镇和村庄变成了废墟，它们的工厂被拆除并运往德国。它们被撤退的俄国军队洗劫一空，然后遗弃。挤满了难民的东线城市还遭受着传染病的围困。疟疾、痢疾、伤寒等疾病造成的死亡人数是直接作战的 4 倍。这场战争遗留下的，是彻底的苦难、死亡和绝望。从任何意义上讲，这都是一场非同寻常的灾难。

第8章　电力城市和先锋运动之旅（1920—1930年）

当1919年巴黎和会的与会代表们完成谈判并带着新的欧洲地图凯旋时，该大陆上许多城市已经处于危机状态数年了。尽管人们抱着较高的期望，但在战后的初期，很少有事情能够顺利进行。圣彼得堡和莫斯科的街道在布尔什维克革命中挣扎。不复存在的俄罗斯帝国和哈布斯堡帝国的城市被德国和俄罗斯军队反复占领和掠夺。具有讽刺意味的是，一些城市在空前动荡和政治危机的时刻，被巴黎和会隆重地指定为首都。到处都是绝望和可怕的贫困景象，以及总是伴随着战争发生的贪婪的投机和掠夺。街头冲突和各种抗议，甚至是公然的叛乱，剥夺了人们的安全感和正常的日常生活。

卡托维兹和上西里西亚的工人发动了武装起义，波罗的海城市基尔的水手和士兵也进行了起义。布尔什维克革命的冲击刺激了欧洲绝望的士兵和工人。在欧洲各大帝国正在崩溃的地理范围内，一批工人苏维埃在城镇中建立起来。1918年，3次大规模的工业罢工浪潮破坏了奥地利和匈牙利经济迅速复苏的希望。到1919年，在巨大的公众示威中，布达佩斯暂时成为匈牙利苏维埃共和国的首都。维也纳的左翼革命流产了。柏林见证了暴力政变的企图、罢工、暗杀、针对该市犹太人的恶性大屠杀，然后是马克在破坏性的通货膨胀螺旋中的崩溃。战败的普鲁士德国的首都，是一个"世界末日实验室"，[1] 它在 20 世纪 20 年代初期从一场经济政治危机跌跌撞撞地陷入另一场危机。它既是邪恶和野心的吸铁石，也是不受欢迎者和流离失所者的污水坑。即使是战胜国——法国、英国和意大利，对它们来说，也没有什么值得庆祝的。所有的物资都短缺。不计其数的虚弱和营养不良的人成为 1918 年毁灭性流感大流行的受害者。流感对年轻人的攻击尤为凶猛，在战争大屠杀外增添了额外的恐怖。

　　尽管社会是如此不稳定，又或许正是因为不稳定，20 世纪 20 年代是前所未有的文化试验和对未来真正充满希望的年代。"20 年代"有一种喧闹的外向性。人们对现代社会和革命性变化的潜力感到鼓舞。他们沉浸在新技术和娱乐业的炫目之中。欧洲城市的文化和知识界在新视野的万花筒中爆炸式发展。这种文化生产部分是由移民社区推动的。战争和持续的政治动荡使更多的外国人进入大城市。在这个移民旋涡中，有不少人是曾在前线作战的殖民地退伍士兵，以及殖民地的学生和政治异见者，其中许多人受到警察的监视。在伦敦和巴黎，帝国的纽带无处不在。1925 年，伦敦举办了大规模的文布利帝国博览会（Wembley Imperial Exposition），在殖民地展馆里展出了"人类动物园"，数千人参加了壮观的"帝国盛典"表演。1931 年，在文森森林（Bois de Vincennes）举行的巴黎国际殖民博览会是一个令人惊叹的帝国幻想乐园。约有 3300 万游客漫步于充满殖民产品和异国装饰的展览之中。他们目不转睛地看着豪华的现代殖民主义（colonial moderne）建筑，其中包括柬埔寨吴哥窟的奢华复制品。

　　在这种帝国主义的官方形象外，伦敦和巴黎都成了反帝活动的思想中枢。来自印度、亚洲和非洲的学生在几年内纷纷涌入伦敦和巴黎。西非和加勒比海地区的知识分子在伦敦的苏荷（Soho）区和卡姆登（Camden）区的旅店、黑人俱乐部和互助会中孕育出他们的反殖民主义和泛非洲的政治理想抱负。一位来自特立尼达（Trinidad）的学生回忆说，种族主义意味着"几乎完全脱离了英国人的思想和情感……他加入了所有的'国际俱乐部'、'英联邦俱乐部'和'海外学生俱乐部'，他与其他国家的有色人种交朋友……他发现与他们有一种亲近感……他已经成为一个黑人，在黑人对白人的阵营中站队"。[2] 伦敦西区的苏荷区长期以来一直以狂放不羁而闻名。它是一处流亡者和流浪者的多语种避难所。苏荷区的夜生活在舞厅和夜总会的爵士乐中活跃起来。其尘土飞扬的街道聚集了伦敦街头拉客的妓女和妓院，也是声名狼藉的同性恋聚集区。[3] 布卢姆斯伯里（Bloomsbury）是另一个知识分子的聚集地，也是外国人的聚集地，尤其是印度人和西印度人，他们的民族主义倾向和独立运动正在发酵。

法国拥有最大的难民和移民队伍。许多不同种族的人在巴黎安家落户。作家乔治·奥威尔（George Orwell）当时在协和广场（Place de la Concorde）附近的一家旅馆的厨房里工作，他看到："不同种族的人做不同的工作。办公室雇员、厨师和缝纫女工是法国人，侍者是意大利人和德国人……洗碗工（plongeurs）则来自欧洲各色人种，包括阿拉伯人和黑人。"[1][4] 据报道，到1930年，巴黎地区已经有10万名意大利人和7万名北非人。来自布达佩斯和萨格勒布等城市的东欧知识分子和艺术家在巴黎与超现实主义者和先锋派混在一

---

[1][英]乔治·奥威尔：《巴黎伦敦落魄记》，胡仁鹏译，李锋校，南京：江苏人民出版社，2006年，第51页。

起。拉丁美洲的政治动荡吸引了大约 1.5 万名主要是上层人士和知识分子的侨民。来自越南和中国的学生数量激增。他们使拉丁区的学生旅馆和廉价小酒馆成为反帝国主义学说和共产主义活动的波希米亚温床。[5] 其中一些人，例如周恩来和邓小平，将成为政治领袖。遍布巴黎各地的越南和中国小餐馆成为政治活动和互助的聚会场所。在蒙马特尔的夜总会和蒙帕尔纳斯（Montparnasse）的小酒馆里，聚集着自美国移居的艺人。巴黎左岸的廉价酒馆和酒店是美国侨民文人的聚集地。蒙马特尔脚下的皮加勒广场（Place Pigalle）是一片酒吧和夜总会齐聚、弥漫毒品和性的疯狂场景，是颓废和创意的可燃混合体。非洲裔美国爵士乐手与白俄流亡者、好色的游客以及战争年代难民的旋风混杂在一起。[6]

地震般的欧洲领土重构，造成了广泛和剧烈的流离失所和被迫迁徙。约 70 万德国人离开了新的波兰国家，超过 10 万德国人离开了成为法国的一部分的阿尔萨斯－洛林（Alsace-Lorraine）。有 100 万至 200 万波兰人从撕裂俄罗斯的革命和内战中逃离。许多犹太家庭逃离迫害。那些留在与新成立的苏联接壤的边境地区的人，被卷入了激烈的边境冲突和血腥的内战之中。另有 100 万在内战中同情白军的俄罗斯人前往欧洲[1] 或远东。拉脱维亚、立陶宛和爱沙尼亚等新的波罗的海国家涌入了数以万计的俄罗斯难民。大约 50 万名被驱逐的匈牙利人被赶出了在和平协议中失去的领土，跌跌撞撞地来到布达佩斯，无家可归，希望渺茫。在南斯拉夫，移民政策驱使德国人、保加利亚人、匈牙利人和土耳其穆斯林流亡。土耳其军队在叙利亚沙漠中对亚美尼亚人实施的死亡行军和大屠杀产生了一波绝望的幸存

––––––––––

[1] 此处的欧洲指西欧或中欧地区。

者。约有135万的希腊人被迫离开土耳其，而50万土耳其人和其他穆斯林被驱逐出希腊。希腊和保加利亚之间发生了大规模的人口交换。[7] 由于墨索里尼（Mussolini）的法西斯政权推行的极端民族主义，5万至10万的斯拉夫人逃离了意大利。

　　欧洲大都市成为了所有这些逃亡者的主要目的地，他们被迫在痛苦的环境中创造新的生活，许多人沿着一条令人眩晕的路线从一处走到另一处。他们带着令人不安的生存故事到达此处。许多人受过良好的教育，是知识分子中才华横溢的成员。他们体现了在一个摇摇欲坠的世界中以某种方式创造性地延续生活的能力。小说家约瑟夫·罗特（Joseph Roth）是第一次世界大战后许多流离失所和漂泊的知识分子的典型代表。罗特出生在加利西亚东部布罗迪（Brody）的一个犹太家庭，他先是搬到了伦贝格，然后到维也纳学习。他是哈布斯堡帝国民族大熔炉的产物，在第一次世界大战中帝国崩溃时遭受了巨大损失。1920年后，他在柏林成为一名记者，报道现代城市生活。乘坐柏林城市交通工具时，罗特向外看去，"夜晚来临，一盏顶灯亮起。它的照明是油腻腻的；它在阴霾中燃烧，就像雾海中的星星。我们骑车经过亮起的广告牌，经过一个没有负担的世界，在那里，洗衣粉、雪茄、鞋油和鞋带的商业赞歌突然在黑暗的天空中闪耀"[8]。1925年，他到了巴黎，希特勒（Hitler）在德国上台后，他就在巴黎定居。俄国革命和内战驱使大批俄国人西进到欧洲的大国首都。作家弗拉基米尔·纳博科夫（Vladimir Nabokov）逃离了他的家乡圣彼得堡，先是去了克里米亚，然后去了英国，又在柏林定居了一段时间，他发现自己身无分文，只能靠亲戚的接济和偶尔教授语言和网球课为生。约有20万俄罗斯人居住在柏林的夏洛滕贝格、舍讷贝格和维尔默斯多夫等西部地区，另有

20万人在巴黎的西部地区居住。为了保护俄罗斯语言和文化，他们形成了一个紧密的移民社区，拥有自己的学校、东正教教堂、小餐馆和剧院，以及资金微薄的出版物和报纸。

强大的移民力量继续将欧洲的人口转移到城市。欧洲在两次世界大战之间增加的人口为9350万，大多数是城市居民，约有8000万。相比农村，城市生活获得了明显的主导地位。欧洲有大约265个人口超过10万的城镇。在西欧和中欧，所有的人口增长几乎都在城镇。在以农村为主的南欧和东欧，最大的人口增长也发生在城镇和城市。欧洲东部，特别是在巴尔干地区和苏联，城市增长率是欧洲最高的。城市吸纳了难民和流离失所者，以及来自农村寻求就业的移民。最大的大都市吸纳了欧洲越来越多的人口，尤其是在重要首都地区。1920年，有8个欧洲城市的居民超过了100万。到两次世界大战的间隔时期结束时，这个数字已经翻了一番。[9]人口增长最多的是东欧新定的首都城市，这些城市无疑是最没有能力管理人口流入的。虽然19世纪的巨型大都市仍在增长，但其中心区的人口正在向周边地区流失。伦敦、巴黎和维也纳正在向外扩张，成为巨大的阿米巴虫式的城市群。

大众文化和民主、大规模生产和大众传播是这个时代的象征。20世纪20年代的"崇美主义"是一个欧洲术语，可用于任何与物质主义、机械化和标准化以及娱乐有关的东西。构成大众文化的所有影响都与大西洋彼岸的大国有某种联系。好莱坞电影、光鲜的广告和纽约市的摩天大楼形象使欧洲城市的居民着迷。他们是美国黑人雷格泰姆，特别是爵士乐的忠实听众，爵士乐是来自哈勒姆（Harlem）和芝加哥的夜总会的即兴前卫音乐。它很摩登，又令人振奋，具有异国情调。大巴黎爵士乐俱乐部，如米切尔（Mitchell's）

或泽利俱乐部（Zelli's）的常客冒着碰上蒙马特尔罪犯的风险来到这里，但他们可以听到美国艺术家和法国爵士乐手的现代之声，这种音乐正是从巴黎的美国黑人社区学来的。1921 年 5 月，爵士乐手悉尼·贝谢（Sidney Bechet）和"最有名的美国南方切分音乐团"在巴黎演出，并在欧洲巡回演出，1926 年还抵达了莫斯科。约瑟芬·贝克（Josephine Baker）和路易斯·阿姆斯特朗（Louis Armstrong）等美国表演者轰动了巴黎和柏林。贝克和她的舞伴乔·亚历克斯（Joe Alex）以其充满异国情调的《野性之舞》（*Danse Sauvage*）俘获了观众。他们一夜成名。20 世纪 20 年代，她的《黑人时俗剧》（*La Revue Nègre*）在欧洲各大城市巡回演出，远至布加勒斯特。以性感黑人演员为特色的综艺节目是广泛"恋黑"风潮的一部分，在当时风靡的殖民博览会上的原始主义"人物秀"和人类动物园中，这种趋势也是显而易见的。也有许多人谴责爵士乐是对欧洲的威胁，并警告称非洲黑人和美国贫民窟音乐会带来邪恶的影响。

　　美国资本主义和东方的苏联共产主义实验的诱人力量被描绘成对未来迷人的愿景。两者都散发着对 20 世纪大众社会可能性的过度乐观，这种乐观既具有真正的感染力，也隐藏着忧虑。对于那些崇尚平等社会与社会和谐的人来说，苏联是一座希望的灯塔。当工业家和演艺界人士推崇美国人的潇洒时，左翼艺术家、建筑师和社会改革者则拥护共产主义理想和将他们的专业知识用于为国家服务的理念。然而，欧洲的做法绝非盲从美国主义和布尔什维克主义的全方位文化逻辑。欧洲发展了自己的大众文化风格，这些风格由于国家习俗和政治经济的力量变得更加独特。外来的影响被城市肌理吸收，并被当地环境的深度所转化。

　　尽管第一次世界大战后的几年为政治和经济危机所困，但那也是一个惊人的工业突破的时刻。一种神话般的观点将美国资本主义看作经济生产力的化身。资本积累、流水线生产和科学管理（被称为福特主义和泰勒主义）很快被欧洲大型制造商采用。电气工程和化学工业在20世纪20至30年代逐渐成熟，全新的技术工人队伍被创造出来。欧洲的各大城市都挂满了电缆、电话线杆和像意大利面条般纵横交错穿过天空的电线线路。电气设备制造业为欧洲各地成千上万的工人提供了就业机会。到1930年，总部设在巴黎的通用电气公司（Compagnie Générale d'Electricité）[1]雇用了2万人，并控制着50家生产电气设备的公司。在布达佩斯，多瑙河电气公司（Duna Electric）大规模生产电缆、电线和电话，与此同时，联合白炽灯公司（United Incandescent Lamp Company）在20世纪30年代雇用了5000名工人。后者在维也纳和华沙设有分支机构，生产灯泡并装箱出口到53个国家。基本的家用电器也开始进入普通消费者的视野。瑞典的伊莱克斯公司（Electrolux Company）在斯德哥尔摩、柏林和巴黎以外的工厂生产冰箱和真空吸尘器。电话、收音机和留声机被陈列在百货商店的橱窗里，供购物者欣赏。飞利浦公司（Philips Company）在艾恩德霍芬的工厂生产电动剃须刀、收音机、灯泡和真空管。人们对这些消费品有着巨大的需求。

　　化学和材料工业不断推出新产品，特别是铝、橡胶合金、药品、农业肥料和摄影设备。英国最大的工业公司是化学巨头帝国化工（Imperial Chemical）和利华兄弟公司。罗纳·普朗公司（Rhône Poulenc company）在里昂附近的圣丰（Saint Fons）的工厂开发工业化学品和特种化学品，在巴黎地区的塞纳河畔维特里（Vitry-sur-

---

[1] 此公司与美国通用公司无直接关系。

Seine）开发药品，员工数达到 1 万名。圣戈班（Saint Gobain）和库尔曼（Kuhlmann）的企业集团各有 1.5 万名员工，在巴黎郊区以及波尔多、马赛和法国各地城镇的工厂网络中生产化肥、胶水和糊剂。在德国，巴斯夫（BASF）和法尔本（IG Farben）公司建立了染料和药品、合成肥料、橡胶和塑料方面的研究实验室。洛伊纳–布纳–比特费尔德（Leuna-Buna-Bitterfeld）"化学三角区"开始在德国北部的梅泽堡（Merseburg）和比特费尔德镇以及当地的煤炭和钾盐矿周围形成。德国通用电气建造了世界上最大的发电厂，将电力供应给三角地带的化学巨头，如巴斯夫和爱克发公司。约 2 万人在洛伊纳的巴斯夫工厂生产合成产品。爱克发集团雇用了 1 万名工人生产合成纤维和摄影胶片，包括最早的彩色胶片。[10] 1925 年，法尔本公司经由一系列并购重组成立，总部设在法兰克福，是欧洲最大的公司。它有 10 万名员工，生产范围涉及从染料、药物到合成油和橡胶、炸药和毒气的所有产品。其超现代的法兰克福总部是欧洲当时最大的办公大楼。

当然，我们还未提到汽车对城市生活所产生的日益增长的影响。汽车所有权仍然主要属于富人和不断壮大的中产阶级。汽车的发烧友可以漫步在巴黎香榭丽舍大街和伦敦西区的豪华汽车展示厅中。但是，随着越来越多的人搬到周边的郊区，汽车成为日常生活中必不可少的组成部分。如在 1931 年，已经有近 50 万人每天往返于巴黎周边的郊区和市中心之间。[11] 汽车司机开始要求获得公用通道和建造用于高速行驶的道路。大规模机动车化已经提上日程。众多开创性的汽车生产商被筛选淘汰，只剩下那些能够跃入流水线大规模生产的生产商幸存下来。最初，法国在汽车生产方面仅次于美国。安德烈·雪铁龙（André Citroën）被认为制造出了欧洲第一辆能投入大规模生产的汽车。位于加维尔沿河路（Quai de Javel）的巴黎工厂被彻底重建，以生产革命性的前轮驱动的前驱车（Traction Avant），这是当时道路上最时尚的汽车。雪铁龙在巴黎北部的圣旺（Saint-Ouen）工业区建立了另一家工厂。装配线并不是雪铁龙唯一吸收的美国式做法。1925年，他在埃菲尔铁塔上用25万盏电灯装饰出了雪铁龙的标志，引起了一片哗然。雷诺位于巴黎西南部塞贡岛（Ile Seguin）的大型工厂被誉为"未来的工厂"，它是劳工的战斗堡垒。在它20世纪30年代的高峰期，每天早上约有3.7万人通过其大门，打卡上班。

英国超过了法国，成为欧洲最大的汽车生产国。莫里斯迷你汽车（Morris Minor）、奥斯汀7号（Austin Seven）和福特8号（Ford Eight）汽车立即取得了成功。福特汽车公司的工厂最初位于爱尔兰的科克（Cork）和曼彻斯特。1931年，福特在伦敦东部的码头区开设了德根哈尔工厂群（Dagenham complex）。它被称为"欧洲的底特律"。许多汽车工厂都集中在考文垂（Coventry）和伯明翰周围的西米德兰兹（West Midlands），汽车零部件供应商将它们包围起来。在20世纪20年代，奥斯汀（Austin）在伯明翰的大型长桥工厂主导了英国的汽车市场。作为英国最大的工厂群之一，伯明翰北部的"邓洛普堡"（Fort Dunlop）气势恢宏，每年生产数千条轮胎。到20世纪30年代初，位于考利（Cowley）镇的莫里斯工厂（Morris plant）每年要生产6万多辆汽车。[12]菲亚特是意大利汽车市场的代名词。它通过在都灵庞大的米拉菲奥里（Mirafiori）和林戈托（Lingotto）工厂转向大规模生产，并开始生产小型的"小老鼠"（Topolino）和"巴利拉"（Balilla）车型。林戈托工厂的建筑群在20世纪20年代是世界上最大的，有5层楼和一条螺旋形的道路，可以垂直地将成品车运到屋顶的测试跑道上。20世纪30年代，菲亚特高管参观了福特在密歇根州迪尔伯恩（Dearborn）的里弗鲁日工厂（River Rouge plant），并回到都灵以美国生产模式设计了新的拥有4万名员工的米拉菲奥里工厂。在瑞典，沃尔沃（Volvo）在哥德堡（Gothenburg）市开始生产乘用车和轻型卡车。德国萨克森州的茨维考（Zwickau）是一个汽车之都，有霍希（Horch）和奥迪（Audi）工厂。费迪南德·保时捷（Ferdinand Porsche）设计了希特勒的"人民汽车"，即"KdF-汽车"或大众汽车（Volkswagen），这种车型于1936年从沃尔夫斯堡（Wolfsburg）的汽车厂推出。美国福特汽车公司和通用汽车公司也在欧洲大陆开设了装配厂，最远甚至开到了苏联。在福特和菲亚特管

图36　菲亚特的林戈托工厂，都灵，1921—1923 年

理层对巨大的吉尔汽车（Zil）综合体的帮助下，莫斯科成为一个"汽车城"。

大规模生产和消费成为城市经济的驱动力。捷克斯洛伐克这个新国家拥有哈布斯堡君主国很大一部分工业遗产。哈布斯堡的战马地区内莱塔尼亚（Cisleithania）的全部工业能力的大约70%都集中在捷克斯洛伐克。捷克斯洛伐克拥有1360万居民——只比已解体的哈布斯堡君主国的四分之一多一点，却拥有与西欧相当的经济。波希米亚和摩拉维亚是该国城市化程度最高的地区，拥有首都布拉格（当时人口为676657人）和比尔森（Pilsen）、赫拉德茨（Hradec）、克拉洛韦（Králové）、帕尔杜比采（Pardurbice）、利贝雷茨（Liberec）和俄斯特拉发（Ostrava）等工业集群。它们形成了欧洲的主要制造业区之一，拥有纺织和机床工厂，以及化学和玻璃工厂。捷克斯洛伐克还继承了以比尔森的斯科达工厂（Skoda Works）为主导的武器工业。摩拉维亚首府布尔诺和附近的兹林（Zlín）镇凭借自身实力成为工业发展强劲的地区。

兹林的巴塔鞋业公司（Bat'a Shoe Company）从一个小鞋匠的生意演变成一个现代工业企业。在参观了德国的工业区和福特在密歇根州里弗鲁日的工厂后，托马斯·巴塔（Thomáš Bat'a）对他在兹林的工厂进行了全面翻修和"福特化"。到20世纪30年代初，该公司为30栋楼的生产设施雇用了1.87万名员工，每天生产14.4万双鞋——这标志着大规模生产时尚的新力量。巴塔公司在整个捷克斯洛伐克的城镇建立了大约1800个零售点，其中一些最终扩展为百货商店。位于布拉格温瓦茨拉夫广场（Wenceslas Square）的巴塔商店是现代主义与市场营销融合的产物。外墙上唯一的装饰是公司的标志，在霓虹灯下熠熠生辉。巴塔公司急于扩大自己的影响力，在兹林建立了自己的电影制片厂，成为捷克电影制作的中心。[13]巴塔公司不仅雇佣和安置了兹林的大部分居民，还为该镇提供电力和通信服务。城市的住房、学校、百货商店、酒店和电影院全都是基于标准化的模块。巴塔与建筑师和工厂经理合作，布置了一个具有工业美学的当地田园城市。预制构件组装的平顶家庭住宅是钢筋混凝土、砖和玻璃外墙的结合。公司总部坐落在一座16层的玻璃和钢铁的摩天大楼里，这是欧洲最早的高层建筑之一。到20世纪30年代，巴特公司是世界上最大的鞋类制造商之一。随着公司业务的扩大，它在许多欧洲城市按照兹林模式建造工厂和工人住房。

　　数以千计的人作为有薪雇员从事销售、管理职位和行政工作。银行和保险、零售商业、娱乐和媒体以及运输成为新的产业。这些产业催生了一个新的中产阶级，一个可识别的年轻工人群体，"他们的存在——特别是在柏林和其他大城市"，德国文化评论家齐格弗里德·克拉考尔认为，"越来越具有标准的特征"。他们年轻，受过教育，是超越了无产阶级的存在，沉迷于商业、时尚和娱乐。独立的"新女性"在街上潇洒地走来走去。她们的头发很短，裙子更短。她们抽烟，喝酒，开汽车。她们的姿态优雅复杂。柏林著名的观察家弗朗茨·黑塞尔评论说："一种新型的女性正在出现……年轻的先锋派，战后的柏林女性……她们健康的微笑和自信的态度，以及她们在下午的陶恩青大街（Tauentzienstraße）和库达姆大街的混乱中成双成对地强行通过，令人耳目一新……敏捷而流畅，她们朝橱窗而去。"[14]新一代人接受了大众文化和城市生活，对克拉考尔来说，他们沉溺于"消遣的狂热"。他们沉迷于娱乐、魅力和时尚的魔力，以及旨在安抚大众的大片的诱惑。[15]豪华的电影宫的门票每天都能售罄。

　　广告业将购物描绘成一种幸福的体验，激发了人们对汽车、收音机以及香烟、化妆品和最新时装的渴望。品位和消费的民主化为城市社会奠定了基调。广告无处不在——在建筑物上，在有轨电车上，在用于展示商品的箱子上，也在人行道的广告柱上。霓虹灯爆炸似的光芒照亮了整个城市。它是城市生活的潮流。1928 年 10 月，当该市的零售协会举办"柏林灯光"周时，柏林对电力照明的炫耀达到了一个新的水平。该活动在 4 个晚上，将城市的纪念碑和商业建筑全部置于灯光之下。[16] 库达姆大街成为柏林的主要购物大道。在20 世纪 10 年代的发展中，它超越了老城中心，使西部城区成为新社会的象征。这条大道是柏林面貌变化的代名词，呈现它的无常、速度和现代生活的戏剧性。西部的咖啡馆是波希米亚人和城市知识分子的聚集地。对约瑟夫·罗特来说，库达姆大街的唯一永久特征是

图 37　穿过库达姆大街，柏林，1926 年

其永不停息的变化能力。"因此，库达姆大街日夜不停地延伸着……
长久以来，我一直试图猜测它的秘密，猜测使它能够在其面貌的所
有突然变化中保持自身的品质——是的，它变得更加像它自己。它
的易变性是不可改变的。它的不耐烦是宏大的。它的不连贯性是连
贯的。"[17]这是一个由霓虹灯照明和极华丽的电子广告、百货公司和
奢侈品专卖店组成的耀眼剧场。其中交错着综艺表演、餐馆和晚宴
俱乐部，以及壮观的电影院。库达姆大街是新兴中产阶级的梦想，
他们将对大众文化和娱乐的投入视为身份认同的一部分。

　　捕捉柏林狂热的节奏和旺盛的生命力成为这座城市中艺术家和
知识分子的执念。他们富有穿透力的目光便是这些年该市创造力蓬
勃最重要的记录。在瓦尔特·鲁特曼（Walter Ruttmann）1927 年拍
摄的实验电影《柏林，一座伟大城市的交响曲》（Berlin, Symphony
of a Great City）中，镜头跟随着城市狂热的步伐、忙碌的街景、霓
虹灯闪烁的夜晚。行人匆匆忙忙，打字机啪嗒作响，报纸从印刷机
里滚出来，被街头小贩拼凑起来出售。就在柏林历史区的东部，亚
历山大广场是一个由百货公司和电影院、新办公大楼、混乱交通以
及为修建一个巨大地下地铁站进行的震耳欲聋的施工区所组成的区
域。"柏林的亚历山大广场是什么？"瓦尔特·本雅明问道，"在过去
的两年里，这里发生了最猛烈的变革，挖掘机和手提钻一直在工作，
地面在它们的冲击下，在公共汽车和地铁之下颤抖，大都市的内部
比其他地方更深地被暴露出来。"阿尔弗雷德·德布林是这个城市最
犀利的编年史作者。本雅明打趣说，德布林"在柏林内部说话。这
是他的话筒"。[18]德布林在他 1929 年的文学名著《柏林亚历山大广场》
（Berlin Alexanderplatz）中，在他的刊载于报纸的故事、广播节目和
1931 年他的小说改编的电影中，描绘了亚历山大广场变幻无常的场

景。通过一个试图自我救赎的小罪犯的眼睛，德布林捕捉到了这个大城市可怕的节奏和肮脏的底层。这是一个阴暗、痛苦的地方，无名小卒迷失在日常的工作中。这部小说饱含流行文化、电影和广告中的柏林俚语。[19]

小报、广播和电影成为大众媒体。在每个主要城市，由新闻帝国拥有的两到三家大型日报都在发布耸人听闻的新闻和俗艳的广告。记者在主要大道上的报社里跑进跑出，忙碌地穿梭着，工人则在机器上操作，把新闻制成日报供大众阅读。巴黎的《费加罗报》(*Le Figaro*)在其位于香榭丽舍大街的总部外墙上展开了巨大的广告页。[20] 在伦敦，《每日邮报》(*Daily Mail*)、《每日电讯报》(*Daily Telegraph*)、《每日镜报》(*Daily Mirror*)和《每日快报》(*Daily Express*)的神经中枢里，打字机的敲击声此起彼伏。大众市场的杂志和漫画书的销量高达数百万。广播是一种新的连接媒介，它将欧洲的城市和城镇连接到一个全大陆的发射塔系统中，并以全新的方式将城市的体验同质化并且统一起来。无线电的"奇迹"是欧洲家庭生活的重要组成部分，而早期的阴极射线管电视机正在进入商业生产。在1926年，当英国广播公司（BBC）成为一个公共实体时，英国已有超过200万台无线电接收器。在20世纪30年代末，调谐无线装置的数量跃升至900万。几乎每4个英国家庭中就有3个拥有1台。位于伦敦波特兰广场（Portland Place）的BBC广播大楼是一处现代主义艺术风格的总部，符合无线广播媒体的未来方向。它是为无线电传输而设计的，并配备了特殊的录音室。法国有超过400万台无线电接收器，俄罗斯有450万台。捷克斯洛伐克、瑞典和荷兰各拥有100多万台无线电设备。对无线广播的需求激增。新的广播电台增长得如此之快，以至于中等无线电频段无法跟上。1926年，整个欧

图 38　连着火车站的亚历山大广场，韦特海姆百货公司，以及红色市政厅的塔楼，柏林

洲有 123 个电台，到 1939 年，大约有 463 个电台在广播。[21]波兰电台在华沙、克拉科夫、卡托维兹、维尔诺（Wilno，维尔纽斯 [Vilnius]）、波兹南、托伦、利沃夫和罗兹都有电台。在几乎每一个中产阶级和许多工人阶级家庭中，一家人都会聚集在一台气派的收音机前收听广播。在 20 世纪 30 年代，德国有超过 400 万台收音机。德国的广播业有 1500 多名雇员和大约 4 万名自由从业者，这是一个庞大的行业。[22]魏玛共和国的广播迷们在柏林西区的现代主义广播大楼里，收听德国之声电台提供的音乐和新闻节目。

　　第一次世界大战结束后，艺术家乔治·格罗斯（George Grosz）

回到了柏林。"那是狂野的岁月。我疯狂地投入生活之中，并与那些从这种绝对的虚无中寻找出路的人结成团队。"[23] 1918年的德国革命曾在一个短暂的时刻为一个激进的新世界带来希望。艺术家和知识分子加入了共产党和工人与士兵委员会，他们在柏林的街道和公共空间上演了达达主义的震撼表演和艺术事件。在20世纪20年代，该市的40家剧院上演了精彩的剧目。剧作家贝托尔特·布莱希特（Bertolt Brecht）是政治艺术的领军人物之一，他代表着被美国爵士乐和电影、观赏性运动和大西洋彼岸的侦探故事所吸引的现代人。但与此同时，他也是一名德国共产党的坚定成员。布莱希特的《三毛钱歌剧》（The Three Penny Opera）通过描写柏林黑社会的骗子和暴徒，将资本主义社会的卑劣表现出来。他的实验性卡巴莱风格歌舞剧《城市的丛林》（In the Jungle of Cities）和《马哈冈尼城的兴衰》（The Rise and Fall of the City of Mahagonny）描绘了现代大都市的堕落。乔治·格罗斯将库达姆大街一带的时尚行人描绘成一个对人类痛苦现实毫不关心的腐化的资产阶级。他的讽刺画描绘了柏林的妓女和暴发户。柏林是一个巨大的喘息之城，每个人都陷入了无情的喧嚣之中。格罗斯对柏林的画像是无情的、丑陋的，意在传达震撼和冒犯。

　　柏林的这种颓废感，在公共文化中公开弥漫的性欲中表现得最为明显。这座城市以其时俗剧而闻名——这种奢侈舞台剧的特色是音乐与舞蹈、精致的布景与服装，以及在诱人的脱衣舞台上，成排的微笑美人的踢腿。这些怪物般的场面将欲望勃发的观众引到了弗里德里希大街附近的剧院区。那是一个丑闻缠身又渴望关注的世界。城中一夜，意味着巡游卡巴莱歌舞厅和夜总会的裸体表演。舞蹈家安妮塔·柏柏（Anita Berber）是那个时代最丑闻缠身的明星之一，她炫耀自己的双性恋，在柏林阿波罗剧院和冬季花园音乐厅容光焕发地跳着裸舞。埃尔多拉杜夜总会（Eldorado nightclub）有一排令人眼花缭乱的"变装皇后"。秘密舞厅和脱衣舞俱乐部风靡一时。柏林的情色、放荡不羁的性文化、红灯区，以及同性恋亚文化的公开秘密，吸引了大量的崇拜者和好奇者。性旅游成为一个蓬勃发展的行业。这座城市的"性堕落"和夜生活的刺激气氛，成为色情文学、难以计数的体检报告、扫黄队的突击检查，以及改革者——尤其是那些乐意把矛头指向这座城市的犹太人的人——攻击的对象。但这并不能阻止这片喧嚣的放纵和繁荣。

随着战争的结束和各个庞大帝国的崩溃，在旧帝国的领土上，曾经的省级城市突然成为新成立的国家的首都。第一次世界大战结束后的各种条约条款，为中欧和东欧勾勒出了一个全新的政治地理格局。芬兰成为一个独立国家，其首都设在赫尔辛基。爱沙尼亚的塔林、拉脱维亚的里加和立陶宛的维尔纽斯等波罗的海新首都被隆重地宣布成立。波兰被改组为波兰第二共和国，首都为华沙。布拉格被宣布为独立的捷克斯洛伐克的首都。维也纳继续作为萎缩得令

图39　哈勒时俗剧中的蒂勒女孩，1927年

人震惊的奥地利首都。乌克兰宣布独立，首都是基辅。随着奥斯曼帝国影响的消退以及哈布斯堡帝国和俄罗斯帝国的解体，用来指代东南欧地区的"巴尔干"一词，以及"巴尔干主义"和"巴尔干化"等说法开始流行起来。[24] 在一个完全重塑的区域地理中，贝尔格莱德被宣布为一个统一的南斯拉夫的首都。索非亚是保加利亚的首都。1920 年，地拉那（Tirana）成为独立的阿尔巴尼亚的首都。在某些情况下，新首都既不是最大的也不是最重要的城市，仅仅是地缘政治讨价还价的结果，正如地拉那。不管起因如何，这些成为首都的城市在 20 世纪 20 年代成为充满活力的现代主义文化中心。创建一个首都城市，相当于加入了欧洲国家的大家庭。这是一个具有象征意义的独特行为。

　　尽管人们对独立感到欣欣鼓舞，但从战争废墟中形成的这些新国家面临着巨大的挑战——首先是社会和经济的疲软。特别是在与新苏联有争议的边界上，暴力和内乱一直持续到 20 世纪 20 年代。新的领土边界即刻便带来了经济损失。贯穿哈布斯堡、德国和俄罗斯领域的传统分销和运输网络崩溃了。里加的工业在战争期间遭受了大规模的蓄意破坏和毁灭。它的俄罗斯波罗的海汽车厂在 1915 年被运往俄罗斯。这个城市曾经强大的工业公司只剩下了空壳。俄罗斯市场的丧失使其几乎不可能恢复战前的生产水平，甚至持续到了 20 世纪 30 年代。罗马尼亚在德国占领期间被洗劫一空，石油产量下降到战前水平的三分之一。布达佩斯的匈牙利电影业突然被切断了与特兰西瓦尼亚的科洛斯堡制片厂（Kolozsvar Studios）的联系，失去了在巴尔干地区的广泛市场。巴尔干半岛被相互敌视和不安全感所困扰。在民族主义激情的蒙蔽下，各继承国都试图与过去一刀两断，用鲁莽的经济自给自足政策把自己围起来。尽管在西欧资本的帮助下，当地的工业确实得到了发展，但这种战略除损害它们的发展外，没有起到任何作用。尽管地理位置接近并有交流往来的历史惯例，中欧和东欧的新国家之间以及与新苏联之间的贸易却萎缩到最低水平。[25]

第一次世界大战摧毁了波兰，新独立的波兰共和国的首要任务是重建。全国大约40%的城市肌理被毁，被摧毁的主要是小城镇和村庄。在东部，加利西亚尤其被残酷的战争所破坏。整个城镇被俄国士兵付之一炬。仇恨的屠杀迫使成千上万的犹太人离开他们的家园。在波兰西部，拥有砖瓦建筑和现代基础设施的城镇情况稍好。而那些东部欠发达地区的、通常是膨胀过大的、木质建筑的村庄则无法恢复，往往只能废弃。[26]人们涌入城市寻找工作。然而，在1918年，华沙只剩一半的工厂还在运作。罗兹有25万工人失业。由于失去俄国这个主要市场，纺织厂的发展停滞不前。繁荣的纺织城罗兹进入了永久的沉寂。波兰的冶金工业陷于瘫痪状态。矿井被淹没并废弃。进一步开发上西里西亚的煤田变成了不切实际的妄想。该地区首先被英国、法国和意大利军队占领，然后被波兰和捷克斯洛伐克瓜分。为决定该地区的命运而授权举行的西里西亚公民投票，也因为1919至1921年的可怕叛乱而告终。除了政治灾难，来自鲁尔盆地的竞争对于西里西亚工业产出的任何扩张都是难以承受的——铁路连接被扭曲的领土边界所破坏，上西里西亚的卡托维兹周围煤矿的开发中止，贸易暴跌。

事实证明，将工业化的西部和农村的东部之间不平衡的地理环境结合在一起，对波兰新政府来说是一项艰巨的挑战。民族、语言和习俗方面的地区差异仍然具有政治敏感性。新政府在这方面采取的行动的第一步，就是通过将街道名称和标志牌从俄文换成波兰文来清除东部边境定居点和犹太区的俄罗斯残余影响。现代基础设施成为治愈东部"落后"状况，并将其并入波兰国家的对策。[27] 新的政府部门筹划了耗资巨大的重建项目，以启动该国的经济。工人铺设轨道，铁路将从卡托维兹工业区延伸至波罗的海。一个覆盖国家中心广大地区的新的中央工业区被确定下来。卢布林（Lublin）、热舒夫（Rzeszów）和桑多梅日等城镇都各不相让地争着要被指定为该地区的枢纽。在沿海的格丁尼亚（Gdynia）建造现代造船厂和海港成为波罗的海地区最大的项目。波兰的大城市——华沙、罗兹、利沃夫、波兹南、克拉科夫、卡托维兹和托伦——制定了大量的城市规划，并开始对其市场大厅、医院和学校、有轨电车和铁路线路进行现代化改造。这些早期成就在1929年波兹南举行的盛大的国家展览会上受到赞扬。在这个城市的中心地带，有整整280英亩的土地被用来展示波兰"本土的勇气和毅力"，[28] 大约有450万人参观了展览，见证了未来。展馆的设计采用现代古典主义，作为波兰的民族风格。这种风格被延伸应用到波兹南的新火车站、酒店和住宅楼，有意识地对城市的空间进行"再波兰化"。[29]

在首都华沙，这种塑造现代波兰身份的决心最为强烈。在俄罗斯帝国统治下，这座城市曾是一个坚固的军事前哨。约有4万俄军驻扎在该市，每天在街上巡逻。一圈圈的防御工事将人口挤在拥挤的中心区。该市有近90万居民，人满为患。在第一次世界大战前夕，它是欧洲人口最密集的城市之一。破败的中世纪华沙老城其时正在成为城市精英们的钟爱之地，这里的房屋被修复，广场被美化。在南部，克拉科夫斯基郊区街（Krakowskie Przedmieście boulevard）和乌亚兹多夫斯基大道（Ujazdowskie boulevard）周围的新社区到处都是庞大的公共建筑和富裕的住宅。这里一片优雅社会的景象。电力照明为街道增光添彩。街车和汽车在主干道上呼啸而过，与马车和运货推车共同穿行，尤其是在城市主要的购物和娱乐大道——马尔沙科夫斯卡大道（Marszałkowska Street）上。

　　在第一次世界大战期间，逃亡、疾病和饥饿所导致的死亡使人口急剧减少。随着1918年战争的结束，华沙再次成为一个吸引人口的地方。在接下来的20年里，源源不断的移民潮让它的人口激增了70%。一半的人口是外来者。其中一些是来自东部残存的犹太村庄的犹太人。当时的观察家们注意到，在城市中的犹太人越来越多，并警告人们要注意"犹太人的危险"。华沙沿民族边界被深度割裂。纳莱夫基街（Nalewki Street）附近的犹太区是一处混乱的贸易和工业聚集地，底层贫困人口与城市的犹太中产和上层阶级并存。1917年，犹太居民约占华沙全市人口的40%，到1938年下降到30%左右。尽管如此，华沙仍然拥有欧洲所有城市中最大的犹太社群。

图40　华沙横跨维斯瓦河的亚历山德罗夫斯基大桥的景色，1925年

在寻找廉价住宿地点的绝望过程中，一部分新来的人躲进了环绕城市的原始村庄，从公众视野中淡出了。他们挤在缺乏基本服务的古老木屋里。华沙的边缘地区是工厂和棚户区的杂乱混合体，它与城市中心的联系被防御工事切断了。古老的农村道路上挤满了移民，其中许多人是文盲，在工作和赤贫之间徘徊。[30] 卖淫活动和黑社会在城中蓬勃发展。据《经济学家》（Ekonomista）杂志的一名记者说，沃尔纳（Wolna）的工业边缘地区"只因其凶残的杀手、胆大妄为的谋杀、抢劫和日常犯罪而闻名"。为了纠正这种无法无天的状况，城市的监管范围被扩大到沃尔纳和西南部地区的公寓和工厂，以及维斯瓦河东岸的普拉加（Praga），该地区的发展速度比城市的任何其他地区都快。普拉加是华沙的贸易和工业中心，拥有数个工厂和三个主要火车站。这些地区对住房和公共服务的呼声令人心碎。在1916年的"大合并"中，城市的面积又增加了两倍，当时《波兰工作报》（Praca Polska）的一位记者将这些周边地区描述为"在各个方面都被忽视；大部分地区没有下水道、人行道和合适的照明设施，卫生状况糟糕"。[31]

尽管存在所有的这些困难，但独立的到来使华沙的气氛充满希望。华沙被预言将成为下一个伦敦或巴黎。从地理上来说，它位于欧洲主要商业市场的交会处，是一个交通枢纽，新建的机场已经准备好在停机坪上迎接乘客。出现在天际线上的18层的保诚保险大厦（Prudential Insurance Building）是这里修建的第一座摩天大楼。工厂被重建，使用最新型的机器后工业产能急剧上升。电气和冶金工厂轰鸣。汽车、加工食品和药品从装配线上飞驰而下。华沙成为全国主要的工业综合体之一，仅次于罗兹和上西里西亚。对首都复兴的预测似乎是准确的，这里的人口爆炸性地增加到近200万。它的增长速度超过了任何中欧城市。在现代主义建筑师的帮助下，整个地区的"功能型华沙"计划[32]被规划为 7 个设备齐全的超级区域。一系列的展览——"未来华沙"（1936 年），"旧华沙"（1937 年）和"华沙的昨天、今天和明天"（1938 年）——为这座城市预测未来辉煌的命运。最后一次展览在新的国家博物馆举行，吸引了 50 万名游客。1943 年举办的世界博览会的计划也在酝酿之中。

　　华沙成为波兰重新崛起的光辉典范。街道和广场都以波兰英雄的名字重新命名。随着华沙成为一个公认的欧洲首都，波兰的文化和知识生活从克拉科夫向北转移。华沙大学和理工学院重新开学。出版、电影和娱乐业成为主要产业。《华沙生活报》（*Zycie Warszawski*）醒目的总部耸立在马尔沙科夫斯卡大道上。到 1936 年，第一批电视广播在保诚保险大厦里播出。斯芬克斯电影制片厂（Sphinx Film Studio）制作主流电影，并在华沙的电影院举行盛大的首映。随着有声电影的出现，由城市的卡巴莱歌舞厅和音乐剧院的明星表演的音乐剧征服了银幕。观影者蜂拥而至，观看他们最喜爱的电影偶像和心动人物的迷人喜剧。马尔沙科夫斯卡大道的剧院遮檐与时尚的俱乐部和咖啡馆一起照亮了夜晚。这个城市的文化复兴引人注目，其中大部分是由犹太社区所领导的。华沙有无数的卡巴莱歌舞厅和展示了来自各个民族背景的表演者，以及沉浸在尖锐的政治讽刺中的音乐评论。一物易一物（Qui Pro Quo）是卡巴莱歌舞厅的顶峰，这里可以容纳 500 名观众，吸引了华沙社会的精英。[33]它位于富丽堂皇的卢森堡画廊（Luxemburg Gallery）下面，那里有带玻璃屋顶的拱廊，路边排列着咖啡馆、蛋糕店、时装精品屋和一个豪华的电影院。波兰爵士乐队克拉辛斯基与卡塔泽克爵士–探戈管弦乐团（Karasiński & Kataszek Jazz-Tango Orchestra）和彼得斯布尔斯基与戈尔德管弦乐团（Petersburski & Gold Orchestra）成为轰动一时的乐队。他们在阿德里亚咖啡（Adria Café）和海洋之眼（Morskie Oko）等时髦的热点地区大受欢迎，并与该市利润丰厚的塞雷娜电子乐唱片公司（Syrena-Electro record company）合作录音。

华沙显现了在两次世界大战的间隔时期遍布整个欧洲首都城市的创造性动力。1918 年 1 月，俄罗斯的布尔什维克政府将首都迁回莫斯科。这一举动具有其象征意义，对胜利的革命者来说是艰难的，需要逐步适应。克里姆林宫要塞守卫着这座城市，它是旧俄罗斯的化身——王室、教会和官僚机构。天际线上点缀着教堂的尖顶。修道院、女修院和贵族豪宅交织在一起。需要进行全面改造，才能把它变成新苏联的"红色"首都。当时的情况是灾难性的。这座城市被多年的战争、罢工和街头暴力、抢劫和饥荒所蹂躏。数以千计的人逃回自己的家乡，或被征召加入红军。还有许多人死于饥饿或疾病。到内战结束时，该市的人口减少了一半。经济处于停滞状态。这种痛苦积累叠加在沙皇晚期遗留下来的悲惨状况之上。长期以来，莫斯科的贫困、贫民窟中令人绝望的生活条件、住房和基础设施的缺乏，都被人强烈谴责。

莫斯科也是俄罗斯帝国最古老的工业中心，即所谓的中央工业区。莫罗佐夫纺织厂（Morozov textile mills）、普罗霍罗夫纺织厂（Prokhorov mills）、博戈罗茨克纺织厂（Bogorodsk mills）发黑的烟囱耸立在天际线上。这些工厂为该市本土的百万富翁工业家所拥有，他们生产的布匹使该市获得了"印花布莫斯科"的称号。铁路建设、机械和金属加工、造纸和印刷以及食品生产雇用了数千人。工业部门往下逐级分布到无数的小型作坊和大院。莫斯科周围的整个地区是一大片由工业厂房、廉租公寓以及建有木制房屋和泥泞街道的古老小村庄交织而成的图景。无产阶级挤在粗制滥造的住宅和条件恶劣的简易住房里，这些住房在城市周边的边缘地区如雨后春笋般出现。许多季节性工人根本没有住所，他们在任何可能的地方过夜。缺乏足够的卫生服务和干净的水是这里长期存在的耻辱。令人震惊的高死亡率使莫斯科和圣彼得堡与其他欧洲国家的首都截然不同。这里的居民生活在病态的城市环境中，时刻面临着流行病的威胁。[34]

　　然而，莫斯科还是有散发着现代西方大都市气息的另一面。1903 年的一本旅游指南说，这座城市已经"从一个带有贵族色彩的大村庄，完全转变为一个巨大的、拥挤的商业和工业城市"。[35]街车和汽车在马车和行人之间危险地穿梭。英国百货公司缪尔和梅里利斯欢迎精明的购物者。在时尚区域，多层的资产阶级公寓楼配备了电力、电梯和电话。1912 年，年轻的英国外交官布鲁斯·洛克哈特（Bruce Lockhart）抵达莫斯科，在大都会酒店（Metropole Hotel）开了一个房间：

> 当我穿过大厅来到餐厅时，我的第一印象是蒸汽弥漫的皮草、胖乎乎的女人和高大时髦的男人；是下属令人愉快的奉承和客户展示出的善意的炫耀；是巨大的财富和不成熟的粗野，但这种粗野又足以消除排斥感。我进入了一个以金钱为唯一上帝的王国。[36]

莫斯科是动态的、多面的，是俄罗斯传统和现代的混杂体。

　　在这个不稳定的基础上形成的勇敢共产主义新世界是一个迷人的景象。1917 年的革命被想象成一道耀眼的光芒，为一个全新的社会提供了可能性。城市生活的每一个领域都在面向变革。对未来的猜想激增，其中大部分是在科幻小说中得到体现的。20世纪20年代出现了200多部科幻作品，所有这些作品都想象着一个完全城市化、工业化的世界。雅科夫·奥库涅夫（Yakov Okunev）的《即将到来的世界》（*The Coming World*）是这一类型作品的典型代表，它描绘了2123年地球的整个陆地被一个无垠的大都市所覆盖。这里没有社会阶层，平等成为一种日常。福利、和平与和谐占据主导。[37]建构主义的建筑师们为新的社会主义城市（sotsgorod）设想了庞大的计划。这一时期的许多艺术和建筑都有一种神秘的、宇宙性的品质，表达了乌托邦的梦想。航空和飞行成为个人与政治解放的一种隐喻。新的城市生活模式在诸多作品中被想象描绘，如：康斯坦丁·尤翁（Konstantin Yuon）的《新星球》（*A New Planet*，1921年），格奥尔基·克鲁季科夫（Georgii Krutikov）的《飞行城市》（*Flying City*，1924年），以及安东·拉文斯基（Anton Lavinskii）的《泉城》（*City on Springs*，1923年）。[38]逃离地球的束缚，殖民遥远的星系，体现了对共产主义式未来的乐观。

　　布尔什维克国家努力将这些田园诗般的愿景转化为现实。资产阶级和贵族精英的豪华住宅被移交给工人作为公共住宅——莫斯科和圣彼得堡的住房短缺如此严重，以至于没有人有独立的公寓，甚至最有权势的人也不例外。内战胜利后，列宁推出了新经济政策（NEP，1921—1925年），放缓了激进的改革，允许私人企业在有限的范围内发展。这迅速启动了圣彼得堡和莫斯科的城市经济。到1926年，这两个城市的人口都恢复到革命前的水平，工业的发动机再次运转起来。受人鄙视的"新经济人"[1]居住在一个充满了小偷小

---

[1] Nepmen，指20世纪20年代受益于倡导私有商业的新经济政策的暴发户企业家。

摸和诈骗者的地方。食品配给和面包排队是每天都在进行的斗争。黑市蓬勃发展。1926 年 12 月，城市评论家瓦尔特·本雅明访问莫斯科，穿过结冰的街道，他发现"国营商店前布着警戒线：人们排队购买黄油和其他重要的主食。有无数的商店和数量更多的商人，这些商人的全部存货只有一篮子的苹果、橘子或花生"。卡巴莱歌舞厅和爵士俱乐部重新开张。电影院放映了最新的电影。百货公司橱窗的展示吸引着疲惫的人们。本雅明感到震惊："在这个不堪重负的城市里，奢侈品就像病态口腔中的牙垢一样寄生着。"[39]

政府发起了一场运动，以培养准备建设社会主义的新苏维埃人。在消除疾病的过程中，苏维埃的宣传特别关注和重视个人卫生，对清洁和穿着方面进行了详细的说明。毛巾、肥皂、牙刷成为社会主义的必需品。学校、工厂和住宅都由卫生检查员定期检查。在公开场合饮酒的行为受到谴责。传统的工人阶级消遣活动，如台球和跳舞，被斥为没有文化。作为这些娱乐的替代，苏维埃当局开设了工人俱乐部，提倡健康、运动和自我完善的新制度。它们是通向社会主义未来的建构主义式冲击。位于莫斯科北部索科尔尼基（Sokolniki）区的鲁萨科夫工人俱乐部（Rusakov Workers' Club）和位于列斯纳亚街（Lesnaya Street）的祖耶夫工人俱乐部（Zuyev Workers' Club），都是引人注目的建筑，它们拥有悬臂式的混凝土浇筑的和玻璃材质的圆柱。里面有剧院、电影院、图书馆和夜校，以培养苏维埃公民。位于莫斯科普伦涅斯基（Presnensky）区的纳科夫公共住宅（Narkomfin Communal House）是一个社会实验室。它的共享厨房、洗衣房、托儿所和健身房旨在将妇女从繁重的家务劳动中解放出来。[40]工人宫、无产阶级住宅、文化宫的宏伟计划出现了。这是一种具有坚实美学维度的共产主义城市类型学。

新经济政策实施时期是一个在各条战线上进行艺术和知识创造的高潮。先锋艺术家纷纷投身，为新建立的共产主义政府服务，旨在使艺术生产民主化。在莫斯科和圣彼得堡形成的被称为构成主义的运动尤其如此。构成主义是英雄式的、令人振奋的、充满活力的，充满了革命和创建世界历史的新时代的可能性。它作为一种革命文化被列宁政府完全认可。艺术家和建筑师走到了街头。一个不朽的鼓动宣传（agit-prop）运动被启动，用口号和令人回味的图标覆盖整个城市的表面。政治海报、壁画和街道装饰以充满创意能量的媒体闪电战庆祝革命。名为"革命之火"（Fire of Revolution）和"21世纪的一瞥"（A Glimpse of the 21st Century）的伟大纪念碑在莫斯科和圣彼得堡耸立起来。建筑师弗拉基米尔·塔特林（Vladimir Tatlin）设计了一个第三国际纪念碑模型，它是一个镂空的螺旋形钢梁，承载了从电话和收音机到巨型电影屏幕的最新媒体技术。虽然它从未通过规划审批阶段，但在 1920 年 11 月《攻克冬宫》（The Storming of the Winter Palace）的大规模戏剧表演中，这个模型在圣彼得堡的街道上进行了展示游行。该剧在城市的公共场所演出，有 1 万名市民和表演者参加。诸如此类的表演不仅仅是为了纪念布尔什维克获得权力，也是为了开创一种新的城市戏剧。劳动群众是主人公。街头节日（prazdniki）是俄罗斯文化遗产的核心元素，新政权以开创性的方式将它纳入其中。游行和示威、旗帜和相同式样的制服被尊为革命忠诚的象征。

整个莫斯科成为一个舞台。在苏联最重要的两个节日，即五一节和十月革命纪念日，巨大的蒸汽机和轧机模型、红色横幅的海洋、巨大尺寸的画板出现在首都。1920 年莫斯科的五一节庆祝活动的装饰旨在"想象未来的共产主义城市"。[41] 大量人群涌入市中心。这种

图41 祖耶夫工人俱乐部，伊利亚·戈洛索夫设计，莫斯科，1928 年

城市生活的戏剧性被记录在1929年电影人济加·维尔托夫（Dziga Vertov）导演的实验电影《带着摄像机的人》（*Man with a Movie Camera*）中。他的野心是将基辅、莫斯科和敖德萨拍成超现代的城市，展现出共产主义城市生活的新尺度和激情。街道上的场景拥挤不堪，节奏很快，由电车和汽车的速度驱动。维尔托夫从一辆飞驰的汽车上拍摄了这些镜头，捕捉到了城市的急促节奏。技术和机械是现代生活的纹理。镜头指向电梯、打字机、电话、收银机、嗡嗡响的机器、火车和飞机。这部影片与瓦尔特·鲁特曼的《柏林，一座伟大城市的交响曲》等现代主义报道片几乎没有什么区别。但它

以蒙太奇的形式展现了苏联的城市理想。

　　莫斯科被设想为世界上最大的城市，拥有青翠的绿化带和卫星式分布的定居点，工业和住宅的线性条带从旧的城市中心突出。"莫斯科重建总计划"是全世界社会主义社会建设的耀眼典范。复杂的计划从绘图板上涌出。大规模的新工厂被建造，旧工厂被翻新。到 20 世纪 30 年代末，该市生产了全国半数的机床、约 50% 的汽车和 40% 的电气设备。[42] 贫民区作为野蛮的俄国资本主义的残留物被清除了。城市的教堂、修道院和女修院受到了无情的攻击，与众多的历史地标一起被拆毁。成千上万的工人挖出了巨大的莫斯科－伏尔加运河。莫斯科地铁的第一条线路及其豪华的地下车站的建设是该国

图 42　游行队伍穿过莫斯科红场，庆祝每年一度的五一假期，1929 年

最值得骄傲的成就。一个辉煌的体育场使足球成为流行。位于红场附近的莫斯科酒店有1200个房间，堪称一座宫殿。红场上还修建了列宁的花岗岩陵墓，该陵墓成为国家庆典活动的焦点。纪念列宁、革命和苏维埃军队的博物馆四处涌现。最雄心勃勃的一个项目是一座高耸入云的苏维埃宫殿，它将比刚刚在纽约建成的帝国大厦还要高。[43]苏联电影制片人亚历山大·梅德韦德金（Aleksandr Medvedkin）在1939年的一部影片中展示了新莫斯科，[44]该影片赞扬了建筑工地和从尘土中崛起的未来主义城市。"就像在童话里一样，新的建筑涌现出来。"尽管有这样的奢侈的外表，莫斯科的缺陷也同样明显。它是一个巨大的、过度拥挤的城市。斯大林的五年计划下的工业化和集体化使大量农民涌入俄罗斯的城市。莫斯科地区吸收了大约200万农民。到20世纪30年代末，其人口已上升到400多万。

　　正如柏林和莫斯科一样，欧洲各地新的首都城市的城市精英拥抱着现代以及随之而来令人振奋的文化潮流。尤其是在东南欧和巴尔干地区，现代城市扮演了一个引人注目的象征性角色。对这些通常被贬为不守规矩的落后地区而言，它代表着"进步和文明"。现代城镇会把每个新的国家联系在一起，这些国家在欧洲列国间占有一席之地。创建新的首都，重建被战争破坏的城市，改造和扩大现有的定居点，都是展示未来的机会。有趣的是，具有改革意识的奥斯曼帝国精英也认同这种思想，他们认为自己是奥斯曼政府在巴尔干地区领土的守护者。奥斯曼帝国从19世纪中叶至20世纪初就开始了重大的城市和基础设施改革。但在战后的旧址上新建立的国家在独立的喜悦中，将进步与"西化"和"去奥斯曼化"联系了起来。[45]

　　在19世纪，由于一系列战争、起义和王朝冲突，奥斯曼帝国的欧洲领土被一步步放弃。然而，奥斯曼帝国的遗产却留下了持久的印记。整个巴尔干地区本身就是奥斯曼帝国的遗产。[46] 1900 年时，巴尔干和东南欧的人口远远少于中欧或西欧，其社会主要由农村构成。通常只有不到 15% 的人口生活在城镇，大多数人生活在小型定居点和村庄。城镇的居民是小商人、手工业者和政府官僚。铁路的连接组织在塑造巴尔干地区的城市体系方面发挥了根本性的作用。正如在西欧和中欧一样，它引发了一些繁荣城市的衰落（如亚得里亚堡）和其他城市的发展。到 1900 年，一张铁路网将卢布尔雅那（Ljubljana）、萨格勒布、萨拉热窝、贝尔格莱德、索菲亚、斯科普里和布加勒斯特与伊斯坦布尔以及中欧连接起来。[47] 纺织生产、钢铁、金属和机械以及化学制造业在 20 世纪 20 年代和 30 年代扎根。但巴尔干地区的经济仍然严重依赖食品加工，谷物、林产品、牲畜的出口，以及烟草，罗马尼亚则是依赖石油。

罗马尼亚是当时世界上第四大石油生产国。该国拥有首都布加勒斯特、黑海上的繁忙港口和众多小城镇，这些城镇拥有活跃的城市生活。塞尔维亚也是一幅由 5000 人至 1 万人的小城镇交织成的图景。除首都贝尔格莱德外，塞尔维亚境内较大的定居点，如波扎雷瓦茨（Požarevac）、莱斯科瓦茨（Leskovac）、克拉古耶瓦茨（Kragujevac）和尼什（Niš）的居民数仍不足 2 万人。保加利亚是巴尔干国家中城市化程度最高的国家，其境内均匀分布着大量的中小型城镇，其中一些城镇的居民人数达到了 2 万至 4 万名。这个城市系统的大部分都与农业部门和小规模生产联系在一起。尽管西方人把这一地区想象成一个充满混乱和猜疑的农村落后地区，但企业家还是到该地区周围的市场和多瑙河沿岸的港口去兜售他们的商品。这里的乡村经济经过精心打磨，城镇是贸易和通信的枢纽。多瑙河上的港口鲁塞（Ruse）、瓦尔纳（Varna）和黑海上的港口布尔加斯

（Burgas）、内陆城市普罗夫迪夫（Plovdiv）和塔尔诺沃（Tarnovo）以及保加利亚首都索非亚都支持较大的工业生产。地中海沿岸的城市，如萨洛尼卡、卡瓦拉（Kavala）和德代阿阿奇（Dedeagach，亚历山德鲁波利［Alexandroupoli］），是与亚得里亚海沿岸的航运路线紧密联系的活跃的商业中心。

　　贯穿整个巴尔干地区，传统的城镇反映了民族身份认同的混合。奥斯曼帝国的遗产通常以不规则的模式来塑造城镇，这种不规则模式是由马哈拉的内部世界来界定的。这里的居民信奉伊斯兰教、基督教和犹太教的各种教派。人群没有被刻意按照种族或社会阶层划分。即使是小城镇，也是一个民族混合体。带有花园的低矮房屋隐藏在石墙后面，散布在迂回曲折的小巷和死胡同中。每个区域都有公共喷泉、十字路口广场、工匠街和礼拜场所。这些地方都是社交场所。松散的城市肌理环绕着城中心，这里专门用于贸易和集市，或可称之为市场（çarsis）。人们的公共生活在清真寺、教堂和犹太会堂，在热闹的咖啡馆和阅览室，以及在市场中进行。[48]教堂的尖顶和清真寺的宣礼塔在天际线上格外显眼。豪华的火车站是大城市中最突出的现代性象征。到1914年，人口超过5万的巴尔干城镇和相当一部分小城镇的中心区都有了电灯。即使是那些沉浸在传统中的城镇，电力也为它们带来了闪亮的特质。

　　20世纪20年代和30年代，拥有大量的穆斯林人口的地拉那、斯科普里和萨拉热窝等城镇仍在奥斯曼帝国的遗产中运作。地拉那是独立的阿尔巴尼亚的首都。在大清真寺旁边的繁忙集市上，穆斯林商人和农民带着他们的牲口和货物，形成了一个古老的组合。20世纪30年代，作家约瑟夫·罗特越过山脉来到地拉那，他谈道："戴着面纱的妇女，随风而行的数百条无主的狗，戴着红圆帽的胖头，缠

图43　萨拉热窝的市场，20世纪30年代

着包头巾的大胡子脸，犹如从彩色明信片中走出来的、有着戏剧化经历的复仇者们[1]将左轮手枪藏在腹部，像扛着雨伞一般扛着步枪。"[49]位于马其顿的斯科普里，在战争结束后成为新的塞尔维亚人、克罗地亚人和斯洛文尼亚人王国的一部分，然后被并入新的国家南斯拉夫。但它的土耳其根基是显而易见的。纤细的宣礼塔在城市景观中向上延伸。城市的清真寺标志着一个由小屋和露天商店组成的充满活力的土耳其区。萨拉热窝是波斯尼亚（Bosnia）的重镇，它也成为南斯拉夫的一部分。这座城市在刚成立的南斯拉夫政府的统治

---

[1] 此处指血亲复仇习俗下，受害者亲属有义务对凶手施加相同的报复，此处的复仇者即报复行为的实施人，会不辞辛劳、长途跋涉地追捕凶手。

下遭受了恶性忽视。它是一个受传统束缚的世界，位于米利亚茨河（Miljacka River）畔，有傍晚散步（passeggiata）的风格，人们穿着华丽的服装，飘摇而过。穆斯林人口被指责为此地落后的原因。用一位波斯尼亚塞族官员的话说，他们的特点是"懒惰、虚伪……还有同性恋的倾向"。西方旅行者被这个城市的东方气质所吸引。20世纪初，甚至到20世纪20年代和30年代的电影[50]都拍摄了萨拉热窝的异国"东方"气质，包括马哈拉街区、清真寺和繁忙的集市。在本帕夏（Ben Bacha）区，摄像机聚焦于粉刷成白色的建筑、戴着红圆帽的男人和盖着头巾的女人。1938年，英国记者丽贝卡·韦斯特（Rebecca West）在萨拉热窝旅行时，眺望着"清真寺、集市瓦顶间古老商队客店的穹顶、巨大的苏丹禁卫军的金色幽灵般挺立在城市上空的杨树"。土耳其人的服装"使萨拉热窝看起来像一个奇装异服的舞会。这座城市还有一种极度奢华的氛围，致力于享乐……严格来说，这种气氛是一种幻象，因为萨拉热窝充斥着赤贫"。欧洲人对他们认为最落后的伊斯兰社会的特征大加挞伐。这就是塞尔维亚官员提出"社会去伊斯兰化"的原因。[51]

在19世纪末至20世纪初，欧洲的城市模式一步步吞噬了奥斯曼帝国的城市世界。东南欧的首都被重塑为现代化的先头部队，对欧洲有了新的归属感。索非亚被重建为新的保加利亚公国的首都。在1877至1878年俄土战争期间，保加利亚从奥斯曼帝国获得独立，土耳其区域被遗弃。索非亚从一个只有1.8万名居民的山脚下的贫穷小镇，突然膨胀为一个拥有超过10万名居民的首都，成为欧洲化的象征。穆斯林的公共建筑和清真寺被清除了。犹太人的贫民区被夷为平地。穆斯林和犹太人的墓地遭到破坏。街道的名字被修改。为消除索非亚的东方气质，老城区在法国建筑师和工程师的帮助下被改

造成现代的欧洲飞地。一座豪华的宫殿和大教堂被建造为新政权的
象征性地标。国民议会大厦俯瞰着著名的沙皇解放者大道（Tsar
Liberator Boulevard），以及城市精英和外国外交使团的豪宅。以巴黎
大堂为蓝本修建的新城市市场大厅取代了伊斯兰集市的旧世界。电
报和邮政服务被设立，第一家报纸问世。[52]"25 年前，这是一个肮脏
的土耳其小镇，"苏格兰旅行作家约翰·福斯特·弗雷泽（John
Foster Fraser）在 1906 年的旅行中这样说，"那些在狭窄和恶臭的通
道上隆起的、破烂不堪的、喘着粗气的房子，已经消失了，就像被
一场大火扫过一样。现在，这里有宽阔的大道、精美的广场，和令
人印象深刻的公共建筑。"[53]

　　当贝尔格莱德在 1882 年成为独立的塞尔维亚王国的首都时，奥
斯曼帝国的驻军撤去了，该市大部分的土耳其人口也随之而去。弗
雷泽来到这座城市，以典型的西方思维方式注意到，塞尔维亚的首
都已经——

　　　　在外观上完全不具亚洲风情了。它明亮洁白，拥有宽阔的
　　街道，整洁而宽广……在人们不久前的记忆中，贝尔格莱德还
　　是一个土耳其城市……但塞尔维亚人已经重建了他们的首都。
　　土耳其占领的证据已被清除。有轨电车在街道上呼啸而过；当
　　你在闷热的黄昏时刻，坐在酸橙树下品尝土耳其咖啡时，电灯
　　向你闪烁，这是塞尔维亚人接受的土耳其占领的唯一遗产。

　　贝尔格莱德约有 9 万人口，与布加勒斯特或雅典相比，规模较
小。这里的大多数建筑仍然是木结构。然而，到了世纪之交，宽阔
的大道两旁都是历史主义和分离派风格相融合的砖瓦建筑。特拉齐

耶广场（Terazije Square）、彼得国王街（Kralja Petra Street）和米兰国王街（Kralja Milana Street）拥有一切欧洲城市的特征，有酒店、餐馆和商店。司法部、国家银行和应用艺术学院作为公共建筑脱颖而出。该市的第一份报纸开始发行。贝科纺织厂（Beko Textile factory）矗立在城市沿河的小工业区。

优雅的林荫大道、火车站、银行、歌剧院、戏院、博物馆和大学是西方式进步的明显标志。它们成为一种国家标志。奥斯曼帝国城镇中典型的商业区和住宅区之间的严格分隔消失了。奥斯曼帝国统治下的巴尔干城市所特有的多民族和宗教共存的现象也不复存在了。至少在表面上，城市看起来和感觉上都是"欧洲的"。贝尔格莱德的新区将奥斯曼老城抛在身后，从多瑙河的山坡上蔓延开来。1911 年，克罗地亚作家弗拉尼奥·克拉瓦尔斯基·霍瓦特–基什

图 44　贝尔格莱德，塞尔维亚、克罗地亚与斯洛文尼亚王国

（Franjo Ksaverski Horvat-Kiš）走在这座城市的街道上，讽刺了民族刻板印象，称其看到了一个世界性的同质化城市："我没有看到贝尔格莱德的日常装扮。这里有太多的外国人，所以你不知道此刻的贝尔格莱德人有什么特点……我看着那些脸，想在他们身上找到塞尔维亚人的特征，但是什么也没看到。"莱娜·约维契奇（Lena Jovičić）的母亲是苏格兰人，父亲是塞尔维亚人，她注意到了贝尔格莱德的贫富分化的极端情况："与穿着土布衣服和凉鞋的农民并行的是衣着光鲜的富裕阶层的人。吱吱作响的牛车与豪华轿车并驾齐驱，高大的现代建筑以最奇怪的方式耸立在破旧的小房子上方。"[54]

巴尔干的城市是矛盾的。奥斯曼帝国历史的碎片从西方的外衣中渗透出来。塞尔维亚城市观察家帕夫莱·佐里奇（Pavle Zorić）抱怨贝尔格莱德的土耳其肌理说："没有任何地方能见到如此一无是处、无序混乱的布局。"[55]清真寺和土耳其浴室被古怪地改作其他用途。在林荫大道之外，建筑环境又恢复到历史悠久的小型房屋和平房、迂回的小巷和鹅卵石街道，以及大杂烩式的社区。食物、音乐、咖啡馆和日常习俗保持着奥斯曼帝国还在时的原样。在1904年彼得国王（King Peter）的加冕仪式和他穿过贝尔格莱德街道的游行队伍的罕见影片镜头中，[56]欢呼的人群身着时尚的西方服装、带有刺绣围裙和围巾的塞尔维亚农民服装以及传统的土耳其服装。尽管有严厉的西化措施，但奥斯曼帝国的世界仍在此徘徊。随着贝尔格莱德的精英宣传塞尔维亚人的身份，穆斯林和基督徒之间意识形态和文化的差异加深了。弗雷泽在调查贝尔格莱德时注意到，"少数衰弱的老人坐在下城（多瑙河沿岸）的地窖里，抽着水烟，摇摇晃晃地来到小清真寺，蹒跚地跪在破旧的地毯上，崇拜真主"。[57]欧洲化的首都和周围往往贫穷的乡村之间的敌对情绪沸腾在平静的表面之下。在反对者看来，首都的现代化是一种无端的奢侈，是对农村中心地带的威胁。"我不希望贝尔格莱德成为塞尔维亚文化的代表，"城市评论家米洛什·科西奇（Miloš Cosić）警告说，"无论是谁，都不会在贝尔格莱德找到塞尔维亚的文化：在贝尔格莱德发现外国文化是更有可能的，因为这里对外国文化欣然接纳。"[58]

　　数以千计的各族难民在战后涌入南斯拉夫。鉴于贝尔格莱德的战时破坏情况，这里的生活条件令人震惊。小说家伊沃·安德里奇（Ivo Andrić）叙述道：

> 1920 年的贝尔格莱德的生活是华丽的、生气勃勃的、异常复杂的、充满反差的。无数种不同的生命力与隐秘的弱点和失败并行着……沿着破旧和局部被毁的街道，人们好似一股泡沫和膨胀的洪流，因为每天都有数以百计的新来者一头扎入其中，就像捕捞珍珠的渔夫潜入深海……有许多人因为战争浮出水面，并取得了成功，还有那些被战争击垮了生活的根基并被改变的人，他们如今在摸索着寻找一些平衡和可以依靠的东西。

　　南斯拉夫的新首都膨胀为一个有 10 万居民的城市。城市化的潮流随着独立而加剧了。贝尔格莱德、索非亚，特别是布加勒斯特成为令人印象深刻的工业中心，它们的主导地位随着它们作为首都的政治地位的巩固而增长。这些城市与雅典和港口城市萨洛尼卡并列，成为东南欧最大的城市。其他的重要城市，如普罗夫迪夫、诺维萨德（Novi Sad）和巴尼亚卢卡（Banja Luka），甚至萨洛尼卡本身，也随着新首都的得势而黯然失色。然而，对首都的选择并非没有分歧，特别是对于新南斯拉夫及其六地构成的多民族图景来说。新国家饱受持续不断的民族动荡的困扰。身为塞尔维亚首都的贝尔格莱德，与斯洛文尼亚的卢布尔雅那、波斯尼亚的萨拉热窝，以及特别是克罗地亚的萨格勒布不断发生争斗。它们都是强大的民族聚居的主要城市，都有着自己觉醒的民族主义野心。

卢布尔雅那在1895年的一次地震中遭到了毁灭性的重创。斯洛文尼亚怀着民族主义热忱进行灾后重建，其形象产生了巨大变化。建筑物的数量增加了两倍；宽阔的街道被四处铺设。剧院、博物馆、百货商店和酒店将这座城市的面貌改造成一派统一而具有现代感的都市景象。14层装饰艺术风格的内博蒂奇尼克塔（Nebotičnik tower）矗立在城市的新商业区上方，是南斯拉夫最高的摩天大楼。然而，卢布尔雅那的精英并没有简单地模仿西方的现代化，而是发挥了他们自己的想象力来建设这座城市。他们既有民族观念，也具备国际视野，并重新构建了适应本土身份的进步风格。负责卢布尔雅那城市肌理建设的最重要的建筑师是约热·普莱斯尼克（Jože Plečnik）和伊万·韦尔尼克（Ivan Vurnik）。他们倡导斯洛文尼亚文化的文教美德，并推动了第一所斯洛文尼亚大学的建立。该大学的建筑系成为东欧创新的领头羊之一。普莱斯尼克围绕着象征性的公共广场和纪念碑设计了卢布尔雅那的核心区，颂扬斯洛文尼亚的过去。历史记忆在他奢华的国家图书馆以及卢布尔雅那城堡和被地震毁坏的老区翻新计划中得到恢复。这种现代本土美学的形成，既借鉴了奥斯曼帝国的遗产，也借鉴了当地的民间传统。韦尔尼克为该市合作银行所做的设计使用了斯洛文尼亚传统的Z字形民间图案来修饰建筑外墙。交错的图案被大量原色衬托得更夺目。丰富的内部装饰的设计则是基于农民的装饰图案和斯洛文尼亚国旗的颜色。[59]

克罗地亚的民族热情则表现得更为明显。20世纪20年代和30年

代的旅行纪录片[60]将克罗地亚首都萨格勒布标榜为一个迷人的西方城
市，在宽阔的林荫大道上，汽车、公共汽车和电车熙熙攘攘。在叶
拉契奇广场（Yélatchitch Square）上，穿着西式时装的富裕行人在商
店橱窗前浏览最新的奢侈品。建筑物的墙壁被广告所覆盖。拜耳公
司（Bayer Company）的霓虹灯标志作为城市发展新经济的象征，在
叶拉契奇广场上方闪闪发光。萨格勒布拥有50家大型工业公司。新
的服务和媒体行业以及公共部门工作的雇员超过5.6万人。他们在
75家银行和保险公司以及大约50家出版公司的旋转门中进进出出。[61]
报纸和杂志通过人行道上的亭子被飞快售出。有影响力的周刊《世
界》（Zvijet）宣传着"现代"生活，与此同时，1926年，萨格勒布
电台开始广播。这座城市是20世纪20年代所有新奇事物的中心。人
们每晚在几十家电影院中排队等候。南斯拉夫电影公司（Jugoslavija
Film）开始在萨格勒布运营，并开设了一所电影学校。汽车展和博
览会，以及名人体育赛事，给这个城市带来了国际色彩。约瑟
芬·贝克将她的香蕉舞[1]带到了萨格勒布，立即吸引住了许多观众。
　　南斯拉夫的先锋派规模很小，在通往另类现代性的道路上充满
了民族对抗和艺术矛盾。一个由特立独行的小组组成的活动圈渗入
波希米亚区域，布置艺术展览并进行戏剧表演。在萨格勒布，柳博
米尔·米契奇（Ljubomir Micić）的实验性泽尼特运动[2]和他的《泽
尼特》（Zenit）杂志吸引了国际观众。米契奇在萨格勒布、卢布尔雅
那和贝尔格莱德举办了泽尼特晚会，并在1924年举办了第一届泽尼

---

[1] banana dance，约瑟芬·贝克的招牌舞蹈，舞动时她穿着一条宛如一根根香蕉组成
的"裙子"。
[2] Zenit movement，南斯拉夫的一场先锋艺术运动，旨在推动现代艺术和文学的发展，
并反对传统艺术形式的束缚。

特新艺术展，这个展览展出了来自10个国家的作品。这是对俄罗斯构成主义和德国表现主义以及对美国电影的崇拜等各种影响的一个大杂烩。它急于在欧洲前卫艺术中占有一席之地，同时也支持民族主义的泛巴尔干主义。6年来，米契奇和他的弟子围绕着他们本土的现代性观点，倡导一种自由的创作空间。泽尼特不是简单地复制欧洲艺术潮流，也不受巴尔干半岛"落后"观点的影响，而是打算用该地区文化世界中天然的"狂野天赋"来振兴欧洲。[62]这是对在两次世界大战的间隔时期内迎接改造巴尔干半岛热情的一种激进转变。

在萨格勒布，先锋派聚集在建于1925年的豪华滨海酒店的咖啡馆，以及马萨里克街（Masaryk Street）的剧院咖啡馆（Theatre Café）和尤里希奇街（Jurišić Street）的精英咖啡馆（Elite Café）。它们是欧洲化的下城区的社会巅峰。克罗地亚文学家米罗斯拉夫·克雷扎（Miroslav Krleža）在滨海酒店捕捉到了现代萨格勒布，以及在这座城市充斥的社会脱节现象：

> 如果你愿意的话，请跟我到萨格勒布的滨海酒店的露台上……热水和冷水，法国菜……穿着白色亚麻布衣服的路人带着网球拍，在昂贵的英国和意大利汽车模型的背景下来来往往，让人以为自己真的置身"欧洲"。

这是该市商业和银行精英所处的社会环境，他们与维也纳和布达佩斯有着密切的联系。但是，过去的遗留问题给这个城市带来了沉重的负担，并使所有的理想主义都受到了打击。在铁轨的另一边，如特尔涅（Trnje）这样的工人阶级地区，克雷扎发现"还在使用煤气的灯，没过脚踝的泥巴、单层的房子和粗简的围栏、邋遢杂种狗、牲畜棚……开放的粪坑，臭味……一切都是灰色的、恶心的、令人反感的。一切的一切——巴尔干，一个可怜的地方"。[63] 萨格勒布的上城和下城坐落在由城市广场和公园组成的绿色马蹄形圈层内，暴露了使巴尔干地区局势剧烈动荡的、种族和社会的紧张关系。

第9章 现代主义与城市

在第一次世界大战后的几年里，市政府面临着艰巨的问题。战争结束后不久，饥荒和疾病在欧洲大部分地区的城镇中肆虐。绝望的人群为食物和住所而奔波，其中许多是难民和无家可归者。数以百万计的退伍军人正在重新适应平民生活，寻找工作和住处。惊人的通货膨胀摧毁了和平时期经济复苏的希望。随着货币贬值，曾经富裕的人们陷入贫困。位于前线的城市的公共卫生、交通、教育和重要市政服务都处于停滞状态。在战争年代停止的住房建设，极大地恶化了长期以来干净住所的短缺问题。仅住房危机就给人们带来了根深蒂固的痛苦。一家人都挤在破旧拥挤的公寓里。虽然霍乱等环境因素所导致的疾病已被克服，但致命的流感疫情以及随后的肺炎和肺结核造成了严重的公共卫生紧急事件。被称为"白色瘟疫"的结核病在工人阶级的社区肆虐。它被认为是城市贫困和恶劣住房条件的象征，造成了比任何其他慢性疾病都多的死亡。更糟糕的是，像阿米巴虫一样扩展开来的大都市地区远远超出了任何一个市政当局的管辖范围。尽管要求变革的呼声很高，也很激烈，很少有市政府有权力或资源来处理这些逆境。

城市改革者没有被政治不稳定和社会危机吓倒，他们开始工作，对经常在不确定边缘摇摇欲坠的未来充满信心。他们努力的独特之处在于其背后的政治议程。欧洲的城市地区成为从城市社会主义到法西斯主义等各种政治主张的实验场。在学者的笔下，常把两次大战之间的岁月写成是没有发生任何真正的城市进步的时期——与19世纪引人注目的林荫大道相比，确实如此。在"咆哮的20年代"，只有巴黎和柏林的中心区的浮华和魅力才能吸引人们的注意。但其实20世纪20年代至30年代的城市改进发生在其他地方——急需的公共服务、工人区的公共住房计划，以及现代运动建筑师所提出的现代性愿景。这是一个想象力的视觉剧场。在非同寻常的政治和社会动荡以及种族和民族主义冲突中也产生了真正的改革。定位这段历史需要到不同的地方去旅行——从伟大的首都到地方城镇，再到地中海的城市世界。这是一项独特的欧洲遗产，它将现代性的棱镜分割成各种政治和美学色彩，并对城市的形态产生了巨大的影响。它也为第二次世界大战后福利国家的重大计划奠定了基础。

　　战争结束后，人们对未来惊天动地的可能性充满了巨大的期望。战争所造成的牺牲使人们要求彻底改变过去的日常生活。各政治派别的组织在城市的主要广场游行和集会，要求变革。公共示威活动很容易变得血腥。由于政治活动家试图在战争留下的真空中夺取权力，欧洲各地出现了暴力抗议和罢工。俄罗斯的布尔什维克革命为其铺平了道路。1919年，英国的主要城镇爆发了骚乱。公共空间成了颠覆性的舞台，在这里，打破几个脑袋就是政治权力的代价。敌对的政治派别占据了标志性的街道，进行复杂的口号叫喊，摆出侵略性的姿态，进行对抗。[1]在格拉斯哥的乔治广场（George Square），警察与数百名为争取每周40小时工作制而进行罢工的工人发生了冲突。1919年和1920年，法国和意大利城市的罢工浪潮和对工厂的占领引起了全国的恐慌。柏林的工人在1920年举行了大罢工，以保卫虚弱的魏玛共和国免受右翼政变企图的影响。1926年,超过250万工人参与了在英国各地举行的大罢工。1927年,维也纳遭遇了一次未遂的总罢工,正义宫被一群暴徒焚毁。劳工运动和工人阶级工会的成员数量猛增。数十万人加入了欧洲各地的社会主义政党和新组织的共产党。第三共产主义国际的建立,证实了"红色恐慌"和对无产阶级阴谋推翻资本主义的担忧。

工人是一个多样化的群体,他们的城市生活也是多面的。持久遗留的阶级歧视和工人内部的尊卑秩序问题已经渗透到日常生活中,并可以在街道上找到踪迹。大多数发达的欧洲国家已经制定基本的社会保险措施和初等教育制度。熟练工人可以依靠稳定的工作和不断增加的福利为生,特别是来自大型公司的福利,这些公司通常与市政住房局合作,可以提供更好的公寓建筑。工人阶级中的精英作为工会领袖和车间领班受到尊重。相对富裕的工人阶级家庭往往以接待寄宿人和出租床位来补贴收入。他们重视清洁、节俭和自尊。他们的孩子去上学,年轻人有机会接受职业培训。但这种安全感是脆弱的。就像在20世纪30年代发生的大萧条的情况一样,新技术和流水线生产的引入甚至会使熟练工人的地位变得不稳固。资质较低的工人长期处于失业状态,工资微薄,许多人难以支付食物和房租。无数的劳动者收拾行囊,频繁搬家,希望找到更好的生活。他们中的许多人转而以做小商贩为生,依靠不稳定的非正式工作,或陷入贫困。这种情况在大萧条时期变得尤其严重,深深加剧了人们对剥削和社会不公的感受。失业者的生活简直就是地狱,公共救济几乎不存在。没有技能的少数族裔机会更少,而且每天都被污蔑为危险的社会异类。维也纳臭名昭著的克雷塔(Kreta)工业贫民窟棚屋里可怜的捷克瓦工被贴上了流氓和无赖的标签。他们被指责是因为酗酒而陷入穷困。[2] 这是一个长期存在的刻板印象。

在缺乏其他选择的情况下，社会主义和共产主义政党以及工会的普通成员在日常生活中依靠一张密集的支持网，它包括了互助组、俱乐部与协会、体育与休闲活动。政治内容成为日常文化。许多工人阶级的社区是名副其实的社会主义堡垒。工会或党员完全有可能在左翼政治运动轨道上经营他们的工作和非工作生活。他们参加党的活动，度过闲暇时光，并与当地的同志一起庆祝节日。社会主义和共产主义政党赞助了当地酒吧或酒馆的舞蹈和社交晚会。人们以家庭为单位参与五一游行和社会主义及共产主义节日。面向租户、消费者和妇女的党报和周报陆续出版发行。志同道合的人们在受到召唤时会一起走上街头抗议。[3] 但并非所有的工人都参与其中，有些人会表示拒绝或只是部分地融入运动。然而，这种团结支撑着工人的日常生活，尤其是在大萧条时期。左翼酒馆和会议厅，地方党派、工会网络和互助组，富有同情心的邻居和店主培养出一种暗中传递的亲密的默契。这是一个在邻里和社区层面上完全反主流文化的世界。

家庭和族群是工人阶级生活的传统纽带。大多数人怀着普通而实际的抱负：挨得过去的工作日、稳定的家、周末去电影院或舞厅的行程，以及子女的出路。一家人经常去看"有声电影"，出入廉价的镍币影院[1]，或者在周六晚上去当地的舞厅跳火鸡舞（turkey-trot）和查尔斯顿舞（Charleston）。这些娱乐场所是众多工厂工人和雇员的避风港，他们每周只能外出一次。舞蹈宫在伦敦工人阶级的哈默史密斯区开业，并举办了原创迪克西兰爵士乐队（Original Dixieland

---

[1] 入场费为5分钱的电影院。

Jazz Band）的演出。到20世纪30年代初，伦敦有23家舞蹈宫，只要花上1先令，年轻人就可以沉浸在最新的舞蹈热潮中。[4] 大众文化的诱惑正在松动传统的纽带，改变工人阶级的意识。大规模生产的服装和化妆品使那些收入不高的人也有机会展示自信的现代性。年轻的工人阶级妇女参加了"艳舞"热潮。短发和短裙是一种社会和性反叛的形式。数以千计的工人阶级男子参加了当地的运动队。足球和自行车俱乐部受到狂热的欢迎，许多人痴迷于他们最喜爱的运动员。家家户户在市场集市和百货公司里讨价还价。最新的产品和消费品渗透到工人阶级中。尽管收音机仍然是富裕家庭的象征，但它已成为客厅的固定设备。收听音乐和体育赛事是人们最喜爱的消遣。布朗尼盒式照相机的价格在20世纪20年代变得经济实惠，家庭摄影成为一种新的爱好。

　　尽管对于那些相对富裕的人来说，日常生活有了这些改善，但被压抑的对体面住房的渴望，仍然无休止地让人感到沮丧。关于解决方案的争论也几乎看不到尽头。如何为城市中的芸芸众生提供住处，是困扰城市改革者的难题。数以千计的家庭仍然被困在简陋的住所之中。实际上，早在1869年，利物浦就开始提供公共住房了，它是欧洲第一个这么做的城市。在随后的几年里，其他城市也纷纷效仿。但这些开创性的计划在规模上受到限制，这一限制基于私人市场将提供大部分住宿需求的假设。战争使住房建设陷入停顿，正如需求却随着和平的到来而急剧上升。这场危机以新的决心推动了住房改革，至少算是承认了工人阶级首当其冲地承受了战争的困难和牺牲。

　　在战后的最初几年，人们仍然呼吁建设田园城市。面对战争对比利时的破坏，1919年在根特召开的国际田园城市大会慷慨激昂地呼吁清理废墟，建立一个更好的和平世界。当时有一种需要进行全面的城镇和区域规划的紧迫感，要处理从交通到食品供应的一切——特别是住房问题。田园城市作为最具前瞻性的理想，以传统的小镇为模型，拥有乡村风格的风景如画的房屋、蜿蜒的街道和郁郁葱葱的绿色植物。其建设目的是改善工人阶级的社会和卫生状况。在欧洲各地，兴起的田园城市和花园郊区的数量非常多。它们通常是作为公共住房项目或是由私人住房合作社在城市边缘布置的小型未来生活样板间。在法国，田园城市的理想是由亨利·塞利耶（Henri Sellier）实施的，他长期致力于城市改革，是巴黎东部边缘的市镇叙雷讷（Suresnes）的市长。塞利耶是一个坚定的社会主义者，深入参与了法国的工会运动。1921 至 1931 年间，巴黎市周围的大都市区每年都增加近 9.4 万人。[5] 在塞利耶的影响下，1916 至 1939 年期间，在巴黎郊区规划有 16 个作为公共住房项目的田园城市。他们倾向于按照埃比尼泽·霍华德在莱奇沃思的最初设想（见第 7 章），建造风景如画的乡村式住房和联排式房屋。但显而易见，这些不能解决巴黎郊区或其他地方的大规模住房问题。田园城市作为城市居住区的未来，其理想与欧洲住房短缺的规模和解决城市增长问题的迫切需求不相匹配。

在 20 世纪 20 年代和 30 年代，城市问题的积累使左翼社会主义政党在各地上台。在法国、英国、比利时和荷兰，社会主义左派在战后作为一种政治新声崭露头角。它也登上了德国、奥地利和斯堪的纳维亚国家的政治舞台。他们热情的基础是工会和有组织的工人运动，其中多数是技术工人和半熟练工人。他们获得了左倾知识分子的支持，这些知识分子为他们的议程提供了有影响力的公共声音。一个由技术人员、工程师和公务员组成的庞大的中产阶级也加入了他们的行列。在坚实的工人阶级城镇中，进步的先驱者在战前几年就已经率先行动。他们的影响力与选举权的扩大、市政管理的重组以及民主选举市长和市议会的趋势同步进行。城市开始将煤气、电力和水作为公共服务来经营，而不是依赖私营企业。英国在伯明翰和谢菲尔德等工业城市有着悠久的的"煤气与自来水社会主义"传统。改革者在战前的几年里的一系列国际博览会上磨练了他们的专业知识，形成了关于城市改良的集体知识和想法。在城市的层面上，这种社会改革主义变成了一场广泛的运动。它在政治上是多面的，中间派和左倾的改革者以及更激进的活动家都可以实施，没有什么争议。"社会主义"一词被欣然接受，意指能够缓解显著社会不平等的、务实的市政改良。然而，激进的左翼鼓动者策划推翻资本主义，与愿意在资本主义框架内进行改革的改良者之间斗争依然激烈。这些争执使得1920和1930年代的社会主义政党一方面不愿放弃其马克思主义教条，一方面却为了务实项目而放弃了革命。社会主义的堡垒（指地方据点）也常与中央政府发生冲突，后者往往要保守得多。

尽管财政拮据，地方政治变幻莫测，但市政当局还是成了社会改革的实验室。在控制市长办公室和市议会后，他们开始实施市政社会主义计划，以改善数十万劳动人民的生活质量。他们的目标是塑造社会主义城市，创造一种全方位的无产阶级文化，人居环境在其中将发挥核心组织作用。这个目标几乎成了一种神话。实现它不仅需要体面的住房，还需要合理地提供医疗和教育服务、清洁的空气、水和卫生设施，要提高日常生活的质量，以及要有与长期以来忍受破旧、悲惨的贫民窟之苦的广大人民群众同在的社会团结的意识。[6] 社会改革者抨击酗酒和青少年犯罪造成了公共秩序混乱和骚乱。他们指责所看到的过度拥挤的出租房屋中，粗暴的饮酒与赌博文化、滥交与男性之间的粗鲁嬉闹是剥夺工人阶级人性的原始逃避行为。一旦生活得到改善，这些问题就都会消失。社会改革者强调清洁、清醒、教养和学习。城市改革者提倡以家庭生活为基础的工人阶级体面愿景，尽管它早已在工人阶级文化中根深蒂固。增进儿童和年轻人的身心福祉是他们议程的中心。体育和促进身体健康的活动是有影响力的象征性事务。这些活动被认为是一场休闲革命，不仅提升了人们的健康程度和体能，还塑造了邻里社区和团结感。城市改革的梦想转化为市政管理和社会福利的广泛愿景。市政社会主义的特点在欧洲各地几乎是一致的，并被社会主义改革者广泛认同，它们代表了工人阶级，在国际上具有适用性。它是第二次世界大战后建立的福利制度的前奏。

在英国，谢菲尔德这样的城镇是劳工的堡垒。谢菲尔德位于南约克郡（South Yorkshire），是一座拥有约50万人口的工业城市，其经济以大规模钢铁生产、工程以及工具和餐具生产行业为基础。它的东区是一片由钢铁厂和锻造厂组成的景观，但它们在两次世界大战的间隔时期内基本处于困境之中。经济不景气和长期失业引发了成千上万的抗议和示威，并推动工党在1926年的市政选举中上台。谢菲尔德是英国第一个工党在市议会选举中占多数的主要城市。工党上台后立即开始实施一系列务实的地方项目，作为一种新的市政愿景。他们的目标是"利用伟大的市政机器来改善城市，在健康、教育和文化方面使人民的利益最大化"。[7]在工党的激进改革中，清除旧公寓和建造"住房委员会"占据了重要地位。在两次世界大战的间隔时期，约2.8万个公共住房单位被建造出来。学校和公共卫生诊所、浴室设施、产妇和儿童护理服务出现在工人阶级社区。新的市场大厅和公共屠宰场建成了。工作交流中心和会议厅是社会主义城市的重要标志。现代化的行政结构和市政委员会成立了，用于规范城市服务。著名的城市规划师帕特里克·阿伯克龙比（Patrick Abercrombie）被请来为谢菲尔德和周边地区制定一项城市总体规划和区域战略。经过这番努力，像谢菲尔德这样的英国城市的工人可以有稳定的工作和较短的工作时间，同时享受体面的住房和一系列的城市服务。

健康、新鲜的空气和清洁，是改革派卫生学家的最高目标。不洁会导致疾病（特别是结核病），也与压制工人阶级的宿命论有关。体育和身体素质是道德和公民力量的象征，也是在工人阶级中巩固政治支持的一种策略。工作时间的缩短使成千上万的人能够参与当地的体育活动。体育场馆和公共游泳池作为独特的建筑类型在20世纪20年代和30年代出现。它们是公民空间，也是城市新形象的一种符号，更能唤起城市的现代性。欧洲各地的城市建造了数以百计的体育场馆和游泳池。它们成为不同政治意识形态的象征，如苏联共产主义、意大利法西斯主义和本土社会主义。游泳池的建设是改革者对工人阶级健康和卫生的焦虑与娱乐的结合，也是对早期公共浴室理想的扩展。[8] 许多泳池都是以奢华的装饰艺术风格设计的。总的来说，装饰艺术是改革者寻找能够体现市政进步的风格的创造性空间。装饰艺术风格的室内游泳池的规模和设计都令人惊叹。高耸的筒形拱顶罩着其下闪闪发光的水面。它们是引人注目的现代主义装饰的水上宫殿。用于观看水中嬉戏的阳台和开放人行道，让它们成为视觉奇观。这些池子是公民自豪感的巨大源泉，它们被誉为最先进的建筑，是最受欢迎的市政改进项目之一。每年有数以百万计的普通人下水游泳，享受公共游泳池周围的热闹景象。

巴黎的莫利托泳池（Piscine Molitor）掀起了打造装饰艺术风格

图45　莫利托泳池，巴黎，1930 年

游泳池综合建筑的热潮。莫利托毗邻布洛涅森林，奥运游泳冠军约翰尼·韦斯穆勒（Johnny Weissmuller）于1929年主持了它的落成典礼。1913年，布达佩斯的新巴洛克风格的塞切尼浴场（Széchenyi bath complex）开业。塞切尼浴场利用该市的温泉资源，在1927年扩建为3个室外游泳池和15个室内游泳池。帕拉蒂诺（Palatinus）温泉浴场和室内游泳池于20世纪20年代在该市的玛格丽特岛（Margaret Island）上开放。室内游泳池的抛物线状拱门和大教堂式的空间设计由匈牙利建筑师兼奥运会游泳名将奥尔弗雷德·豪约什（Alfréd Hajós）设计。这些项目耀眼的闪光点使它们立即获得了成功。公共游泳池通常建在工人阶级的社区，落成即成为社区的中心，特别是对年轻人而言。游泳池是一个非正式的社交新世界，打破了男女之间的公共障碍。[9]柏林工人区的新卡伦和米特（Mitte）的公共游泳池是迷人的舞台，前者有精致的新古典主义装饰，后者则以现代工业为装饰主题。在巴黎左岸工人区鹌鹑之丘的公共游泳池被安置在一座红砖新艺术建筑中。拱形屋顶和弯折的混凝土拱门耸立在采用天然泉水的游泳池上方。巨大的露天水上运动场馆将游泳池与运动项目、日光浴花园和餐厅结合起来。游泳的热潮蔓延到了海滨城市，这里提供阳光、露天泳池、海滩以及家庭娱乐。布赖顿的萨尔丁利多（Saltdean Lido）由建筑师理查德·琼斯（Richard Jones）于1938年设计，采用了流线型的现代风格，其建筑优雅的曲线模仿了一艘远洋轮船。

在法国，男性普选权确保了社会主义运动在市政厅有强大的代表。1919年，社会党在马赛、里尔、土伦以及巴黎郊区的布洛涅和圣但尼取得了胜利。到1925年，社会主义者控制了法国的532个城镇，包括斯特拉斯堡、格勒诺布尔（Grenoble）、波尔多和图卢兹。[10]在法国西南部的图卢兹市，社会党于1925年当选，然后在1929年和1935年再次当选，市长艾蒂安·比埃（Etienne Billières）在这里掌舵。图卢兹横跨加龙河，是朗格多克（Languedoc）地区历史上的首府，1911年这里的人口约为15.5万人。该市的工业基础在战争期间随着军备工业的发展而壮大，随后该市又发展了烟草和农用化学品产业。开拓性的法国航空航天公司（Aéropostale aircraft company）使图卢兹成为法国早期的航空枢纽，图卢兹与卡萨布兰卡（Casablanca）和达喀尔（Dakar）之间的首次定期航班由此产生，然后再到里约热内卢。法国传奇飞行员让·梅尔莫兹（Jean Mermoz）、安托万·德·圣-埃克苏佩里（Antoine de Saint-Exupéry）和亨利·吉约梅（Henri Guillaumet）正是从该市蒙托德朗机场（Montaudran Airport）的跑道，驾驶他们摇摇晃晃的飞机起飞的。到

20世纪30年代中期，有4000人在这里从事飞机制造工作。数以千计的冶金工人在军备部门工作，并制造铁路和农业机械。他们的人数随着意大利和西班牙移民的到来而激增。图卢兹在很短的时间内，成为一个拥有22.5万人的工人城市。

让·蒙塔里奥尔（Jean Montariol）成为该市的首席建筑师，负责设计一个现代的社会主义城市。他是土生土长的图卢兹人，曾在该市的美术学院学习，他的愿景是将乡土美学与社会主义理想相融合。正是这种对现代主义及其政治含义的本土化解释，代表了整个欧洲城市转型的复杂纠结。蒙塔里奥尔以工业区附近的公共住房项目为开端，继而转向城市周边的花园郊区建设。他在任期内建造了8所学校、加龙河上拉米耶岛（Ile du Ramier）的体育场馆、体育教育学院、公共洗衣房、游泳池和公共舞厅。这些项目中有许多是在工人阶级的社区中进行的，如博纳富瓦（Bonnefoy）、圣西普里安（Saint Cyprien）和米尼姆（Minimes）。市政食品计划每年分发80万份餐食。儿童夏令营被组织起来。在经济大萧条期间，一座新的劳工大厅被修建起来，为人们提供市政相关的就业机会。[11]这些市政改进措施不仅吸引了社会主义的基层成员，也吸引了渴望进步改革的中产阶级。拉米耶岛的体育公园建有3个游泳池，周围有可容纳2000名观众的看台，还有一个宏伟的，带有室内游泳池、健身房和地方庆典空间的艺术装饰大厅。

蒙塔里奥尔设计了一个真正的示范性的社会主义城市模型，连报摊都被纳入设计范围。图书馆在这个城市构想中扮演了举足轻重的角色。工人阶级的道德提升和教育至关重要。创建一个现代城市意味着构建社会进步的空间。蒙塔里奥尔将图卢兹市立图书馆设计成华丽的钢筋混凝土结构，用玻璃马赛克、锻铁和当地艺术家创作的浮雕进行装饰。自然光通过宽大的窗户透进美轮美奂的阅览室，一个半透明的圆顶耸立在大教堂般的空间中。这是一个戏剧性的剧场，一座"现代思想的宫殿"。[12] 建筑的外墙采用了图卢兹历史悠久的建筑环境中的红砖和石头装饰。它是对当地城市现代性形式的一种致敬。

同样，法国里昂的市政改革最初也由托尼·加尼埃（Tony Garnier）的设想指导，他是法国的顶尖建筑师之一，其政治立场是社会主义和无政府主义。加尼埃出生并生活在里昂，受该市社会党市长的委托，建造一个公共住宅区（美国区 [Le auartier des États-Unis]）、一个新的屠宰场、一家医院、一所纺织培训学校和一个新的体育公园。他从 1906 到 1920 年在那里工作，延续着他关于工业城市（cité industrielle）的理念，并以"里昂学派"（école lyonnaise）的理性主义建筑风格进行设计。热尔兰体育公园（Gerland sports park）位于罗讷河沿岸，是为 1914 年里昂的现代城市国际博览会准备的。但计划被战争打断了，只建成了体育场和游泳池，作为对未来的一种尝试。体育场以其 4 个巨大的钢筋混凝土拱门被誉为现代主义运动的一个重要的典范。[13]

加尼埃的独特的现代主义建筑是里昂的象征，但它们也在郊区的纺织城维勒班激起了涟漪。到 20 世纪 20 年代初，维勒班在几乎没有规划的情况下，居住人口增至近 10 万。其中近 70% 的人口是工人阶级，16% 是意大利和西班牙移民。他们住在各种各样的房子里，从破旧的平房和廉价公寓到公共住房项目。市长拉扎尔·古戎（Lazare Goujon）是钢铁工人的儿子，也是一名公开的社会主义者。在"改变城市就是改变生活"的口号下，[14] 古戎开始了以新市政厅和劳动宫为中心的重大重建计划。该设计是一个大胆的现代主义声明，一条宏伟的大道直通中央广场，两旁林立着高层公寓楼。大约1500个住房单元被建造了出来，每个单元都通风且明亮，并配备了暖气和热水。一座高耸的装饰艺术摩天大楼为这个不朽的建筑群增添亮色，其中一侧是市长办公室，另一侧是公共卫生和社区服务中心。与之相邻的劳动宫位于主广场上，是名副其实的工人阶级的圣殿，里面有职业介绍所、会议室、剧院、体育设施和游泳池。维勒班的华丽建筑象征着一种新的城市文明。这是一场创造工人阶级集体文化的改革运动。维勒班是城市社会主义价值观的晴雨表——一种令人敬畏的城市肌理和一种新的生活形式。

城市社会主义的预见性使其与单纯的公共住房项目区分开来。住房，只是未来社会主义社会更广泛愿景的一个方面。市政改革者们着手从孕育到成年，对家庭进行监护。市政社会主义最令人印象深刻的例子是维也纳，那里的德国党社会民主工党（SDAP）在1919年的市政选举中获胜，并控制了市议会的绝对多数席位。第一次世界大战后，只有180万居民的维也纳在一个仅有640万人口的小奥地利之中崛起，它在奥地利联邦共和国内既是一个城市又是一个州。这座城市不是一个偏远帝国的多民族首都，到20世纪20年代，维也纳仅有两个重要的少数民族：占该市约6%至8%的捷克人，以及约占公民10%的20多万犹太人。[15] 在社会主义政党和工会成员的全力支持下，市长雅各布·罗伊曼（Jakob Reumann）和卡尔·塞茨（Karl Seitz）开始实施雄心勃勃的计划，将维也纳的物质和社会景观重塑为一种新的居住文化（wohnkultur），一种基于平等主义和集体主义价值观的新的社会主义生活形式。投票权被无条件地扩大到所有男性和女性。带薪休假制度得以确立，并成立了工厂委员会。一项全面的教育系统开始实施，包括幼儿园和学校、夏令营和课外活动项目。医疗服务被引入学校之中，为母婴、残疾人、孤儿和老人服务的保健中心设立了。这些措施立即成功地降低了该市令人震惊的婴儿死亡率。

　　健康和体育是议程的重中之重。拥有200万名成员的社会主义工人体育国际组织，举办了国际工人奥林匹克运动会这项国际体育盛事。其于1925至1937年间运营，是奥林匹克运动会的对手，奥运会被左翼改革者批评为精英主义。工人奥林匹克运动会在社会团结与和平的旗帜下举行，与奥运会不同，它向妇女开放。1931年夏天，维也纳举办了工人夏季奥林匹克运动会，有来自26个国家的近10万名运动员参加。多瑙河上挤满了蒸汽船，它们从匈牙利和巴尔干半岛运来选手。专门的火车也安排了。体育比赛在普拉特公园内的一个设有6万个座位的新体育场举行，它与欧洲最大的游泳池同时修建。比赛项目包括跑步和游泳两项，运动员们在人群的欢呼声中冲刺穿过维也纳的街道。数以千计的人在集体体操比赛中伸展肌肉。作为压轴，奥林匹克参赛者高举旗帜，排着队穿过内城，沿着环形大道，来到体育场。在那里，运动场变成了一个巨大的舞台，4000名演员在上面表演了一场关于社会主义胜利的戏剧。红色旗帜的海洋让观众目不暇接。[16]这些大规模场面的象征性力量令人着迷。

　　维也纳的社会主义政府称拥有体面的住房是所有公民的基本权利——那时，住房危机的严峻性令人震惊。只有50%的维也纳工人住在自己的公寓里，而那些住在公寓里的人，也往往是在一个一室公寓里共同生活。这些贫困的小屋中，只有18%接通了水、煤气和电。社会民主党把大规模的多层建筑视为解决这一问题的唯一可行方案。以建筑税为资金，一个大规模的公共住房计划在10年内建造了6.4万套新公寓，为20万人提供住房。这些建筑被安置在城市周边需求最大的地方，靠近公共交通、学校和医院。租户通常来自"体面的"工人阶级和小资产阶级的年轻家庭。这是一项巨大的社会成就。

仅仅是著名的卡尔–马克思–霍夫大院公共住宅区（Karl-Marx-Hof public housing complex）就有 1325 套公寓。这是一个巨大的红色工人阶级堡垒，它位于维也纳外环路的海利根施塔特大街（Heiligenstädterstrasse）上，在德布灵（Döbling）附近。与社会民主工党的大部分公共住房一样，它被设计成一种有意识融合了维也纳风格的建筑，旨在体现新的社会主义的生活方式。雕塑、壁画和马约里卡瓷砖装饰了外部。社会主义的旗帜在其塔楼上飘扬。巨大的拱门通向内部的庭院，那里是一个由公园和操场组成的网络。这里有学校、图书馆和卫生所，还有公共厨房和洗衣房。这是一个完整的工人阶级集体社区，与日常生活的节奏一致。卡尔–马克思–霍夫大院在规模和象征意义上都是史诗般的。[17]它代表了一个理想的社会主义城市，一个"人民的宫殿"和城市未来的先锋。它的英雄主义意义使它立即成为右翼敌对势力的目标。在 1934 年短暂的奥地利内战中，卡尔–马克思–霍夫大院成为主要战场之一。它被轰炸，正如它被建造一样，成为一个象征——这次不是市政社会主义的象征，而是法西斯激进主义的象征，他们决心摧毁这里写在设计中的红色威胁。

欧洲城市改革者贡献众多，包括从卡尔–马克思–霍夫大院这样的开创性社会住房项目，到包豪斯[1]和国际现代建筑协会（CIAM）

---

［1］Bauhaus，20 世纪初德国魏玛的一所艺术学院，以其先进的设计理念和现代主义风格而闻名。

图46 卡尔–马克思–霍夫大院，维也纳

的现代建筑构想。在城市面临持续的住房危机和政治上壮大的工人
阶级压抑的期望积聚之际，实施这些有远见的项目真正成为可能。
越来越多的人认为，提供大规模的社会住房是解决出租屋生活的苦
闷现实的唯一办法。如何建造社会住房受到了公众的广泛关注，也
吸引了政治家和建筑师的注意力。现代功能性建筑激发了城市改革
者的想象力。早期的现代主义项目具有一种无畏的、炽热的理想主
义。建筑设计的开放性和灵活性、简单的形式，与审美的诚实和社
会民主主义原则有关。廉价的建筑材料和预制技术的精湛技艺得到
了大力宣传。获得自然光和空气被认为是至关重要的。这不仅仅是
一种设计上的偏好。结核病是欧洲的一大祸害，公共卫生部门相信
恶劣的住房条件是疾病传播的直接原因。[18]针对这种对公众健康的持

续威胁，阳光和空气是唯一已知的预防措施。鉴于这种对"建筑"和健康改革的热情，现代建筑师能够宣称，他们的工作具有真正的公共意义。他们发明了一种具有社会变革性的建筑哲学。对建筑结构的想象是现代大众社会的一种表达。对城市改革者来说，这种从城市物理结构中看到新世界可能性的冲动贯穿了整个 20 世纪。他们以一种类似于宗教狂热的激情追求着这种愿景。

在德国，这主要是建筑师瓦尔特·格罗皮乌斯和布鲁诺·陶特的工作，他们为作为社会革命的建筑进行了大量的概念性探索。两人都参加了各种激进团体，包括一个柏林的艺术工作委员会，该委员会呼吁，艺术生产应"为人民服务，由人民创造"。陶特是一个直言不讳的社会民主主义者和积极的工会支持者。他的前卫理论预言了那些"大蜘蛛"（指旧城市）即将来临的死亡。陶特的著作中，充满了对晶莹剔透的建筑的幻想，他把这些建筑作为欧洲希望的象征。他相信，新的社会主义时代将散发出更高的生命力，一种将从过去的灰尘中浮现的精神。[19]在那里将没有国界，没有私有财产。新世界，将由精神再生和和谐的社会关系来定义。对陶特来说，革命意味着一个民主和兄弟情谊的新时代。总而言之，他赋予建筑以超强的情感力量。在德国建造 75 万套新住宅的需求不仅仅是一种实际生活的必要，它是一个面向未来的完整计划。

1924 年后，德国的每一个大城市都试图满足人们对住房的巨大需求。正是因为这种需求，现代建筑在德国的发展和被接受才成为可能。致力于新建筑（Neues Bauen）或新即物主义[1]的建筑师想要

---

[1] Neue Sachlichkeit，"一战"后兴起的一种艺术风格，在建筑上反映为强调功能性、简约和实用性，对现代艺术产生了广泛而深远的影响。

得到客户和工作。他们直接与魏玛共和国的公共建筑项目协调，以实现他们的功能美学。社会主义政党和工会也在支持有限责任建筑协会的建设。从1924年左右到1932年，德国总共建造了250万套公寓。约有900万人在这些新的住所中开始了他们的生活。它们既是社会实验，也是政治实验。20世纪20年代中期，布鲁诺·陶特成为柏林合作住房协会（GEHAG）的首席设计师。在他的监督下，柏林合作住房协会建造了数量惊人的住房项目，容纳规模从100到1200套不等。陶特在模块化设计方面的创新使这些项目位居德国最重要的建筑作品之列。尤其是柏林郊区布里茨（Britz）的马蹄铁住宅区（Hufeisensiedlung）。中心区被设计成马蹄铁状的新月形，有4层的平顶公寓。这个拥有1000个单元的建筑群的其余部分被布置成高效的直排。每个标准化的公寓都配备了浴室、厨房和开放式阳台。该建筑简单、实用，并充分使用了色彩和花园，以创造一种亲密的社区氛围。这是一个自成一体的城市定居点。马蹄铁住宅区是陶特的信念的缩影，他认为创造性的建筑是社会革命的火花。

这也是包豪斯学院的意识形态支柱，尽管其教员、地点不断变更，多年来深陷于争议和迫害。1919年4月，该校在建筑师瓦尔特·格罗皮乌斯的指导下于魏玛（Weimar）开办。对于格罗皮乌斯和聚集在他周围的魅力人物来说，包豪斯的目的是建立社会主义的大教堂。[20]他们呼吁建立一个"新社区"，在精神和社会方面，建筑将成为新民主国家公民的指导力量。正是这种对新社会的憧憬，使得学校热衷于创造简单而纯粹的设计，让每个人都能够使用。在这里，建筑被净化，除去了浮夸和装饰。对于格罗皮乌斯来说，"我们想要一种适应我们世界的机器、收音机和疾行的汽车的建筑，一种在形式上可以清楚地识别其功能的建筑"。在残酷的政治辩论的交火中，包豪斯不得不四处漂泊，最终在德绍找到了喘息的机会。学校在德绍标志性的建筑由格罗皮乌斯设计，采用功能性的钢铁和钢筋混凝土结构，并配有宽大的玻璃，是包豪斯理想的一个典范，融合了乌托邦式的平等主义和实用功能。

20世纪20年代初，包豪斯开始在德绍展示预制的、标准化的、低成本的住房单元的原型。这些朴素的白色隔间因其激进的设计而成为德国最受关注的建筑。1927年，德意志工艺联盟组织的斯图加特魏森霍夫展览（Stuttgart Weissenhof Exhibition）对于功能主义风格住房的宣传更为重要。斯图加特是新建筑的"纯粹形式"中最令人兴奋的前沿建筑的中心之一。展览在建筑师密斯·凡德罗（Mies van der Rohe）的总体指导下进行。欧洲最著名的建筑师（勒·柯布西耶[Le Corbusier]、瓦尔特·格罗皮乌斯、布鲁诺·陶特等人）被邀请提交住房的原创设计，向公众介绍"为新生活方式而进行的伟大斗争"。在斯图加特的一个山坡上，一个示范村建成了，它由大胆的现代设计的平房、排屋和公寓楼组成。该构造以钢框架、混凝土板和预制技术的实用奇迹为特点。室内明亮通风，配有实用的家具、厨房设备和装饰性物品。它是20世纪最有影响力的建筑展示之一。对这类展览的朝圣，培养了一代建筑开拓者，他们准备改变城市生活。每天有多达2万名参观者前来观看新住宅。媒体的报道是前所未有的，展览被热情地宣称为"不可言喻的美丽天堂"。[21]

两次世界大战间隔时期的这些试验结出了各种各样的成果。德国建筑师恩斯特·迈（Ernst May）在"新法兰克福"计划中最为成功地运用了他的理念。与斯图加特一样，美因河畔法兰克福在20世纪20年代和30年代初也是各类改革举措的温床。这是一个拥有50万居民的城市，遭遇了数量空前的无家可归的人和来自"一战"后割

图 47　德国建筑师路德维希·密斯·凡德罗在斯图加特的魏森霍夫聚落住宅项目中的一栋公寓楼，1927 年

让给法国的地区的难民潮。新当选的社会民主党市政府将周围的郊区纳入到一个扩大的都市区之中，并任命恩斯特·迈为首席设计师。在他的帮助下，市长路德维希·兰德曼（Ludwig Landmann）构想了一个新法兰克福，它将体现一个现代性和社会改革的新时代。[22] 这座城市 10% 的人口被重新安置在 24 个卫星城镇。它们是生活文化新概念，或称居住文化的实验，这是现代主义者在试图利用建筑和规划作为社会革命工具时所使用的关键乌托邦概念之一。在新法兰克福，住房建造采用了最新的预制技术和最先进的材料。这些建筑是极简主义的平顶房。它们集合成为协调统一的社区，有学校和日托设施、社区中心、商店和办公场所。1929 年，在法兰克福举行的第二届国际现代建筑协会上，新法兰克福立即赢得了国际认可，并因其现代

主义的纯粹性而受到包豪斯的广泛赞誉。

欧洲建筑创造力的涌现，以及它围绕深刻社会理想塑造现代城市环境的程度，是这个年代的独特之处。现代主义关乎一种新的生活方式。1928年，由28位欧洲建筑师组成的小组在瑞士拉萨拉兹（La Sarraz）成立了国际现代建筑协会（CIAM）。他们最初由勒·柯布西耶和西格弗里德·吉迪翁（Sigfried Giedion）领导。国际现代建筑协会是20世纪20年代旨在推动建筑作为社会艺术事业的众多宣言性组织之一，但它的影响尤其广泛。在法兰克福、布鲁塞尔、雅典和巴黎举行的国际现代建筑协会会议，是决心应对住房、城市规划和工业设计挑战的现代主义建筑师们的聚集地。他们的目的是质疑建筑的基本性质，以及它作为社会和政治工具的作用。他们热情地拥抱现代的可能性。1933年召开的第四届国际现代建筑协会会议对34个不同的城市进行了分析，并对其长期存在的城市问题提出了实际的解决方案。其结论以《雅典宪章》（"The Athens Charter"）的形式发表，成为20世纪最具影响力的城市文件之一。它主张建立一个功能性的建筑环境，将市民安置在现代主义的住宅区，并通过严格的分区来促进有序的发展模式。这是对现代主义城市倾向性的最自负的表述之一。

在瑞典的首都斯德哥尔摩，我们可以看到同样的进步议程的实践。这个城市大约有30万人口。社会民主党通过与劳工、教育和禁酒运动的密切联系而上台执政。他们对社会福利的共同愿景不仅适用于工人阶级，而且适用于整个社会。这一理念被概括为瑞典概念的"人民之家"（folkhemmit）。[23]基于社区和社会团结的理想，它促进了国家在创造良好社会方面发挥作用。改革者对未来的可能性充满热情，他们将自己视为社会工程师。社会学家阿尔瓦·米达尔

（Alva Myrdal）和现代主义建筑师斯文·马克柳斯（Sven Markelius）是倡导公共住房的领军人物，他们认为公共住房是将职业女性从家务和育儿的重担中解放出来的一种方式。他们在斯德哥尔摩阿尔维克（Arvik）区建立的现代主义集体住宅公寓包括了儿童保育设施、共享厨房，以及社交空间。这里的餐厅是激进社会主义者的聚会场所，他们中的许多人都住在这个建筑群里。在改革者为破旧的贫民窟和大都市的社会危机寻求解决方案的过程中，共享生活是关于城市社会性质的广泛辩论的一部分。

　　社会民主党的瑞典模式在城市中的应用，是欧洲城市改革者最重要的灵感来源之一，这一模式尤其启发了东欧地区。1930 年的斯德哥尔摩展览以物质形式对该模式进行了呈现。[24] 主要组织者是格雷戈尔·保罗松（Gregor Paulsson），他是畅销书《更好的日常生活》（*Better Things for Everyday Life*）的作者。展览在斯德哥尔摩市中心的朱尔加登岛（island of Djurgården）上举行，有 400 多万人前来参观。住房模型的展示是对工人和中产阶级一种生活方式上的启示。一批瑞典前卫建筑师展示了他们对功能性合作住房、公寓和平房的设想。室内光线充足，空气清新，有简单实用的钢管和柚木家具，厨房配备了最新的炉灶和冰箱。展览展示了一个瑞典现代主义设计应用艺术和消费产品的世界。斯堪的纳维亚设计获得了人们的追捧。展馆沿滨水区陈列，与节日广场、照明音乐会舞台和舞池、天文馆以及著名的天堂餐厅（Paradise Restaurant）穿插在一起，天堂餐厅是一个激动人心的现代主义结构建筑，具有裸露钢架和玻璃外墙。高耸的广告杆上装饰着参展公司的标志。斯德哥尔摩展览展示了一个乌托邦式的社会民主城市，它远非一个幻觉，正逐渐变为现实。这是整个欧洲共同的愿景，尽管当时政治危机持续不断并且处于大萧条的边缘。在这一愿景前，即使纷繁复杂的地方关系和地狱般的政治争斗让城市的改革进程陷入停滞，也能被以某种方式克服。

对城市生活可能性的巨大乐观使城市成为一个乐园，一个关于社会发明和审美设计的乐园。它是各种政治派别的实验场。这些努力最与众不同的地方，在于它们背后满腔热情的意识形态。法西斯主义对城市建设的发展版本突出了这些年产生的城市想象的复杂性和道德的模糊性——甚至可能是极端的扭曲。法西斯主义对城市的态度存在着深刻的矛盾，因为它本质上是反城市的。它将城市视为堕落和混乱之地，是文化和社会衰败以及工人阶级喧闹的场所。这里有一个恶魔般的逻辑，城市也要执行一种心理的、准宗教的，甚至魔幻的功能，作为法西斯庆祝宣传的聚集点。尽管城市总是一个混乱的民族混合体，但法西斯主义执意要清除这些堕落，将城市肌理净化为不朽的政治奇观。

1870 年，罗马成为新统一的意大利国家的首都。它同时也是在梵蒂冈的天主教会的精神中心。教士进进出出，给罗马的公共生活打上了烙印。尽管它有着悠久而传奇的历史和显赫的地位，但这个曾经的欧洲文明中心现在只是一个拥有 22.5 万人口的衰败城市。罗马遭受了几个世纪的冷落，实际上已经陷入腐朽。台伯河左岸的七丘周围长期被忽视的古代核心区充满了历史文物和建筑，许多因时间的摧残而淹没在地下。一份 1899 年的美国意大利旅游指南告诫说，不要先去罗马，因为"罗马根本没有连续性：它由各地的碎片和零星的东西组成"。[25] 这里没有工业，主要的财富来源仍然是农业。这座城市有一种田园牧歌般的气质，让游客心驰神往，但与欧洲其他地方正在进行的现代城市改造相比却很不协调。与北部的都灵和米兰，甚至南部的那不勒斯和巴勒莫等强劲的意大利工业城市相比，罗马更是黯然失色。

　　一旦担负上国家首都的重任，罗马的视觉景观就开始变得像一个现代的世俗大都市。这座城市将体现出一个有凝聚力的意大利民族身份，区别于教皇的天主教罗马。新的政府部门建立起来。威尼斯广场（Piazza Venezia）成为首都的新中心，国王维托里奥·埃马努埃莱二世（Vittorio Emanuele II）的宏伟纪念碑完工。新的大道从古代街区密集的玉米地里开出。考古挖掘工作开始重新发掘城市的遗产。历史中心的标志性建筑被修复，包括斗兽场和罗马广场的部分。台伯河的堤坝被加固了；街道两旁排列着廉租公寓。成千上万的贫困农民随着新公务员一起涌入首都。他们最后在街头或在沿城市东部周边的工厂和铁路货场的临时棚户区（borghetti）中生存。到19世纪末20世纪初，46万的人口被塞进了这个过度建设的混乱城市。尽管罗马作为统一的意大利的象征被寄予了宏伟的愿景，但该城市的扩张实际上是在没有太多的规划或控制的情况下进行的。法国记者亨利·贝罗（Henri Béraud）在1929年访问罗马时，将罗马狭窄街道上的交通拥堵描述得非常可怕："通过某种一致的亵渎行为，司机按响了他们的喇叭——就像到了审判日——轰鸣声在这些曾经为梦想和漫步而建的受人尊敬的老街区昼夜不停……这噪声实在令人难以置信。"[26]

　　1922年10月，当墨索里尼和他的法西斯队伍大摇大摆地穿过罗马时，他们不仅控制了意大利政府，也征服了一座城市。在那里，历史遗产被潦草地写进每一条街道和建筑，无论是地上还是地下。墨索里尼对罗马很着迷。这古老的帝国肌理是他的继承物，被他狡黠地操纵为法西斯权力的视觉奇观。尽管墨索里尼对实际生活在城市里的"群众"只有蔑视，但他相信政治家可以塑造群众，铸造人民的意志。他们是一种原材料，他可以通过对大众政治的审美眼光来塑造他们的服从。[27] 法西斯的盛会充满了游行队伍、旗帜和横幅、灯光和音乐。罗马被变成了持续性法西斯表演的一部分。贝罗在1929 年对该城市进行了调查，他说："五颜六色的公共海报，狂热的展示，让外国人首先感到震撼。生活被照亮在一片火热、焦虑的光芒中。到处都在重复着同样令人振奋的话语：战争、英雄……胜利、复兴、祖国……还有旗帜和火焰。"[28] 罗马的诞生是法西斯政府筹备的第一个庆典。墨索里尼陶醉于将他置于舞台中央的盛况。他站在威尼斯广场的一个阳台上，对崇拜者们发表了振奋人心的演讲，引发"领袖！领袖！"[1] 的狂吼。

向罗马进军 10 周年纪念是一场奢华的法西斯革命展览（1932—1934 年）。这是一场专门为法西斯主义编造的英雄历史而举行的视觉盛宴。墨索里尼骑在马背上，带领 1.5 万名运动员在街上游行。火车票价降到极低，以吸引全意大利的人到首都参加活动。数百万意大利人第一次看到了罗马。献给法西斯烈士的露天弥撒吸引了成千上万的人。1938 年，墨索里尼赞助了一场名为"奥古斯都的罗马"的大型演出，地点在展览宫（Palazzo delle Esposizioni）。这是一场对城市的庆祝活动，并邀请阿道夫·希特勒为贵宾出席。为了迎接元首的到来，罗马建造了一个奢侈的新火车站。整个城市挂满了旗帜和横幅，其古老的纪念碑也被点亮。成千上万的人聚集在一起，庆祝意大利征服埃塞俄比亚的胜利。他们醉心于展出的战利品。魁梧的青年身着五颜六色的制服，在城市的街道上列队游行。马克西穆斯

---

[1] 这里的领袖，为意大利语的 Duce，这也是意大利法西斯统治时期对墨索里尼的称呼。

竞技场（Circus Maximus）定期举行博览会。1938年，康乐俱乐部[1]将马克西穆斯竞技场变成了一个奢侈的体育和休闲的节庆场地，其中充满了华丽的展馆、游泳池、奢华的花园和壮观的水景喷泉。数以千计的城市工人和上班族在法西斯版本的"人民公园"中尽情享受。罗马是一个展品，是瞻仰"领袖"和欣赏法西斯奇观的圣地。

领袖设想了一个新的"第三罗马"，它的规模和人口比这个已经挤满了100万居民的城市还要大。他对市议会说："在五年内，罗马必须在全世界面前表现得非常出色，像奥古斯都第一帝国时期那样，非常有秩序和强大。"考古学家挖开了城市的地下，寻找它的帝国历史。恺撒和图拉真时期的广场被挖掘出来，神庙被发现，卡皮托利诺山被部分修复了。在这一时期最有影响力的意大利参议员和城市学家之一科拉多·里奇（Corrado Ricci）的帮助下，墨索里尼蹂躏了大量文艺复兴时期和中世纪的建筑与考古遗迹，它们被认为与法西斯象征主义无关。对中世纪罗马的大肆破坏被视为是要付出的代价。墨索里尼本人在高调的"解放"奥古斯都陵墓的拆除工程中仪式性地挥舞着第一把镐头。中世纪罗马的整个地区都被夷为平地，以建造穿过市中心的滨海大道（Via Del Mare）。帝国大道（Via dell'Impero）是一条从威尼斯广场到罗马广场（Roman Forum）再到斗兽场的宽阔大道，强行穿过了城市中人口最稠密的地区之一。帝国大道和滨海大道这两条林荫大道从传统的混乱局面中开辟了交通和流通线路。帝国大道成为法西斯主义的伟大仪式之道，一条"精神之路"，在这里，法西斯主义势力在罗马的人群前堂而皇之地游行。在希特勒1938年访问罗马时，由3万名士兵、3000名骑兵和

---

[1] Dopolavoro organization，意大利法西斯统治时期的一个休闲和文化组织。

400辆炮兵卡车组成的游行队伍沿着帝国大道蜿蜒而行，来到威尼斯广场。在宣传片中帝国大道不断出现，成为整个国家的门面。

壮观的古代帝国肌理被融入将罗马转变为现代典范的计划中。对未来法西斯城市的遐想是夸张的。一座法西斯主义的宫殿将耸立在罗马广场之上。一个墨索里尼广场的规划预计在台伯河沿岸的一个巨大的区域实施。尽管墨索里尼痴迷于古物，但他的"第三罗马"实际上与过去没有什么相似之处。相反，它吸收的遗产多种多样，并产生了一个现代建筑和城市规划的独特版本。体育场和运动场是这种想象的组成部分。罗马被设想为一个"体育城市"，这符合该政权对意大利青年的健康和身体素质的追求。室内外游泳池、网球场和足球场是为法西斯青年组织巴利拉（Balilla）建造的。电影院和剧院、体育和娱乐设施以及诊所出现在特拉斯泰韦雷（Trastevere）、蓬特（Ponte）和帕廖内（Parione）以及城市工人阶级的周边地区。在这方面，法西斯的改革与城市社会主义有很多共同之处。整个政治光谱的城市现代主义植根于迫切需要的民粹主义改良。一年一度的"领袖营"（Campo Dux）聚集了成千上万的法西斯青年组织成员，他们沿着台伯河进行一系列的体育比赛。活动的高潮是约2.5万名参与者沿着帝国大道游行，迎接"领袖"。[29] 意大利广场（Foro Italico）是城市北部一个巨大的体育场馆，其灵感来自古罗马帝国。在南郊，沿着滨海大道修建的罗马万国博览会（EUR）建筑群已经成形，在1942年以国际博览会的形式庆祝罗马进军20周年。它的庆祝主题是"文明的奥林匹克"，也是为1944年的奥林匹克运动会做准备。然而，"二战"命中注定般终结了这些宏伟的计划。

作为一国之都，罗马的现代化由国家主导并不奇怪，而主导者是法西斯。但地中海地区的首都相对较少，拥有像罗马这样地位的

图 48　罗马帝国大道的建成典礼，1932 年 10 月 28 日

更为稀缺。总的来说，地中海城市经历了无序的扩张，通过正式和非正式的土地使用权和定居模式的模糊混合，一点一点地发展起来。经济状况也同样复杂。地中海城市的发展伴随着大规模的工业化，同时也有一些能够精明地适应市场条件的微型生产和商业企业。工业化的劳动力与自雇的工匠和店主、家庭企业家和劳动者一起工作，他们从一个完善的非正规的经济活动形式中获取资源。小卖部和小作坊对现代地中海经济的重要性不亚于工厂。这进一步证明，工业化是在当地城市经济文化的背景下进行的。地中海是一个杂乱无序的混合城市世界。与港口相连的商业和贸易路线对这些日常工作领域的重要性不亚于主要工业。

　　那不勒斯是这种城市蜕变的一个典型。它紧靠坎帕尼亚（Campania）南部地区的沿海海湾，是 20 世纪初意大利最大的城市，它拥有欧洲最密集的城市空间，是维多利亚时代伦敦的 10 倍。"人类的蚁穴"——一位游客这样形容该市的主要街道托莱多大街（Via Toledo）周围拥挤不堪的中心区。[30] 来自周围农村的移民蜂拥而至，涌入城市。在 20 世纪初，外围的巴尼奥利（Bagnoli）区成立了一个钢铁厂和多个棉纺织厂。但在第一次世界大战结束时，需求崩溃，劳动力被削减。那不勒斯的赤贫和严峻的生活现实长期以来一直令城市评论家注目于此，如雷纳托·富奇尼（Renato Fucini）1878 年的新闻调查报告《裸眼看那不勒斯》（*Napoli a occhio nudo*）。1884 年和 1910 年到 1911 年毁灭性的霍乱疫情加深了该地的苦难。但即使以这些不幸的早期标准来看，20 世纪 20 年代和 30 年代也是特别贫穷的年份。该市的工人阶级依靠他们的智慧和隐蔽的商业与工艺摊位维生，其中许多人参加海港及其仓库的日常劳作。这就是所谓的"那不勒斯之谜"——人们在没有工业生产的情况下生存。非正式的劳动、小贩的摊位，以及城市集市上的小买卖，半合法的讨价还价与合法工作共存。或用政治哲学家安东尼奥·葛兰西（Antonio Gramsci）的话说，他们加入了"仆人和奴才的队伍"，以迎合统治城市的资产阶级地主家庭。[31] 文盲在那不勒斯普遍存在。成功是一个运气和机遇的问题。这是一个被有组织犯罪和政治腐败困扰的贫穷、破败的城市。

随着对埃塞俄比亚的征服，墨索里尼政府将这座城市宣传为"帝国的港口"。那不勒斯这样的城市依靠从地方到全球的贸易纽带的多层网络生存，这也是其所谓经济之"谜"的秘密。为了 1940 年"意大利海外土地"展会，这里修建了一座巨大的展厅。在法西斯主义的帝国梦想中，那不勒斯被想象为地中海的枢纽，连接欧洲与非洲。贸易和旅游将启动这个城市的未来。一个具有艺术装饰风格的新的海上客运码头迎接着挤满了旅行者的远洋轮船和渡轮。它与海滨长廊和水族馆相得益彰。新的机场和地铁系统建成了。中产阶级的那不勒斯人和游客在大街上漫步，在城市的咖啡馆中享受生活。汽车装配厂和机械厂开始运作。但是，这些项目与似乎不受现代化计划影响的严峻现实形成了对比。

那不勒斯是意大利电影业的中心之一。那不勒斯的现实主义电影陶醉于捕捉城市生活中工人阶级的底层世界。摄制组带着摄像机，潜入深渊，为隐藏在城市后巷中的平民世界、随意建在山丘上的租户区和楼梯、停尸间和洞穴塑造了一种戏剧性的场景。这些电影经常在城市的拱廊中放映，在那里形成了一种民粹主义电影院。[32] 那不勒斯导演埃尔维拉·诺塔里（Elvira Notari）的许多纪录片试图捕捉渗透在城市阴暗空间中的感情和动机，如《那不勒斯的腹部》（*Il ventre di Napoli*）。这些地方充满了原始的情感，在那里，家庭忠诚、内疚和惩罚，以及纯粹的狡猾决定了人们是否能够存活。激情、复仇、家庭暴力塑造了日常生活。这是一个充满对比的地方——在美与丑、天堂与地狱之间。那不勒斯哲学家贝内代托·克罗齐（Benedetto Croce）将关于那不勒斯的这个众所周知的幻象，即一个落后的"魔鬼居住的天堂"[33]归咎于几个世纪的剥削和暴政。

关于那不勒斯的想象在蔚蓝的海湾和维苏威火山的衬托下，化为一幕令人着迷的视觉戏剧。它们与现实纠缠在一起，构成了关于地中海城市生活的久远神话和刻板印象的一部分。前往那不勒斯的北方旅行者对该城市独特的气氛赞不绝口。即使是先锋知识分子也难以抵抗那不勒斯和南欧城市异国情调的吸引力。这里有一种神秘和危险的感觉。那不勒斯的混乱空间包含了超脱于现代生活的僵硬枷锁的社交模式和创造性实践。它们一定程度上让被剥夺权利的人感受到一种开放性，一种有变革特质的、带来启发的都市风格。1925 年，城市评论家瓦尔特·本雅明与拉脱维亚革命家阿斯亚·拉基斯（Asja Lacis）一起前往那不勒斯。他们的思考将这座城市的建筑和小巷迷宫描述为一个即兴表演的剧场，"它要求不惜一切代价保留空间和机会"。在这个民粹主义的舞台上，"即使是最可怜的穷光蛋，也在昏暗的、双重的意识中，既参与了那不勒斯街头生活的那一幅将永不复返的图画，也在他的贫困中享受着追随伟大全景的闲暇"。[34]

这种创造性的力量感与 20 世纪 20 年代和 30 年代的现代主义建筑运动产生了共鸣。在当时，地中海精神（mediterraneità）开始流行，特别是流行于意大利前卫建筑中。地中海精神意味着与日常生活中的乡土形式对话的古典模式。意大利未来主义者则为南方普通住宅的"原初"品质着迷。奥地利建筑师阿道夫·洛斯（Adolf Loos）的

图49　那不勒斯的窄巷，马丁·许尔利曼摄，1937年

作品对现代主义运动至关重要，他在前往那不勒斯和威尼斯的意大利之旅中赞叹了当地朴素低调的建筑。勒·柯布西耶在其职业生涯的早期进行了自己的地中海之旅，并访问了巴尔干、雅典、罗马和那不勒斯等地的城镇。他对地中海的建筑形式大加赞赏，此地白色的立方体房屋非常明亮，每年春天都会用石灰粉刷。[35] 1933 年，国际现代建筑协会的成员乘船从马赛出发，在前往雅典的途中巡游了地中海沿岸，并多次停留以探索地中海当地的建筑，将其作为进行现代主义运动灵感的最初来源。

经过地中海城市的人群渲染了所有这些想象。它们是东西方之间的特权交会点，是陌生人的城市，是过渡之地，在那里，流离失所的人在城市生活的碎片和垃圾中找到了自己的活路。他们可能并不喜欢彼此，但这股人类的洪流充当了一种务实的宽容和世界主义的代理。瓦尔特·本雅明和阿斯亚·拉基斯将那不勒斯描述为一个多孔的城市："多孔性是这个城市持久的定律，随处可见。"[36] 意大利东北部利古里亚（Liguria）区的首府热那亚市也具有这种品质。据一位英国旅行者说，热那亚位于山脉和海岸之间，这座古老的城市是一座由陡峭的小巷和楼梯组成的迷宫，"街道如此狭窄，以至于你在经过时可以触摸到两边的房屋，街道上延伸着一排又一排雪白的亚麻布，以至于天空几乎被挡住"。[37] 热那亚古老而互相缠绕的通道给这座城市带来了令人陶醉的神秘的气息。这些都是人们对地中海地区的熟悉的刻板印象。但是，热那亚和南欧的许多城市一样，在1900 至 1936 年期间，人口几乎翻了一番，这改变了城市的传统社会结构。20 世纪初，数以千计的游牧人口从意大利各地涌入该市，许多人在机械工程车间寻找建造船舶和铁路车辆的工作。[38] 他们共有某种非正式的公民身份并参与这座城市共同的日常生活。新来者用意大利语交谈，当地热那亚方言的使用也减少了。还有成千上万的来自意大利南部、中欧和东欧的朝圣者带着他们的行李聚集在码头上，等待跨越大西洋，前往新世界。热那亚和那不勒斯，以及马赛，是这些侨民的出境点。这是一次史无前例的大规模移民，直到大萧条和第二次世界大战时才结束。

这种渗透性，即欧洲城市的人口流动，特别是沿地中海的人口流动，是20世纪上半叶最重要的特征之一。欧洲城市是在一个丰富的迁徙、交往和社会文化传播系统中进化而来的。马赛成为北非人、逃离布尔什维克革命的俄国人、逃离土耳其大屠杀的亚美尼亚人、逃离20世纪30年代残酷内战的西班牙人，以及寻求更好生活的意大利人和科西嘉人的避难所。一个"小那不勒斯"在马赛老城的勒帕尼耶周围形成，那不勒斯人在此定居，或将其作为跨越大西洋的跳板。亚美尼亚人聚集在松树大道（Boulevard des Grands Pins）上。德国文化评论家齐格弗里德·克拉考尔是逃离法西斯主义钳制的难民，1940年他在马赛观察到"远洋轮船的到来和离开，地平线随着它们消失而发出光芒……在港口区潮湿的深处，大量人类的聚落拥挤着……不同国家的人民融合在一起，通过大道和集市的街道。这些街道界定了人潮所散入的地区的边界"。[39]

虽然这种现象很容易被解释为城市环境的一大优势，但这种人口大流散的代价是痛苦而深远的。战争一如既往，加剧了悲惨的难民潮。对萨洛尼卡而言，巴尔干战争以及哈布斯堡帝国和奥斯曼帝国的解体是具毁灭性的。这座城市紧靠着马其顿的爱琴海海岸。它被吹捧为"世界的十字路口"，以及"奥斯曼帝国最现代化的城市"。萨洛尼卡曾是地中海上最兼容并蓄、最国际化的地方之一。在第一次世界大战前的几年里，旅行者惊叹于这个"人、装备、语言和服

装的奇特大杂烩"，以及"戴着头巾的人、戴着红圆帽的人、炫耀着
他的西式毛毡帽的'弗伦克[1]'"。40萨洛尼卡的157889名居民主要由
塞法迪犹太人[2]、土耳其穆斯林、希腊人，以及保加利亚人和塞尔维
亚人、亚美尼亚人、罗姆人与西方人混合组成，这是一个难解的结。
他们被划分在各自的民族区域生活，但城市的公共空间人山人海。
穿过街道意味与众多人相遇。石头建筑和红瓦屋顶赋予了这座城市
中东的气息。很少有街道被正式命名。土耳其咖啡馆和集市、土耳
其浴场、带有锥形宣礼塔的清真寺、圆顶犹太教堂和拜占庭式教堂
构成了城市的地理标志。滨水区的鸦片、藏红花和豪华织物贸易组
成一幅令人着迷的景象。

　　法国城市观察家莱昂·阿巴斯塔多（Léon Abastado）在对这千
变万化的情景感到震惊的同时，让他印象最为深刻的是城市人群的
现代面貌：

　　　　整个世界冷漠地路过，不看对方一眼。在所有的电车站点，
　　形形色色的人群冲进了已经挤满了人的汽车。这不是我们经常
　　看到的在塞萨洛尼基[3]街头漫步的狂欢游行，而是全人类在眼
　　前掠过，带着他们所有的苦难，这个大家庭的每个成员都在滋
　　养着自己的理想和幻想。41

　　这座城市将他们全都吸收了。萨洛尼卡是巴尔干半岛最大的工

---

[1] Frenk，对于西方人，特别是法国人的历史性称呼。
[2] Sephardic Jew，15世纪被驱逐前，祖籍是伊比利亚半岛并遵守西班牙裔犹太人生活
习惯的犹太人。
[3] 即萨洛尼卡。

业中心之一。它的工人越来越有战斗力，而且组织良好。滨水区的自由广场上，奥林匹斯宫酒店、时尚的弗洛卡糕点店和施泰因百货公司全部设在最新的新艺术风格的建筑中，发挥着西方日益增长的影响。维也纳歌舞剧和电影院风靡一时。这座城市是青年土耳其党的行动基地，这个政治运动决心以西方式的改革和立宪政府取代奥斯曼帝国腐朽的君主制度。阴谋和暗杀、政治集会和游行扰乱了日常生活。约有 2 万名来自巴尔干战争的难民涌入萨洛尼卡。希腊人和保加利亚人是不共戴天的敌人，为了控制该城市而开战。之后，在第一次世界大战期间，这座城市成为盟军远征军在马其顿前线上岸作战的主要军事基地。港口和滨水区聚集了大约 20 万名士兵和成吨的军事装备。

在这种动荡中，灾难降临了。1917 年的一场无法控制的大火摧毁了三分之二的城市面积。从下城区到海滨的城市区域在火海中倒塌，这座城市的奥斯曼风貌也随之消失。转眼之间，约有 8 万人无家可归，其中大部分是城市的犹太居民。帐篷营地和兵营被匆忙搭建在郊外。主干道上到处都是贩卖回收材料的商人。在此后的几年里，希腊人和土耳其人之间的冲突演变成为暴徒式的流血事件、种族暴行、驱逐和流放的叠加。在灾难性的希腊－土耳其战争结束时，约有 4.5 万名土耳其人和 6000 名保加利亚人被赶出了他们的家园，被迫移民，放弃了萨洛尼卡。超过 10 万的希腊人逃离了小亚细亚，穿越爱琴海，在萨洛尼卡寻求安全庇护。难民潮随着 1923 年《洛桑条约》规定的强制交换而持续。在土耳其，超过 100 万被归类为希腊人的人被替换成了来自希腊的约 35 万名穆斯林。"人口转移"破坏了萨洛尼卡的多元文化传统，取而代之的是教条式的希腊民族认同。新来的人被安置在穆斯林社区的废弃房屋中。学校、教堂和仓库被征用为住所。城市和郊区遍布帐篷和棚户区的海洋。那时被疏散的人和流离失所的人几乎占了人口的一半。

当萨洛尼卡重现曙光时，它已被改造成现代欧洲城市塞萨洛尼基。法国建筑师埃内斯特·埃布拉尔（Ernest Hébrard）和法国军事工程师约瑟夫·普莱贝尔（Joseph Pleyber）被要求按照古典的布扎传统来设计下城区。这是希腊政府急于使城市"希腊化"的一个战略选择。清真寺被改成了教堂。在萨洛尼卡土生土长的莱昂·夏基（Leon Sciaky）看着"阿拉伯文从商店的门面和墙角的海报上消失了，取而代之的是希腊文"。[42] 埃布拉尔与亚里士多德·扎科斯（Aristotelis Zachos）合作，后者是一位在德国流亡多年，来自马其顿的希腊建筑师，他与奥斯曼帝国的历史无关，由政府直接任命。他们设计了一个直角的街道规划，将城市的希腊纪念碑作为公共空间和远景网络中的焦点。商业活动将成为城市的新动力。老式集市被现代商店所取代。街道两旁是多层的办公楼和住宅楼。奥斯曼帝国的肌理消失了，只有一些精选的拜占庭教堂和土耳其浴场被小心翼翼地保留下来，作为对城市过去的致敬。

尽管做出了这种欧洲式的改造，塞萨洛尼基的设计实际上是在难民危机和持续的政治动荡中进行的。城市向外膨胀，除应对住房的迫切需求外，几乎不存在任何监督。计划中的中心和周边地区之间存在着认知失调。正如地中海沿岸的情况一样，城市的发展与其说是靠规划，不如说是靠土地所有权和投机性房地产的各类突发事件。当中心区呈现出现代欧洲首都的气息时，郊区却是一个混合的带有本土化建筑风格的住宅区。到1928年，塞萨洛尼基建筑区的面积增加了一倍，人口增加到近25万。这座城市因战争、火灾带来的流亡和撤离的灾难以及重建而彻底改变。许多难民成了贫困的下层阶级，而其他一些人则振兴了城市的工业和商业，并在食品、纺织、地毯和烟草行业建立了新的企业。[43] 希腊人成了控制城市的主流。犹太人口比起以往变得微不足道。当成千上万的犹太人离开塞萨洛尼基前往巴黎时，移民潮仍在继续，至1930年，来自塞萨洛尼基的犹太社区的人数约为2万。在1931年的骚乱中，塞萨洛尼基的东正教基督徒袭击了犹太家庭，并烧毁了坎贝尔（Campbell）的犹太郊区。20世纪30年代，反犹主义的攻击持续不断。于是又有1万至1.5万名犹太人逃往巴勒斯坦。[44] 现代地中海世界在世界主义和民族沙文主义、种族宽容和赤裸裸的偏执之间维持着令人不安的平衡。种族清洗取代了萨洛尼卡的多元文化遗产。

掠过地中海，我们来到了巴塞罗那。到1930年，巴塞罗那已经成为一座拥有100万居民的现代工业和商业城市。它的人口增长惊人，新移民来自西班牙各地。然而，它是一个独特的地中海城市。布尔什维克领导人列昂·托洛茨基（Leon Trotsky）在被捕时曾被护送经过巴塞罗那，并将其描述为"西班牙-法国式的大型城市。就像在地狱工厂里的尼斯。一面是烟雾和火焰，另一面是鲜花和水果"。1929至1930年的巴塞罗那国际博览会在俯瞰城市的蒙特惠奇山（Montjuïc Mountain）上举行。一条宏伟的长廊将中心区与博览会的场地连接起来，同时，市政府进行了一系列大规模的基础设施项目。围绕蒙特惠奇的旧防御圈被拆除，成为新的公共空间。第一条地铁线开通。当地的宫殿变成举办音乐会和歌剧的文化机构。网球场、市政游泳池和体育场为城市提供了必要的娱乐场所。博览会给巴塞罗那留下了深刻的印记，并赋予了它一件充满活力的欧洲大都市的外衣。

然而，最吸引旅行者和城市观察家的是巴塞罗那不光彩的一面。

这座城市被称为无政府恐怖主义、堕落和犯罪之都。它的小巷被原始的本能和激情所支配。港口附近破旧的中国城[1]是一个由狭窄的街道和烟雾缭绕的小酒馆、弗拉明戈舞厅、妓女、间谍和告密者组成的隐藏迷宫。低俗小报增加了它的声名，它们在"这个风景如画而堕落的街区的动荡和阴暗的街道上"寻找刺激的报道材料。法国作家亨利·德蒙泰朗（Henry de Montherlant）这样描述这里的居民："这些人，如果你观察他们，他们有丰富的手势、表情、语言、涂鸦、下流的亵渎言辞……总是被对色情的迷恋所驱使。"[45] 地中海沿岸的城市跨越了城市现代性和东方异国世界之间的界限。来到巴塞罗那的游客可以同时接受这两样东西，参观华丽的世博会展馆，然后进入中国城闷热的黑街。或者，他们可以去帕拉莱尔街（Paral-lel Street）漫步，在酒吧、舞厅、爵士俱乐部和卡巴莱歌舞厅中享受流行的娱乐。巴塞罗那是一个充满异国情调的地方，自由放荡的愉悦交织着工人阶级的抗议和暴力。

　　新的体育场原本是为了迎接1936年的国际工人奥林匹克运动会而建造的，但西班牙内战的爆发打破了这些希望。内战在巴塞罗那、马德里和西班牙各地的城镇引发了起义，它揭示了城市领域现代化的表面之下暗藏的社会不协调现象。一方面，市政改革和为世博会进行的大规模公共工程项目提供了一种真正的乐观情绪。富有的投机者和城市强大的工业精英积累了财富。稳定的工人阶级和中下层阶级成员生活得很好，足以纵情享受城市的娱乐活动。电影院和舞厅、滚轮滑冰和足球比赛都非常受欢迎。他们在扩展区的边缘地带

---

[1] Barrio Chino，该地区并非中国人的聚居区，该名称仅为对外国人聚居区的泛称，类似许多城市的拉丁区与拉丁裔无关的情况。

找到了体面的住所，并加入了当地的加泰罗尼亚团体和文化协会。巴塞罗那的劳动人民认为自己是城市人，是现代人，但却被困在一个由马德里控制的古老的西班牙国家。激进的左翼和无政府主义运动正是从这些加泰罗尼亚的爱国者那里获得了支持。[46]另一方面，较贫穷的工人阶级和移民因累积的不满而沸腾。他们的劳动建造了现代化的巴塞罗那，他们自己却被困在城市中被忽视的空间里，住房和服务都很糟糕。对于日益愤怒的工人阶级来说，飞涨的生活成本超过了微薄的工资。该市的老街区巴塞洛内塔（La Barceloneta）和奥斯皮塔莱特（L'Hospitalet）是渔民、工厂工人和码头工人居住的杂乱无章的棚户区，仅有商品菜园和非正式的街头交易能缓解严峻的贫困。这里离在兰布拉大道的悬铃木下散步的时尚人群只有一步之遥。

　　怒火在城市的街道上沸腾。罢工和示威经常演变成激烈的街头斗殴。爆炸和暗杀是这个放荡又火热的地中海城市的另一面，它们破坏了世博会城市现代性的外表。暴力和娱乐之间刺耳的并列关系是此地的公共生活中一个非常明显的部分。最终，在1936年，该市工人前来保卫受到西班牙右翼武装政变威胁的西班牙共和国。经过几天的街头血战，巴塞罗那的工人接管了工厂，并启动了一项激进的集体化实验。[47]然后在1937年的五月事变中，巴塞罗那被支持共和国的左翼派别之间的恶性斗争所撕裂。整个城市都拿起了武器。街道上到处都是路障。人们冲过街道，躲避着机枪和步枪的扫射。人行道上到处都是尸体。乔治·奥威尔在他1938年的著作《向加泰罗尼亚致敬》（*Homage to Catalonia*）中报道了这些场面：

　　　　拥有百万人口的大都市沉浸在毫无生气、一片狼藉的噩梦之中。阳光下的街道上空空荡荡。除了从街垒和用沙袋堵起的窗后射出的一连串子弹，没有什么事在发生。所有街道上都没有汽车行驶。在拉姆拉斯一带，电车一动不动地停着，驾驶员早在开战时就逃之夭夭了。可恶的噪声一直在成千上万的石头建筑物之间回荡，回荡，就像一场热带的暴风雨。[48][1]

在西班牙内战期间，巴塞罗那有数千人被杀，数千人受伤。最后，在1937至1939年期间，这座城市遭受了佛朗哥将军的盟友贝尼托·墨索里尼的意大利空军的近400次轰炸。地铁隧道是这座四面楚歌的城市中唯一不受炮击和爆炸影响的安全场所。港口和挨着港口的工人区被夷为平地。在1938年的宣传片《殉难的加泰罗尼亚》（*Catalunya Martir*）[49]中，摄影师深入街头，记录下爆炸袭击带来的创伤、令人震惊的破坏和致命的损失。1939年1月，巴塞罗那落入佛朗哥的民族主义部队手中。他的军队在兰布拉大道上胜利进军。这是即将发生的某件事的征兆。

---

[1]［英］乔治·奥威尔：《向加泰罗尼亚致敬》，李华、刘锦春译，李锋审校，南京：江苏人民出版社，2006年，第109页。

第10章　瓦砾中寻觅（1939—1950年）

第二次世界大战为城市而战，也在城市中战斗，从被轰炸的伦敦到伏尔加河畔的斯大林格勒，贯穿全欧洲。丧生的平民多于士兵。德国历史学家卡尔·施勒格尔（Karl Schlögel）将战争的破坏称为"灭城"（urbicide），即对一座城市、城市居民以及城市历史的系统性毁灭。[1]铁路、海港和机场、道路和桥梁，以及整个欧洲的重工业都被系统性地摧毁。伦敦和考文垂被毁掉了。在荷兰，鹿特丹几乎从地图上被抹去。在意大利，那不勒斯、米兰、都灵、比萨（Pisa）、维罗纳（Verona）都饱受折磨。在法国，勒阿弗尔、卡昂（Caen）、鲁昂、布雷斯特（Brest）、里昂、马赛被摧毁。盟军的高爆炸弹袭击将德累斯顿和汉堡变成了火海。在东欧，德国空军的空袭和闪电战、俄罗斯的炮击以及德国人在撤退时进行的系统性破坏留下了废墟荒原。战争最后一年的英美空袭加剧了局面的惨烈。残骸和瓦砾遍布整个大陆。列宁格勒（Leningrad）、基辅、克拉科夫、柏林和华沙满目疮痍。在布达佩斯，苏联的围攻和盟军的轰炸造成的损失惊人。两波空袭轰炸贝尔格莱德，近一半的房屋被损坏或摧毁。盟军对保加利亚索非亚的轰炸摧毁了数千座建筑物，造成了数千人伤亡。

华沙体现了战争对欧洲城市造成的灾难。1939年1月1日，德国空军用JU-87俯冲轰炸机袭击了华沙。在接下来的几周里，2万到

图 50　德军轰炸华沙后，覆盖在街道上的瓦砾和被毁坏的建筑，1939 年

2.5 万名平民丧生，40% 的建筑物严重受损，10% 的建筑物完全被摧毁。最初，随着成千上万的难民逃离军事前线，华沙的犹太人口急剧增加。穆拉诺夫（Muranów）、波翁兹基（Powązki）和斯塔拉布拉格（Stara Praga）的犹太区挤满了人。纳粹当局将所有波兰人逐出这些街区，并下令将数千名犹太人从周边郊区转移到这三个地区。1940 年 10 月，占华沙约 2.5% 面积的犹太人区被 10 英尺高的城墙和瞭望塔围起来。犹太区的 50 万名囚犯生活在极其恶劣的条件下。疾病和饥饿夺走了数千人的生命。唯一可行的生存手段是走私和以物易物。1941 年，德国党卫军开始向东方"重新安置"犹太人，这是灭绝的

委婉说法。大约 30 万名男女老少被装入牛车，送往特雷布林卡灭绝营（Treblinka death camp）。华沙的犹太区剩下大约 6 万人。当他们被最终警告驱逐出境时，他们准备好轻武器和莫洛托夫鸡尾酒[1]，与德国党卫军部队对峙。犹太人面对压倒性的力量坚持了 27 天，最终被击溃。那些没有在起义中遭到杀害的人被驱逐到特雷布林卡。犹太区的房屋被一栋栋烧毁，整个地区化为废墟。华沙的大犹太教堂被炸毁，以热烈庆祝德国的胜利。

　　纳粹计划彻底铲除波兰的华沙。希特勒将这座城市设想为一个拥有 10 万人口的德国地方城市，以寻求生存空间[2]，或称德意志种族的居住空间。规划人员草拟了风景如画的德国定居点的图纸和微型模型，只留下波兰皇家城堡作为希特勒的住所。到 1944 年，当华沙显然将落入盟军之手时，他们使用了前所未有的手段来摧毁城市的一切遗迹。特别破坏分遣队拆毁房屋，将街道变成瓦砾，并炸毁地下设施。在对波兰文化遗产的公然攻击下，国家纪念碑、图书馆和档案馆被系统性地抹去了。波兰抵抗组织，或称波兰家乡军，发动了第二次华沙起义，试图把该城市从德国的占领下解放出来。这次起义的时间与苏联红军在东郊的进攻、德军的撤退相吻合。但是苏联的进攻被斯大林突然叫停，德军重新集结，并在击败波兰抵抗的同时摧毁这座城市。在德国大炮和空中力量的猛烈攻击下，发生了残酷的巷战。一位德国军官在他的日记中写道："几乎整个华沙都陷入了一片火海。"到 1945 年 1 月，85% 至 90% 的华沙被摧毁。城市中的居民消失了。他们要么逃亡，要么死去，要么躲在可怖的废墟中。

---

[1] Molotov cocktail，土制燃烧弹。

[2] Lebensraum，在纳粹德国的政治宣传中广泛使用，要德意志民族在东方征服并占领更广阔的领土，是"二战"时德国发动侵略及扩张的理论根据之一。

在1939年9月宣战的几分钟后，空袭警报在伦敦上空响起。每个人都预料到炸弹会像雨点一样落下。他们知道对华沙的闪电战发生过什么。火车载满儿童，将其疏散并送往乡村或美国，衣服上钉着他们的名字。伦敦建筑物的窗户用胶带交叉粘贴，墙壁被加固。街道和方向指示牌被拆除。停电使伦敦每晚陷入漆黑。每个伦敦人都收到了一个防毒面具。防空洞设立了起来。伦敦大轰炸始于1940年9月，当时德国轰炸机摧毁了东区的伦敦码头区。仓库、工厂和绵延数英里的码头变成了弥漫着熊熊烈焰和浓烟的超现实景象。当德国空军发动第二次大规模袭击时，数百架英国喷火式战斗机和飓风式战斗机与袭击者作战。胆大的居民冲到户外，观看城市上空的混战。在接下来的几个月里，伦敦经受了德国轰炸的不断冲击。圣保罗大教堂被点燃，照亮了方圆数英里的街道。议会大厦和威斯敏斯特教堂被毁。轰炸在1941年5月10日达到了恐怖的顶峰，当时德国空军一夜之间在伦敦上空执行了500多次任务。到不列颠之战结束时，几乎所有历史地标都被炸弹炸毁或被大火烧毁。数以万计的商店、办公室、工厂消失了。超过百万所房屋被毁，整个街区被夷为平地。约2万人死亡，超过2万人受伤。

1941年6月22日，300万德国士兵进攻苏联。这是希特勒闪电战的最后一次袭击，也是历史上规模最大的军事行动。斯大林耗尽了列宁格勒（圣彼得堡）的弹药和补给，以保卫莫斯科免受入侵。负责列宁格勒战役的军事指挥官安德烈·日丹诺夫（Andrey Zhdanov）将军不眠不休地工作，令这座城市做好准备迎接猛攻。数十万儿童被疏散。成千上万的市民被动员起来，在城市西南部建造了一道200英里的防御屏障——卢加防线（Luga Line）。其他人则搭避难所，挖壕沟。数以万计的男女和青少年加入"人民志愿军"，在德国国防军的攻势下坚持了近3周。最终，德军突围而出，将列宁格勒与苏联其他地区隔绝。希特勒深思熟虑，决定让这座城市的340万人因饥荒而屈服。从1941到1944年，每天有数以千计的德国炸弹如雨点般落在列宁格勒。超过3000座建筑物被摧毁。德国轰炸机袭击了该市的仓库。饥肠辘辘的人们眼睁睁地看着剩下的食物被烧毁。100万人死于饥饿，另有75万人在袭击中丧生，直到装载食物的卡车通过冰冻的拉多加湖抵达。

即使在那些没有遭受这种可怕破坏的地方，德国占领期间的生活也是灾难性的。城市变得灰暗而空旷。夜间停电、宵禁和惩罚性的公共镇压对任何可疑活动进行了限制。盖世太保部队无处不在。街道交通受到限制。所有公共标牌都改用德语，公共时钟被设置为柏林时间。只有德国人可以使用汽油和汽车，其他人只能步行或骑自行车。德国占领军没收了食物、货物、动物、机械，并偷走了他们能偷的任何东西。随着战争延宕，粮食短缺吞噬了日常生活。无论贫富，所有人都靠配给券换取每周少量的食物。想要活下去只能依赖非法贸易和黑市。人们目睹犹太男女和儿童被围捕，然后被带到拘留中心，再被送到灭绝营。这一切都在街头堂而皇之地发生。恐怖的场景难以计数。1942年，法国警察在巴黎围捕了大约1.3万名法国犹太人，并将他们赶进了城市北部的韦洛德罗姆冬季赛车场（Velodrome d'hiver stadium）。他们没有食物、水和卫生设施，然后被驱逐到奥斯威辛（Auschwitz）。1943年，德国人在柏林发起了工厂行动。数以千计的犹太人从他们的工作地点被带走，并被装上马车送往奥斯威辛。

盟军对欧洲城市的轰炸袭击又为这里增加了一层破坏。1942年3月，超过200架英国皇家空军（RAF）的轰炸机袭击了德国波罗的海港口吕贝克，并用燃烧弹摧毁了这座城市的中世纪心脏。轰炸机随后袭击了波罗的海港口罗斯托克和基尔。这些袭击激怒了希特勒，他下令德国空军对埃克塞特（Exeter）、巴斯、诺里奇（Norwich）、约克（York）和坎特伯雷（Canterbury）等历史悠久的英国城镇进行空袭。1942 年 5 月，英国轰炸机的进攻实现了超现实的巨大飞跃，它首次发动了 1000 架飞机，袭击了德国科隆。巨大的力量摧毁了这座城市的中心。然而，那时最可怕的空袭是 1943 年针对德国第二大城市汉堡的蛾摩拉行动（Operation Gomorrah）。1943 年 7 月，800 架英国皇家空军轰炸机向这座城市投下了高爆燃烧弹和磷弹。袭击引发了一场灾难性的风暴性大火。一根宽约 1.5 英里的过热空气柱冲上天空，高达 8000 英尺。它吸走氧气，使数千人窒息；连根拔起树木，摧毁建筑物，将人投入火海。7 月下旬又发生了一次空袭，随后是 8 月初的最后一次袭击，这成为"二战"期间由军事袭击造成的最严重的一次死亡和破坏的狂欢。突袭摧毁了该市 9 平方英里的区域，并造成至少 6 万人死亡。另有 75 万人无家可归。1943 年，英国轰炸机司令部袭击了许多其他德国城市，最终在最后一场可怕战役中对柏林进行了 16 次毁灭性打击。

　　1942 年，在这个战争中最糟糕的一年，建筑师何塞·路易斯·塞特（José Luis Sert）和他的国际现代建筑协会的同事写了一本题为《我们的城市能否生存？》（*Can Our Cities Survive?*）的小册子。在小册子出版的时候，书名的这个问题并不是一种修辞的虚夸。这是一个灾难时刻，反乌托邦的灭城场景开始代表世界末日。在第二次世界大战结束时，在欧洲城市中漫步，就是走过成片的瓦砾和炸弹坑，以及曾经充满活力的地方的废弃残骸。美国外交官乔治·凯南（George Kennan）于 1945 年 9 月途经芬兰的维堡（Vyborg）市，该市自1939年以来已发生过两次战斗：

> 曾经的现代芬兰小镇维堡……据我所见，没有了居民……
> 我去避难了……曾经是一家精致的现代百货公司门口的地方，
> 现在已经破烂不堪……环顾四周，我发现我正在和一只山羊共
> 享门口的庇护所。在那一刻，似乎我们两个暂时是这座曾经繁
> 荣的现代城市的唯一居民。

阿尔弗雷德·德布林在20世纪20年代曾如此富有表现力地描述过柏林的欢腾，此时他造访了这座被毁坏的城市，看到了"可怕的毁灭，和无法估量的破坏图景……它几乎不再具备现实的特征……一场在白昼里的难以置信的噩梦"。[2]

人们对这些发展了几个世纪的城市的毁灭有一种反常的迷恋。战斗停止后，胜利的军队和一群记者拖着他们的摄像设备，用大量的摄影和新闻短片记录下城市的骨骼残骸。这些图像的情感力量是巨大的，华沙和柏林的毁灭场景尤其如此。黑白影片和照片描绘了灾难性的景观：建筑物摇摇欲坠，其核心暴露在外；成堆的瓦砾，空荡荡的荒凉街道。这些照片没有拍摄死者和散落的尸体，以及少数人生活在废墟之中的景象。摄影师夸大了虚无的感觉，一种生命的暂停。幽灵般的残骸是一场奇异的噩梦，或者更像是废墟的美学。它们也是这场悲剧的鲜明见证。战后波兰制作的第一部电影以令人心碎的细节描绘了华沙的命运。它是1945年在华沙国家博物馆举办的展览"华沙指控！"的一部分。该展览展示了华沙遭受的巨大的文化损失，并作为城市重建的见证和宣传在欧美巡回展出。对于城市毁灭的幸存者来说，观看这座"死去"的城市的照片和电影是一种

引发对过去和记忆的追寻的情感体验。载有照片和往事的回忆录纷纷出版。[3] 收集和查看灾难前的城市肌理、街道和地标的照片是一种纪念和哀悼的形式。昔日的历史名城、废墟的画面，以及重建后的城市的新面貌的对比，成为一种强力的护身符。这一系列照片讲述了家庭和身份重新组合的故事。

　　随着战争的结束，大量受摧残和受惊的人口发生了大规模的流动。随着军队占领和城市的解放，成千上万的人成为战后野蛮行为的受害者。强奸和谋杀是战争的报复。数百万人无家可归，聚集在军营避难所和流浪者的营地。这种巨大的人口错位最终改变了国家人口结构并促进了无情的种族清洗。逃离死亡和劳改营的犹太幸存者通过紧急服务返回家园。特别是在东欧，移民政策鼓励他们永久离开。许多人移民到美国和新的以色列国。大约 1100 万德国和苏联领土上的强制劳工和战俘返回家园，他们可能还会再次迁移。数百万从战区撤离的平民开始返乡，去看残垣断壁中还剩下些什么。随着东欧领土边界的重划，数百万人成为难民和流亡者，被迫背井离乡，逃往西方。大约 150 万波兰人被迫离开苏联和乌克兰西部。匈牙利人逃离罗马尼亚和斯洛伐克。意大利人逃离南斯拉夫。东欧的德国人被赶入集中营，等待驱逐出境。他们被集体驱逐，尤其是从波兰和波希米亚。不久，德国人也被赶出苏联占领的东德区。数百万人逃往西部。东欧的人口流动总共涉及 1500 万至 2000 万人。在边境被铁幕关闭之前，约有 1200 万人涌入西德。[4]

　　战争的阴影在欧洲持续了很久。1945 年和 1946 年的冬天是有史以来最冷的冬天。欧洲人还遭受着食物和燃料短缺的困扰。获取取暖燃料成为生死攸关的问题。饥饿困扰着每个人和每个地方。配给券为人们提供了最起码的食物，辅之以黑市的欺诈所得。工人阶级和贫穷的中产阶级、老年人、寡妇和单身女性受害最深。在被毁坏的，又或甚至在完好无损的城市中，人们都缺乏衣服、鞋子、家用装备和工具。在那些货币被正常使用的国家，严重的通货膨胀剥夺了人们的资源。在货币体系崩溃的地方，人们只能易货交易，通常使用香烟作为货币。1947 年，一波罢工和骚乱席卷了整个欧洲大陆。在巴黎，雷诺工厂（Renault factory）的 3 万名工人走上街头，法国工会呼吁举行总罢工。在罗兹，罢工撼动了整座城市。

尽管战后破坏和混乱的景象带来了各种沉重的遗留问题，但是城市还是以惊人的速度恢复了生机。城市被誉为生存意志的终极表达。人们享受着苦难结束的喜悦，纷纷涌上街头。市场开放，管弦乐队演奏，剧院表演。喧闹的游行和仪式纪念战时的胜利并歌颂英雄。建筑物和城市空间在和解与纪念的任务中被神圣化。年轻人从隐蔽处逃出来，与占领军混在一起，在好像是不知从哪里冒出来的小酒馆和卡巴莱歌舞厅中跳舞和社交。巴黎人科莱特·布伊松（Colette Bouisson）回忆说："在四年的停滞之后，一场爆炸式的舞蹈热潮震撼了这座城市。从来没有这么多的舞蹈之夜和舞蹈场所……这里是华尔兹，那里是探戈，甚至是查尔斯顿。"[5] 在经历了如此多的痛苦后，人们只想要一些正常的生活和获得一些幸福的机会。

欧洲城市的重建简直是一个奇迹。重建工作由无数人进行，其规模之大，成为欧洲历史上最惊人的时刻之一。在一个又一个城市里，人们自发清理着成山的瓦砾，女性在其中尤为积极。即使在完全被毁坏的城市中，也有一些建筑物被拼凑起来作为临时避难所。建筑地基、砖块和石头被回收和再利用。志愿队修复了道路，使供水和污水处理恢复正常。每个复国政府都必须将城市重建作为首要任务。然而，究竟应该如何重建它们？这个问题成为一个政治泥潭，引发了激烈的辩论。巨大的战时破坏激发了恢复失物的热情。人们在当下的情绪是将城市恢复为从灰烬中涅槃的凤凰。

当地的建筑商和工程师开始行动，建筑业蓬勃发展，大量工作可供选择。欧洲国家向外国工人敞开大门，流浪者和"外国工人"之间的界限变得更加模糊，因为难民和流浪者被许以就业和新生活，他们被利用起来，以帮助重建。数以千计的南欧移民与从土耳其、北非和前欧洲殖民地招募的客籍工人来到被毁坏的城市，拿起了锤子和钉子。对历史悠久的城市名胜的修复，象征着对民族精神的顽强坚持。城市被理解为身份认同的产物。人们希望找回他们的城

图 51　一群重建德累斯顿的志愿者

市——历史建筑、地标和视觉特征，这些都是他们在战前认可的特别之处。尽管人们对住房有迫切的需求，但历史纪念碑往往是第一个被重建的建筑，以示爱国主义的坚韧。欧洲各地，成千上万的普通建筑很大程度上被复原如初。已知的街道和公共空间模式从废墟中重新出现。这些潮流在战后初期的困难中催生了务实的"重建风格"。尽管激进的现代主义者持有相反意见，但城市并没有将过去的东西一扫而空。地域和国家风格传统的特色与现代主义融合在一起。[6] 重建工作耗时数十年，记忆和意义的层次在更新的城市肌理中清晰可见。

　　建筑师和城市改革者借此待兴之机，开始想象如何保存过去。法国的诺曼底海滩是 1944 年盟军进军欧洲的著名场所。盟军飞机对其城市进行了全面轰炸，为两栖登陆做准备。勒阿弗尔港和卡昂市是这次军事行动的主要目标，两者都被炸成碎片，它们是诺曼底最大的城镇。战争结束时，著名的法国建筑师奥古斯特·佩雷（Auguste Perret）接手了勒阿弗尔的重建工作。他的设计成为欧洲最著名的重建风格范例之一。佩雷在欧洲的古典传统中设想了勒阿弗尔。传统的街道格局和公共建筑的布局被精心保留。笔直的街道、线性轴线和开阔的海岸景观、受控的建筑高度，一同创造了一个重新出现的精致的城市组合。钢筋混凝土构造的建筑样式简单，有重复的窗户设计，裸露的墙壁用各种纹理进行了柔化。朴素的公寓开敞通风。这些住所被修筑在一楼商户的上方，许多商店都有开放的柱廊来展现古典主题。佩雷的形式设计给这座城市带来了令人印象深刻的秩序和优雅。它围绕着一条大道进行布局，从火车站延伸到具有纪念意义的市政大厅广场（place de l'Hôtel de Ville），然后向着海滩直至远方。

重建工作耗时多年。尽管像勒阿弗尔这样的地方能够立即收获赞誉，但欧洲无数的城镇面临着漫长而不为人知的复苏之路，以及20世纪40年代末至50年代典型的功利性修修补补。资金、建筑材料、志愿者和劳动力被输送到无数的重建项目之中。德国黑森（Hesse）区的吉森（Giessen）位于法兰克福的北部，它在1944年遭受了毁灭性的轰炸，超过75%的区域被摧毁。经过激烈的巷战，该市被美国的武装部队占领。随后，它成为美军的驻军和补给站。志愿者多年来一直在清理废墟。这座城市以20世纪50年代典型的简朴的重建风格慢慢地被重建。直到1955年，经济才恢复到足以支持几千个工作岗位的程度。[7]克罗地亚地中海沿岸的扎达尔（Zadar）被盟军轰炸了70多次，完全变成了废墟。原本2.4万人的城镇萎缩到6000人。城镇的复苏工作持续了十多年。虽然制订了很多乌托邦式的计划，但重建是政治和审美妥协的混合。[8]扎达尔曾在意大利的控制之下，并被德军短暂占领，任何法西斯历史的痕迹都被立即清除。该市的意大利遗老在战争结束后逃离了该市，没有遭受报复。扎达尔被并入南斯拉夫后，被其新的共产主义监督者改造成了一个典型的克罗地亚城市。古老的鹅卵石铺成的街道格子被小心翼翼地保留下来，中心城区被刻意恢复成早期的样子。这种历史主义的更新是与郊区的混凝土板式公寓楼的实验同时进行的。这些公寓楼仓促建成，为绝望的家庭遮风蔽雨。公众对住房的呼声在战后多年主导了铁幕两侧的西欧和东欧的城市政策。

　　"东欧"的概念一直是一种地理上的想象。但它的确切位置在战后欧洲大陆的分裂中变得非常清晰。被称为东欧集团的领土与西方截然分离，其边界被铁幕加固。用温斯顿·丘吉尔（Winston Churchill）在1946年的著名演讲中的话来说，它延伸到了"从波罗

的海的斯德丁到亚得里亚海边的的里雅斯特"。这种新的政治地理学
推翻了以前所有关于东欧、东南欧、巴尔干或波罗的海的分类。城
市要么通过法律手段，要么通过武力，从地理上被归入苏联的势力
范围。领土边界将德国分割成东部和西部两部分。它向南移动，划
出了奥地利和匈牙利的边界。此后，又掀起了一股移民潮，他们纷
纷涌向德国西部和奥地利。严厉的政策已经被制定以阻止人口外流，
并防止任何来自东欧集团的进一步移民。重建被战争破坏的国家需
要劳动力和人力资本。东欧的经济被国有化，并按照苏维埃的路线
进行规划。

东方集团的城市重建在苏联的控制下进行。华沙的重建工作尤
其充满了政治紧张。波兰在战争和战后驱逐计划中遭受了惊人的损
失。560 万至 580 万人死亡，约占该国总人口的 16%，其中包括 300 万
犹太人。波兰又因驱逐而失去了 700 万德意志人。整个国家的破坏痕
迹是巨大的。尽管许多波兰城镇遭受了破坏，但华沙的重建是民族
复兴的终极见证。各项提案从绘图板上迅速涌现，包括像完全放弃
该城市，将其作为战争纪念馆加以保护这种计划。与战后经常发生
的情况一样，华沙的居民本能地返回这座破碎的城市并"用脚投票"
支援重建。尽管遭受了骇人听闻的破坏，到 1946 年华沙的人口已经
达到 50 万。人们在能找到的地方避难，在毁坏的公寓里滞留。作家
切斯瓦夫·米沃什（Czesław Miłosz）在他 1953 年的《被禁锢的头
脑》（*The Captive Mind*）中回忆道：

　　　　他第一次流落街头，看到满街都是被炸弹震破的玻璃碎
　　片……他继续前行，并停在一幢被炸弹炸成两半的房子前。住
　　家的隐私、家庭的气味、蜂巢般温暖的生活和家具都还保留着

> 关于爱与恨的种种记忆，如今这些都暴露在光天化日之下……
> 不久前还富裕、受人尊敬的人们，如今却失去了他们曾经拥有
> 的一切；他们蹒跚在田间地头，乞求农民施舍一点点土豆。[1]9

救济机构、黑市和走私者将基本商品的补给拼凑出来。半合法的街头市场从事着各种非法交易，从化妆品到美国军用装备。华沙的生活节奏以惊人的速度回归。

保护主义者与波兰抵抗运动结盟，呼吁以历史首都的不朽风格重建华沙市中心。废墟景观迅速成为受人尊敬的圣地，激发了修复城市遗产并将其作为波兰身份象征的爱国愿望。这一提议遭到了一些人的猛烈攻击，他们认为毁坏后的空白中存在着建立一个全新城市的可能。然而，对修复的强烈要求也无法忽视。波兰人民共和国的共产主义领导人支持在俯瞰维斯瓦河和王家路线的堤坝上对华沙老城进行充满爱心的重建。首都的核心区将作为延续了几个世纪的华沙的怀旧景象而复活。建筑师使用威尼斯艺术家贝尔纳多·贝洛托（Bernardo Bellotto）的18世纪全景城市景观作为参考指南。斯大林主义的社会主义现实主义建筑政策与波兰的这种爱国情绪相一致。民族主义计划和社会主义计划之间的这种结合，是重建的关键组成部分。"形式上民族主义，内容上社会主义"的主张在重建中体现历史风貌，以此来抓住民众对共产主义事业的感情。至少在建筑方面，共产主义将向过去迈进。华沙的老城作为欧洲历史名城的一个梦幻般的幻觉重新出现。

---

[1]［波］切斯瓦夫·米沃什：《被禁锢的头脑》，乌兰、易丽君译，桂林：广西师范大学出版社，2016年，第43—44页。

　　华沙的其余部分基于新古典主义路线被改造成一个先锋社会主义城市。宪法广场是社会主义现实主义的展示，也是游行和节庆的纪念性场所。它是人民的集会地点，通向改造后的马尔沙科夫斯卡大道。这一建筑群于 1952 年在一个壮观的庆祝活动中落成。广场周围的新建筑装饰了横幅和浮雕，赞美为其建设付出辛劳的工人和工程师。庆典和游行为首都奇迹般的复活而欢呼。[10] 在前犹太人聚居的穆拉诺夫区，瓦砾被留在原地，新建筑的地基直接建在废墟上，作为对人类灾难的纪念。在 1950 至 1951 年的一系列公开展览中，华沙周围有数百个重建项目。公众团结起来的力量是巨大的。华沙作为

图 52　宪法广场，马尔沙科夫斯卡大道，华沙，1956 年

整个国家的象征，成千上万的人参与了它的重建。年轻人加入了自愿性质的建筑大队。斯达汉诺夫式工人[1]在一砖一瓦地重建首都时受到了崇拜。他们在音乐和艺术中得到颂扬。波兰最著名的画作之一，艺术家亚历山大·科布茨代（Aleksander Kobzdej）的《把砖头递给我！》(*Pass Me the Brick!*，1950年)，将三个砌砖工人描绘成在建筑工地上工作的宏伟英雄形象。波兰的第一部彩色长片《广场奇遇》(*Przygoda na Mariensztacie*) 讲述了两个年轻的砌砖工人之间萌发的爱情。每年7月，首都每个修复区的开放皆会以盛大的节日和游行来庆祝，年轻人在高处挥舞旗帜，赞美首都。"英雄华沙"被确立为未来的标志。

华沙是一个特例，但戏剧性的重建在整个东欧都发生了。在苏联控制的领土上，重建城市在启动社会主义社会方面发挥了重要作用。城市景观和建筑成为政治盛典的一部分。1945年法令宣布所有土地为公有财产，使这些地区的重建比西欧更简单直接。从波罗的海到黑海，从首都到小城镇，炫耀性和纪念性的建筑向社会主义世界的新秩序致敬。然而，城市的未来最初是面向过去的。一个又一个城市遵循着社会主义现实主义的道路，忠实于民族建筑遗产的重建形式。看似矛盾的观点却共存。国家建筑风格和装饰被赋予了象征性的意义。在共产主义的东德（德意志民主共和国，或称GDR），国家重建计划将柏林、德累斯顿、莱比锡、马格德堡和罗斯托克指定为重点。整个柏林所剩无几的历史中心被纳入了该市的苏维埃区。作为普鲁士军国主义最重要的象征，柏林城市宫（Stadtschloss）的

---

[1] Stakhanovite workers，指苏联时期在工作中表现出色、创纪录的劳动模范工人。源自20世纪30年代苏联矿工阿列克谢·斯达汉诺夫（Alexey Stakhanov）的名字，他以超额完成工作任务而成为当时的英雄人物。

废墟被仪式性地拆除。少数被允许重现的普鲁士公民建筑是洪堡大学（Humboldt University）、歌剧院和椴树下大街上的国家图书馆，这些建筑被按照原来的历史风格进行重建。柏林最重要的社会主义大道是斯大林大街（Stalinallee）[1]。这条大道是一个宣传剧场。它为阅兵和示威活动而拓宽，两侧是乳白色的新古典主义公寓楼，装饰着社会主义现实主义的壁画和雕塑。[11] 在德累斯顿，沿着该城市主要的林荫大道台尔曼大道（Thälmannstrasse）进行的重建偏好使用巴洛克风格。在罗斯托克，朗格大街（Lange Strasse）周围被重建为哥特式砖瓦建筑，这是汉萨城市的标志。汉萨城市吕贝克也以中世纪的哥特风格外观重现，还建造了标志性的塔楼式大门和仓库。

　　尽管人们在寻找建筑遗产，社会主义现实主义终究是关于新社会主义人的创造。城市被视为现代性的先锋和教育舞台，旨在将社会从资本主义奄奄一息的麻木中唤醒。基础设施和重建是一种教化方式。“文化宫”高耸于仍陷于战争所带来的混乱的城镇中。它们是斯大林主义建筑风格的层叠的豪华塔楼，其建设是对苏联友谊、欢乐和乐观的宣传性庆祝。在华沙，文化科学宫高达30层，整个街区被夷为平地，为它让路。里面是对社会主义文化的致敬：豪华的大会堂和舞厅、剧院和电影院、俱乐部房间和游泳池。工人阶级的家庭生活体现为城市外围的简朴公寓。集体生活和工作是共产主义的重点。工厂和钢铁厂的华丽入口标志着五年计划和共产党对经济复苏的承诺。城市中心成为纪念碑的奇观。苏联解放者的英雄石雕和大理石雕塑装饰着公共广场。苏联的坦克被做成了神龛。斯大林的巨大雕像审视着公共领域，个人崇拜文化笼罩在东欧城市之上。庆

---

[1] 今卡尔·马克思大街。

典广场和市政大道上到处都是爱国主义的标志物。无数呼喊着共产主义口号的横幅，在建筑物的外墙上飘动。公共节日被恢复，以庆祝历史事件和社会主义周年纪念日，并加入到年度庆祝活动的日程表中。1947 年布拉格举行了盛大的世界青年节，随后于 1949 年在布达佩斯，1951 年在东柏林，1953 年在布加勒斯特，1955 年在华沙举行。来自 100 多个国家的 3 万多人参加了莫斯科 1957 年的青年节。他们在城市中游行，最后在新开放的列宁中央体育场进行了一场方阵行进和旗帜起伏的大规模表演。这是一场色彩和音乐的幻景，对许多参与者来说，是一次改变人生的经历。

西欧，作为东方这些共产主义梦想的对照物，在美国这个新巨人的监护下作为资本主义集团重新崛起。在那里，重建城市意味着现代化和基于物质消费的更好的生活方式。从 1945 年 7 月开始，美国通过联合国救济和复兴署向欧洲注入资源。随后，马歇尔计划促进了援助、机械和货物流向急需的国家。在战争结束时，公众被一系列旨在展示富足、大众消费和与之相伴的生活水平的新理想的展览吸引。现代性被驯化，被提供给每个人。在经历了多年的物质匮乏之后，数以百万计的人漫步在富有远见的城市规划和崭新的基础设施的展示中。这些展览集中展示了一个家庭消费品的聚宝盆，包括闪闪发光的塑料和胶木日用品、电器、房屋和室内装修设计。在 20 世纪 20 年代具有革命性意义的现代生活方式，现在被作为重建风格加以展示。马歇尔计划和美国官员发起了一场史无前例的"美国生活方式"宣传运动，用消费主义和物质积累定义了资本主义的市民身份。大批美国公司横渡大西洋开店。可口可乐（Coca-Cola）、家乐氏（Kellogg's）和卡夫食品（Kraft Foods）在欧洲开业，并兜售美式软饮料、玉米片麦片和蛋黄酱。他们将这些诱饵与满足消费者所有需求的许诺，一并悬挂在一个被美国人天真地称之为"欧洲"的笼统地方的上空——他们的意思是"西欧"。对"欧洲"的一些人来说，美国的这种攻击是一种侮辱。知识分子对此反应激烈。美国的大众文化被谴责为粗俗。但对于数百万渴望更好的生活和体面家园的普通人来说，美国消费主义的梦境似乎令人着迷。

尽管存在战后的经济奇迹和美国人的轻松乐观，欧洲的大多数人仍然在紧张的预算下节俭地生活，其中许多人只能勉强糊口。节俭是当时的口号。直到 20 世纪 50 年代中期，配给制才完全解除。住房短缺是生活常态。房屋稀缺，而且价格昂贵。对于许多年轻的已婚夫妇来说，拥有体面的公寓仍然是一个遥不可及的梦。食品支出是家庭预算的主要支出。各国政府试图通过宣传勤俭持家的理念和简朴的生活方式的好处来控制人们的期望。在这种匮乏以及对俗丽的美国主义令人苦恼的矛盾心理的背景下，复兴博览会取得了巨大的成功。1946 年在巴黎大皇宫（Grand Palais）举行的美国建筑和城市设计技术博览会展示了美国的工具和设备，如用于道路工程的推土机和铲运机，以及被欧洲最大的建筑公司采用的住房预制技术。美国样板房在巴黎、伦敦和柏林的郊区建造，带着"阿卡迪亚"（Arcadia）、"伍拉维房屋"[1] 和"吉普"等标签。第二年，城市化和人居环境国际博览会在巴黎大皇宫举行。9 个欧洲国家参加了这一有远见的计划的全面展示。博览会宣布"房屋……是人类最基本的必需品，它应该满足身体、精神、个人、家庭、国家和整个社会的需要：它是文明水平和质量的最明显的标志"。超过 100 万人参加了 1951 年的家居艺术沙龙。[12]巴黎人对那些配备了最新电器、洗衣机和时尚家

---

[1] Woolaway house，一种预制混凝土结构住宅。

具的理想厨房的展示垂涎三尺。

其他城市对未来也有自己的看法。1940 年 5 月，纳粹轰炸机飞过鹿特丹，用数千吨烈性炸药轰炸了这座城市，使其变成了地狱。整座城市都被夷为平地。战争结束后，一支由 2 万至 3 万人组成的大军清理了数百万立方米的瓦砾。地下管道和下水道网络的残余部分被挖出。随后城市开始重建。一系列展览庆祝了这座城市的重新崛起，并激发了公众的乐观情绪，如："鹿特丹不久的将来"（1947 年）、"马斯河畔的城市重新站起来"（1949 年）和"鹿特丹万岁！"（1950 年）。许多展览是由马歇尔计划的管理者赞助的，并在理想化的家庭生活中塞满美国制造的最新消费电器。1949 年，美国驻西德军政府办公室在法兰克福主办了一场关于"美国如何生活"的展览。西柏林马歇尔大厦展馆每周都会迎来数以万计的被其舒适的家庭生活所诱惑的柏林人。东德于 1953 年在东柏林对应举办了一场关于"生活更美好，居住更美丽"的展览。[13] 20 世纪 50 年代，在莫斯科和苏维埃共和国各省会城市举办的苏联国民经济成就展（VDNKh）以引人注目的展示和新产品庆祝共产主义经济的成就。1956 年在卢布尔雅那举办了东欧集团的先锋展览"适合我们环境的公寓"。不过，共产主义的影响与西方的图像也会交织在一起，如 20 世纪 50 年代在东欧的城市巡回展出的"这就是美国"博览会和现代艺术博物馆的"建在美国"等展览。

1951 年的英国艺术节无疑是重建时代里最为大胆的盛会。它在伦敦南岸的一个被炸毁的地区举行，该地区因伦敦大轰炸而遍地瓦砾。尽管存在劳动力和材料短缺问题，但该展中令人叹为观止的"发现之穹"和"天塔"柱还是形成了对未来的憧憬。这个节日被宣传为"国家的补药"和英国成就的展示。这是英国公众第一次接触

图 53　泰晤士河南岸英国艺术节现场的皇家节日大厅和其他特别建造的建筑物，
伦敦，1951 年

到现代建筑，特别是皇家节日大厅（Royal Festival Hall），那带有宽
大玻璃外墙和悬挂式音乐厅的亮白色混凝土构造。[14] 成千上万的游客
在迷人的未来住宅、社区和新城镇的样板模型之间漫步。英国艺术
节的"现场建筑"展览位于伦敦东区的道格斯岛，那里曾有超过
100 万的房屋在纳粹轰炸中被摧毁，上千人被杀害。该展览模拟了一
个英国田园村庄，旨在吸引对未来充满乐观但又渴望浪漫往昔的广
大英国公众。这个节日是重建和英国福利改革的华丽宣传工具。除
伦敦外，节日展览还在英国各地的城镇举行，是一场全国性的庆祝

活动。

整整一代现代主义建筑师都在等待这个时刻以复兴文明。实验性住房项目从绘图板上迅速涌现，落入建筑公司的手中。巨大的吊车悬在欧洲各城市的天际线上。建筑工地上的灰尘和碎屑、推土机和建筑设备的可怕喧嚣成为了生活的一部分。在临时营地和摇摇欲坠的贫民窟中勉强生存的绝望家庭被疏散到在郊区系统建造的住房单元。每座新建筑的完工都会被大张旗鼓地庆祝，隆重的仪式仿佛王室庆典。1954年在巴黎北部的空地上开始建造的萨塞勒住宅区，是最早的住房原型之一。它成为了为欧洲年轻家庭建设更美好未来的宏伟努力的所有胜利和失败的代名词。第一批住户，拎着行李，带着孩子们，在新浇筑的混凝土板公寓的塔楼和线性分布的长条形楼房间穿行。他们惊奇地注视着竣工的住宅区的图纸和图表，并兴奋地倾听着人行道和公园、学校和购物中心以及大量汽车停车位的承诺。建设开始6年后，萨塞勒已经有超过3.2万人居住。英格兰谢菲尔德郊外的帕克山为安置3500名钢铁工人和他们的家人修建了巨大的混凝土公寓楼，他们此前被困在陈旧的市中心贫民区。这里是现代主义思想的缩影，高高架起的"空中街道"连接着围绕在露天广场蜿蜒的、拥有各种现代便利设施的建筑。意大利政府的国家保险协会公共住房计划（Ina-Casa）在20世纪50年代初每周建造500套新房，到60年代初每周建造700套。[15]都灵郊区的"卫星城市"拉法尔凯拉（La Falchera）是一个现代主义实验场，可容纳6000人的3层公寓楼与绿色空间交织在一起。米兰的瓦雷西诺（Varesino）住宅区是一系列现代主义摩天楼，耸立在城市之上。在整个欧洲，年轻的家庭搬入了富有远见的现代主义住宅区，走向未来。这些公寓虽然简约，但光线充足，空气清新，配备有充足的供暖设施、现代化的厨房和浴室，并提供空间用于安装令人梦寐以求的电视机。对于年轻家庭来说，获得新住宅区中的公寓钥匙是一个奇迹。萨塞勒的第一批住户在油漆还没干的时候就搬进去了，惊叹于"浴室、厕所、厨房……我们高兴地看着孩子们在巨大的客厅里奔跑。它（公寓）是如此之大，以至于两年来有一个房间我们甚至都没有使用"。[16]

　　尽管人们对现代住房及其乌托邦式的希望充满热情，但"短缺"仍然是20世纪50年代后期这些项目的决定性特征之一。预制材料、实验性轻质材料、建筑工地上的机械化工作都是对短缺的回应。尽管这些建筑技术是开创性的，但它们也是未经试验的。萨塞勒的居民艰难地应对眼前的供暖和电力问题、水管和下水道的破裂问题，

图54　萨塞勒住宅区，1963 年

以及基本服务的缺失。他们组织了一个社区协会，可以"让1000人走上街头"，使他们摆脱被《法国晚报》（*France-Soir*）称之为"萨塞勒综合征"的平庸、乏味的孤独和寂寞感。这是一场持续不断的新闻宣传活动的开始，它对现代主义住房的每一个故障、每一个缺点都喋喋不休。[17]浮华炫目的杂志——特别是针对妇女的杂志——兴高采烈地鼓励新租户采用现代的、主要是美国化的家庭生活模式，并配备省力的家用电器。但这与这些早期住宅区的日常经验相差甚远。法国喜剧演员和电影制片人雅克·塔蒂（Jacques Tati）嘲笑了现代化的粉碎性力量和住宅区贫瘠无味的生活。他在1958年拍摄的《我的舅舅》（*Mon Oncle*）[18]描述了对巴黎郊区兴起的混凝土住宅区的滑稽抵抗，并为传统上工人阶级生活的风景如画的小居民区而感伤。但是，生活在家庭幸福梦想中的年轻先锋们对未来的信念依然坚定不移。这些早期住宅区的生活是艰难的，但在一位萨塞勒的居民看来，"总的来说，我们很高兴能参与其中"。[19]

无论如何，尽管存在媒体的宣传和美国家庭生活的浪漫化形象，现代化并不等同于美国文化的简单传播和美国"生活方式"降临欧洲。美国和欧洲之间存在着一种来回的文化传播，形成了一种有共识的西化。"二战"后到达欧洲海岸的美国文化洪流与欧洲的思想和传统以及民族文化模式融合在了一起。在日常实践和商品方面，存在着多种东西向以及南北向的交流。[20]更重要的是，欧洲的城市发展有一个完善的内部逻辑，这些文化影响流入其中并采取了不同的、微妙的形式。在重建时期和20世纪50年代初期，欧洲的工业工人阶级城市生态处于鼎盛时期。工会的影响和会员人数都达到了顶峰。庆祝五一劳动节的大规模游行，同节日、罢工和示威一起，成为战后世界城市生活中根深蒂固的一部分。此外，在东欧，工人阶级在共产主义的胜利中得到了颂扬。

在配给制结束后，西欧的经济放松管制，工作的男女比以往任何时候都更自信，更富足，也更文雅。战前严重的社会不平等现象正在消退。在西欧和东欧，那些收入水平最低的国家发展最快。到20世纪60年代，工作和体面的收入几乎是所有地方的常态。可支配的财富比以往任何时候都多。消费者赊账购物变得稀松平常。欧洲的社会福利制度，包括免费医疗和退休金、教育、补贴的公共住房和交通，为广大劳动者创造出一种前所未有的安全和舒适。这些举措明确定义了欧洲的文化消费模式。一种独特的欧洲度假文化出现了。这朝着福利国家迈出的第一步并没有立即改变欧洲的社会等级制度。20世纪50年代在很大程度上是一个恢复稳定的时期。社会和文化动态直到最后10年才会开始改变。但是，匮乏的岁月被抛诸脑后。每家每户都急于实现物质愿望和被压抑的美好生活梦想。对于厌倦了战争，经历了贫困和配给制度的欧洲人来说，消费提供了一种新的社会尊严和生活质量。

欧洲的家庭开始争先恐后地购买衣服、家用电器和家具。《金融时报》（*Financial Times*）进行的一项调查发现，仅从1957到1959年，拥有电视机的英国家庭数量就增加了32%，拥有洗衣机的增加了54%，拥有令人梦寐以求的冰箱的则增加了58%。[21]大量家庭消费品陈列在商店货架上，其中大部分是在欧洲城市的工厂生产的。联合利华（Unilever）和瑞士雀巢（Nestlé）是最大的消费品公司，它们从冷冻食品和从清洁剂到个人卫生用品的家用产品热潮中获利。拜耳是法尔本集团公司的继承者之一，生产了不少于1.2万种产品，其中大部分在战前曾不为人知。西门子制造了各种家用电器和电子产品。客户在英国的希勒展厅（Hille showrooms）里精挑细选，购买价格实惠的层压板家具。最新款的铂傲（Bang & Olufsen）电视机和博朗（Braun）厨房搅拌机作为现代生活方式的标志被抢购一空。舒适良好的"生活艺术"成为数百万追寻无忧消费梦想的人的共同心愿。

20世纪50年代，大多数欧洲人仍然从附近的街角商店、食品店和每周市场购买食品和日常用品。在多年的物质匮乏后，这些店的重新出现是日常生活正常运作的最可靠的标志。然而，在新的商业经营者面前，它们遭受了多年的缓慢窒息。几个世纪以来定义城市生活的日常购物程序被逐步抛弃，转为每周去自助超市购物。在那里，购物者在令人眼花缭乱的食品选择中徘徊，检查价格标签。欧洲人在食品和服装上的花费比美国人多，这些商品的选择是基于欧洲人独特的口味。[22]在英国，乐购（Tesco）在1954年开设了第一家自助超市。到1961年，位于莱斯特镇郊区的乐购成为欧洲最大的商店。它的下方建有一个可容纳1000辆汽车的停车场，并提供"开车进入即可购买"的服务。购物者可以在这里找到"从A到X的所有商品"，并让他们的孩子坐在等候的购物车里。"你无法想象在莱斯特的兴奋程度，"一位观察家回忆说，"商品销售得飞快……购物者排队等候着，一旦门打开就冲进去。"[23]其创始人杰克·科恩（Jack Cohen）在20世纪60年代推行了积极的扩张政策，在郊区开设了数百家商店。法国家乐福（Carrefour，21世纪世界上最大的超市–百货连锁店之一）于1957年在阿讷西（Annecy）郊区开设了它的第一家销售点。不二价连锁店（Monoprix chain）在1932年于鲁昂以杂货店起家，它在1950年转为自助服务。仅仅10年后，在法国城市的郊区，已经有超过200家挤满了顾客的不二价超市。阿尔迪超市（Aldi supermarket）以埃森的一家自助商店开始，在1960年成为德国最大的平价零售商之一，拥有300多家门店。1961年，佛罗伦萨的意大利超市（Supermarket Italiani）盛大开业，1.5万名顾客围观了奢华的货架和美国式的结账仪式，瞠目结舌。警察不得不出面控制人群。[24] 这些新的分销策略使消费主义在社会上向下发展，并从欧洲的大城市向外扩展到整个大陆的城镇。快餐连锁店也效仿了这种模式。北海快餐店（Nordsee Quick）迎合了快节奏的现代生活方式，在20世纪50年代至60年代在西德和奥地利的城镇扩展了300家分店。1954年，第一家温皮吧（Wimpy Bar）在伦敦考文垂街（Coventry Street）开业，并扩展到英国各城市的主要商业街，向青少年销售最新口味的汉堡包和奶昔。弗里德里希·雅恩（Friedrich Jahn）在慕尼黑的阿马林大街（Amalienstrasse）开设了他的第一家维也纳森林餐厅（Wienerwald restaurant），将现成的烤鸡作为家庭日常餐食出售，赚

图55　卡昂的不二价超市，奥查科夫和巴塔伊担任建筑师，约1960年

得盆满钵满。在 20 世纪 60 年代，维也纳森林发展成为欧洲最成功的快餐连锁店之一。

在"冷战"时期的话语中，易北河以东的欧洲是东欧集团的无人区。尽管苏联范围内的国家从来没有认同过"东方集团"或"东欧"这一类别，但在西方人眼中，它们是遭受暴政和社会经济落后苦难的共同领域。第二次世界大战的灾难性破坏只是加剧了这种想象。东欧的住房建设滞后，大部分地区完全处于废墟之中。成千上万的家庭仍然生活在被忽视的工人阶级公寓——这些公寓自 20 世纪初以来一直定义着无产阶级的生活——或者被遗忘的城市边缘地区的破旧住所里。尽管社会主义现实主义的集体城市空间是英勇的，但日常的家庭世界是暗淡的。可怕的生活条件蔓延到了整个苏联。在广袤无垠的乌拉尔和西伯利亚的土地上，家庭挤在普遍令人沮丧的宿舍和营房里。[25]

1957 年，南斯拉夫各地成千上万的人涌向萨格勒布，目不转睛地观赏美国政府组织的美国超市展览。[26] 然而，对于仍面临定量配给和物资匮乏的许多人来说，它的富足幻觉反倒是一种辛辣的讽刺。东欧的商品很便宜，但很稀缺。在东德，在阴暗的消费合作商店，基本商品的配给制度一直持续到 1961 年。任何想要额外东西的人都会去贸易组织商店（Handels Organisation），这些商店不需支付配给券，并以时装表演和时尚商品来吸引顾客。位于东柏林中心的亚历山大广场上的贸易组织商店是无产阶级风格的展示窗口。沿着斯大林大街规划的贸易商店和消费商店将成为购物者的天堂。但是，富裕的愿景被持续的物资短缺所挫败。在柏林墙分裂城市之前，柏林人还能在疯狂购物时自由穿梭于各个区域以寻找最优惠的价格。在君特·格拉斯（Günter Grass）1963 年的小说《狗年月》（Dog Years）

中，马特恩的火车停在西柏林的动物园车站，在前往东柏林之前，
"他无论如何要顺便将他的西德马克按照有利的资本主义汇率换成东
德马克"。"此外，他还得买一把带刀片的刮胡刀、两双短袜和一件
换洗的衬衣。谁知道，那边的人是否把必不可少的东西都准备好
了？"[1]27

　　20世纪50年代末60年代初，东西方的城市仍然笼罩在一片黯淡
的灰色中，难以居住。被炸毁的楼房和空地上布满杂草和瓦砾，在
建筑起重机和泥泞的建筑工地旁，弹痕累累的建筑物使城市景观黯
然失色。战前大城市的热闹景象已所剩无几。年轻人带着他们自己
勇往直前的活力出现在这些令人沮丧的空间中，这既令人瞩目又令
人感慨。第一代"青少年"创造了壮观的国际性青年文化。它融合
了工人阶级的日常经验、来自不同地方的文化拾取和幻想，尤其是
吸收了美国流行文化。在英国，年轻人的亚文化在即兴摇滚乐和节
拍俱乐部、爵士和摇滚乐地下室中崭露头角，这些地方隐藏在工人
阶级地区和地方城镇，以及伦敦郊区住宅区。偏僻的无名之处培养
了他们颠覆性的音乐品位。青年人聚集在利物浦的苏格兰路
（Scotland Road），那里是当地工薪阶层青少年在酒吧闲逛的热门地
点。地下音乐俱乐部在该市靠近海滨的破旧街区开业，业余乐团在
那里尝试默西之声（Merseybeat）。在利物浦这个种族大熔炉，"丘纳
德扬基"（Cunard Yanks）从大西洋彼岸带回的音乐为这里的人提供
了大量即兴创作的素材。[2]28 "泰迪男孩"（Teddy Boys）装扮成爱德
华时代的亡命之徒，他们被美国的电影和音乐迷住，擅长制造混乱。

[1]［德］君特·格拉斯：《狗年月》，刁承俊译，上海：上海译文出版社，2005年，第
639页。
[2]在丘纳德公司航线上英国船工常常往返利物浦和纽约、蒙特利尔。

图 56　谢菲尔德街上的"泰迪男孩"

他们在街上骚扰任何引起他们愤怒的人，尤其是移民。在诺丁汉的种族骚乱中，紧张的局势发展为暴力，当时的"泰迪男孩"暴徒袭击了布拉姆利路（Bramley Road）上的西加勒比家庭。"摩登派"（Mods）穿着装腔作势的服装，骑着兰美达（Lambretta）机车到处跑。"摇滚派"（Rockers）由工人阶级组成，具有男子气概和攻击性。两个帮派在街头进行仪式性的争斗。1965 年，在比尔·黑利和他的彗星乐队（Bill Haley & His Comets）的《昼夜摇滚》（*Rock Around the Clock*）被用作电影片头曲后，他们在伦敦南部制造了恐慌，当时数百人聚集在塔桥上跳"曼波摇滚"（Mambo Rock），阻塞交通，引发了一片令人沮丧的喇叭声。在短短几年后，嬉皮士、朋克和光头党将取代他们作为城市反英雄。

这种年轻的异议者在铁幕两侧的欧洲城市中都有所体现。长发、黑色皮夹克和牛仔靴，法国的"黑色夹克"（blousons noirs）、意大利的"浪荡儿"（Vitelloni）、荷兰的"叛逆青年"（Nozem）、德国的"半强人"（Halbstarken）被视为危险团伙。他们在战争废墟留下的城市荒地或城市边缘的公寓楼附近的建筑工地上游荡。摇滚音乐会和电影之后，年轻帮派的滋扰成为常态。他们被当局谴责为少年挑衅者、败坏公德的流氓。这些刻板印象和怀疑很难被动摇。但青少年在街上的吵闹和与警察的冲突成了一种新的公共表演。直到1961年8月柏林墙建成之前，青少年在东柏林和西柏林之间来回穿梭。这座城市的西部地区是爵士乐和节拍俱乐部、以美国电影为放送特色的影院以及出售牛仔裤、皮夹克和黑胶唱片的商店的圣地。东柏林人随着短波电台播放的西方音乐跳捷舞（jive），观看西德电视节目。

尽管受到最多关注的往往是美国的流行文化，但东部的青少年也拼凑出了各种各样的标志和图腾。有男子气概的叛逆年轻人穿着意大利风格的服装，喝着意大利浓咖啡。他们的音乐表演受到意大利流行音乐、法国耶耶音乐[1]和德国施拉格流行音乐旋律[2]的影响。萨格勒布音乐节是欧洲最早的流行音乐节之一，它仿效了1951年在电台直播的意大利圣雷莫歌曲比赛（Sanremo song contest）。音乐节成为年轻人洋溢活力的公共场所。克罗地亚的奥帕蒂亚（Opatija）

---

[1] Yé-yé sounds，20世纪60年代初出现在西欧和南欧的一种流行音乐风格。
[2] Schlager pop melodies，欧洲流行音乐的一种风格，其曲目为旋律简单的甜美、伤感的民谣，或是轻快的流行曲调。歌词通常以爱情、关系和感情为中心。

镇举办的音乐节是流行音乐的主要展示平台，吸引了数千人参加，并在整个南斯拉夫进行了电视转播。[29]从 20 世纪 50 年代末开始，"解冻"使东欧社会部分开放。数以千计的青年俱乐部和咖啡馆开始播放和表演西方的音乐和舞蹈。比尔·黑利和他的彗星乐队在 1958 年的欧洲巡回演出中受到了成千上万的歇斯底里的歌迷的欢迎。他们的莱比锡音乐会使摇滚乐正式进入东德。[30]对于东欧集团的"叛逆"青年来说，西方音乐和服装被尴尬地吸收到社会主义的生活中，与共产主义青年团和青年节的欢乐游行并存。在华沙，"比基尼男孩"（bikiniarze）模仿他们想象中的美国青年的风格。他们穿牛仔裤，抽骆驼牌香烟和好彩香烟，并操一口美国电影中的英语。在布达佩斯，"詹佩克"（jampecs）在城市的黑市里翻腾，寻找与他们蓬松发型相配的废弃服装。[31]忧郁的"摇滚派"和猫王的模仿者昂首阔步，让这座城市形成了一派社会叛乱的场景。在苏联，"潮流青年"（stilyagi），或者说痴迷于风格的人，模仿西方时尚，创造了他们自己的舞蹈动作和俚语。莫斯科最著名的咖啡馆之一，青年咖啡馆（Molodezhnoe）成为波希米亚青年的聚集地，有业余的酷炫爵士乐表演。[32]1957 年莫斯科举行的轰动一时的青年节，有来自上百个国家的官方代表团和令人尴尬的音乐风格。这种全球性的青年潮流现象，完全渗透了铁幕。

对更高生活水平的追求驱使东欧人投入西方的怀抱。在 20 世纪 50 年代的沉闷岁月里，对于被困在铁幕后的知识分子和艺术家来说，巴黎是神话般的目的地。艺术家、艺术展览和电影在巴黎与东欧国家的首都之间来回穿梭。[33]"新趋势"波普艺术双年展于 1961 年在萨格勒布开幕，并成为一项定期活动。地下制作室生产西方音乐的黑市唱片。来自铁幕对面的图像洪流吸引了热切的消费者。外国公司展示西方产品的展览定期举行，共产主义企业家与他们在西欧的同行交流——特别是在巴黎的同行。法国时装设计师伊夫·圣罗兰（Yves Saint-Laurent）和克里斯蒂安·迪奥（Christian Dior）于1957年和1958年参加了在莫斯科举行的时装秀。1959年夏天在莫斯科举行的美国国家博览会是一个前所未有的事件，也是美国总统理查德·尼克松（Richard Nixon）和时任苏联部长会议主席尼基塔·赫鲁晓夫（Nikita Khrushchev）之间著名的"厨房辩论"的场所。博览会在一个半透明的网格穹顶内举行，它向参观者介绍了一系列令人兴奋的消费品和家用电器，以及一个包括了通用电气的"奇迹厨房"的典型美国家居模型。美国的消费品牌，如李维斯（Levi's）牛仔裤成为社会地位的象征。带有"美国制造"标签的物品成为收藏家的宝物。

在某种程度上，正是东西部之间生活质量的明显差异刺激了当地的起义浪潮，并促进了苏联领导人推行去斯大林化和现代化共产主义理想。1953年，成千上万的柏林人涌上街头，支持罢工的建筑工人，包括在斯大林大街建筑工地上的工人。游行队伍在工业郊区形成，并蜿蜒至波茨坦广场（Potsdamerplatz）。柏林的大规模人群引发了德累斯顿、哈雷、莱比锡和东德各城市的抗议。工人们关闭了铁路、钢铁厂、洛伊纳化工厂、马格德堡的机械厂和柏林的发电厂。数以万计的技术工人离开东德。波兹南的金属工人于1956年举行罢工并被镇压。华沙于1956年发生大规模的抗议活动。1956年10月，这座城市陷入了围困状态。议会大楼前的拉约什·科苏特广场（Lajos Kossuth Square）成为战区。革命失败后，约有20万人立即逃离了匈牙利。尽管这场大规模骚乱被平息，但它为赫鲁晓夫的去斯大林化进程开了绿灯，并为东欧开辟了一条更加独立的社会主义道路。

　　边界最终在1961年被封死。欧洲这一悲剧性分裂的象征是柏林墙的建成。具有象征意义的是，第一个被封的地方是波茨坦广场，它曾经是欧洲最城市化、最繁忙的城市舞台之一。隔离墙引人注目地分割了整个城市。巨大的混凝土板上铺着管道和铁丝网，将城市分成东西两部分。由边防军把守的瞭望塔矗立在布满绊马索的沙地无人区上。天黑后，这片疯狂的景观被泛光灯照亮。沿墙建筑物的窗户和门都用砖头封住。在地下，地铁被切断，下水道被带电栅栏围起。讽刺的是，正是它作为共产主义世界中的一个封闭岛屿的特殊地位，使西柏林成为西方民主的展示窗口。这是一个具有惯性的"事件"，吸引了成群结队的年轻人，而老一代人正在抛弃这个城市。西柏林似乎无视了政治地理，它不再是德国的首都。它是共产主义海洋中的一个"冷战"岛屿。库达姆大街沿线的商店橱窗里摆满了消费者的衣物饰品。其最新的电影和音乐，咖啡馆和酒吧——即使黯淡无光——是战前几年世界大都市地位的缩影。柏林物价廉价、坚韧又开放。[34]它是年轻人享乐主义和左翼行动主义的舞台，也是一个快速变化的欧洲城市社会的缩影。

第11章 穿越城市的汽车旅行（1960—1970年）

当痛苦的重建岁月结束后，欧洲人就以创纪录的规模迁往城市。这是欧洲第二次巨大的城市繁荣，类似于19世纪的城市热潮。其原因是多方面的。从农业到工业以及后来的服务业的快速转变将人们从农村地区拉到了城市。战前，在19世纪末20世纪初的大移民潮中，这种农村人口外流在全球范围内被部分分流。这种情况在第二次世界大战后减少了。农村移民留在欧洲，收拾行李，前往城市。他们到达他们自己的地方首府，或跨入不同的国家碰碰运气。其中许多人是要离开孤立的村庄和小城镇的僵化气氛的年轻人。大城市是年轻人的领域。搬到城市意味着机遇和教育、更好的工作以及对更加美好的生活的期望。他们安顿下来，结婚，抚养一群相对娇生惯养的孩子。婴儿潮、外来工人，尤其是那些从海外过来找工作的人使城市人口大大增加。

到20世纪末，欧洲的总人口已增至大约6亿。居住在城市和城镇的欧洲人首次超过50%。城市化进程在20世纪80年代至90年代放缓。但到了20世纪末，西欧有整整75%的人生活在城市地区。可想而知，城市化程度最高的国家是英国、比利时、荷兰、德国和瑞典。东欧紧随其后，其城市化的速度尤其惊人。在东欧，加速的工业化和农业集体化将该地区推向了城市生活。其人口向城镇进行了大规模的重新分配。[1] 捷克共和国和保加利亚的城市化率接近70%，匈牙利的城市化率达到63%。南斯拉夫历史上曾是欧洲城市化程度最低的地区之一，人们移民到城市的数量仍创下了纪录。甚至巴尔干半岛的偏远农村地区也变得更加城市化。历史上，"城市化"在很大程度上也意味着城市的集中化。但从20世纪60年代开始，这一趋势被扭转了。欧洲各地的城市爆发出巨大的多核化都市区。城市人不仅仅定居在欧洲的大国首都——在城市学者认定的"划时代的转折点"[2] 中，他们也迁入了分布在广大都市地区的城镇。在这些阿米巴虫式的城市地域中，即使是小城镇和中等规模的城市也经历了人口的高速增长。

除了人口增长，还有其他因素促成了这种规模的城市化。在两次毁灭性的战争之后，欧洲终于享受到了长期的政治和社会稳定，并伴随着强劲的经济投资。尽管有"冷战"的唇枪舌剑，但分裂的欧洲的政治局势比20世纪的任何时候都要稳定。它在日常生活中创造了一种新的常态，并支撑着一个"繁荣的黄金时代"，直到1973年的石油危机。这是一个前所未有的30年的经济大增长时期。生产和消费双双飙升。更重要的是，新财富的好处被广泛传播。未来似乎充满了可能性。这些年的特点是管理层和劳工之间的合作，而不是重复困扰前几十年的苦难和阶级斗争。充分就业、适度加薪的生活收入、社会福利创造了一个自信、繁荣的工人阶层。工作岗位众多，工资和收入增加了。

20世纪60年代和70年代初是福利国家的黄金时代，当时所有人口可以依赖一个健康和残疾保护、失业和养老的舒适福利网。免费医疗、更好的教育和补贴住房提供了一种新的安全感。这发生在经典福利国家的发展达到了顶峰的西欧，也发生在集体主义的东方。

欧洲人享受到了他们有史以来最高的生活水准。随之而来的是一种新的尊重。对铁幕两边的人来说，天堂就是一个舒适的家、一辆停在家门前的好车、一台新电视。一场消费革命席卷了整个欧洲大陆，一连串闪亮的商品改变了日常文化。曾经是少数幸运者才能享用的奢侈品，现在几乎每个人都能得到。这种富裕程度的上升是繁荣的黄金时代的独特特征。它使战后的制度成为一种彻底的生活方式。这对城市的影响是深远的。

铁幕两边的政府都在推进大规模的现代化计划。总体规划被设想为一个神奇的公式。它被应用于人类活动的几乎每一个领域，并被包裹在进步的道德外衣中。它将推动人们进入一个幸福和富足的未来。成千上万的技术官僚、技术人员、工程师、建筑师和规划师推出了精心设计的计划，以创造一个更好的世界。资金被投入到贫民窟清理计划，以及建设住房、高速公路和机场、巨大的体育场馆和购物中心中。城市成为雄心勃勃的国家资助的大型项目的舞台。这些都是现代化的标杆。它们是一个巨大的生产和消费地理环境——一个由重要资源、消费品、物流和分销以及运输组成的完整系统——中的节点。西部的共同市场和东部的苏联领导的经济互助委员会都是这个地理环境的关键。然而，尽管存在这种对新世界的总体构想，但无论是在资本主义还是社会主义的幌子下，它都很少被完整执行。历史悠久的城市的建造和居住方式受到一系列特定地点的影响。针对肆无忌惮的美国式资本主义和僵化的苏联式社会主义，欧洲重塑了它们的变体，修改了其嵌入城市的作用和方式。在东欧和西欧，作为现代化脚手架的建筑和都市主义也是如此。现代主义所提供的原型在不同的城市地区以或多或少的力量和资源得到了实施。然而与此同时，在欧洲各地发生的城市转型也有惊人的相似之处。现代主义制度和当地环境之间的这种互动，为20世纪60年代整个欧洲的城市景观打上了印记。

劳动力迁移对现代化进程也至关重要。20世纪50年代末至60年代的经济繁荣，引发了欧洲外围国家向工业化的西欧国家的新一轮移民潮。西欧外国工人的数量增加了两倍。随着工作机会的增多，许多国家制定了开放的移民政策，最初主要针对欧洲白人。来自爱尔兰、意大利、西班牙和希腊农村地区的客籍工人，以及后来来自东欧新共产主义国家的客籍工人，纷纷来到西欧的城市，在建筑工地和重工业领域寻找工作。波兰也随其传统，向西迁徙。1956年起义失败后，成千上万的匈牙利人逃往西部。1968年，法国三分之二的外国人仍是欧洲人，主要来自南欧和波兰。[3] 到1970年，西欧有超过1200万外国移民。[4] 他们愿意忍受恶劣的工作条件和低工资，为繁荣时期的总体稳定做出了贡献。他们主要是寻找临时工作的年轻单身男子，目的是回国建立家庭和做生意。来自西班牙、希腊、土耳其和南斯拉夫的妇女被招募到服装和纺织业、食品和酒店行业工作。

欧洲各帝国的解体为这种人口迁移增添了难以约束的一面。1948年的《英国国籍法案》（British Nationality Act）让所有英联邦公民自由进入英国。西印度人（非洲-加勒比地区）与印度和新成立的巴基斯坦的公民一起搬到了伦敦的布里克斯顿（Brixton）和东区。来自印度尼西亚和荷兰殖民地苏里南（Suriname）的移民在鹿特丹、阿姆斯特丹和海牙的廉价住房里定居。土耳其工人聚集在柏林克罗伊茨贝格和米特区的便宜旅馆和寄宿公寓。来自法国殖民地阿尔及利亚、摩洛哥和突尼斯的移民在20世纪50年代末、60年代初的非殖民化和阿尔及利亚战争的严峻形势下，冒着危险进入法国。在巴黎，阿尔及利亚人住在北站（Gare de Nord）附近的破旧住所或城市北部和东部边缘荒凉的棚户区。城市北部的贝尔维尔聚居着中国人，而巴黎南部的第 13 区（13th arrondissement）是越南人的飞地。非殖民化的政治紧张局势和对外国移民的敌意逐渐加深。针对移民的种族骚乱和仇恨犯罪经常爆发。在 1958 年伦敦诺丁山（Notting Hill）骚乱中，一群白人青少年袭击了加勒比黑人。在巴黎的阿尔及利亚人受到了持续的监视。北非社区的骚乱和警察的突袭是野蛮的。1961 年10 月，法国警察在巴黎对大约 200 名阿尔及利亚人进行了残酷的屠杀，敌意达到了顶点。

现代化也需要大量的能源。城市与环境和物质资产紧密共生。在 1870 至 2000 年期间，欧洲的能源使用量增加了 7 倍，同时人口也翻了一番。这意味着在 20 世纪末，欧洲人平均消耗的能源是 1870 年时的 3 倍多。[5] 石油、天然气和电力是现代化的主要能源。石油经济取得突破性进展是在第二次世界大战后。廉价的石油涌入欧洲市场，直到 20 世纪 70 年代初的油价冲击。石油从俄罗斯、波斯湾、撒哈拉以南非洲和北海的巨大贮藏地中进口。巨大的油罐和炼油厂俯临鹿特丹、南安普敦和汉堡的港口，以及马赛和热那亚的地中海港口。石油管道从遥远的油田和沿海港口延伸到欧洲的内陆城市。欧洲最大的公司是石油和天然气巨头荷兰皇家壳牌公司，其总部设在海牙，研究实验室设在阿姆斯特丹；英国石油公司（British Petroleum）设在伦敦；法国道达尔公司（French Total）则拥有石油和天然气提炼和运输部门。道达尔公司的塔式总部在巴黎西部的拉德芳斯（La Défense）商业区的天际线上耸现。苏联通过"友谊管道"向东欧供应石油。最长的一条从西伯利亚蜿蜒到华沙和罗斯托克，再南下到布达佩斯和萨格勒布。最终，俄罗斯天然气工业股份公司（Russian Gazprom）于 1989 年成立，其总部设在莫斯科。法国电力公司

（EDF）和苏伊士环能集团（GDF Suez）的总部设在巴黎，意大利国家电力公司（ENEL）的总部设在罗马。这些大型电力公司生产的电力是现代生活的命脉。现代化依赖于这些能源流动。数以千计的人作为行政人员、技术人员、工程师和设计师以及熟练工人为这些公司工作。

围绕着欧洲每个大型都市区的炼油厂和发电厂，也许是这些蓬勃发展的"奇迹年"（或如法国人所称的"辉煌三十年"）中最具有象征意义却又被忽视的标志。但还有其他的象征。混凝土是现代化的材料。它是变革的媒介——在每个城镇，它无所不在。它被塑造成公寓楼、高速公路和停车场的结构，被做成购物中心和体育场馆，被用于酒店和教堂。学校、医院、电影院和办公大楼都是由预制的钢筋混凝土建造的。郊区成为一个混凝土世界。尽管混凝土的特性令人震惊，但人们认同并生活在混凝土之中，这代表着他们周围正在发生的进步。对于建筑师和工程师来说，混凝土是一种催化的媒介和实验的乐园。它提供了实现乌托邦野心的可能性。它因其雕塑般的可塑性和设计的丰富性而受到赞誉。混凝土与钢铁和玻璃的结合，是对现代大胆、热情的表达。它甚至使建筑环境的色调也发生了变化。混凝土独特的灰棕色质地变得无处不在。它毫不掩饰地裸露出来，不加修饰地自述。被称为粗野主义（brutalism）的建筑运动致敬混凝土工艺，直至推向其庞大单一而令人不快的极端。

汽车是现代化的又一个密码。车流在街道上疾行——或缓慢挪动——已经是城市的一个普遍特征。但在 20 世纪 50 年代和 60 年代，汽车具有一种魅力和名望，使其成为一个文化符号。法国城市哲学家罗兰·巴特（Roland Barthes）称汽车"相当于伟大的哥特式大教堂：我的意思是一个时代的至高创造"，它被所有人"作为一个纯粹的魔法物品"消费。[6] 拥有一辆私人汽车是富裕和独立的标志。机动化的热潮延伸到了摩托车和踏板车。从 1950 到 1964 年，意大利的摩托车数量从 70 万辆猛增到 430 万辆。[7] 意大利的伟士牌踏板摩托（Vespa motor）取得了空前的成功，成为城市街道上令人瞩目的产品。英国、法国、德国和意大利的主要汽车制造商的产量增加了 7 倍多，到 1970 年首次超过了美国。为了降低价格和开拓市场，制造商缩小了汽车的尺寸。从西德的大众甲壳虫（VW Beetle）和格哥摩（Goggomobile）、意大利的菲亚特 500 和 600、法国的雷诺 4CV（Renault 4CV）到英国的莫里斯迷你汽车和莱兰迷你汽车（Leyland Mini），一批劲头十足的车辆在城市街道上疾驰而过。它们作为流行符号统治着整个世界，是年轻一代的宠儿——容易驾驶，容易修理，在狭窄的鹅卵石路上开车很有趣。菲亚特 500 被当作一个有趣、亲切的家庭成员。都灵成为"汽车城"，这与微型菲亚特从其传奇工厂的坡道上驶下密切相关。巴黎汽车沙龙和阿姆斯特丹国际汽车展等年度汽车展吸引了成千上万的爱好者。汽车旅行团和比赛都很流行。到 20 世纪 60 年代末，西欧每 6 个人就有一辆汽车。停放的汽车在街道两旁连成排，阻塞了人行道。意大利杂志《时代》（*Epoca*）报道说："在广场上、办公室前、电影院、剧院，几百辆——不，几千辆汽车排成了排。"[8] 甚至意大利偏远村庄的主要广场也被菲亚特汽车塞得满满当当。

　　来自西方的汽车展示在东欧投下了一片渴望的阴影。社会主义汽车对大多数人来说太昂贵了，只有在等待多年后才能获得。人们的渴望是巨大的。苏联的电影喜剧，如主人公发现自己光荣地坐在汽车方向盘后面的《意外的司机》（*A Driver by Accident*，1958 年）、灰姑娘式的故事片《加油站女王》（*Queen of the Gas Pump*，1963 年）

图 57 "摩登派"在黑斯廷斯的海滨骑着他们的踏板摩托车，东萨塞克斯，1964 年

都受到观众的喜爱。[9]到 20 世纪 60 年代中期，在向与西方"经济奇迹"相提并论的社会主义消费社会转变的过程中，汽车工业被赋予了更高的优先地位。这些汽车不仅仅是对闪亮的西方汽车的简陋仿制。苏联当局聘请菲亚特和雷诺对其汽车工厂进行现代化改造，以便进行高档生产。莫斯科维奇（Moskvich）生产的"每个人的汽车"和为上层政要准备的著名的伏尔加汽车（Volga）很快就在城市街道上穿行。到 20 世纪 70 年代，拉达车型（Lada model）的大规模生产使其成为苏联第一辆"人民的汽车"。[10]东德拥有最发达的汽车部门。东德的特拉班特（Trabant）是社会主义汽车生产的究极典范。它由热固性塑料制成，于 1957 年在茨维考的工厂投入生产，并持续运营了 30 年。到 20 世纪 60 年代末 70 年代初，社会主义社会的道路上出

现了更多的汽车，有更多的车型，也有更多的购买方式。[11]它们充满了政治色彩。中欧和东欧的首都被莫斯科的特工和秘密警察所侵扰。在作家安娜·丰德（Anna Funder）《史塔西之国》（*Stasiland*）的描述中，前居民朱莉娅回忆了20世纪70年代在民主德国的生活：

> 当我们还是青少年的时候，当地的小伙子会在夏天过来，我和姐姐们会在阳台上晒太阳。他们会骑着摩托车来回穿梭……但也有一辆车——在民主德国，这是一辆昂贵的车，一辆俄罗斯拉达——有时会来，沿着我们家门口的街道慢慢挪动……那辆拉达车里有两个人。这让人毛骨悚然。[12]

臭名昭著的东德史塔西和他们的线人无处不在，在每条街道、每座建筑、每家咖啡馆中。

车辆深深融入了现代欧洲青年的形象。这是一种复杂的情结，对城市生活有着深远的影响。坐在时髦跑车驾驶座后面的形象是炫酷的典范。对城市的探索，对速度和冒险的感觉，现在就是坐在驾驶座上的感觉。家庭汽车成为日常生活中不可磨灭的一部分。在西德，汽车旅行意味着在高速公路上巡游，欣赏风景。汽车在电影中被奉为偶像，成为电影传奇的素材。在费德里科·费里尼（Federico Fellini）1957年的电影《卡比利亚之夜》（*Nights of Cabiria*）中，菲亚特500是妓女和皮条客所处的底层世界的渴望之车。1964年，观众蜂拥观看肖恩·康纳利（Sean Connery）在詹姆斯·邦德（James Bond）经典影片《金手指》（*Goldfinger*）中，将他的跑车阿斯顿·马丁（Aston Martin）变作致命的武器。在1969年的英国喜剧《意大利任务》（*The Italian Job*）中，都灵警察在导致交通瘫痪的堵

车场面中追赶滑稽的抢劫团伙。骗子开着他们的 3 辆迷你库珀汽车
（Mini Coopers）穿过购物广场，下楼梯，在屋顶之间跳跃，最后把
汽车推下山坡。1970 年导演维姆·文德斯（Wim Winders）的实验电
影《城市里的夏天》（*Summer in the City*）中体现了青春的焦虑。心
怀不满的主人公汉斯透过车窗仔细观察西柏林。他付给司机 20 马克，
让他载着他以一种新的形式漫游城市各处。汽车漫无目的地在公路
交通中游荡，而建筑物、商店橱窗、加油站、人行道上的人群则从
旁边经过。它提供了一种与城市的冷漠疏离。自由和流动性战胜了
对地方的任何依恋。车有一种狂野之气，能够在任何时候去任何地
方，这使其具有无尽的魅力。

　　1963 年，著名的关于英国汽车未来的布坎南报告（Buchanan
Report）作为畅销书《城镇交通》（*Traffic in Towns*）出版，警告说
不应允许汽车像在美国那样垄断城市。尽管如此，交通流仍成为了
城市规划的指导原则。公路建设在 20 世纪 60 年代至 70 年代初蓬勃
发展。这里有天桥、环岛、复式公路枢纽、显眼的方向指示牌，没
有限速。城市被包在一圈沥青公路中。每一个新项目的落成都是一
场媒体的盛宴。在规划者的心目中，城市区域凝固成了一个抽象的
交通流和人口节点之间动态连接的矩阵。交通在一个想象中的循环
系统中律动地穿过空间。1990 年，法国作家弗朗索瓦·马斯佩罗
（François Maspero）在旅途中穿过通往巴黎北部戴高乐机场的高速公
路，一时晕头转向：

　　　　在人工堤坝上下的连接道路使人迷失方向……然后是所有
　　这些在你头顶上的柏油路、铁路线，以及你不断穿过的高速公
　　路、桥梁和隧道，所有的车辆在路上飞奔，超车，交错和分离，

注意你的左边，注意你的右边，没有一个行人来给这整个场景
提供一个参考的尺度。

短短几年后，英国城市探险家斯蒂芬·巴伯（Stephen Barber）
前往巴黎东部的边缘，发现"在四周，高速公路立交桥伴着一种激
烈的、无情的噪声媒介穿越城市的边缘。一旦它们离开了周边的道
路，这些高速公路就会被分割成一个个高架通道的旋涡，仿佛它们
无休止的扩散所带来的合乎逻辑的成就就是将城市的边界地带变成
一条巨大的开放性公路"。[13]

英国石油公司和道达尔的加油站成为街景中无处不在的特征。
道路标志和交通信号灯、汽车展厅和维修店，以及高速公路服务中
心，将各个城市和城区转变为一个汽车景观。它创造了一种新的垂
直性。多层的混凝土停车场在城市中心拔地而起，而地下停车场则
下降到地下深处。汽车交通是由巨大的建筑和土木工程公司设计和
管理的，这些公司在整个欧洲大陆雇用了数十万人。庞大的法国公
司万喜集团（Vinci SA）包揽了从高速公路、机场和建筑施工到停
车楼管理的所有业务。到20世纪末，仅该公司就雇用了超过10万
人。布依格建筑公司（Bouygues Construction）也在法国开展业务。
在英国，保富集团（Balfour Beatty）建造了高速公路和发电站。奥
地利的斯特拉巴格公司（Strabag Company）和德国的豪赫蒂夫集团
（Hochtief Group）对欧洲高速公路、隧道和桥梁的建设极大地促进了
复杂的机动车交通网络的形成。

迷宫般的高速公路缩短了在城市之间的通行时间和距离，将欧
洲大陆连接在了一起。它们被想象成通往未来的路线，这种改变事
物的神秘力量可与19世纪的铁路相媲美。第二次世界大战后不久，

图 58　巴黎的交通堵塞，1968 年

联合国定了一个全欧洲的主干道系统，每条主要道路都带有一个从
E1 到 E30 的独特编号。它们形成了一个横跨西欧的国际网络，并最
终延伸到中欧和东欧，直到巴尔干半岛以及北欧国家。[14] 西德在高速
公路建设方面处于领先地位，拥有 2100 公里的高速公路。意大利紧
随其后，它的太阳高速公路（Autostrada del Sole）在半岛上蜿蜒而
下。仅用 10 年，意大利的高速公路就从 1961 年的 1300 公里增加到
4300 公里。[15] 穿过鲁尔地区的 B1 干线被拓宽为六车道，并通过隧道
延伸穿过埃森镇。英国在 20 世纪 50 年代末开通了 M1 和 M6 高速公路
的第一段。它们是连接伦敦和北方工业地区的高速公路网络的开端。

　　新的"高速公路"引发了公众的想象。在开放的高速公路上飞
驰是一种激动人心的体验。它们本身就是目的地，这既是娱乐又是

解放。1959年，当M1公路开通时，成千上万的驾车者挤进他们的汽车来尝试这条新路，立即造成了交通堵塞。[16]数以千计的年轻志愿者加入了施工队伍，建造"兄弟团结公路"，连接南斯拉夫的卢布尔雅那、萨格勒布、贝尔格莱德和斯科普里。加拿大作家迈克尔·伊格纳季耶夫（Michael Ignatieff）记得这条公路，在他青年时代的每个夏天，"我们开着一辆带有大量的尾翼装配和镀铬部件的炫酷黑色别克，前往斯洛文尼亚的布莱德湖"。[17]亚得里亚海公路将沿海的城镇连接起来。这些城镇立即成为南下的度假之路。公路服务区成为汽车和公路建筑的盛会。M6公路上的福顿服务中心（Forton service center）有一座六边形混凝土塔，塔顶上建有一家美式餐厅。马里奥·帕韦西（Mario Pavesi）开设的时髦的奥托格里饮食服务站（Autogrill service stations）是意大利太阳高速公路上的珠宝。他们的自助餐厅受到了极大的欢迎。从20世纪60年代末开始，大约有600家工业企业建在了太阳高速公路沿线。汽车旅馆开张。高速公路成为城市生活的延伸，出口处则建设了诱人的购物中心和商业园区。

　　这些庞大的现代化和基础设施计划的影响在荷兰最为明显。在荷兰的经济奇迹年代，堤坝和圩田纵横交错的三角洲地区经历了惊人的经济增长期。该地区的中心地带被称为兰斯塔德（Randstad）或环城（Rim City），是连接阿姆斯特丹、海牙、鹿特丹和乌得勒支（Utrecht）4个城市的城市化之环。[18]在第二次世界大战之前，尽管阿姆斯特丹有80万人口，但仍然是一个短距离城市。为保持城市的亲和力，这里的住宅区的扩张经过了慎重规划，大多数人都是骑自行车或步行出行。阿姆斯特丹是公认的国家首都，海牙是历史悠久的皇家法庭。鹿特丹是马斯河畔的工业城市。一条通向大海的深水航道一被挖出，鹿特丹就成为了欧洲大陆的首要港口。重工业在滨水区兴起，吸引了无数的工人。鹿特丹的人口在战前就猛增到60万。可悲的是，这一切都变成了灾难。战争摧毁了荷兰。德国人的进攻要么摧毁了沿海城市（就鹿特丹而言，破坏是彻底的），要么把它们变成军事化的"大西洋壁垒"[1]，使成千上万的人无家可归。全国约60%的生产能力被破坏了。

　　与华沙一样，鹿特丹的重建在20世纪50年代被称赞为充满豪情的壮举。规划者并没有重现这座被认为是过时的城市，而是告别了过去。他们的目标，是将鹿特丹打造成"一个巨大的工业和港口综合体"，[19]并使其成为一个未来之城。该基本方案将城市中心重新设想为一个菱形的商业和交通枢纽。交通环流线的规划是设计的基础，宽阔的街道和大量的十字路口被勾勒出来。汽车被视为一种美德，规划者打趣道："一排闪亮的汽车总比满载老太太的马车好。"[20]主干道库尔辛格路（Coolsingel）被拓宽为香榭丽舍一般的大街，沿途有市政厅、证券交易所、银行和物流公司，以及荷兰皇家航空公司（KLM Airlines）的总部。在它旁边是欧洲最早的户外购物中心之一。林班街（Lijnbaan）被设计成一个带有步行街和时尚精品店的混凝土网格，是新城市生活方式的原型。它被公寓楼和连接鹿特丹和国家公路系统的新道路所包围。就像城市的大部分重建工作一样，林班街的创建在宣传片和媒体中被神话化了，镜头中工人们果敢地操作着机械，紧张地建造着这个未来主义的商场。美国城市评论家刘易斯·芒福德（Lewis Mumford）于1957年在鹿特丹漫步，并称林班街"温暖、活泼，几乎充满欢乐……这一切的统一与和谐令人赏心悦

---

[1] Atlantic Wall，纳粹德国于1942至1944年间在欧洲大陆和斯堪的纳维亚半岛沿岸至法国和西班牙边界建造的海岸防御工事。

目……这是一种可以在任何地方采用的健全的城市形态"。[21] 宣传照片描绘了购物者在大道中漫步，凝视着商店橱窗和闪闪发光的标牌。鹿特丹再次成为具有无穷魅力的欧洲现代主义的原型。

　　兰斯塔德仍然是一个理想主义的概念——由高速公路连接起来的无序的城镇和城市形成了星座。交通科学的魔力将把荷兰变成一个现代国家。这是社会工程学的蓝图。汽车不仅被认为是机动性的象征，而且被认为是一种"改变现实的力量"。[22] 1960 至 1980 年间，阿姆斯特丹、海牙和鹿特丹这 3 个城市总共失去了超过 50 万居民，占其总人口的四分之一，[23] 因为人们分散到了兰斯塔德地区。在斯希普霍尔机场（Schiphol airport）周围的哈勒默米尔圩田

图 59　位于鹿特丹的林班街，1960 年

（Haarlemmermeer polder）被开发，花园式村庄填满了这里。银行、金融和保险公司转移到阿姆斯特丹南部地区和邻近的阿姆斯特尔芬（Amsteelveen）地区。海牙以及城市多德雷赫特（Dordrecht）和布雷达（Breda）将兰斯塔德向外延伸到南部各省。乌得勒支、哈勒姆和阿默斯福特（Amersfoort）融合了这个国家的中心。在北部，新城阿尔默勒（Almere）和莱利斯塔德（Lelystad）在弗莱福兰（Flevoland）的填海围垦区建造而成。高速公路视线范围内的小城镇和村庄、购物中心和工厂融入了现代主义景观，堤坝和运河点缀其间，尽管面临发展压力，但这里仍坚持保留着开放的空间。兰斯塔德是工程和严格管制城市扩张的产物。到2000年，该地区拥有700万人口，横跨了欧洲人口最密集的都市区之一。

　　汽车保有量猛增，随之而来的是二氧化碳排放和空气污染。荷兰成为一个机动化国家。1950年荷兰有13.9万辆汽车，1960年超过50万辆，到1970年这个数字翻了两番。[24]人们对古朴的荷兰城镇及其独特的个性仍有依恋。但是，当一家人驾驶汽车在兰斯塔德地区纵横驰骋时，每天都会面临着交通的噩梦。从1960到1974年，阿姆斯特丹市内的汽车旅行次数翻了一番，而跨越城市边界的旅行次数则翻了两番。自行车旅行的数量减少了一半。对交通拥堵的抗议声此起彼伏。社会活动家们公布了著名的"白色自行车计划"，反对"资产阶级机动车化的沥青恐怖"。[25]尽管存有抗议的声音，但阿姆斯特丹周围修建了一条宽阔的环形公路，连接6条国道，全长1200千米，然后到1980年增长到2000千米。这一不畏艰难的公路工程包括了建于运河上下的隧道和桥梁、巨大的挡风玻璃，以及各个连接口。它们是宏伟的基础设施项目的惊人例证，为广阔区域的开发打开了大门。人们从一个地方冲向另一个地方，追逐住房和工作。荷兰三分之一的劳动人口都要花时间在通勤上。

在20世纪60年代和70年代的这种乌托邦式地方主义愿景中，人们几乎不再重视历史上的城市中心。规划者自信地预测了传统街景的消亡。长期存在的社区和依偎在鹅卵石小道上的破旧房屋被破坏球砸毁，旧的有轨电车线路被拆除，空间被清理出来，用于建造停车场、商业和购物区。这是20世纪60年代与服务和消费经济崛起相关的城市更新战略。峰值人口为60万的海牙，开始了以汽车为中心的内城重建计划，它建立了大规模的预制式的办公区和一个6层的停车场。出门在镇上过夜的家庭可以把车停在停车位上，然后愉快地步入一个闪亮的娱乐和购物区。拥有25万居民的较小城市乌得勒支，通过霍赫凯瑟琳规划（Hoog Catharijne scheme）进入了汽车时代，该计划将火车站和市中心之间的破旧地区改造成了一个混凝土的商业和购物的大舞台。20世纪70年代为该项目拍摄的一部宣传片以乌特勒支的俯瞰镜头开始。正是这幅令人惊叹的空中城市图景吸引了规划者的想象力。影片拍摄了破坏球粉碎老街区的画面，然后沉醉于取而代之的华美的高层办公楼。一条巨大的高架人行道横跨了主要交通干道，并延伸至数千平方米的闪亮的商业店铺。顾客从地下停车场乘自动扶梯而上，马上就能看到华丽的汽车展厅。镜头停留在美食广场和富丽堂皇的橱窗上，并跟随人群在混凝土迷宫中穿梭。[26]霍赫凯瑟琳购物中心适应了依赖消费主义、服务和汽车的富裕城市社会。它立即获得了成功。

像霍赫凯瑟琳这样的城市更新计划在西欧的各个城市进行着。这样的未来规划意味着人们要在城市里工作和购物，而和家人们在郊区崭新的住宅区幸福地生活。1962年的斯德哥尔摩城市规划主张全盘拆除历史街区，代之以宽阔的大道、18个多层停车场和被商业建筑包围的步行街。1968年，斯德哥尔摩举行了离市中心10分钟路程的谢霍尔门中心（Skärholmen Centrum）的落成典礼。这是一个专门为汽车和消费主义服务的混凝土构成的庞然大物。购物者可以从3条高速公路直接驶入一个多层停车场，然后沉浸在由大约86家商店组成的阶梯式迷宫里。[27]高层办公大楼和购物区代表了新经济中的竞争优势，特别是在斯德哥尔摩这样的西方首都。欧洲共同市场和国际资本主义的力量加剧了对经济地位的争夺。1965年，仿照美国购物中心模式修建的欧洲中心在西柏林的夏洛滕贝格区开业。购物者沿着混凝土步行桥步入该建筑群。欧洲中心充满了豪华的商店、溜冰场和世界上最大的电影屏幕，它是西方资本主义的宣传品。它的两侧是一座钢制玻璃办公大楼——柏林当时最高的办公大楼，顶部有一个旋转的梅赛德斯－奔驰（Mercedes-Benz）标志。

　　为了将巴黎推向未来，人们在20世纪60年代中期制订了全面的计划，拆除位于城市中心右岸的巴黎大堂和圣梅里（Saint-Merri）这两大著名的混乱区域。维克多·巴尔塔的铁制市场棚被推平了。该地区计划建成一个享有盛誉的世界贸易综合体，包括豪华公寓、办公大楼、地下购物中心和区域交通枢纽。巴黎左岸蒙帕尔纳斯火车站周围的大片区域和塞纳河沿岸的巴黎西部的地区被夷为平地。令巴黎人震惊的是，突兀的现代主义建筑蒙帕尔纳斯大楼（Montparnasse Tower）在天际线上崛起。它耸立在一个多层的购物中心和巨大的公寓大楼之上。在西面，塞纳河岸区重建项目用位于多层混凝土板上的玻璃幕墙办公楼和公寓塔楼取代了一个破旧的地区，下面是层叠的停车场。如果这还不够，巴黎还被包裹在多车道的环城大道（Boulevard Périphérique）——即所谓的"死亡之环"——之中。于是，历史区的传奇之美被塞纳河畔的高速公路所玷污。数十万辆汽车每天发出一波又一波刺耳的噪声，排放出有害的污物。

　　从 20 世纪 60 年代末期开始，对这些噩梦般的现代主义场景的反对行动逐渐兴起，并且随着活动家们将其与精明的反城市更新运动组合在一起，势头越来越猛。这是对闪电般的现代化的民粹主义抵抗，其中大部分是由当地的煽动者、棚户区居民和学生组织的。1968 年，西柏林发生了反对拆除著名的库达姆大街和被炸毁的威廉皇帝纪念教堂的抗议活动。在阿姆斯特丹，为建造高速公路和办公大楼而对 18 世纪的新市场（Nieuwmarkt）区进行的拆除，导致了与草根激进分子的激烈斗争。他们夺取了该地区的控制权，占领了建筑物，并组织了抗议活动，最后与警察发生了血腥的混战。1968 年，拆除巴黎大堂和巴尔塔德的展馆的无耻计划遇到了与学生示威同时发生的抵抗风暴。连日来，抗议者围绕着废弃的铁棚游行，并将其用作戏剧活动和艺术展览、摇滚音乐会和临时迪斯科舞厅。尽管这场斗争吸引了 20 世纪 60 年代反文化运动的想象力，但展馆在 1971 年被拆毁，该区的重建工作继续进行。当伦敦卡姆登区破旧的托尔默斯广场（Tolmers Square）被房地产投机者贪婪地盯上时，棚户区居民和社区活动家开展运动，反对为办公大楼让路而拆除这些建筑。作为反击措施，他们开始自己修复废弃的乔治亚风格[1]的房屋，并组织街头节庆活动，以夺回他们的社区领土。伦敦的激进律师与他们一起参加棚户区聚会，唱抵抗歌曲，这成为一种时尚。[28]被柏林墙包围的西柏林的克鲁兹堡（Kreuzburg）区是一个废弃的死胡同，居住着移民、波希米亚人和学生。当规划者准备将该区拆除并建造高

---

[1] Georgian-style，1714 至 1830 年间流行的建筑风格，得名于当时的英国国王乔治一世等人。外观古典，讲究对称、整齐。

层建筑楼和高速公路交叉道时，学生活动家和租户团体坚守阵地，进行抵抗。抗议活动在20世纪70年代达到了顶峰，当时成千上万的棚户区居民控制了准备被拆除的建筑。愤怒的人们进行了游行、封锁行动，并与警方发生冲突。[29]

　　规划者的乌托邦梦想与内城和被遗忘的郊区的贫民窟遗留问题形成了鲜明对比。老旧的公寓被任由状况恶化，以便为拆迁做准备。它们是贫困家庭的廉价住房，这些家庭在城市的阴影下形成了新的城市下层阶级。各种类型的低工资工人遭受了严重的困难。许多被计划清理的贫民窟的废弃街区居住着大量外来工人和外国移民，这些群体的数量在20世纪60年代末至70年代初达到了创纪录的程度。当克鲁兹堡的破旧房屋等待被破坏球拆除时，来自土耳其和南斯拉夫的移民工人搬了进来。伦敦的托尔默斯广场是一个由英国和爱尔兰工人阶级家庭组成的多元化社区，他们与新来的流浪者和棚户区居民一起生活。那里的活动家巧妙地制作了自己的纪录片以拯救他们的社区。《托尔默斯：开始还是结束？》（*Tolmers: Beginning or End?*）中的城市场景被描绘成"城市生活的一部分"，其混合了烤肉店、香港印刷服务、非洲工艺品店、唐杜里印度烤鸡外卖店和当地工会总部。[30]在哥本哈根，一个贫穷的工人阶级内城区的租户协会和棚户区居民组成了街区保护单位和路障，当市政府试图拆除他们自制的儿童游乐场时，他们与警察斗争了两个星期。

　　体面住房的严重缺乏使占屋运动成为席卷整个欧洲城市的洪流。在西德地区，科隆、汉堡、法兰克福和西柏林等城市都出现了令人恐惧的占屋行动，学生、失业者、激进的左翼激进分子和无政府主义者在废弃的建筑中为他们的政治工作建立了营地。[31]成千上万的人参与了占屋运动。被封闭起来并准备拆除的社会住房成为无家可归者的避难所。英国广播公司的电视剧《凯茜回家》（*Cathy Come Home*）于1966年在英国首播，该剧刻画了一个年轻的无家可归的家庭，他们被迫在棚户区和伦敦市内一栋被炸毁的建筑物的废墟中寻找住所。[32]这部剧引发了公众对无家可归问题的抗议。在看似上升的城市富足的海洋中，贫穷的岛屿依然存在着。20世纪60年代和70年代初，鹿特丹繁荣的港口依赖于来自南欧、土耳其和摩洛哥的客籍工人，他们聚集在马斯河以南的贫困地区。非殖民化带来了来自佛得角、印度尼西亚、苏里南和荷属安的列斯的移民潮。成千上万的移民在城市边缘隐蔽、秘密的区域里寻找工作和住所。巴黎西部的楠泰尔（Nanterre）的贫民窟（bidonville）声名狼藉。北非人居住在腐烂的荒地上的简易棚子和木屋里。由于位置邻近地中海，马赛在20世纪50年代、60年代吸引了成千上万的北非遣返者和移民。他们住在城市北部地区简陋的旅馆里，或者郊区贫民窟营地临时搭建的小屋中。最糟糕的棚户区最终在20世纪70年代中期被夷为平地，其居住者被送入荒凉的板式公寓楼，陷于贫困之中。

　　现代化的创造性破坏是无止境的。破坏球毁坏楼房的声音、建筑物倒塌的轰鸣声、灰尘、碎片成为城市日常生活的一部分。中心区成片的老式公寓遭遇灭顶之灾。尽管有活动家坚决抗议，但在20世纪60年代，居民年复一年地收拾好他们的行李，重新在郊区住宅区的全新公寓里安家。每年有数以千计的人从内城撤离，其中大部分是年轻的家庭。各国颁布了"百万家园"计划，为每个居民提供他们自己温馨的现代公寓。在格拉斯哥、柏林和贝尔格莱德等遥远的地方，大规模的系统建造的住宅区以惊人的速度兴起。城市边缘开阔平坦的田野成为现代生活的幸福景观。它与社会福利的理想结合在一起，在20世纪60年代达到顶峰。补贴的公共住房是一种神话般的体现社会公平的形式。高层的郊区生活与开放性和接近自然的生活联系在一起。居民需要服务，可以依靠当地社区中心和运动场、学校和健康诊所，这些都是整体配套设施的一部分。

这些建筑是战后铁幕两边政治言论的醒目暗号。一劳永逸地解决骇人听闻的住房短缺问题，这被诠释为中央计划的社会主义经济和自由的资本主义经济的成果。建造住房的竞争是"冷战"竞争和吹嘘的一部分。当人们看到城市上空突起的塔吊，远处拔地而起的公寓楼，他们相信一个家长式的政府正在履行社会福利的承诺。苏格兰作家安德鲁·奥黑根（Andrew O'Hagan）在回忆录《我们的父亲》（*Our Fathers*）中记录了他关于其祖父争取体面住房的奋斗所做的反思。他的祖父被称为"住房先生"，离开格拉斯哥的贫民窟后感到兴高采烈。他倡导一个"现代梦想之城"，"空中的高科技城堡……有24层高。钢筋混凝土结构。混凝土覆层。四个角落都有阳台。在他们那个时代是最顶尖的。每座房屋都在一个半月内建成"。[33]现代建筑是时代的精神，是社会进步的标志。每一个项目，每一个法国的大建筑群和德国的大型定居点，都在新闻、电影和电视节目中被颂扬，作为对未来希望的修辞。

遍布大都市地区的公寓楼和线性板式建筑看起来都一模一样。它们是一种自上而下的国家计划的操作。[34]建筑师提供了由复杂几何图形构成的图解布局。模块化建筑由混凝土板组装而成，这些混凝土板由起重机吊装到位，再由砂浆和水平螺栓固定在一起。混凝土无处不在。这些建筑通常坐落在巨大的混凝土平台上，下面是购物中心和多层停车场。前卫的飞碟式、曲线式、盒式的建筑形式在整个欧洲大陆传播。这些建筑是纯正的现代主义，散发着原始混凝土和预制技术的意识形态。[35]铁幕两侧的住宅区通常由同一批建筑公司系统化建造。法国加缪（Camus）的预制建筑方案、英国的艾雷（Airey）以及荷兰的杜拉–夸涅（Dura-Coignet）系统，还有贝尔格莱德的伊姆斯–热热利体系（IMS-Žeželj）成为欧洲标准。预制住宅区是如此无处不在，以至于"预制"本身成为这个时代的象征。它们在整个空间和文化中的普遍性带有一种近乎神秘的色彩。

　　有两个例子凸显了欧洲住宅区的乌托邦希望以及困扰它们的不可避免的争议：阿姆斯特丹的拜尔默梅尔（Bijlmermeer）和西柏林外的梅尔基施（Märkisches）区。当阿姆斯特丹于 1966 年吞并城市东南部的拜尔默梅尔圩田（Bijlmer polder）时，计划为 10 万名市民建造一个新的住宅区，供他们收拾行装并搬出旧的市中心。拜尔默梅尔被设想为一个适应机动车时代的郊区，有 30 多座高达 9 层至

图 60　阿姆斯特丹郊外拜尔默梅尔住宅区，1973 年，汉斯·彼得斯摄

15层的巨大公寓楼，围绕着绿地、高架公路、多层停车场、自行车和人行道排列成蜂窝状。管状人行道连接着公寓和车位，每个家庭都有自己的个人空间。像所有的预制房屋项目一样，拜尔默梅尔在电影和新闻片中受到好评。它被标榜为现代生活的一个大胆的实验。这些建筑配备了丰富的社区设施，从学校到剧院和小酒馆一应俱全。现代化的热情和项目的庞大规模使其建设具有前瞻性。第一批收到新房钥匙的居民被视为未来的先驱。即使在背景中还有施工设备的噪声，电视摄像机也热切地拍摄着"入住"的场景。[36] 位于西柏林北部边缘的梅尔基施住宅区与拜尔默梅尔的夸张程度相当。这是由维利·勃兰特（Willi Brandt）市长在1963年发起的雄心勃勃的城市重建计划的旗舰项目。在柏林的工人区，约有5.6万套令人厌恶的兵营式出租房被拆毁。随后，14万名柏林人将在郊区找到新的生活。梅尔基施区是一座由高耸的公寓楼组成的混凝土城市，可分为1.7万套公寓。建筑师们花了很大的力气来避免单调而空洞的耻辱感。这些高楼装饰着色彩缤纷的外墙和开放式阳台。它们与学校、操场和体育设施以及市场广场交织在一起，滋养社区生活。约4万人参观了施工现场的信息展览，他们为这个未来的示范城市感到兴奋不已。

　　西欧预制住宅区的广阔令人震惊，更令人震惊的是对它们的激烈反应。它们成为媒体和知识分子的眼中钉，被嘲笑为地狱般压抑的环境。社会学家们哀叹，工人阶级丰富多彩的日常生活模式因被强制流放到郊区的混凝土板上而被破坏。在畅销书《被谋杀的城市》（*The Murdered City*，1964年）中，德国记者沃尔夫-约布斯特·西德勒（Wolf-Jobst Siedler）将贫民窟清理和住房计划比作战时轰炸后柏林的第二次毁灭。这本书被写成了剧本，并在西德电视台播出。1970年，一场反对梅尔基施住宅区缺乏社区服务的动荡集会被警察驱赶。[37]反对住宅区的尖锐运动抹去了现代主义城市愿景的任何价值。大约1.5万人住在巴黎北郊的4000之城（Cité des 4000），他们被绝望地描述为"战时的贝鲁特[1]"。罗马郊区被称为新科尔维亚莱（Il Nuovo Corviale）的巨大混凝土庄园是一个乌托邦式微型城市，它变成了非法移民的住所。伦敦南部巨大的艾尔斯伯里庄园（Aylesbury Estate）是欧洲最大的住宅综合体之一，可容纳约1万人。由于其根深蒂固的贫困和社会问题，它在公众心目中是现代主义失败的缩影。位于格拉斯哥郊区的温福德庄园（Wyndford Estate），这里的第一批居民觉得他们"已经死了并上了天堂"，但后来却被称为凄凉的"陋房"。这种悲惨景象在整个欧洲反复出现，令人震惊。

具有讽刺意味的是，这些规模庞大且极度标准化的坚固混凝土的环境变得脆弱。除了因自以为是的建造而饱受折磨，许多住宅区缺乏基本维护，几乎立即走向了下坡路。虽然对预制房屋造成心理上不良影响的呼吁可能是可疑的，但对结构缺陷、电梯故障和缺乏承诺过的设施的实际投诉比比皆是。在伦敦东部系统建造的罗南角公寓（Ronan Point）的骇人倒塌印证了这些谴责。1968年5月16日，罗南角公寓90号的燃气爆炸炸毁了部分外墙。结果导致整栋楼的侧面像煎饼一样倒塌到地面上。拜尔默梅尔成为荷兰最被污名化的空间。它被打上了单亲家庭和单身人士（特别是同性恋者）的烙印，他们没有其他选择。到20世纪70年代初，来自苏里南和荷属安的列斯的移民迁入。拜尔默梅尔被抨击为"黑人社区"，在大众的想象中成为臭名昭著的禁区，是一个边缘化的、隐蔽的破坏和犯罪之地，并被套上了移民的仇外叙事。更糟的是，1992年，一架来自斯希普

[1] Beirut，黎巴嫩首都。

霍尔机场（Schiphol airport）的波音 747 货机撞上了其中的两座大楼，造成至少 43 人死亡，其中许多是非法移民。拜尔默梅尔加入了欧洲一些最臭名昭著的住宅区的行列，被斥为新的贫民区——如法国的莱明盖特（Les Minguettes），柏林的梅尔基施住宅区，或伦敦北部的布罗德沃特农场（Broadwater Farm）区。

然而矛盾的是，尽管这些现代主义的巨型计划在视觉上无处不在，还遭遇了巨大的失败和谴责，但这些地方的城市肌理可能相当独特。现代化是不平衡的，问题并不在于建筑。住宅区受制于当地政治的变化无常，并被当地的环境所同化。最初的住宅项目会受到政治内讧、施工延误、资源匮乏和预算不足的困扰。尽管它们看起来奢侈壮观，但大规模生产的住房的寿命取决于日常乏味的维护和稳定的公众支持。为了应对这些住宅区产生的问题，城市形态发生了不同程度的变化。随着时间的推移，居民的流动使它们成为多面性的环境。居民常为承诺的服务等待多年。但与此同时，他们也为住宅区增加了自己的味道。阳台被封闭起来，成为客厅的延伸。绿地和运动场被征用来停车。建筑物被装上了电视天线和卫星天线。它们被临时的车库和工棚所包围。地面层被改造成小型超市、音像店和美发厅。随着人口的变化和移民的迁入，非正式的社会网络和零碎的工作活络了日常社会生活。民族咖啡馆和邮购公司被塞进了闲置的空间。服务和当地活动都在公寓里进行。这些地方有一种复杂的深度，形成了多样化的日常特色。

欧洲的"冷战"在很大程度上是关于这些地方生活方式的斗争。[38] 苏联和东欧的大多数城市居民仍然在破旧的公寓楼里的一两个房间里艰难生存。住房危机是灾难性的。为此，20 世纪 50 年代末出现了放弃重建时期宏大的社会主义现实主义项目根本性的转变。苏联部长会议主席尼基塔·赫鲁晓夫的"解冻"是一个现代化的时期，旨在启动一个进步的社会主义社会并改善物质生活。苏联发起了一场全面的标准化大规模生产住房的运动。赫鲁晓夫命令建筑师和规划师建造"更好、更便宜、更快"的住房。脚踏实地的带有实用性和功能性的预制建筑将解决严重的住房短缺问题。[39]苏联将追赶并超越西方。

虽然对铁幕西侧巨大的住宅区的观察肯定会给共产主义规划者带来启发，但现代住房在苏联集团中遵循着自己的逻辑。这里城市改造的规模比西欧更大。中央规划和机械化是如此的理性化，以至于相同的建筑可以在大片的领土上例行公事地获批。[40]20世纪60年代的宣传片和照片持续展示着年轻家庭在新公寓里欢乐地生活、妇女推着婴儿车散步并和邻居聊天、孩子们在操场上开心玩耍的场景。当然，现实可能是完全不同的。系统性连续建造的高楼大厦，立即遭到称其沉闷和单调的批评。但与西方相比，公众的哀嚎更为平缓。鉴于东欧糟糕的住房状况，在城市周围的田野上出现的住宅区在提供现代生活方面首次取得了真正的成功。共产主义政权实现了它的座右铭："人人享有光明和空气！"20世纪60年代，数以千计的激动的工人家庭穿过建筑工地的灰尘和废墟，拿到了他们自己的小公寓的钥匙。有人认为，即使是在20世纪80年代，公寓仍是神话般的崇拜对象。它们是人生的奖品，一旦得到一间房，它就是余生的全部期望。人们很少更换它，就像很少更换工作或居住的城市一样。它成为人们命运的一部分。

东欧的现代主义景观可与西方的任何景观相媲美。

从波罗的海城市罗斯托克的视角可以启发我们了解这个过程。虽然罗斯托克的公共建筑在战后以社会主义现实主义的历史气派进行了重建，但它的住房却无疑是现代的。从20世纪60年代开始，规划者沿着罗斯托克和沿海的瓦尔讷明德（Warnemünde）之间的主要公路布置了一条线性预制公寓带。该地区曾是罗斯托克的工业中心，飞机厂和造船厂鳞次栉比地分布在瓦尔诺河两岸。德国的轰炸机在海因克尔（Heinkel）和阿拉多（Arado）飞机厂制造，而海王星船厂（Neptune shipyards）则生产军舰。军备工业使罗斯托克成为战争期间的直接目标，它遭到了英国皇家空军的猛烈轰炸。随着欧洲的重建和铁幕的分割，罗斯托克成为东德唯一的深水海港。成千上万的德国人北上来到该市，在航运和港口工业中寻找工作。住房计划为约6万人提供居所。

驾车沿着103号公路从罗斯托克驶到瓦尔讷明德，是一次穿越推动城市向外发展的离心力和塑造城市形态的建筑潮流的旅程。6层预制板式公寓楼的水平带像多米诺骨牌一样矗立在吕滕·克莱因（Lütten Klein）区。标准的两室公寓让人想起20世纪60年代初的简陋建筑。学校、一个小型购物区和医院诊所在政治驱动的大规模生产的社会主义住房模式中完善了这个综合体。与此同时，在20世纪70年代，埃弗沙根（Evershagen）、利希滕哈根（Lichtenhagen）和施马尔（Schmarl）区增加的板式建筑（plattenbauen）有更大的、整洁漂亮的公寓，这标志着生活水平的提高。早期单调的设计被换成了装饰性元素，屋顶和外墙与传统的波罗的海建筑相呼应。[41] 沿着高速公路往北走，大克莱因（Groß Klein）区在20世纪70年代末以全新的规模建造。约有8.2千套公寓供2万人居住，被设计成弯曲的带状的现代公寓楼和塔楼，中间穿插着绿化带和人行道。在大克莱因区几乎没有政治意识形态的迹象。相反，居民参与公共艺术和景观项目的氛围被个性化了。从20世纪50年代初的社会主义现实主义历史中心，到20世纪80年代大规模生产的住宅区的线性带，罗斯托克是社会主义建设的城市的一个缩影。

　　在共产主义时代，东欧的城市化势头翻了一番。莫斯科城市群的人口从290万增长到490万，而圣彼得堡的人口名册上增加了200万居民，也达到了490万。布加勒斯特的人口从110万攀升到200万，而索非亚从60万增长到120万。当时的南斯拉夫首都贝尔格莱德，人口从40万猛增到170万。[42]南斯拉夫与苏联保持着密切的关系，直到1948年。一旦斯大林要求控制南斯拉夫的命运，有号召力的领导人约瑟普·铁托（Josip Tito）就与东方集团决裂，在"冷战"的两极世界之外制定了自己的路线。南斯拉夫的共产主义政府在国

图61　吕滕·克莱因住宅区，罗斯托克，1969年

际上是开放的，在民众的同意下运作。贝尔格莱德被誉为"受我们所有人民喜爱"的首都。官方的公共庆祝活动是全面展示爱国主义的场合。在 10 月的解放日，城市街道上举行盛大的阅兵仪式进行庆祝。纪念仪式在卡莱梅格丹（Kalemegdan）古堡举行，公众可以在那里参观关于新贝尔格莱德（Novi Beograd）建设的展览。1945 年，12 月的青年节首次在铁托生日时庆祝，并持续了 43 年，这是一个巨大的节日，成千上万的年轻人在南斯拉夫的城镇中进行接力棒传递，最后在贝尔格莱德的体育场向铁托本人交接。当参与者在贝尔格莱德的街道上冲刺时，大量的人群向他们致意。[43] 南斯拉夫向西方开放，对社会主义采取了独立、自由的解释。它促成了一种与东方集团其他国家不同的繁荣和消费文化。南斯拉夫的工厂生产汽车和轻便摩托车，以及从电话到洗涤剂的消费品。自由化时期持续到 20 世纪 50 年代和 60 年代。

　　数以千计的年轻人加入了劳工营，在战后重建贝尔格莱德。但在 20 世纪 60 年代中期，生活条件仍然不稳定，公寓条件不合标准是常态。住房短缺是无休止的。对许多人来说，除了与其他家庭合住一套公寓外别无选择。各式各样的非法建筑激增。[44] 对于铁托政府来说，解决方案是建造一座新的贝尔格莱德市作为联邦政府的所在地。新贝尔格莱德的象征意义是巨大的。这是南斯拉夫"第三条道路"社会主义的展示，其核心是庄严的共产党总部。它还标志着南斯拉夫各地城市扩张政策的浪潮，包括在斯洛文尼亚建造新萨格勒布（Novi Zagreb）和新戈里察（Nova Gorica）新城。新贝尔格莱德从萨瓦河和多瑙河交汇处的沼泽地中发展出来，这里长期以来一直是哈布斯堡帝国和奥斯曼帝国之间的边缘地带。这是一个具体的乌托邦式实验，有一条宏伟的步行轴线，两边是市政建筑和公寓楼。住宅区分布在新的城市景观中。塞尔维亚政治活动家鲍里斯拉夫·佩基奇（Borislav Pekić）在1970年的回忆录《贝尔格莱德之家》（*The Houses of Belgrade*）中对新城的公寓没有什么好感。他认为它们"都是一样的，空洞，几乎没有任何生命迹象；它们苍蝇般的眼睛，被早晨的阳光照亮"。穿过亚历山大国王桥（King Alexander Bridge），佩基奇几乎不去注意"钢筋混凝土的白色尸体，就像被解剖的巨型毛虫一样，散落在主干道上；或是铁丝网后面的汽车修理店；或是有成堆压载物、鹅卵石和沙子的废弃建筑工地；或是广告牌、交通、路人"。[45] 尽管如此，新贝尔格莱德代表了南斯拉夫的共产主义建筑风格，它不太看重苏联的嗜好，而更看重国际现代建筑协会的现代主义原则。它是巨型结构信条的一个未完成的纪念碑，没有所承诺的便利设施、商业服务和文化设施，是南斯拉夫民族美学的最讽刺的例子之一。[46]

　　欧洲城市边缘的预制屋是被拍摄照片最多、录制影片最多、争论得最激烈的城市形式之一。尤其是在东欧，建造速度和材料供应的稀缺，使它们成为时代的牺牲品。住房是20世纪欧洲最棘手的难题之一，两次世界大战的破坏使情况变得更具灾难性。我们应该记住，到20世纪50年代和60年代，住房危机已经变得多么严重，人们在拿到新公寓的钥匙之前所处的环境是多么恶劣。在拜尔默梅尔和梅尔基施住宅区，在罗斯托克的板式建筑甚至在新贝尔格莱德的公寓，都是宽敞明亮的，配备了现代化的厨房和浴室，拥有宽敞的空间和广阔的视野。家庭过着自己的生活；孩子们在拥有令人惊讶的舒适设施的公寓楼里长大，现在这些都是理所当然的。对他们中的许多人来说，对预制构件住宅的诋毁是疯子的呓语。居民以自己的生命力投入他们的社区。他们作为社区群体动员起来，要求更好的服务。拜尔默梅尔的居民在他们的住宅"被纸媒、电影制作人和意见领袖批评得一文不值"时进行了反击。[47]对社会福利的热情信念和国家在改善人们生活中的作用推动了这些项目的发展。整个欧洲的数千个小规模住宅区，无论是在城市范围内还是在城市范围之外，都避免了乌托邦式的狂妄自大的陷阱，并声称自己获得了真正的成功。

搬进现代公寓被视为社会转型。这意味着过上了现代的生活。在20世纪60年代和70年代初，在西欧和东欧，这种理想是围绕着消费文化进行的。这是一场生活方式的革命，与转移到郊区住宅区的全新公寓有关。人们对电视、杂志和广告中每天播放的东西有一种永不满足的欲望。不断增长的工资和信贷购买的能力使满足这些欲望成为可能。在20世纪60年代和70年代，整个欧洲的实际工资大幅增长。虽然财富的分配仍然不均，但已有足够多的城市人口获得了富裕和拥有家庭财产的可能性，使其作为一种大众文化理想得以维持。即使是在被贬低为偏远城镇和村庄的地方，人们也穿上了现代风格的衣服，购买了现代电器和家具。家庭成为自我表达和享受天伦之乐的场所。欧洲各地的家庭在他们的公寓里摆满了东西。法国杂志《快报》（*L'Express*）在1968年调查了新的消费主义，它发现，皮埃尔·G. 是农业工人的儿子，他已经升任为领薪主管人员，和家人住在巴黎郊区的一套四居室公寓里。"他们有冰箱、厨灶（最新型号有四个炉头）、洗衣机、旋转烤肉架、照相机、电视机、三波段晶体管收音机、唱片机。"[48]这些令人向往的物品由美国和欧洲的公司塑造，然后被社会主义的东方以自己的混合风格被挪用。东欧的繁荣程度仍然低于西方。消费者的选择较少，城镇中只有零星华而不实的商店。但每个社会主义国家的工人工资都在增长。捷克斯洛伐

克、匈牙利、南斯拉夫和东德的家庭生活水平大幅提高，享受着社
会主义消费主义的果实。

年轻人带头建立了新的品位标准和消费模式，他们极大地改变
了 20 世纪 60 年代的城市生活。大量的年轻人，尤其是女性，涌入城
市进入大学学习，成为新的城市选民。免费的公共教育成为推动一
代人融合的强大力量。整个欧洲大陆的大学入学率飙升。这是一个
决定文化和政治价值的独特的成年仪式。大学城和首都的学生人数
翻了两番。他们在当地的拉丁区建立了书店、实验剧院、新左派和
社会主义学生协会、夜总会和地下小报。"街道"成为青年文化和活
动主义曲折变化的重要实验室。"事件"和"自发行动"成为欧洲城
市的普遍现象。60 年代的一代人在消费主义的浮华世界中大快朵颐，
然后厌恶地把它吐了出来。

在 20 世纪 60 年代，时髦的伦敦取代了巴黎，成为文化生产的枢
纽。在一位伦敦迷的回忆中，伦敦是"这个星球上最令人陶醉的城
市"。[49]位于苏荷破败地区的卡纳比街（Carnaby Street）上的狭窄小
路成了一处充满乐趣的享乐主义和放纵的圣地。这里是"摩登派"
的聚集地，他们激发了年轻人的想象力。摩登是商品选择的问题。
"摩登派"人沉迷于张扬的衣饰搭配方式，将其作为自我的代号。喝
着卡布奇诺，开着伟士牌踏板摩托或菲亚特在城里穿梭成为一种时
尚。吸食高卢烟（Gauloise cigarettes）的欧陆人取代了美国人的青春
形象。[50]导演米开朗基罗·安东尼奥尼（Michelangelo Antonioni）于
1966 年在伦敦拍摄的激情电影《放大》（Blow Up）成为摩登时代的
杰作。玛丽·匡特（Mary Quant）在切尔西（Chelsea）区的国王路
（King's Road）推出了风靡街头的迷你裙。特伦斯·康兰（Terence
Conran）在切尔西的第一家家居商店（Habitat store）于 1964 年开业，

销售从灯具到储物罐的各种60年代流行美学产品。时髦的年轻人拥挤在开设有时尚精品店的卡纳比街。这是一个高能量的迷幻区域。受过良好教育、有工作、口袋里有钱的年轻伦敦人穿着鲜艳的迷你裙和喇叭裤，像孔雀一样在人行道上大摇大摆。与19世纪林荫大道上的资产阶级招摇过市不同，这场城市盛典发生在城市中躲过破坏球拆迁的肮脏的后街上。卡纳比街和切尔西是反正统的"摩登派"、光头党和波希米亚人的天堂。

音乐是这种永恒的青春的终极纽带。披头士乐队（Beatles）从被认为是落后的利物浦来到这里，极大地改变了流行文化。他们成为"时髦60年代"最公认的象征。他们的拥趸文化跨越了国籍、性别和社会阶层。从汉堡的破旧街区和利物浦的地下俱乐部开始，到巴黎标志性的奥林匹亚剧院（Olympia Theater），披头士的狂热在整个欧洲大陆涌动。在1965年的欧洲巡演中，他们在15个城市的当地体育场演出，以满足狂喜的人群。他们的到来不可避免地引发了大骚乱。数以千计的尖叫的少女挤满了机场和城市街道，欢迎"传说中的四人组"（Fab Four）。媒体也加入了这一狂热。在卡纳比街的咖啡馆和俱乐部以及周围的苏荷区的夜总会里，出现了诸如滚石乐队（Rolling Stones）、谁人乐队（The Who）和奇想乐队（Kinks）等异常成功的乐队。苏荷区的两埃咖啡吧（2i's Coffee Bar）成为希望出名发财的摇滚人才的展示平台。

到20世纪60年代后期和70年代，东欧最繁荣的城市出现了独特的社会主义版本的美好生活。[51]食品、住房、教育和医疗保健很便宜，而且被认为是理所当然的。消费者可以在东欧各国之间旅行，购买价格低廉的异国商品，并将购买的商品走私到黑市上出售。小规模的交易，城市和乡村之间的非法贸易，在很大程度上被官方所忽视。

相反，国家通过开设自己的消费圣地来应对亚文化群体对抢手货的交易，并保持低价补贴。商店里摆满了在国家电视台上做广告的当地生产的商品。时尚的年轻人抽着烟，听着便携式收音机，为这一时代定下了基调。在60年代的黄金时期，政治自由的梦想被换成了水晶牌冰箱（Kristall refrigerator）、柏卡相机（Praktica camera）、世文轻便摩托车（Schwalbe moped）和特拉班特汽车。商业店铺可以是社会主义现代主义的杰作。1962年，"超级萨姆"（Supersam）自助超市出现在华沙的莫科托夫斯基广场（Mokotowski Square）。它是钢筋混凝土和超现代设计的一个惊人呈现，倾斜的屋顶由暴露的钢梁和钢缆固定。货架上堆满了大量的产品。在民主德国，众多购物者在60年代出现的国有"精美商店"（Exquisit）和"得利卡特商店"（Delikat）里翻找奢侈品。中央百货公司连锁店（Centrum department store chain）最能满足人们的愿望，并帮助购物者了解购物的注意事项。它于1970年在柏林亚历山大广场（卡尔·马克思广场）的一座激动人心的现代建筑中开业。[52] 中央百货是一个购物天堂，在莱比锡、爱尔福特（Erfurt）、德累斯顿、罗斯托克和哈雷的新城都设有分店。

随着"解冻"政策的实施，布达佩斯成为一个更加繁荣的城市和受欢迎的购物目的地。科尔温·阿鲁哈兹（Corvin Aruház）和阿拉米·阿鲁哈兹（Allami Aruház）百货公司的商店橱窗展示再次使匈牙利首都成为吸引时尚人士的地方。1963年，豪华的卢克苏斯百货公司（Luxus department store）在沃勒什毛尔蒂广场（Vörösmarty Square）开业。这是该城市的一个优雅区域，有高档商店和咖啡馆。购物者翻找高价的德国和意大利商品以及带有英国标签的牛仔裤。在布达佩斯开设旗舰店的斯卡拉百货公司（Skála department store）在匈牙利各地有60家分店。到20世纪70年代末，南斯拉夫有410家百货公司，其中大部分位于克罗地亚，特别是萨格勒布。这座城市享有成熟的零售文化。NAMA 连锁店（Narodni Magazin）在萨格勒布郊区开设了一家大型百货公司，拥有充足的停车位，并在克罗地亚的各个小镇设有分店。在铁幕两侧，购物都是一种令人振奋的体验。

在东欧，年轻人将西方摇滚乐作为他们自己的文化形式。摇滚乐无处不在，还融入了当地的意义。年轻的音乐叛逆者在跳蚤市场和地下交易的庞大网络中，在各个城市分享磁带和唱片。即使在偏远的西伯利亚城镇，也可以立即买到几乎是最新的西方专辑的磁带。[53] 铁托和斯大林分道扬镳后，南斯拉夫转向了他们在集体梦想中想象的西方。南斯拉夫是当时世界上经济增长率最高的国家之一。那里的消费品的消费增长速度比任何其他社会主义国家都快。南斯拉夫人可以带着他们的"红色护照"自由旅行，并定期穿越边境进入意大利，在的里雅斯特购物。他们带回了伟士牌踏板摩托车、家用汽车的备件、家用电器和衣服。[54] 尽管南斯拉夫的流行文化变得更加西化，但这些诱人的小饰品都融入了共产主义的生活。到了晚上，青少年在共产主义青年俱乐部中翩翩起舞。1964 年，第一届吉他集会摇滚音乐节（Gitarijada rock music festival）在贝尔格莱德的博览会大厅举行，有 5000 名热情的歌迷参加。到 20 世纪 60 年代中期，贝尔格莱德已经有 88 支正式的摇滚乐队。卢森堡电台和贝尔格莱德的广播节目《相约 9：05》（"Sastanak u9i5"）每天都在播放披头士和滚石乐队的音乐。音乐剧《头发》（Hair）在纽约、伦敦和巴黎首演后不久就在贝尔格莱德开演。阿波罗 11 号（Apollo 11）登月任务的机组人员抵达贝尔格莱德，受到欢迎。南斯拉夫工厂开始生产百事可乐和可口可乐。[55]

贝尔格莱德的酒吧是反对共产主义政权的波希米亚人的混合圈子的聚集地。但是，由于贝尔格莱德作为联邦首都，审查制度更为严格，南斯拉夫的反文化运动在其他地方更为狂野，特别是在萨格勒布、萨拉热窝和卢布尔雅那。萨格勒布的前卫艺术团体"精确51"（Exat51）和"戈尔戈纳"（Gorgona）是展示波普艺术的"新趋势"双年展的支持者。南斯拉夫最重要的唱片公司优格彤（Jugoton）位于萨格勒布，并于1963年根据消费者的需求进行了现代化改造。公开的反抗姿态伴随着激荡人心的摇滚乐。南斯拉夫最受欢迎和最有影响力的摇滚乐队是来自萨拉热窝的白色按钮（Bijelo Dugme）。在20世纪60年代的边缘地带，在小型场所和电视上演出多年后，这支多民族乐队在卢布尔雅那的BOOM音乐节上身着华丽的摇滚服装大放异彩。它在忠实的歌迷中掀起了一股"按钮狂热"的浪潮。他们的非传统主义和民族摇滚的合成（大部分基于巴尔干民间音乐）使他们立即陷入了审查的麻烦。当东德官员在1965年拆散摇滚乐队时，约有2500名年轻乐迷在莱比锡市集会并与警察打斗。[56] 1967年滚石乐队在文化宫举行的华沙音乐会变成爆炸性事件，安全部队被派去制止骚乱。尽管东欧各国官方努力阻止西方摇滚乐的浪潮，但1968年在保加利亚首都索非亚举行的世界青年节变成了一个即兴演奏节，乐队在露天舞台上表演，嬉皮士在公园里露营。波兰利沃夫[1]市中心的一个废弃修道院被改造成一个放纵的嬉皮公社。在布达佩斯，年轻的反叛者在布达城堡脚下的"大树"周围闲逛，并在城市中游行，这是一种旨在激怒任何路人的破坏性公共景观。[57]

　　20世纪60年代青年的叛逆和反文化运动的内容层出不穷，到

---

[1] 1968年利沃夫属苏联，今为乌克兰西部主要城市。

60年代末变得具有颠覆性。激进的左翼势力对生产和消费的资本主义制度大肆抨击。他们将革命哲学和反抗方式整合为一体，这些反抗方式包括占屋。这相当于一种激进的城市主义，寻找一个摆脱了现代社会纠缠的自主城市。[58] 前卫的情景主义国际[1] 组织抨击现代巴黎的异化，他们在城市的街道上漂泊，寻找资本主义景象之外的日常生活，把被遗忘的城市地区的日常生活扭转成从商品文化中解放出来的想象力区域。西柏林成为数以万计的年轻人趋之若鹜的地方，他们被其自由的左派氛围所吸引。他们参加了示威和静坐、宣讲会和街头活动。这是一个浮夸的表演性剧场和反叛的政治策略。一个持不同政见的城市地理环境形成了。叛逆行动[2] 的煽动性艺术家在柏林、慕尼黑和斯图加特进行了反叛表演。

　　荷兰普罗沃组织[3] 在阿姆斯特丹用恶作剧来唤醒那些被浮华的消费文化和城市交通的喧嚣所麻痹的人。他们宣布建立自己的橙色自由国度共和国（Orange Free State），并呼吁阿姆斯特丹禁止汽车进入中心城区。他们推出了一批白色的自行车供人们免费使用，这些自行车立即被警察没收。披头族（Beatniks）、嬉皮士和学生一心想要自下而上地改革社会。阿姆斯特丹和哥本哈根是嬉皮士的天堂，尤其是在软性毒品合法化之后。年轻的背包客和低预算的游客涌向阿姆斯特丹。他们在水坝广场（Dam Square）上吸食毒品，奔入位于一家乳制品厂旧址上的迷幻的银河娱乐吧（Milky Way）、位于一

---

[1] Situationist International，由先锋艺术家、知识分子和政治理论家组成的国际社会革命者组织，旨在推动社会革命和文化变革，并通过对城市生活、消费主义和现代资本主义的批判来挑战现行社会秩序。

[2] Subversive Aktion，1963 至 1966 年在慕尼黑、斯图加特和西柏林等地存在的小型社会批判和消费批判团体。

[3] Provo，20 世纪 60 年代中期的一场荷兰反主流文化运动。

座改建教堂里的帕拉迪索音乐娱乐场（Paradiso）以及凡塔西欧娱乐场（Fantasio）。英 国 旅 行 作 家 帕 特 里 克·理 查 森（Patrick Richardson）在回顾银河娱乐吧的周末市场时，描述了"一个令人震惊的场景，数百名嬉皮士在摊位周围徘徊，或在茶水柜台排队等待'太空'（大麻）蛋糕……市场上充斥着奇形怪状的人物"。[59]

占屋是对流放到城市边缘混凝土世界的一种反抗。嬉皮士占领了哥本哈根边缘一个废弃的军营，组建了一个名为克里斯蒂安尼亚的"自由城"（"free city" of Christiania），里面有手工艺品、有机食品、大麻市场和迷幻的装饰。柏林的非法占据点以及第一公社[1]等政治公社成为一种反文化的生活方式。1966 年，第一公社在库达姆大街的一家咖啡馆前组织了一场"圣诞活动"，点燃了一棵装饰着美国国旗的圣诞树。警察将其驱散并逮捕了 63 名抗议者。第二周，活动家们融入到库达姆大街的圣诞购物人群中，开始自发地进行抗议。挥舞着警棍的警察迅速赶来。[60]因吸毒、酗酒和"自由恋爱"而声名狼藉的嬉皮士公社在地下室和废弃的建筑中安顿下来。伦敦的诺丁山和皮卡迪利成为嬉皮士的实验场所，里面有很多棚屋和公社，还有激进的同性恋生活实验和非洲裔加勒比人自助团体。1966 年，摇滚乐队平克·弗洛伊德（Pink Floyd）为了支持伦敦自由学校[2]在诺丁山演出。激进团体在伦敦到处涂鸦，并在塞尔福里奇百货公司（Selfridges department store）上演"暴徒袭击"（mob-ins）。西方的消费主义是一个争论的热点。不稳定的气氛导致了流血事件。1967 年 5 月，布鲁塞尔著名的创新百货公司（L'Innovation department store）

[1] Kommune I，德国的一个政治性公社，由 20 世纪 60 年代德国学生运动发展而来。1967 年 1 月 12 日在西柏林成立，最终于 1969 年 11 月解散。
[2] London Free School，一个社区成人教育项目。

图62　在库达姆大街上举行的"第一公社"活动，柏林

在举办美国商品展览期间起火，造成数百名顾客死亡。这场大火被归咎于抗议美国资本主义消费主义的人。激进的左派分子在法兰克福的两家百货公司内留下的燃烧弹发生爆炸，点燃了建筑。在西柏林，警察近距离射杀了一名抗议者，因为他示威反对伊朗国王的到来。

在1968年的运动中，巴黎的"忿激派"[1]可能是政治上最理想化和最有影响力的。学生们占领了大学校舍，并在整个拉丁区的建筑

---

[1] enragés，原为18世纪法国资产阶级革命时期，左派吉伦特派对代表城乡贫民利益的革命派的讥称。这里指参加1968年5月事件的左派分子。

物上贴满了宣扬革命的海报和艺术品。到了5月，他们在血腥的"街垒之夜"（Night of the Barricades）中封锁了街道并与警察作战。巨型雷诺汽车厂和其他大型制造厂的工人与他们一起上街进行大规模的劳工罢工。意大利大学以及西德和英国的城市中的抗议活动揭示出共同的代际精神。柏林和法兰克福发生了游行和暴力冲突，警察杀死了一名学生抗议者，并企图暗杀学生领袖鲁迪·杜奇克（Rudi Dutschke），这刺激了游行和暴力冲突的发生。西柏林的学生和青年工人占领了一个废弃的工厂和克鲁兹堡的贝塔宁医院（Bethanien Hospital）。他们在街上集会，占领了公园和公共广场，并与警察交战。

广泛的学生运动在"冷战"中拼接出一条对角线。1968年3月，华沙和波兰各城市爆发了一波又一波的抗议、学生骚乱和罢工。7月，贝尔格莱德、萨格勒布、卢布尔雅那、萨拉热窝和诺维萨德的学生封锁了他们的大学，发起了静坐抗议、宣讲会，传播地下出版物，反对南斯拉夫政权的腐败和虚伪。贝尔格莱德的大学被宣布为"卡尔·马克思的红色大学"，学生们纷纷涌上街头。鲍里斯拉夫·佩基奇看到"所有的人都密密麻麻地挤在一起，随着越来越多的人到来，他们正向布兰科娃街（Brankova Street）和亚历山大国王桥前的混凝土围栏走去，那里有三条厚厚的警察围成的警戒线在等着他们"。[61] 1968年春天，布拉格狂热的摇滚场景是短暂时刻的公共自由象征。捷克裔法国作家米兰·昆德拉（Milan Kundera）将"布拉格之春"称为"仇恨的狂欢节"。[1]"但是天下没有永远不散的节日。"[62] 当华

---

[1][法]米兰·昆德拉：《不能承受的生命之轻》，许钧译，上海：上海译文出版社，2010年，第31页。下同。

约组织的军队在8月入侵捷克斯洛伐克时，长发的嬉皮士和摇滚流氓走上街头进行大规模抗议，向坦克投掷鹅卵石。但镇压几乎无法阻止愤怒的情绪。政治紧张局势和暴力一直持续到20世纪70年代初。

第12章　越过柏林墙倒塌后的城市边界

　　到20世纪末，欧洲版图在某种程度上因东欧剧变而重新整合。东欧剧变前的象征性装置甚至到了20世纪80年代也变得不过是"刻奇"。对米兰·昆德拉来说，这就是"愚蠢的同义反复"。人们在五一游行中竭尽全力装出热情。妇女穿着红色、白色和蓝色的衬衫。当乐队和游行队伍经过检阅台时，"即使是最愁苦的人都马上露出灿烂的笑容，好像要证明那是他们应有的喜悦，或者更确切地说，是要表达他们应有的赞同"。[1] 欧洲共产主义最后几年的狂热伴随着一种明显的纪念碑式的建筑。20世纪60年代末至70年代流行的粗野主义建筑的例子在整个欧洲都可以找到。对于这些混凝土巨石的看法，从欣赏其艺术性到对其完全不屑，不一而足。一般来说，粗野主义被抨击为建筑狂妄的荒唐样板。然而，这种风格与东欧联系在一起。即使它们在西方失去了光彩，混凝土巨石纪念碑仍然是东欧官方建筑的象征。它是东欧曾经持守的意识形态的深刻象征，也是对一种未来的索求，既是宇宙一般的，又给人一种十足的威胁感，咄咄逼人。共产主义先锋派总是善于将抱负与建筑幻想结合起来。

---

[1]［法］米兰·昆德拉：《不能承受的生命之轻》，许钧译，上海：上海译文出版社，2010年，第297页。

图63   位于斯科普里的圣西里尔美多德大学，马尔科·穆希奇设计。1974年

铁托领导下的南斯拉夫是粗野主义建筑的发展温床。全国各地的城市和乡镇都散布着裸露混凝土构成的构造几何石碑。它们是对共产主义世界的激进、尖锐的纪念，也是南斯拉夫的国家形象策略。[2] 马其顿首都斯科普里说明了粗野主义的城市主义话语变得多么极端。这个由宣礼塔、拜占庭式教堂和奥斯曼式房屋组成的风景如画的城市在1963年被一场大地震摧毁了。城市被夷为平地，数千人被埋在废墟中，约10万人无家可归。斯科普里随后根据日本著名新陈代谢派[1]建筑师丹下健三和一组国际建筑师的计划从头开始重建。共产主义是粗野主义建筑师看到他们遥远的想象在城市景观上真正

[1] metabolist，一种现代建筑派别和设计理念，起源于20世纪60年代的日本，该派别的建筑师关注城市的可持续性和适应性，提出了一种将建筑看作活体生命体，可以不断生长和改变的概念。

实现的最好机会。重建斯科普里的计划引发了激烈的公众辩论。成
千上万的人蜂拥而至，在 1965 年的展览上看到了这些设计。城市中
心重新出现在了共产主义街区住房和惊人的粗野主义结构建筑的混
乱之中。这种激进的姿态在堆叠而成的巨大混凝土块中得以体现，
如斯科普里的圣西里尔美多德大学（Saint Cyril and Methodius
University）、带有白色几何平面的马其顿歌剧和芭蕾舞剧院，以及
建有混凝土线性隔间的 GTC 购物中心。它们是未来主义的纪念碑，
被塑造成梦幻般的塔庙、正方体和长方体等形态——这证明了浇筑
的混凝土和钢的使用在现代主义的拥护下可以走多远。

　　电视塔也是苏联后期国家机器的一个明确标志。耸立在城市天
际线上的电视塔代表了全视的共产主义，以及它对电视和大众传媒
的承诺，既是技术的向导，也是国家的宣传。电视也被等同于共产
主义优渥和普通人生活水平提高的象征。发射塔是一个高地位的标
志。位于莫斯科北郊的奥斯坦金诺电视塔（Ostankino Television
Tower）是对苏联太空时代的致敬，它在 1967 年落成时是世界上最高
的建筑。该电视塔由钢和混凝土建成，因其太空针（space needle）
的设计而受到赞誉，并立即成为莫斯科的地标。在其内部，最先进
的媒体技术将电视信号传送到整个苏联。观景台的玻璃地板和旋转
的"第七天堂"（Seventh Heaven）餐厅沿袭了历史悠久的传统，将
令人晕眩的城市景色与夜晚的电子星光相结合。[3] 爱沙尼亚的塔林电
视塔（Tallinn TV Tower）建在郊区，用于 1980 年莫斯科夏季奥运会
帆船赛。建于 20 世纪 80 年代的宛如太空导弹发射场的日热科夫塔
（Zizkov Towers）在布拉格的一个工人阶级社区中耸现。布拉迪斯拉
发（Bratislava，普雷斯堡［Pressburg］）的捷克斯洛伐克广播塔
（Czechoslovak Radio Tower）就在主广场边上，是一座粗野主义风格

的倒金字塔，采用钢铁和铁锈色混凝土，配有花园平台，这以某种方式使其更加文明。它的绰号是"政权的铁拳"，其录音室在20世纪80年代大量播放了政府的宣传。它与矗立在城市上空的卡姆齐克电视塔（Kamzík TV Tower）相得益彰。在每个地方——柏林、里加、维尔纽斯、基辅、第比利斯、布达佩斯——钢筋混凝土电视尖塔都是该国最高的建筑，它们主宰着景观，为城市和周边乡村提供超现实的高空全景视角。

如果说电视传输融合了全面监控的理念，那么它也为数百万人提供了日常娱乐。流行的电视节目以美国电视剧和情景喜剧为模板。1972年首次播出的南斯拉夫黄金时段连续剧《家庭剧院》（*Pozorište u kući*）描述了贝尔格莱德一个普通家庭的生活，人物形象刻板。剧中的彼得罗维奇一家是城市中产阶级在国家社会主义制度下安全的代名词。它体现了南斯拉夫年轻人的现代愿望，以及民族传统与他们对西方生活方式的渴望之间的矛盾。受欢迎的连续剧《热风》（*Vruć vetar*）描述了一个来自外省的普通家庭在繁华、金钱至上的贝尔格莱德的冒险故事。开头的镜头是主人公在街上闲逛，凝视商店橱窗里诱人的消费品。被贝尔格莱德的世界性活力弄得晕头转向的乡下人体现了一种善意的幽默描写。然而，随着时间的推移，通过努力工作，这个家庭逐渐发达，搬进了舒适的公寓，过上了满足的生活。到20世纪80年代中期，电视对大城市生活的叙述发生了变化。贝尔格莱德的家庭面临着10年的经济危机、失业和向下的社会流动。东欧通过西方债权人的贷款与世界经济接轨，支撑了消费的黄金时代，但随着全球经济衰退，他们的经济也陷入了困境。1987至1988年和1990年播出的黄金时段家庭连续剧《更好的生活》（*Bolji život*）描绘了这个转型时刻的贝尔格莱德的中上阶层家庭。父母带

图 64　即将完工的莫斯科奥斯坦金诺电视和广播塔，1967 年 7 月 26 日

462　欧洲城市现代史：从 1815 年至今

着三个孩子住在市中心，在一个经济保障已经消失的动荡城市中努力寻找更好的生活。[4]

这些含义的复杂性使得电视塔下的公共空间以及电视塔本身成为帝国崩溃时政治斗争的即时场所。1969 年，位于东柏林市中心亚历山大广场的柏林电视塔（Fernsehturm）盛大开业。它拥有观景台和旋转餐厅，是斯大林大街和马克思恩格斯广场（Marx-Engels-Platz）著名建筑群的一部分，并立即成为该城市最易识别的标志之一。记者彼得·施耐德（Peter Schneider）在一个晚上抬头看到月亮"在电视塔的尖顶后面，在接下来的夜晚，把它变成了一个土耳其宣礼塔"。[5] 柏林电视塔也是一个吸引示威和群众集会的地方。1989 年11 月 4 日，塔下的亚历山大广场人山人海（东德电视台直播），这是德意志民主共和国历史上最大的抗议活动。在 1991 年立陶宛争取独立的斗争中，该塔由激进的民族主义者把持。1992 年，为争夺格鲁吉亚首都第比利斯的电视塔的控制权而发生了战斗。1992 年，数千名激进的好战分子试图发动武装政变，冲进莫斯科电视塔下的奥斯坦金诺电视演播室。当防暴警察试图突围时，围困变成了暴力冲突。在 1993 年鲍里斯·叶利钦（Boris Yeltsin）总统和俄罗斯议会之间的短暂内战中，数千名支持议会的示威者与军队和右翼激进分子在奥斯坦金诺电视塔发生冲突。它被一个武装暴徒夺取，并被火箭发射器和手榴弹击中——这场战斗造成了一连串死伤。

1989 年柏林墙的倒塌和随之而来的政治爆炸立即被认为是一个历史转折点。整个欧洲的共产主义时代似乎突然消失了。随即欧洲开始了对整个城市景观的共产主义象征的消除。街名被"去共产化"，纪念碑被复仇的暴徒拆毁，被人鄙视的秘密警察以及共产党的总部被洗劫一空。共产主义建筑被封存起来。关于记忆的政治，以及哪些共产党的历史应该保留在公共空间中的一场激烈的公众辩论随之展开。这些问题的选择是模糊的和具有争议性的。一些意识形态的象征，如柏林市中心的共和国宫（Palace of the Republic）被拆除了。其他建筑，如华沙宏伟的文化科学宫（Palace of Culture and Science）则被保留了下来，尽管如何处理这个地标引起了一场争论的风暴。最终，它被勉强承认为华沙城市中心的象征。坐落在配有巨幅广告牌的华丽的金色露台（Złote Tarasy）购物中心旁，人们很容易对老旧的文化科学宫发出嗤笑。其他粗野主义建筑被废弃，成为复古未来主义的铁锈色废墟。

随着苏联解体，象征性的铁幕裂开，将东部的欧洲再次展现出来。想象中的欧洲"东方"和"西方"的两极分化瓦解了。世界惊奇地看到，柏林人拆掉了可恨的隔离墙，一点一点地摧毁了它，站在遗迹上欢快地颂扬自由。东柏林人穿过无人区，开着他们的特拉班特轿车来到库达姆大街，凝视橱窗里的展品。数十万人涌向林荫大道，在商店中进进出出。他们投入到了消费资本主义的世界中。在布达佩斯，1989年6月，逝去的领袖纳吉（Imre Nagy）的正式安葬吸引了数十万人来到英雄广场。在布拉格，示威者游行到温瓦茨拉夫广场（Wenceslas Square），发起天鹅绒革命。东欧的首府城市成为深刻的政治景观。象征性的地点被示威者恢复和占有。这些事件和图像，以及在城市街道上的见证，都成为重要的历史姿态。尽管这些时刻具有划时代的性质，但重要的是要避免陷入把东欧想象成一个突然开放给人们发现的未知世界的误区。这种西方的地理观念由来已久。即使在东西方冲突最激烈的日子里，横跨东欧的面纱也有一种透明的性质。那些生活在城市的人，总是保留着对西方以及更广泛的世界的外向视野。

社会主义在欧洲的发展和崩溃的经历并非一致。1991年，南斯拉夫社会主义联邦共和国进入解体倒计时，其各地区陷入敌对的族群民族主义中。在随后进行的激进的领土分割中，斯洛文尼亚和克罗地亚宣布独立，随后独立的是波斯尼亚和黑塞哥维那以及马其顿。数十万难民逃离了被围困的城镇和村庄。对巴尔干地区文化遗产的蓄意破坏使该地区遭受重创。塞族人对波斯尼亚萨拉热窝的围攻悲惨地体现了种族冲突的激烈和疯狂。围攻发生在 1992 至 1996 年，是在联合国蓝盔维和人员的监督下进行的，并在全世界进行了电视转播。波斯尼亚作家塞梅兹丁·梅赫梅迪诺维奇（Semezdin Mehmedinović）在整个战争期间坚持留在萨拉热窝，并积极参加抵抗运动。他"穿过被遮蔽的街道，躲避配有红外线的狙击手的注视，红外线可以在漆黑的环境中找到我。在晚上，红色的激光束在外墙上游荡。我走过时感到很无助，意识到下一秒也许会轮到我，也许也不会"。梅赫梅迪诺维奇思考着公共领域及其欧洲林荫道生活的崩溃。现在与那时的快乐时光天差地别。总之，过路人的法则是"不要把自己暴露出来"。[6]黑市和走私、盗窃和抢劫是唯一的生存方式。萨拉热窝的机场和地下隧道是犯罪分子主导的秘密交易的起点，这些交易使城市得以运转。

具有讽刺意味的是，尽管苏维埃解体部分原因是由于对更高的生活标准的要求受挫而致，但革命者现在不得不服从市场规则。城市和地区突然陷入一种作为"休克疗法"的资本主义中。私有化和混乱的重组为城市肌理增添了新的层次。人们的期望是巨大的。然而，对经济繁荣的期望也很快被失望所取代。新获得的财富分配不均，严重加剧了社会分化。新贵们获得了丰厚的利润，而大多数人却在为生计而挣扎。漫步在城市中，只能看到肮脏的街道和废墟。

国有工业被瓦解，被秃鹫资本家掠夺。黑幕交易和帮匪行为、欠薪、大规模裁员接踵而来。住房受制于投机市场的摆布。由医疗、学校和服务组成的共产主义福利网瓦解了。[7]应对措施是一种拼凑出来的资本主义。人们在集市和临时摊位、小吃店和食品摊上进行交易。他们在自己的家里卖东西。城市变成了帐篷、摊位和展台的集合。一夜之间，华沙文化宫周围的阅兵广场（Plac Defilad）成为东欧最大的集市。在20世纪90年代末的全盛时期，华沙普拉加区10周年纪念体育场内的雅玛克欧罗巴集市（Jarmark Europa bazaar）包括了约7000个交易岗位，雇用了超过2万人。这是一个多民族的营地。[8]莫斯科的卢施尼基体育场（Luschniki stadium）和迪纳摩体育场（Dynamo stadium）成了巨大的市场。布达佩斯的约瑟夫城火车站被一个巨大的露天市场中的小企业家所占领。住宅区突然遍布维修店、街角杂货店、美发店和无数求生计的场所。大型住宅区中从地下室到楼梯的每一个可用空间都被征用为商业交易处。非正规经济边缘的模糊交易涉及从性交易到矿产和高科技武器的方方面面。

　　跨国公司和投资者急于在新的市场中获得资本。银行和证券交易所开业；国际连锁酒店和消费集团出现了。为最新的全球品牌做广告的广告牌装饰在建筑外墙和公共场所。海报店拆掉了他们的马克思和列宁的画像，换上了麦当娜（Madonna）和迈克尔·杰克逊（Michael Jackson）。新的多用途跑车取代了旧的菲亚特和特拉班特轿车。快餐成为新的美食。1992年6月，华沙的第一家麦当劳在开业当天向4.5万名顾客敞开了大门。[9]外国连锁店像秃鹫一样扑过来。荷兰阿霍德（Dutch Ahold）公司收购了捷克的马纳连锁超市（Mana supermarket chain）；家乐福迅速进入波兰、捷克共和国和匈牙利；乐购于1996年通过收购旧的普里奥尔百货公司（Prior department

stores）进入捷克共和国和斯洛伐克，到2002年，乐购在东欧拥有
144家商店，在该地区雇用了4万名员工。[10]数百座新的办公楼和住
宅楼在最繁华的内陆地区被建造起来。柏林的波茨坦广场等纪念碑
式的空间成为资本主义接管的华丽图腾，戴姆勒–奔驰公司
（Daimler-Benz）[1]和索尼公司（Sony corporation）高耸的总部在城市
上方展示着他们的标志。

东欧、东欧集团或巴尔干等地理概念，随着加入欧盟的国家经
历"欧洲化"的过程而消失了。巴尔干地区作为"东南欧"重新出
现，这是一个在城镇和城市中最具说服力的新的象征性景观。1999至
2004年期间，波兰、捷克共和国、斯洛伐克和匈牙利逐步加入欧盟
和北约，使"中东欧"的新地理想象成为现实。铁幕落下后，知识
分子对东欧的概念提出了挑战，并宣布"中欧"概念的回归。在
1984年的写作中，米兰·昆德拉将欧洲理解为一个精神、文化概念，
与"西方"一词同义。对昆德拉来说，发生在华沙和布拉格的反对
苏联控制的大起义是"西方的戏剧—— 一个被绑架、流离失所和被
洗脑的西方，却坚持要捍卫自己的身份"。[11]匈牙利知识分子哲尔
吉·康拉德（György Konrád）认为："如果没有中欧，那就没有欧
洲。那么欧洲就只是一个供游客怀念的景象，一块供人保存的纪念
碑。"[12]中欧的概念植根于一个"介于两者之间"的地理空间，以及
对哈布斯堡共同文化和知识传统的新兴趣。意大利学者克劳迪
奥·马格里斯（Claudio Magris）围绕多瑙河流域的失落世界构建了
一个神话般的哈布斯堡遗产。人们对1900年和"世纪之交"的维也
纳、布达佩斯和布拉格的城市文化重新产生了兴趣。对城市现代化

[1]梅赛德斯–奔驰公司的前身。

大时代的重新发现是对欧洲"冷战"意识形态中固有的"落后"观念的反击。[13]

任何在2000年访问维也纳、布达佩斯或布拉格的人都可以很容易地分辨出1900年的城市肌理，即使它已经因磨损和忽视而退化。尽管城市经历了深刻的现代变革，但"世纪之交"的宏伟林荫道和豪华建筑仍然存在着。城市的历史中心和以前一样可以被辨认出来。变化的是它们周围大都市地区的规模。到21世纪初，欧洲人口已超过7亿，其中大部分是生活在大都市的城市人，他们的生活范围远离中心区。从20世纪70年代到90年代，欧洲许多著名住宅区的规模惊人地增加了。维也纳郊外的阿尔特埃拉住宅公园（Wohnpark Alt-Erlaa）是一个由3000套公寓和包括室内游泳池、医疗诊所和购物中心等一系列服务设施组成的巨大的阶梯金字塔式的塔楼建筑群。这是它自己的封闭的城市领域。华沙郊区的奥斯特罗布拉姆斯卡住宅区（Osiedle Ostrobramska）形成了一幅巨大的高层公寓建筑全景图。像这样可容纳2万至3万人的巨型建筑在整个欧洲大陆大量涌现。位于柏林东北边缘的巨大的马察恩住宅区（Marzahn housing estate）是欧洲最大的住宅区之一。它是东德住房计划的代表作，是预制技术的最先进版本的呈现，旨在反驳对大规模生产的住房的大量抱怨。这些公寓更大，配备了各种便利设施，包括电视天线和有线电视接口。东德的特权阶层可以过上现代社会主义的生活。最初的计划要求在十层楼的公寓楼区中建造13800个单元，容纳17.5万人，后来这些指标又向上调整。这些数字令人惊叹。到1989年，有50万人在这里安家。这些建筑与绿化带、人行道和交通干线交错在一起。一个巨大的购物中心满足了人们的各种需求。马察恩住宅区代表着社会的向上流动和家庭的天堂。一个家庭在拿到公寓的钥匙后，打开门，

"一个巨大的帝国出现了，有足够的空间容纳 5 个家庭成员。中央供暖，墙上的暖水，以及一个 6 米长的阳台！这就是幸福的模样"。[14]从舞厅、学校到养老院，一切都很方便。社区生活围绕着园艺、烧烤和节日庆祝活动进行。但东德可悲的讽刺在于，史塔西的秘密警察密切参与了它的设计和执行。马察恩住宅区被想象成一个新型的城市，在每一个角落都有监控。史塔西在该建筑群中逮捕的人数急剧上升。

　　这些大规模的定居点也很容易成为对现代生活不满的人的目标。我们可以理智地得出结论，作为城市未来的实验室，它们撞在了过度野心的礁石上。到了 20 世纪 90 年代，法国大规模系统建造的住宅区被疯狂拍摄记录，这些图像在一种真正的狂热中流传开来。诸如里昂郊区的莱明盖特、巴黎郊区德朗西的米埃特城（Cité de la Muette）和巴黎东北部拉库尔讷沃（La Courneuve）的 4000 之城住宅区都是"楼板"生活的代名词，它们被指责为心理和社会的罪恶。在一个偏远的住宅区里过着孤独的生活，这对情感造成的影响成为被激烈讨论与调查的内容。这些住宅区被指责为导致精神压抑、社会崩溃和青少年犯罪的元凶。尽管人们期盼这些乌托邦能创造出都市的氛围，但其规模和形状却被谴责为一种监禁的形式。在梅迪·夏夫（Mahdi Charef）1983 年的小说《后宫的茶》（Tea in the Harem）中，年轻的主人公马吉德是阿尔及利亚移民的儿子，无望地在被称为"花城"的混凝土丛林中徘徊："几英亩的混凝土。小便的气味。汽车、汽车，还有更多的汽车。还有狗屎。一排又一排高大而没有灵魂的公寓楼。没有欢乐，没有笑声，只有心痛和痛苦。一个巨大的庄园，夹在高速公路之间，被工厂和警察包围着。"[15]

　　马修·卡索维茨（Mathieu Kassovitz）1995 年拍摄的电影《怒火

青春》(*La Haine*)中记录了最臭名昭著的社会恐怖场景。该片拍摄于巴黎郊区贫困的诺埃城(Cité de la Noé)住房项目,引起了轰动。影片中的人物文兹(犹太人)、于贝尔(黑人)和萨义德(阿拉伯人)因其异化和被困于死胡同的生活而一举成名。这些对种族的描述本身就令努力忽视移民社会危机的法国公众感到不安。一批批来自欧洲前殖民地的移民在新的土地上找到了一个立足点。但在许多人的心目中,这些住宅区是外国分子、犯罪和暴力的代名词。它们是边缘化的禁区。在这一点上,他们沿袭了长期以来作为城市空白的边缘地区的幻象。《怒火青春》中的景象设定了臭名昭著的巴黎郊区(banlieue)的象征性意象。由于没有什么前途,这三个朋友在混凝土丛林中消磨时光。住宅区冰冷、凄凉、残酷:公共空间除了几株勇敢的野草外,一片荒芜。在20世纪的最后几年,惊恐的法国人看着他们的电视屏上充斥着的郊区乱状,汽车在夜里燃烧,法国防暴警察与穿着连帽衫的年轻人搏斗,催泪瓦斯和臭气弹烟迹弥漫。[16]在那时,情况最糟糕的米埃特城和4000之城等住宅区被郑重地拆除。这些巨大的混凝土壳架被清空,被填充炸药,然后被炸毁。

从20世纪70年代开始,移民的性质发生了变化。欧洲重建时期的开放性劳工政策随着1973年的石油冲击和经济衰退而告一段落。客工计划在1973年达到了高潮。外国劳工主要被吸引到德国(250万)和法国(230万),他们占德国劳动力的12%,法国劳动力的10%。[17]到那时,许多移民已经把家人接过来并定居下来,成为聚集在欧洲城市贫困社区和郊区的永久性的少数民族群体。英国剧作家哈尼夫·库雷西(Hanif Kureishi)与他的英国母亲和印度父亲住在伦敦南郊奇斯尔赫斯特（Chislehurst）的一个"两上两下[1]的半独立屋"里。他的父亲自1950年以来一直生活在伦敦。但对气恼的儿子来说，他是一个在客厅里练习瑜伽、穿着印度睡衣的异国怪人。他仍然"像一个刚下船的印度人一样在（伦敦南部）跌跌撞撞……当他在街上拦住陌生人问路时，我尴尬地流汗，因为这是他居住了近二十年的地区，那地方离他只有一百码远"。[18]

殖民主义在非洲和亚洲的终结，为都市带来了大量移民。与20世纪50年代和60年代的劳工和客工迁移相比，这种流散的组织程度较低。这些人通常是年轻男子，携带配偶和年轻的家庭成员。他们前往欧洲的过程是更为自发的，合法移民与非正常和非法入境的阴暗世界融合在一起。伦敦西部的印度人、伯明翰和布拉德福德的巴基斯坦和印度家庭、巴黎北部的阿尔及利亚人，以及柏林克罗伊茨贝格和米特区的土耳其人，为欧洲各国首都作为多民族全球性场所的传统增添了色彩。随着欧洲资本向南流向城市发展，马赛、马德里、巴塞罗那、罗马和雅典等城市吸收了越来越多的移民。移民在语言、种族和文化上的异质性大大增加。作为城市人，新定居者创建了自己的民族社区，有自己的宗教和文化传统。他们在建筑业和工业领域找到了低薪的手工工作，或当家庭工人和护理人员。小企业家开设了民族商店、社区杂货店和餐馆。不仅仅是那些处境危险的人，还有那些更富裕、受教育程度更高的人，他们都来到欧洲的城市，寻求更好的生活。数十万移民在欧洲和他们的母国之间来回旅行，在他们家乡的村镇待上几个月，保持家庭关系，为当地的收入做出贡献。城市和城镇在全球范围内的人员、资金和信息流动

---

[1] two-up-two-down，一种小房子的样式名称，一楼、二楼各有两个房间。

中被连接起来，这种流动远远超出了官方的范围，进入了一个由非
正式的家庭和社会关系构成的世界。

新移民，尤其是那些秘密抵达的新移民，几乎没有享受到任何
社会保护措施，本地人对他们的反应是激烈的，尤其是那些已经受
到全球化、工作不稳定和技能贬值威胁的当地劳动者。[19]来自中东和
非洲的新移民的涌入改变了城市的宗教多元化，并成为一个政治争
议点。到1990年，伊斯兰教在欧洲有2000万信徒，其中800万来自
巴尔干地区，1200万来自非洲和中东地区。[20]临时的清真寺出现在少
数民族聚居地。这些民族中的许多人被描绘成社会的瘟疫。在日益
严重的种族主义中，年轻的移民没有什么选择，他们走上了街头。
在巴黎、马赛和里昂的郊区住宅区爆发了零星的骚乱。1979年，法
国警察与主要是来自北非的青少年在里昂郊区的一个板房项目场地
内发生了混战。这样的场面经常重演，因为法国城市周围郊区被等
同于暴力犯罪者和来自马格里布（Maghreb）、北非等地的移民所居
住的原始地区。1983年，一场从马赛到巴黎的反对种族主义的"北
非游行"在法国首都受到了约10万名等待着的抗议者的欢迎。

到20世纪90年代，大量政治难民和寻求庇护者进入了被剥夺权
利者的行列。由于没有合法身份，他们受到人贩子的剥削，面临着
艰难的旅程和未知的未来。最初，这些浪潮与摇摇欲坠的苏维埃和
繁荣的西方的诱惑有关。在20世纪80年代末90年代初，每年有数
十万德裔居民逃离东欧，到德国寻求庇护。人们逃离了罗马尼亚的
铁腕齐奥塞斯库（Ceausescu）政权和南斯拉夫的暴力解体。最引人
注目的是1991年和1997年从阿尔巴尼亚到意大利的移民潮。来自罗
马尼亚和保加利亚的罗姆人和少数民族也加入了逃亡大军。从东欧
和巴尔干地区向西欧的走私和贩运成为一股洪流。许多人过着秘密

的生活，消失在城市边缘的荒凉的混凝土丛林中。随后，欧盟的扩大和21世纪初实施的《申根协定》（Schengen Agreements）创造了一个开放的边境政策。人们可以自由地在欧盟国家之间流动，而无需接受边境检查。大约200万波兰人前往西方。波罗的海国家经历了一场名副其实的人才流失。

随后前来的是非洲和中东地区的难民。到21世纪初，逃离政治暴力的人数激增。许多新来者是非法入境的，在最贫穷的内城区或在被毁坏的住宅区定居。由于语言技能和社会关系的缺乏以及生活中种族歧视的存在，他们没有多少就业和社会流动的机会。他们被忽视，得不到照顾，逐渐被遗忘，人们只能在街头巷尾看到他们沦为无业游民的身影，或者作为街头商贩兜售小饰品和山寨时尚品牌。对他们的困境的痛苦和愤怒沸腾为暴力，这使他们很容易成为政治极端主义的目标。2013年，被隔离在斯德哥尔摩郊外偏远地区的伊拉克人和阿富汗难民爆发了暴力抗议活动。北非人（尤其是摩洛哥人）和土耳其人倾向于在布鲁塞尔的莫伦贝克（Molenbeek）区定居。贫困和极度的社会隔离给这个曾经充满活力的工人阶级社区留下了伤痕。莫伦贝克近一半的人口是穆斯林。恐怖分子将其作为凶残袭击的跳板，如2004年马德里的通勤列车爆炸案。2015年巴黎袭击中的自杀式炸弹袭击者也被追踪到了莫伦贝克。各国政府在承认种族和宗教多样性与将穆斯林社区融入国家及其欧洲价值观和文化之间的平衡中挣扎。

在郊区的独栋别墅中享受家庭幸福的梦想抹去了关于摇摇欲坠的住宅区和恐怖袭击的噩梦。富裕程度的提高和汽车拥有量的增长使"郊区"成为一种有吸引力的生活方式。它得到了地方政府的支持，这些政府从土地开发计划中获得了大量的税收。家庭用日常通勤的辛劳换取了开放的空间和郊区的理想。崭新的独幢小楼与花园和烧烤架围在一起，在家庭汽车的护卫下，以典型的城市边缘地区的模式扩展开来——沿着高速公路和环形公路，或聚集在古老的村庄周围。英国的中部地区和伦敦、荷兰和比利时、德国西部和南部，以及意大利北部都被淹没在无尽的郊区中。里昂和马赛之间的罗讷河走廊成为城市无序扩张的地理区域。法国、西班牙和意大利的地中海沿岸地区点缀着条状的独立屋和别墅，外面停着汽车。在东欧也是如此，人们放弃了中心城市的生活，转向郊区。索非亚和布加勒斯特等城市的汽车数量急剧上升。华沙周围和波兰上西里西亚的发展覆盖了整个大都市地区。

　　农业用地和绿化带被出售，并被分割成多个小区。房地产开发商建造了豪华的封闭式住宅区。这些并不是传说中的美国"用廉价材料做的小盒子"[1]的简单复制品。相反，欧洲的郊区建设往往反映了当地的建筑传统和历史上定居模式的重新出现。建筑外墙贴上了装饰性元素，作为一种当地的审美。当地的材料，如石头和砖被添加进来，以再现一种独特的历史遗产的感觉。后现代的地中海调和风格可以为从旅游业到当地的房地产利益的各种目的服务。例如，葡萄牙地中海沿岸的住宅在郊区别墅的屋顶上恢复了传统的赤陶土烟囱冠。在索非亚，被高大围墙包围的郊区住宅让人想起保加利亚奥斯曼时代的封闭式家庭院落。21旧村庄的遗产和建筑环境随着郊区扩展被包围得以保留。社会主义或其他国家的大型住宅区的遗产也没有消失。新的郊区社区与它们一起发展，并增加了建筑环境的多

[1] little boxes made of ticky-tack，马尔维娜·雷诺兹（Malvina Reynolds）1962年创作的一首流行歌曲《小盒子》（*Little Boxes*）的歌词。这句歌词指的是类似的、毫无个性的住宅。

样性。

在郊区生活的爆炸性热潮之后，数百万平方米的购物中心被建造起来，周围是沥青停车场。早期的夫妻小店被遗忘了。地方和区域性的消费风格被剥离，资产阶级和工人阶级之间的传统物质区别也被剥离。相反，选择在欧洲和全球范围内被标准化。毫无疑问，大众消费文化的巨浪使欧洲的城市生活更加统一。同样的汽车、电视和电子产品，以及同样的家庭用品在各地的货架上和展厅里出现。随着对竞争对手的收购，阿尔迪超市和乐购连锁超市以及家乐福和欧尚百货公司（Auchan department store）进入世界上最大的商业集团之列。鲜红色的乐购标志在欧洲各地的购物中心无处不在，从高速公路上就能看到，召唤着顾客驶向出口并纵情购物。驾车者从宛如巨型蓝色大盒子的宜家卖场（Ikea outlet）旁呼啸而过。东欧的购物者成群结队地涌向这些大卖场和商场。它们是欧洲的社会主义结束后发生深刻变化的一个象征。大卖场在波兰城市周围激增，数量前所未有。多瑙河广场（Duna Plaza）和布达佩斯郊外的波卢什中心（Polus Center）都于1996年开业，好评如潮。华丽的多瑙河广场及其相邻的停车楼挨着市中心北部的主要林荫道，环绕着一片住宅区和郊区平房。波卢什中心有100家商店以及19家酒吧和餐馆。超过10万人在该购物中心开业的首个周末来访。[22]东欧购物中心的规模迅速超过了西方。商场、家装中心和工厂直销店在高速公路上鳞次栉比，其中许多是由急于在向资本主义过渡的过程中套现的外国投资者推动的。到21世纪初，拉脱维亚、保加利亚和罗马尼亚建造商场的速度超过了欧洲任何国家。甚至是在经济衰退的时期，人们也没有停止建设商场。商业活动的郊区化是东欧在经历了社会主义之后最明显的发展趋势之一，它确定了东欧城市形态的演变。[23]

　　购物中心源于19世纪以来标志着现代城市的建有顶棚的市场、拱廊和百货公司的悠久血统。像这些前辈一样，购物中心也成了社会生活的中心，它也是一个热闹的免费娱乐场所。它是最好的公共空间。携家带口的人和年轻人、推着婴儿车的母亲在走廊上散步，并在美食广场、电影院和餐馆会见朋友。苏格兰获奖作家尤安·莫里森（Ewan Morrison）在格拉斯哥的购物中心闲逛，发现"父亲"每天下午两点乘自动扶梯到4楼，在汉堡王吃午饭。"几个月来，他了解到在美食广场还有其他常客。他们不在那里购物，只是为了吃饭。他们都是老人。他们也许从未学会如何做饭，而且现在已经失去了他们的妻子。"与此同时，自称搭讪艺术家的"戴夫"（Dave）和"拉伊"（Raj）在星巴克闲逛，看到"至少有100个女孩"走过，

图65　购物中心，布加勒斯特，罗马尼亚

"带着购物袋并穿着极具威慑力的托举胸罩"。他们最终锁定了一群带着婴儿车的年轻妈妈。[24]休闲和娱乐被融合在商品和社交互动的光怪陆离的场面中。理发师、干洗店工作者和鞋匠这些普通行业从业者加入了全球零售商的行列，在这个以前不为人知的城市边缘地区参加盛会。商场与日常生活是密不可分的。它们在欧洲各地雇用了数百万人。它们与高档写字楼和高科技园区一起成为郊区的发展节点。虽然它为整个大都市地区带来了就业机会，但它也意味着对汽车依赖性的增加，污染和交通堵塞加剧。甚至整个欧洲的小城镇也被在高速公路沿线发展的商业带所包围。汽车经销商、花园和家具商店、瓶装酒商店和路边旅馆、麦当劳和汉堡王都紧挨着出口匝道。它们是一种无处不在的城外景观。

郊区商业的第一波大潮很快就被巨大的工厂直销店、巨型购物中心和具有大量娱乐活动的休闲综合体所超越了。在西班牙萨拉戈萨（Zaragoza）的威尼斯港大型购物中心（Puerto Venecia mega-mall），顾客在消费天堂中漫步，并参与宽屏影城、体育和探险的活动。到21世纪，英国和俄罗斯建设了最大的巨型购物中心。在曼彻斯特郊外的特拉福德中心（Trafford Center），购物者可以在乐高乐园、迷你高尔夫球场和街机游戏、室内足球和跳伞中心放飞自我。位于莫斯科郊区的阿维亚公园（Avia Park）于2016年开业，是一个遵循"目的地"营销策略的购物和娱乐盛会。大型购物中心成为仿制版的迪士尼乐园，颠覆了人们对历史悠久的城市中心迪士尼化的谴责。实际上，巴黎迪士尼乐园是欧洲头号旅游目的地。位于巴黎东部的马恩拉瓦莱（Marne-la-Vallée）郊区的法国高速列车站上挤满了戴着米老鼠耳朵的家庭。该公园的1.5万名员工也使欧洲迪士尼乐园成为法国最大的独立雇主之一。它成为一个新的发展中心，包括由酒店、餐馆和娱乐区组成的游艺场，以及以欧洲谷（Val d'Europe）购物中心为主题的新城镇，其大型购物中心的建设灵感同样来自迪士尼公司。游客改变了以往沉浸在巴黎的辉煌中，然后登上火车去迪士尼乐园玩一天的旧的游玩模式。相反，他们住在迪士尼乐园的娱乐区，并在历史悠久的巴黎进行一日游，这使巴黎本身成为另一个主题公园。

　　从西班牙首都马德里的视角来看这些变革是有启发性的，特别因为它位于南欧。随着 2009 年开始的欧元区危机，南欧地区被打上了"欧猪四国"（PIGS，葡萄牙、意大利、希腊和西班牙）的贬损标签，经济学家将其归为地方性衰弱的落后地区。这是对地中海南部的一个古老的刻板印象。尽管如此，马德里在历史上还是发展成为一个典型的欧洲城市，它拥有紧凑、密集的城市核心。在 20 世纪中期，它一直保持着这些特征，而周围地区仍然相对乡村化。然后在 1960 至 1990 年期间，该市的人口翻了一番。劣质的高层公寓楼沿着城市的边缘被垒了起来。外围地区的人口爆炸性增长，诸如查马丁－德拉罗萨（Chamartín de la Rosa）和巴列卡斯（Vallecas）的农村居民从几千人跃升到 6 万至 7 万人，随后它们被马德里吞并，并被纳入城市的地形中。20 世纪 70 年代和 80 年代的市政府着手提供更好的住房和改善城市设施，特别是在帕洛梅拉斯（Palomeras）等工人阶级的郊区，国际建筑师团队在那里设计了具有"红色维也纳"风格的步行街和公共广场的本土式红砖市建住房。[25]

　　到 21 世纪初，马德里已经成为一个全球性的城市，拥有近 600 万人口的都市区。这种繁荣部分得益于 100 多万的移民，这些移民主要来自拉丁美洲、东欧和非洲。马德里的居民分布在大约 52 个自治区，整个城市地区扩展到 179 个区，几乎占西班牙领土的 12%。

它是继伦敦、巴黎和鲁尔之后欧洲最大的都市区。一张高速公路和高速列车的网络在这片广阔的土地上延伸开来。最古老的历史区的人口流失了，发展跳跃式地穿过空旷的土地，立足于古老的外围城镇网周围，特别是在东部和南部的A-2高速公路沿线。大学、医院、私营企业紧随其后，与购物中心和休闲公园一起迁徙。马德里城南的仙纳度大型购物中心（Xanadú mega-mall）是欧洲最大的购物中心之一。航空航天公司聚集在外围的巴拉哈斯机场（Barajas Airport）。首都的创意产业集中在历史中心，但也分布在郊区的阿拉尔孔（Alarcón）、莫斯托莱斯（Móstoles）和莱加内斯（Leganés）等城镇。马德里的金融业排名仅次于伦敦、巴黎和法兰克福。郊区的企业园区和高科技园区推动了马德里的全球性经济发展。郊区的波苏埃洛–德阿拉尔孔（Pozuelo de Alarcón）拥有地区主义风格的红砖迦拿圣玛丽教堂（Church of St. Mary of Caná），是西班牙最富有的地方之一，也是企业总部的首选之地。到21世纪初，马德里周围形成了一个多核心的城市区域，外围城镇的人口达到10万至20万。[26]

　　葡萄牙的城市也经历了这种大都市地盘向郊区的分散。葡萄牙在传统上是欧洲城市化程度最低的国家之一。即使在20世纪70年代，也只有大约40%的人口生活在与周围农村泾渭分明的紧凑型城镇。大多数城市居民居住在该国南部的首都里斯本或北部的工业城市波尔图（Porto），两者都位于大西洋沿岸。这里的城市化在20世纪60年代和70年代初终于开始起步。最初，它是由农村到城市的移民和萨拉查（Salazar）政权的住房政策引发的。然后，从葡萄牙殖民地返回的人和外国移民带来了另一波城市人口。虽然里斯本和波尔图这两个令人惊叹的老城市的人口增长速度是稳健的，但它们周边的外围城镇的人口却急剧上升。随着20世纪90年代新的放射状高

速公路系统的建设，大卖场、带状商业购物中心和知识经济企业的
投机性集群遍布整个拥有250万人口的里斯本地区。波尔图和阿威罗
（Aveiro）市的周边地区也被开发得满满当当。风景如画的村庄被住
宅区、封闭式社区和度假屋、非正式的街区和非法占用定居点的大
杂烩所包围。它们以地中海城市发展的典型模式横扫阿尔加维
（Algarve）的景观。这是欧洲最为密集的城市扩张。[27]沿着大西洋和
地中海海岸，富有的外国人，特别是来自北部欧洲的追寻阳光的人，
纷纷抢购度假屋和带游泳池的别墅。各国政府打出无限制的开发政
策，以吸引住宅开发和旅游业的发展。一种惊人的、基本上不受管
制的无序扩张吞噬了欧洲阳光普照的海岸线。

　　越来越多的欧洲城市依靠诸如地中海沿岸的旅游业来维持企业
运转并吸纳人口就业。全球旅游业成为欧洲最具活力的经济领域之
一。伟大的首都城市长期以来一直是吸引有文化的旅行者踏上壮游
的地方。19世纪初，随着中产阶级加入文化朝圣的行列，假期和旅
行开始流行（见第3章）。乘火车和蒸汽船旅行的大众旅游的出现，
以及特别是国际博览会的大受欢迎，使旅游成为一个繁荣的产业。
有组织的团体假期为经济条件较差的观光者提供了在整个大陆享受
冒险的机会。20世纪30年代，许多欧洲国家实现了人们带薪休假的
权利，即使是工薪阶层的家庭也能享受到暑假。不过，20世纪末和
21世纪初的旅游业远远超越了这些早期的观光旅行。日益加深的富
裕程度和城市化的生活方式引发了一场无与伦比的休闲探险热潮。
每年夏季，人们冲向海滩，以享受地中海的美好生活。高速列车和
廉价航空公司挤满了度假的家庭；高速公路上塞满了汽车和露营者，
一路向南。1985年的《申根协定》允许欧洲人不需要护照就可以跃
过欧盟内部边界。在漫长的周末，成群结队的观光客在整个欧洲大

陆各城市美化过的历史街区的街道上漫步。

　　伟大的首都和历史名城成为城市遗产的舞台，每年欢迎数百万的游客。巴塞罗那的兰布拉大道、柏林的库达姆大街、巴黎的香榭丽舍大街以及其他欧洲各地历史悠久的步行大道都挤满了外地人。曾经与世隔绝的东欧国家首都破败的林荫道突然挤满了观光客，两旁是时尚的酒吧和咖啡馆。这是对全盘现代化和对城市内部整修的日益强烈的反弹的一部分。第一批"历史保护区"是在20世纪60年代指定的。"可步行"的城市和历史街区成为流行趋势。市政当局将城市历史重塑为旅游圣地，并将它们的黄金时代以视觉方式呈现出来。历史遗迹被列为地标并修复，周围设有缓冲区，提供完美的拍摄角度。经过精心修复的建筑、鹅卵石铺成的街道、露天阳台和小酒馆、树荫和街道装饰品唤起了城市过去的魅力和优雅。中世纪和近代早期的城市轮廓，包括其市政厅和教堂、蜿蜒的通道，复苏为风景如画的旅游区。法国北部的诺曼底小镇鲁昂将鹅卵石铺成的大时钟街（rue du Gros Horloge）改造成一条步行长廊，在这里可以看到其辉煌的中世纪天文钟。鲁昂大教堂成为一个受欢迎的旅游目的地。城市街道两旁令人惊叹的半木结构的诺曼底建筑被精心修复并展示出来。围绕鲁昂散步成了一次穿越时光的旅行，常由当地大学的学生导游带领。在这一过程中，文化记忆和城市场所的意义发生了转变。城市肌理的价值取决于景观美学和消费。市政府为他们的老城贴上了保护标签，规划了历史遗产路线，并在全球市场上宣传他们城市的独特历史品质。古怪的博物馆收集了古怪的本土文物，并将它们展示给外来游客。到了20世纪末，欧洲的城市争相被指定为联合国教科文组织的世界遗产。在新的遗产经济中，"真实的"本土体验被作为商品买卖了。

　　爱沙尼亚首都塔林的历史街区正是根据这种旅游遗产模式被重塑的。在第二次世界大战期间，塔林在对纳粹军队的反攻中被苏联的轰炸所破坏。老城遭受了广泛的破坏。然后，爱沙尼亚立即被苏联吞并了。[1] 在赫鲁晓夫时期，塔林的中世纪汉萨遗产开始缓慢恢复。外墙被翻新，城墙和塔楼被修复。1966 年，塔林老城被设立为苏联第一个历史保护区。随后，在 1980 年莫斯科奥运会前后，塔林被选为帆船赛的举办地，掀起了一股整修的狂潮。市政厅和圣尼古拉斯教堂（St. Nicholas Church）、石塔和大门使塔林的中世纪宏伟风格得到了惊人的展示。它看起来和感觉上都像汉萨的历史。建有三角墙和直棂窗的木质结构的房屋、红瓦屋顶和教堂的尖顶、缠绕在一起的鹅卵石小巷都被转化成了凝固在时间中的如画般的风景。引人注目的视觉景象让游客把相机对准各个方向。从 20 世纪 60 年代起，苏联的旅游指南和旅游电影把塔林老城作为首要的旅游目的地来宣传。[28] 它很快就成为许多历史题材电影的取景地。20 世纪初的木制"伦德房屋"和有石头门厅的"塔林房屋"长期以来一直受到冷落，并被计划拆除。但它们作为当地宝贵遗产得到了精心的修复，特别是在爱沙尼亚于 1991 年获得独立后。这些地方的再现变得过度真实，充满了观点和全景叙述，充满了传说和故事，充满了遗产漫步指引和导游路线。观光客和市民都成为过去迷人的剧院的观众。城市空间的社会和政治模糊性被推到一边，让位于田园诗般的奇观。

　　到了 20 世纪晚期，文化产业成为后工业经济的主要驱动力。被遗弃的工业荒地和荒废的水岸被恢复为文化和娱乐区。在利物浦和格拉斯哥等城市，由荒废的仓库、被污染的码头和港口组成的沙砾

---

[1] 塔林大轰炸发生于 1944 年，而苏联吞并爱沙尼亚发生于 1940 年，早于轰炸时间。

图 66　塔林的老城，维鲁街和中世纪维鲁门的塔楼

地被改造成历史记忆区和消费场所。贝尔法斯特的一家腐朽的造船厂，也就是当年建造泰坦尼克号客轮的地方，被改造成了带有高档公寓、酒店和互动娱乐项目的"泰坦尼克区"。最壮观的滨水区振兴案例是西班牙巴斯克（Basque）地区首府毕尔巴鄂市的古根海姆博物馆项目（Guggenheim Museum project）。伊比利亚半岛北部边缘这个曾经充满活力的工业港口的光芒早已暗淡。其陈旧的机械工业和内尔维翁河沿岸的造船厂被封存起来。到 20 世纪 80 年代，这里的失业率高达 25%，经济陷入萧条。更具破坏性的是，巴斯克分离主义运动蹂躏了这座城市，使它因恐怖爆炸和谋杀而留下了不光彩的名声。毕尔巴鄂被多年的忽视和暴力斗争搞得破败不堪。人们抛弃了这座城市，让沿河污染的工业荒地逐渐腐烂。毕尔巴鄂蜿蜒的滨水

区的荒废规模令人震惊。

20世纪90年代初开始，巴斯克的市政领导人迅速采取行动。市政当局把这个萧条的地方交给了国际知名的建筑师，他们把巴斯克变成了一个精心设计的视觉形象奇观。新地铁系统的车站由英国建筑师诺曼·福斯特（Norman Foster）设计。圣地亚哥·卡拉特拉瓦（Santiago Calatrava）设计了新机场和内尔维翁河上的人行桥。美国建筑师西泽·佩利（Cesar Pelli）为阿班多瓦拉（Abandoibarra）的荒废滨海区勾画了一个方案，其中包括弗兰克·盖里（Frank Gehry）的古根海姆博物馆。该博物馆于1997年开放，立即被誉为杰作。该建筑坐落在改造过的公共空间和风格独特的河滨长廊中，它的国际知名度引发了对这个长期被忽视的35万人口的城市的投资狂潮。尽管文化建设在传统上并不是毕尔巴鄂的强项，但这场市政企业家运动精心调整着城市的文化美学。它使毕尔巴鄂在国际上引起了轰动。古根海姆博物馆闪亮的钛合金外墙在全球各地的照片中被无休止地重现，成为建筑振兴城市能力的标志。毕尔巴鄂成为一幅由优雅的建筑外墙和沿河广场组成的令人惊叹的风景画。周围郁郁葱葱的山丘增加了视觉图像的强度。对它的观赏成为一种极致的城市体验。世界各地的城市官员都梦想着用他们自己的弗兰克·盖里博物馆重复"古根海姆效应"。

越来越多的城市通过大刀阔斧的重建计划、世界级的体育场馆和会议中心以及大型博物馆来争夺知名度和资金。[29]被指定为官方的"欧洲文化之都"意味着欧盟为文化和旅游活动注入资金，并为当地文化提供宣传平台。建设地标建筑以及提升建筑和街景的视觉质量成为打造"城市品牌"的常见策略。[30]但这些野心和对利润丰厚的大众旅游产业的依赖是有代价的。大型项目往往是城市管理转型的催化剂。一个城市的未来更少地由民主进程决定，而是由富有的精英和房地产开发计划决定。虽然当选的市长和市议会仍会顺应民主，但城市却处于与全球市场相适应的企业家决策者的支配之下。

21世纪初，欧洲最大的此类项目之一是汉堡的仓库城（Speicherstadt）和汉堡港城（HafenCity）。码头上肮脏的仓库区被改造成一幅精心设计的城市画面。翻新过的砖砌仓库与人行桥、清理过的运河、梯田状排列的咖啡馆和艺术画廊交相辉映。最重要的项目是汉堡海事博物馆（Hamburg Maritime Museum）和地标性的易北爱乐厅（Elbphilharmonie concert hall）。滨水区数百英亩的土地被开辟为"创新区"，提供高科技办公空间和豪华公寓。仓库城干净整洁，安全有序，保安严密以避免任何混乱发生。当这样的地方被挪用于文化复兴时，本地居民——其中许多是穷人——被立即驱逐了。雄心勃勃的投机企业适应了全球市场，他们迅速劫持了当地的历史，并沉溺于对被认为是多余的城区的创造性破坏中。破旧的河岸和港口地区被变成了一个为游客、人才和上流社会服务的商业和娱乐奇迹的组合。它们是大多数欧洲人只能远观的地方。

城市被旅行者挤得水泄不通，历史中心变成了人满为患的旅游禁区，充斥着酒店、高价餐馆和街头咖啡馆以及纪念品商店。一排排巨大的旅游巴士挤过狭窄的小巷，包围了历史遗迹。拥挤的导游队伍淹没了公共广场和人行道，闭路电视摄像机监视着狂欢者。游轮船队将成千上万的游客赶到城市的街道上。像威尼斯这样的城市几乎被其居民抛弃了。2017年，威尼斯的所有缝隙几乎都是爆满的，有2000多万游客在这个已经成为观赏性岛屿的群岛上游荡。但这里的居民的数量已经减少到5.5万，大部分依附于旅游业生活。一位最后留存的本地居民谴责这个城市"所有真正的生活都消失了……完全由酒店房间和旅游公寓的外墙组成"。[31] 21世纪初，大量的公民反旅游运动挑战了急于从假日生意中赚钱的市政当局的开放政策。廉价航空和团体旅游带来了大量的周末观光客。爱彼迎（Airbnb）和优步（Uber）等共享服务的兴起，加剧了紧张局势。不满的人越来越认为旅游业是对一个城市社会结构的正面攻击。当地市民游行反对成群结队的游客出来散心，反对旅游业造成的无节制的饮酒和狂欢、交通拥堵和环境破坏，抗议风潮在威尼斯和巴塞罗那的带动下，蔓延到整个欧洲。这成为一个热门的政治问题，迫使市长们制定法规，打击旅游开发时出现的非法服务和粗暴行为。

　　标志性的体育和娱乐活动成为城市品牌不可磨灭的一部分，也成为公民自信和自豪的标志。诸如欧洲文化之都、奥林匹克运动会和国际足联世界杯等盛事的举办，是重新想象城市肌理、启动重建和基础设施项目的框架。举办盛事以图振兴是欧洲城市的悠久传统——国际博览会就是其中的重要一项。它给城市留下的遗产清楚地体现在壮观的地标建筑上，如1889年万国博览会的埃菲尔铁塔、1958年国际博览会的布鲁塞尔古怪的原子球建筑和2000年千禧年世博会的伦敦穹顶。奥运会也是造就这类遗产的盛事。它迅速成为交通、电信和住房方面大规模投资的借口。1968年格勒诺布尔冬季奥运会、1984年萨拉热窝冬季奥运会和1992年巴塞罗那夏季奥运会都是改造这些城市的催化剂。巴塞罗那的振兴程度令人瞩目，获得了国际赞誉。数十亿资金被投入到滨水区、新机场、未来主义风格的通信塔、新博物馆和体育场馆的建设中。然而盛事的主办城市也承担了激进分子和极端分子把大型活动作为政治平台的风险。1972年的慕尼黑夏季奥运会因巴勒斯坦恐怖分子屠杀11名以色列运动员和教练员的悲剧而蒙上了阴影。另一方面，1998年在巴黎举行的国际足联世界杯释放了民族团结的狂热，当时来自阿尔及利亚工人阶级家庭的明星足球运动员齐内丁·齐达内（Zinedine Zidane）带领法国队在位于圣但尼郊区工人阶级的全新的法兰西体育场（Stade de France）取得胜利。100 万人在三色旗的海洋中涌向香榭丽舍大街。齐达内的形象被投射到凯旋门（Arc de Triomphe）上。在20世纪90年代，户外音乐节也加入了城市大型活动的行列。布达佩斯的自由岛音乐节（Sziget Festival）和塞尔维亚诺维萨德的退出音乐节（Exit Festival）发展成为时代盛会，数以万计的音乐朝圣者来到了这些城市。维也纳的多瑙河音乐节（Donauinselfest）在多瑙河的一个小岛上举行，是世界上最大的音乐节，它在2014年吸引了超过300万游客。明日世界（Tomorrowland）是在比利时的博姆（Boom）（这个名字与活动很配）举行的电子音乐和舞蹈盛会，它会持续两个周末，数十万歌迷欣赏壮观的舞台设计和烟花表演。

从娱乐和文化产业受益最多的是最大的都市地区，它们也受益于其他快速增长的经济部门，如金融服务、信息技术和医学研究。到2000年，每个欧洲国家都形成了一个以服务为导向的城市社会。这些趋势被全球化不可抗拒的强大力量所加剧。随着全球经济日益走向金融化，那些拥有最强大的金融产业的首都城市获得了最大的收益。伦敦、阿姆斯特丹、巴黎和法兰克福一路领先。它们是虚拟货币流动和瞬时金融交易、商业交易和信息传输的神经中枢，使全球经济以前所未有的速度发展。它们将全球各地的金融资本联系在一起，其方式远远超过了物理距离，转而依靠计算机屏幕上的闪光。古老的中心区在外围的高科技商业区面前失去了其经济分量。随着历史核心区被小心翼翼地保护起来，并让给旅游业，玻璃摩天大楼在城市的边界出现，通过6到8车道的环形高速公路和区域火车线路与市中心相连。巴黎西部的拉德芳斯地区从20世纪70年代起被开发为法国的主要商业区。它横跨一个巨大的平台广场，从香榭丽舍大街延伸到凯旋门，向西穿过塞纳河，止于奢华的新凯旋门（Grand Arch）。这座由大理石、花岗岩和玻璃组成的立体主义结构建筑耸立在闪闪发光的玻璃塔群上，也耸立在巴黎地区的整个西部天际线上。旁边是四季购物中心（Quatre Temps mall），它是当时欧洲最大的购物中心。宽阔的弧形屋顶覆盖着的巨大的会议中心，标志着商业精英之间正在进行的交易。在20世纪80年代，著名的泽伊达斯世界贸易中心（Zuidas World Trade Center）区在阿姆斯特丹南部形成。它毗邻一个新的建有阿雅克斯足球场（Ajax football stadium）、多厅电影院和海内肯音乐厅（Heineken concert hall）的娱乐区。这些外围商业区有一个普遍的外观特征，可以通过其现代主义的玻璃办公塔楼和城市天际线上的标志性建筑奇迹来识别。它们是房地产大亨和世界著名建筑师的玩物，他们把它们塑造成了全球资本主义的超现实景观。

　　伦敦产生了欧洲最大的金融业工作集群。在20世纪70年代和80年代，各公司放弃了在伦敦城的部门，搬往东区的金丝雀码头（Canary Wharf）的荒野。伦敦东区旧码头区的最后日子突然到来了。当航运业将货物集装箱化时，它无法容纳大型船只。泰晤士河畔著名的码头一个接一个地关闭了。以市场为导向的伦敦港区开发公司（London Docklands Development Corporation）于1981年成立，负责监督这个已成为城市景观上一个废弃疤痕的地方的重建工作。西印度码头和道格斯岛——大英帝国的财富曾经洒落在这里的码头上——被重塑为金丝雀码头商业区。在奠基仪式上，马上要被迫搬离这里的愤怒的当地居民将一群羊和数千只蜜蜂放进观众席。

尽管有抗议声，该项目仍在进行，包括修建伦敦地铁的新的朱比利线（Jubilee line）。金丝雀码头很快就充满了全球的银行机构，它们被安置在一些英国最高的建筑中。到新世纪初，大约有 10 万人在金丝雀码头工作。伦敦的传统金融中心城市，或被称为"一平方英里"的地方，也不甘示弱，诱使开发商建造由知名建筑师设计的高规格办公大楼。伦敦的天际线上出现了一排排过度设计的标志性建筑。以弯曲的螺旋形为标志的"小黄瓜大楼"（Gherkin Tower）和凹面玻璃建造的"对讲机大楼"（Walkie-Talkie Tower）延续了城市全景的传统，其观景台和巴比伦式的"空中花园"俯瞰着整个城市。建筑师伦佐·皮亚诺（Renzo Piano）设计的95层高的碎片大厦（The Shard）耸立在伦敦桥旁，成为伦敦最新的明星建筑。它们是建筑评论家有文章可做的地方，他们要么滔滔不绝地谈论它们的威严，要么埋怨它们在城市景观上犯下令人震惊的错误。

作为欧洲另一个金融要塞，德国城市法兰克福的崛起并非必然。这个头衔还有其他的竞争者。第二次世界大战后，德国开设了8个证券交易所：汉堡、不来梅、汉诺威、杜塞尔多夫、慕尼黑、斯图加特、柏林和法兰克福。即使在战前，汉堡的港口活动也使其成为仅次于柏林的德国第二重要的银行中心。在鲁尔工业区的中心，杜塞尔多夫控制了很大一部分的信贷市场。在法兰克福，实际上很少有人在货币行业工作。它在传统上对贸易展览会和书籍印刷的发展与银行业齐名。这座城市也被战时的轰炸摧毁了。但由于地处德国西部莱茵–美因地区的中心位置并拥有大型机场，加上美国军事总部的存在，法兰克福成为盟军当局的最爱。整个莱茵–美因地区从德国的分裂中受益匪浅，西德的联邦办公室设在威斯巴登镇，媒体公司则聚集在美因茨的电视二台广播中心（ZDF）周围。1948年，法兰克福被选为德国中央银行和德国复兴信贷银行的所在地。私营和国有银行都追随了法兰克福的号角。分发马歇尔计划资金的重建与发展银行搬到了该市新兴的金融区。专门从事住房建设的德意志银行在这里开始营业。德累斯顿银行和德意志银行将其总部设在了法兰克福。1958年，当德国马克实现完全可兑时，外国银行纷纷在这个已经发展到60万居民的城市设立了自己的机构。

到20世纪60年代中期，德国的每家银行都在法兰克福设有总部或办事处。银行区（Bankenviertel）聚集在交易所广场（Börsenplatz）上的证券交易所周围，每天都上演赚钱和金融交易的奇观。随着1973年的石油危机和布雷顿森林协议的崩溃，国际货币市场出现了前所未有的增长。互联网和信息技术的到来，使交易以闪电般的速度进行。其结果是金融交易的大规模扩张。到1987年，约有5万人在法兰克福从事银行和保险工作。[32]60家外国银行在此地开业，到20世纪90年代初，它们占法兰克福双平台证券交易所交易的50%。证券交易所转变为拥有全面金融服务的德意志交易所股份公司，是法兰克福在货币霸权上的一个飞跃。[33]这座城市的全球地位促使企业争相于在地平线上出现的众多摩天大楼中申请赫赫有名的地址。随着欧罗特姆（Eurotheum）、银塔（Silberturm）和花旗银行大厦（Citibank tower）的出现，夜间天际线上的光晕更加强烈。在第二轮建设浪潮中，采用双梯形塔设计的德意志银行总部（Deutsche Bank Headquarter）、日本中心（Japan Center）和德国商业银行大厦的轮廓变得更加后现代。法兰克福天际线的辉煌与这座城市作为货币的指路北极星的全球姿态相匹配。1998年成立的欧洲中央银行（ECB）负责管理整个欧元区的货币政策，极大地改变了金融交易的复杂性和规模。欧洲中央银行选择法兰克福作为其总部，使该城市成为欧洲最重要的金融门户，能够支配整个欧洲大陆的金融政策。欧洲央行总部在河边的醒目轮廓是法兰克福和欧洲的一个有力象征。到 21 世纪初，法兰克福周围的莱茵 - 美因地区是德国银行和信贷机构最集中的地方。[34] 巨大的资金流动和国际资本转移，通过计算机和金融终端机在城市街道上高高层叠的办公室里闪闪发光。

　　全球化和欧洲经济向金融和服务业的转型也伴随着工业生产痛苦的消失。欧洲著名的工业区曾经是不屈不挠的增长引擎，现在却变成了垂头丧气的铁锈地带。工厂和钢铁厂关闭了，它们的废墟被铁丝网围了起来。失业笼罩着曾经充满活力的工业城镇，像鲁尔区、格拉斯哥、曼彻斯特和伯明翰的工业中心地带，以及里尔。对于那些生活陷入螺旋式下降的人来说，失业成为日常生活中不可逆转的现实。在东欧，尽管破败的工厂和工业机械逐渐过时，但共产主义政策仍然专注于重工业。充分就业和重工业技术打着意识形态的旗号。上西里西亚的卡托维兹周围过时的铁厂和煤矿机器继续突突作响，仍在运作。每天早上，约有 1.7 万人走进波兰著名的格但斯克造船厂的大门。正是在那里，在团结工会和船厂电工莱赫·瓦文萨（Lech Wałęsa）的领导下，民间抵抗运动把该地政权推向了崩溃。

　　衰落地区和那些从全球化经济中获利的地区之间的差异加剧了。欧洲各地的"城市萎缩"现象产生了重大的社会和政治影响。无法在全球舞台上竞争的中型、小型城镇和村庄逐渐沦为落后地区，而主要的大都市中心则吸纳着在新经济中寻找工作的年轻人。像波兰的罗兹这样的老牌纺织城镇，就业机会和人口都被清空了。这种情况有时会涉及整个地区，特别是在前东欧集团。1995 至 2005 年期间，整个东欧的城镇经历了悲惨的人口下降。社会主义城市化已将增长集中在大城市，而牺牲了较小的定居点。然后，小城镇和村庄在

图67　法兰克福商业区的天际线

20世纪90年代受到向资本主义过渡的冲击。国有工业的消亡和公共投资的缺乏，悲剧性地侵蚀了生活的质量。年轻人逃离了，出生率下降了。加入欧盟后，对于那些被困在沉闷的城镇中没有前途的人来说，向西部迁移太有吸引力了。在20世纪80年代初，位于布达佩斯东北部的匈牙利城市米什科尔茨的巨型列宁钢铁厂仍然雇用着1.8万名工人。它是一个社会主义堡垒。这个庞大的建筑群，曾经是共产主义的骄傲，在全球经济危机中像一处古老的遗迹一样被关闭了，该镇失去了10万人口。旧的工人阶级公寓被遗弃，共产主义时代的住宅区被荒废。城市的主干道变成了一个普遍被忽视的荒凉场景。米什科尔茨从一个社会主义示范城市的位置上跌落下来，在匈牙利最贫穷的地区之一被遗忘。[35]

　　像米什科尔茨这样的地方，越来越多地依靠文化和遗产来实现复兴，并吸引年轻居民留在这里。到21世纪初，随着该城开始复苏，新的咖啡馆和小酒馆出现了，音乐家们在米什科尔茨的主要林荫大道上漫步。在摇摇欲坠的共产主义时代的电视塔下，上演了轻歌剧表演。该城的大学作为一个教育和研究中心出现，同时一个新的工业园区也开始启用，尽管这两者都与匈牙利的佩奇、德布勒森和塞格德（Szeged）等城镇的相同举措形成了激烈的竞争。一些衰落的城镇能够创造新的身份并利用文化产业的优势。例如，罗兹将其未来押在了电影制作上。匈牙利东部德布勒森镇的年轻人涌向全球企业设立的呼叫中心工作。但是，全球化的浪潮极大地扩大了充满活力的地区和"落后"地区之间的差距。

　　但在另一方面，繁荣的新地区出现了。一些东欧城市在外国投资下实现了再工业化。国际货币基金组织和世界银行支持向市场经济的过渡。在乌克兰的顿涅茨克（Donetsk）地区，钢铁、机床和食品加工行业开始起飞。一个汽车制造中心出现在从捷克共和国到上西里西亚，再到斯洛伐克的一个新月形区域。与顿涅茨克盆地一样，这里在历史上是欧洲的工业中心地带之一。煤炭和钢铁、重工业是他们的历史遗产。欧洲主要的汽车巨头将资金投入到新工厂和试车场，以及设备供应商和分包商。大众汽车公司购买并整修了斯科达的旧工厂。雷诺、雪铁龙和欧宝以及日本汽车制造商建立了工厂并雇用了数万名工人。该地区的汽车生产在21世纪初达到了创纪录的水平。弗罗茨瓦夫、卡托维兹和克拉科夫周围的上西里西亚地区拥有超过500万的居民，成为欧洲最密集和发展最快的城市地区之一。在斯洛伐克，汽车制造商聚集在特尔纳瓦（Trnava）、马丁－日利纳（Martin-Žilina）和布拉迪斯拉发等城市周围。

斯洛伐克首都布拉迪斯拉发坐落于阿尔卑斯山和喀尔巴阡山脉之间的多瑙河畔，历史上曾处于中欧的十字路口。最初，布拉迪斯拉发在第二次世界大战期间因其炼油和军备工业的发展而繁荣起来。然后该市的犹太人口消失在了集中营里，其德国和匈牙利人口在战争结束后的领土争夺中被驱逐。这座城市在其后也表现不佳，尤其是它在 1968 年失败的政治革命中发挥了领导作用之后。其内城的大部分地区被遗弃，成为一片废墟。它被一片沉闷的预制板住宅区所包围。令人头疼的功能区划几乎没有留下布拉迪斯拉发传统城市肌理的痕迹。雄伟的卡姆齐克电视塔具有压迫感地从天际线上方俯瞰城市。城市考察者斯特凡·赫特曼斯（Stefan Hertmans）在 2001 年捕捉到了这种气氛，他走在"空荡荡的灰色街道"上，看到：

> 一栋又一栋荒凉的建筑，煤烟熏黑的和衰败的公寓楼，黑暗的楼梯间里布满了剥落的巴洛克式图案……在当地的麦当劳聚集着进步派的乌合之众……这里的麦当劳是个这样的地方：嘻哈歌手，戴着帽子，随着随身听的音乐节奏摇晃头脑和扭动屁股，他们的耐克鞋是节俭度日攒钱买的，甚至有穿着单只旱冰鞋的人。[36]

布拉迪斯拉发在几年后的重新崛起表明了汽车制造、食品加工和化工生产与新的后工业经济所创造的魔力。大约 17% 的劳动力受雇于制造业，19% 的人从事贸易，另外 19% 的人从事公共服务。[37] 年轻人从斯洛伐克各地涌向首都寻找工作。他们在萧条的街区找到了租金便宜的房子，这些街区变得很时髦。全球服务和高科技公司建立了外包和服务中心，特别是在 D1 公路上奥帕克购物中心（Aupark

Shopping Center）对面的数字公园综合体（Digital Park complex）。他们在市中心和人口稠密的郊区彼得热尔卡（Petržalka）之间占据了有利的位置。到21世纪初，布拉迪斯拉发大都会区及其65万居民迅速成为欧盟最富裕的地区之一。维也纳和布拉迪斯拉发之间的整个大都市地区在历史上一直是欧洲大陆最有活力的地区之一。这个迹象表明欧洲正在重新交织在一起。欧洲城市地理的特点是连续性和持久性。尽管它在20世纪发生了深刻的变化，但城市秩序仍在自我重现。

结语

　　2016年，欧洲仍然是世界上城市化程度最高的地区之一。当时7.42亿欧洲人中约有75%生活在城市地区——这个数字在过去几年中只增不减。最大的城市区域位于荷兰的兰斯塔德和莱茵-鲁尔地区。与世界上的巨型城市相比——东京首都圈有3700万人，新德里有2900万人，上海有2600万人——欧洲最大的城市的人口就显得微不足道。一如既往，欧洲最大的都市区是伦敦和巴黎，各有1200万至1400万人。莫斯科也有大约1200万人口。紧随其后的是马德里、柏林和巴塞罗那，以及米兰。欧洲的城市化程度与日本或美国的城市化程度相同（约80%的人口生活在城市地区），其特点反而是有许多大型但不是超大型的首都和区域性城市、中小型城市和多城市地区。[1]在20世纪90年代，"蓝香蕉"地带（Blue Banana）的概念试图捕捉这些拥有强大经济实力的密集的城市群岛。它从伦敦开始，经过荷兰的兰斯塔德和布鲁塞尔，穿过鲁尔和莱茵地区，然后一直延伸到米兰。其他密集城市发展的大区域也已经被辨别出来，例如从西班牙的巴伦西亚延伸到意大利的热那亚的欧洲阳光地带，中东欧集中城市化的弧形地带，以及葡萄牙沿海的发展带。正如前面几章所述，城市化的影响远远超出了大都市的边界。即使在小城镇和村庄，欧洲人也有着城市的生活方式，并期望拥有典型的城市设施。

鉴于全球化和移民的影响，是否还有可以被称为"欧洲城市"的存在？在本书所讨论的两个世纪中，城市生活发生了明显的变化。1815 年的城市经验与 2015 年的截然不同。这两个世纪是欧洲城市作为现代性的主要实验室出现的关键时期。它对于理解城市社会具有至关重要的意义。然而，现代性并没有产生一个通用的欧洲模式。欧洲的城市没有单一愿景。本书强调了现代性和现代化在地理历史空间中形成的高度复杂性和流动性，以及当地城市文化影响现代转型的方式。现代性不是单一的。它是各种力量的不平衡的混合体，以无数的、往往是前卫的和矛盾的方式与日常生活发生互动。欧洲的全部城市体系都以特立独行的方式发展繁荣并适应现代性。它一直暴露在全球市场、巨大的人口流动、信息和通信流的影响下。城市是相遇的空间。人们构造了不同社会群体和不同种族、商业、文化和意识形态利益之间的互动和谈判方式，其结果是众多的欧洲城市以及城市经验的多元性。然而，毫无疑问，所有这些城市空间都承载着根本性的欧洲特质。欧洲城市肌理的稳定性令人瞩目，它映射着历史的馈赠。在城市景观中旅行，寻找这种丰富历史的痕迹，可以为我们理解现代转型的复杂性提供框架。欧洲的城市经验中有一种深层的结构性统一，使其具有一种特定的性情和实践，一种鲜明的"欧洲"认同。城市正是多元力量狂野聚合的产物：本土的、区域的、全球的刺激在此交织碰撞。正因如此，我期待本书能提供一种充满思辨张力，甚至悖论式的审视视角，以此解读构筑欧洲城市生活的万千进程。

注释

前言

1   Peter Sloterdijk, *Falls Europa Erwacht* (Frankfurt: Suhrkamp, 1994), 50.

2   Max Weber, *The City*, trans. Don Martindale and Gertrud Neuwirth (Glencoe, IL: Free Press, 1958).

3   Hartmut Häussermann, "The End of the European City?" *European Review* 13, no. 2 (2005): 242–44.

4   Arnaldo Bagnasco and Patrick Le Galès, eds., *Cities in Contemporary Europe* (Cambridge: Cambridge University Press, 2000). 还有 Patrick Le Galès, *European Cities: Social Conflicts and Governance* (Oxford: Oxford University Press, 2002), chapter 2。

5   Yaroslav Hrytsak, "The Borders of Europe—Seen from the Outside," https://www.eurozine.com/the-borders-of-europe-seen-from-the-outside/.

6   Homi K. Bhabha, *The Location of Culture* (London; New York: Routledge, 1994). Dipesh Chakrabarty, *Provincializing Europe: Postcolonial Thought and Historical Difference* (Princeton, NJ: Princeton University Press, 2000).

7   见 "Urban Societies in Europe" 出色的系列文章，包括 introduction by Simon Gunn, "European Urbanities since 1945: A Commentary," *Contemporary European History* 24, no. 4 (2015): 617–22，还有 Moritz Föllmer and Mark B. Smith, "Urban Societies in Europe since 1945: Toward an Historical Interpretation," pp. 475–91。

8   Walter Benjamin, *The Arcades Project*, trans. Howard Eiland and Kevin

McLaughlin (Cambridge, MA and London: Belknap Press of Harvard University Press, 2002). Siegfried Kracauer, *The Mass Ornament: Weimar Essays*, trans. Thomas Y. Levin (Cambridge, MA and London: Harvard University Press, 1995).

第 1 章

1　Jan De Vries, *European Urbanization 1500–1800* (Cambridge, MA: Harvard University Press, 1984), 259.

2　见 Giuseppe Dematteis, "Spatial Images of European Urbanization," in Bagnasco and Le Galès, eds., *Cities in Contemporary Europe*, 52。

3　J. R. Planche, *Descent of the Danube, from Ratisbon to Vienna During the Autumn of 1827* (London: James Duncan, 1828), 147. Elizabeth Rigby Eastlanke, *Letters from the Shores of the Baltic*, 2nd ed., vol. 2 (London: John Murray, 1842), 100–1.

4　关于东欧的概念，见 Larry Wolff, *Inventing Eastern Europe: The Map of Civilization on the Mind of the Enlightenment* (Stanford, CA: Stanford University Press, 1994)。

5　Fernand Braudel, *The Structures of Everyday Life: The Limits of the Possible*, trans. Sian Reynolds (New York: Harper & Row, 1981), 479.

6　见 Norman Davies, *God's Playground: A History of Poland*, vol. 2: *1795 to the Present* (New York: Oxford University Press, 2005), 198–215，论波兰谷物贸易一章。

7　John Carr, *A Northern Summer; or Travels Round the Baltic, through Denmark, Sweden, Russia, Prussia, and Part of Germany, in the Year 1804* (Philadelphia, PA: Robert Gray, 1804), 285.

8　关于 18 世纪末波罗的海地区贸易的多样化，见 J. A. Faber, "Structural Changes in the European Economy during the Eighteenth Century as Reflected in the Baltic trade," in W. G. Heeres et al., eds., *From Dunkirk to Danzig: Shipping and Trade in the North Sea and the Baltic, 1350–1850* (Hilversum: Verloren Publishers and Amsterdamse Historische Reeks, 1988), 83–94。

9　Carr, *A Northern Summer*, 283.

10　关于波罗的海地区的贸易和交通网络，见 Michael North, *The Baltic: A History*, trans. Kenneth Kronenberg (Cambridge, MA and London: Harvard University Press, 2015)。

11　Fernand Braudel, *Civilization and Capitalism*, vol. II, *The Wheels of Commerce* (New York: Harper & Row, 1982), 457.

12　Halford J. Mackinder, "The Geographical Pivot of History," *Geographical Journal* 23 (1904): 421–37，引用于 Dan Diner, *Cataclysms: A History of the Twentieth Century from Europe's Edge*, trans. William Templer (Madison: University of Wisconsin Press, 2008), 7。

13　Lewis Siegelbaum, "The Odessa Grain Trade: A Case Study in Urban Growth and Development in Tsarist Russia," *Journal of European Economic History* 9, no. 1 (1980): 118.

14　Constantin Ardeleanu, "The Opening and Development of the Black Sea for International Trade and Shipping (1774–1853)," *Euxeinos* 14 (2014): 38–40. 亦见 Gelina Harlaftis, "The Role of the Greeks in the Black Sea Trade, 1830–1900," in Lewis R. Fischer and Helge W. Nordvik, eds., *Shipping and Trade, 1750–1950: Essays in International Maritime Economic History* (West Yorkshire, England: Lofthouse Publications, 1990), 63–95。

15　关于奥斯曼帝国的宗教和族群的共存情况，参见以下著作中的介绍：Mark Mazower, *The Balkans from the End of Byzantium to the Present Day* (London: Weidenfeld & Nicolson, 2000)。

16　关于19世纪上半叶的敖德萨的两处极佳的资料来源是，Patricia Herlihy, *Odessa: A History, 1794–1914* (Cambridge, MA: Distributed by Harvard University Press for the Harvard Ukrainian Research Institute, 1986)，尤其第6章，以及 Charles King, *Odessa: Genius and Death in a City of Dreams*, 1st ed. (New York: W.W. Norton & Co., 2011), Part I。

17　Laurence Oliphant, *The Russian Shores of the Black Sea in the Autumn of 1852, with a Voyage Down the Volga, and a Tour through the Country of the Don Cossacks*, From the 3d. London ed. (New York: Redfield, 1854), 331.

18　John G. Stephens, *Incidents of Travel in Greece, Turkey, Russia and Poland* (Dublin: William Curry, Jun. and Company, 1839), 263.

19　Brother Peregrine, "The Danube," in *Fraser's Magazine for Town and Country*, 22

(November 1840)第 560 页，引用于 Ardeleanu, "The Opening and Development of the Black Sea for International Trade and Shipping (1774-1853)," 1–2。

20　William Beattie and W. H. Bartlett, *The Danube, Illustrated in a Series of Views Taken Expressly for This Work*, 5 vols. (London: G. Virtue, 1842), 228–29.

21　Francis Davis Millet, *The Danube from the Black Forest to the Black Sea* (New York: Harper & Brothers, 1893), 273–74.

22　Ibid., 279.

23　关于布勒伊拉多民族社区的精彩出版物特别参见：Camelia Hristian et al., *Greeks, Jews, Lipovan Russians, Turks...Brăila* (Brăila: Museum of Brăila and Istros Publishing, 2014)。

24　Mary Adelaide Walker, *Untrodden Paths in Roumania* (London: Chapman and Hall, Limited, 1888), 21–25.

25　Patrick O'Brien, *Journal of a Residence in the Danubian Principalities, in the Autumn and Winter of 1853* (London: Richard Bentley, 1854), 57.

26　Walker, *Untrodden Paths in Roumania*, 172.

27　Florence K. Berger, *A Winter in the City of Pleasure; or, Life on the Lower Danube* (London: R. Bentley & Son, 1877)，引用第 35 页和第 45 页。

28　Adolphe Blanqui, *Voyage en Bulgarie pendant l'année 1841* (Paris: W. Coquebert, 1843), 111. Millet, *The Danube from the Black Forest to the Black Sea*, 187.

29　Blanqui, *Voyage en Bulgarie pendant l'année 1841*, 66–67.

30　"Srbsko, země a lik," Osvěta, 1875 (V–VII)，翻译并引用于 Wendy Bracewell, ed. *Orientations: An Anthology of East European Travel Writing, Ca. 1550–2000* (Budapest and New York: Central European University Press, 2009), 225。

31　J. G. Kohl, *Austria, Vienna, Hungary, Bohemia and the Danube, Galicia, Styria, Moravia, Bukovina, and the Military Frontier* (London: Chapman and Hall, 1843), 208–9, 12.

第 2 章

1　H. Matzerath, "The Influence of Industrialization on Urban Growth in Prussia 1815–1914," in H. Schmal, ed. *Patterns of European Urbanisation since 1500*

(London: Croom Helm, 1981), 154–56.

2　Jon Stobart, *The First Industrial Revolution: North-West England*, C. 1700–60 (Manchester and New York: Manchester University Press, 2004), 10.

3　见 Sven Beckert, *Empire of Cotton: A Global History* (New York: Vintage, 2014)，以及 Steven Gray, *Steam Power and Sea Power: Coal, the Royal Navy, and the British Empire, c. 1870–1914* (London: Palgrave MacMillan, 2018)。

4　Leo H. Grindon, *Lancashire: Brief Historical and Descriptive Notes* (London: Seeley & Co., Ltd., 1892), 66, 70.

5　*Handbook for Shropshire, Cheshire, and Lancashire* (London: John Murray, 1870), 183–84.

6　Grindon, *Lancashire*, 73–74.

7　威根住房条件的描述，见 John T. Jackson, "Nineteenth-Century Housing in Wigan and St Helens," *Transactions of the Historic Society of Lancashire and Cheshire* 129 (1980): 125–43。

8　"Parks for Oldham. Public Meeting," *The Manchester Times and Gazette*, Issue 949, December 26, 1846.

9　Charles Dickens, *Hard Times* (London: Bradbury & Evans, 1854), 27.

10　关于安科茨的描述，见 Michael E. Rose, Keith Falconer, and Julian Holder, *Ancoats: Cradle of Industrialisation* (Swindon: English Heritage, 2011)。

11　Katy Layton-Jones, *Beyond the Metropolis: The Changing Image of Urban Britain, 1780–1880* (Manchester: Manchester University Press, 2016). 42.

12　这些数据来自 1876 年的 *Report and Statistical Tables Relating to Emigration and Immigration*，引用于 John Darwin, *Unfinished Empire: The Global Expansion of Britain* (New York and London: Bloomsbury Press, 2012), 93。

13　"Murphy Riots at Oldham," *Manchester Times*, Issue 548, May 30, 1868.

14　James Phillip Kay, *The Moral and Physical Condition of the Working Classes Employed in the Cotton Manufacture in Manchester*, 2nd ed. (London: James Ridgway, 1832), 21, 34–36.

15　引用自 Engels, "The Great Towns," in *The Condition of the Working Class in England* (1845) Panther Edition, 1969, 线上版本：https://www.marxists.org/archive/marx/works/download/pdf/condition-working-class-england.pdf。

Angus Bethune Reach, *Manchester and the Textile Districts in 1849*, ed. C. Aspin (Rossendale: Helmshore Local History Society, 1972), 53。

16　这些改革者影响广泛的分析，见 Mervyn Bustee, *The Irish in Manchester* (Manchester: Manchester University Press, 2016), 20–34。

17　Grindon, *Lancashire*, 126.

18　W. C. Taylor, *Notes of a Tour in the Manufacturing Districts of Lancashire* (London: Duncan and Malcolm, 1842), 9.

19　*Handbook for Shropshire, Cheshire, and Lancashire,* 166.

20　Terry Wyke, "Rise and Decline of Cottonopolis," in Alan Kidd and Terry Wyke, eds., *Manchester: Making the Modern City* (Liverpool: Liverpool University Press, 2016), 75.

21　*The Moral Statistics of Glasgow in 1863, Practically Applied by a Sabbath School Teacher* (Glasgow: Porteous & Hislop, 1864), 54.

22　Peter Reed, ed., *Glasgow: The Forming of the City* (Edinburgh: Edinburgh University Press: 1993)，引用于 John F. Riddel, "Glasgow and the Clyde," in David Goodman, ed., *The European Cities and Technology Reader: Industrial to Post-Industrial City* (London and New York: Routledge, 1999), 69。

23　Angel Smith, "From Subordination to Contestation: The Rise of Labour in Barcelona, 1898–1918," in Angel Smith, ed., *Red Barcelona: Social Protest and Labour Mobilization in the Twentieth Century* (London and New York: Routledge, 2002).

24　T. C. Banfield, *Industry of the Rhine: Series II. Manufactures* (London: C. Cox, 1848), 24. 亦见 Norman J. G. Pounds, *The Ruhr: A Study in Historical and Economic Geography* (London: Faber and Faber, 1952)。

25　引用于 Woerl, *Führer durch Duisburg*, 10, in James H. Jackson, Jr., *Migration and Urbanization in the Ruhr Valley, 1821–1914* (New Jersey: Humanities Press, 1997), 121。

26　Franz-Josef Brüggemeier, "A Nature Fit for Industry: The Environmental History of the Ruhr Basin, 1840–1990," *Environmental History Review* 18, no. 1 (1994): 36. 亦见 Mark Cioc, *The Rhine: An Eco-Biography, 1815–2000* (Seattle: University of Washington Press, 2002)。

27　Klaus J. Bade, *Migration in European History*, trans. Alison Brown (Malden, MA and Oxford: Blackwell, 2003), 41. Jackson, *Migration and Urbanization in the Ruhr Valley, 1821–1914*, 5.

28　Hinze Reif, *Die verspätete Stadt: Industrialisierung, Städtischer Raum und Politik im Oberhausen, 1846–1929* (Köln: Rheinland Verlag, 1993)，引用于 Werner Abelshauser and Wolfgang Köllmann, *Das Ruhrgebiet im Industriezeitalter: Geschichte und Entwicklung*, 2 vols., vol. 2 (Düsseldorf: Schwann im Patmos Verlag, 1990), 75。

29　Hermann Burghard et al., *Essen: Geschichte einer Stadt* (Bottrop and Essen: Pomp, 2002), 310. 亦见 David F. Crew, *Town in the Ruhr: A Social History of Bochum, 1860–1914* (New York: Columbia University Press, 1979), 110–11。

30　Burghard, *Essen*, 310.

31　Jackson, *Migration and Urbanization in the Ruhr Valley, 1821–1914*, 120.

32　Cedric Bolz, "From 'Garden City Precursors' to 'Cemeteries for the Living': Contemporary Discourse on Krupp Housing and Besucherpolitik in Wilhelmine Germany," *Urban History* 37, no. 1 (2010): 90–116. 亦见 Erik de Gier, *Capitalist Workingman's Paradises Revisited: Corporate Welfare Work in Great Britain, the USA, Germany and France in the Golden Age of Capitalism*, 1880–1930 (Amsterdam: Amsterdam University Press, 2016), chapter 5。

33　Crew, *Town in the Ruhr*, 154–56.

34　Piotr Franaszek, "Poland," in Lex Heerma Van Voss, Els Hiemstra-Kuperus, and Elise Van Nnederveen Meerkerk, eds., *The Ashgate Companion to the History of Textile Workers, 1650–2000*，首印于 2010 年，Ashgate Publishing ed. (Abingdon, Oxon and New York: Routledge, 2016), 401–3。亦见 Norman J. G. Pounds, "The Industrial Geography of Modern Poland," *Economic Geography* 36, no. 3 (1960): 231–53。

35　新的纺织城镇有巴比亚克（Babiak，1815/1816）、奥佐尔库夫（Ozorków，1816）、亚历山德罗夫（Aleksandrów，1822）、克拉斯诺谢利斯克（Kranosielsk，1822）、波德登比采（Poddębice，1822）、兹敦斯卡沃拉（Zdunska Wola，1825）和马佐夫舍地区托马舒夫（Tomaszów Mazowiecki，1830）。

36 关于这些细节，见出色的文章：Irena Poplawska and Stefan Muthesius, "Poland's Manchester: 19th-Century Industrial and Domestic Architecture in Lodz," *Journal of the Society of Architectural Historians* 45, no. 2 (1986): 148–60. 亦见 Marek Koter et al., *Wpływ Wielonarodowego Dziedzictwa Kulturowego Łodzi Na Współczesne Oblicize Miasta* (Łódź: Wydawnictwo Uniwersytetu Łódzkiego, 2005)。

37 Ivan Berend, *Case Studies on Modern European Economy: Entrepreneurship, Invention, and Institutions* (London and New York: Routledge, 2013), 194.

38 Arthur Rubinstein, *My Young Years* (New York: A. A. Knopf, 1973), 8. 亦见 Andreas Kossert, "'Promised Land'? Urban Myths and the Shaping of Modernity in Industrial Cities: Manchester and Lodz," in Christian Emden, Catherine Keen, and David Midgley, eds., *Imagining the City, Volume 2*。*The Politics of Urban Space* (Bern, Switzerland: Peter Lang AG, 2006), 169–89. 另见，Stanisław Liszewski, "The Role of the Jewish Community in the Organization of Urban Space in Łódź," in Antony Polonsky, ed., *Jews in Łódź, 1820-1939* (Oxford: Littman Library of Jewish Civilization, 2004), 27–36。

39 Ruth R. Wisse, *The Modern Jewish Canon: A Journey through Language and Culture* (Chicago: University of Chicago Press, 2000), 141.

40 Charles Marvin, *The Region of Eternal Fire: An Account of the Petroleum Region of the Caspian in 1883* (London: W.H. Allen and Co., 1884), 13–14.

41 William John Rose, *The Drama of Upper Silesia: A Regional Study* (Brattleboro, VT: Stephen Daye Press, 1935), 100–1.

42 上西里西亚从事重工业工人人数的统计数据在不同来源中存有差异。Tomasz Kamusella, *Silesia and Central European Nationalisms: The Emergence of National and Ethnic Groups in Prussian Silesia and Austrian Silesia, 1848–1918* (West Lafayette, IN: Purdue University Press), 200.

43 Frédéric Durand, "La Construction métropolitain0e en Haute Silésie," *Espace, Populations, Sociétés* 2 (2011): 4.

44 Kamusella, *Silesia and Central European Nationalisms*, 200.

45 Ibid., 140.

46 Hugo Solger, *Der Kreis Beuthen in Oberschlesien* (Breslau, 1860), 引用于

Rose, *The Drama of Upper Silesia*, 102。佐尔格引用的这些状况，在 Emil Caspari, *The Working Classes of Upper-Silesia: An Historical Essay* (London and Edinburgh: Simpson Low, Marston & Co., 1921), 34–36 也有描述。

47　见 Lawrence Schofer, "Patterns of Worker Protest: Upper Silesia, 1865-1914," *Journal of Social History* 5, no. 4 (1972): 447–63。

48　D. Turnock, "The Industrial Development of Romania from the Unification of the Principalities to the Second World War," in Francis W. Carter, ed., *An Historical Geography of the Balkans* (London: Academic Press, 1977), 326. 亦见 Maurice Pearton, *Oil and the Romanian State* (Oxford: Oxford University Press, 1971)。

49　Charles King, *The Black Sea: A History* (Oxford and New York: Oxford University Press, 2004), 199.

50　关于布加勒斯特的"永久的演变状态"，见 Samuel Rufat, "Bucarest, l'eternal retour," *Géographie et cultures* 65 (2008): 53–72。

51　见 O'Brien, *Journal of a Residence in the Danubian Principalities*, 61。引用自 Daniela Buşă, ed., *Călători străini despre Ţările Române în secolul al XIX-lea* (2010)，以及 T. T. Jeż, "Współczesna Rumunia," *Ateneum* 2 (1884) in Raluca Golesteanu, "Representations of Central and Eastern Europe in Travelogues of Romanian and Polish Public Figures," *Linguaculture* 2015, no. 2 (2015): 43–61。

52　Wilhelm Zerboni di Sposetti, 1865–66，引用于 Paul Cernovodeanu, *Foreign Travelers* in Adrian Majuru, "Bucharest: Between European Modernity and the Ottoman East," *CUPRINS Romanian Review of Eurasian Studies* 4 (2008): 84。

第3章

1　Michael Joseph Quin, *A Visit to Spain; Detailing the Transactions Which Occurred During a Residence in That Country, in the Latter Part of 1822, and the First Four Months of 1823* (London: Hurst, Robinson and Co., 1823), 240–41. W. G. Clark, "Naples and Garibaldi," in Francis Galton, ed., *Vacation Tourists and Notes of Travel in 1860 [1861], [1862–3]*, vol. 2 (Cambridge: Macmillan, 1861–1964), 16.

2　Kohl, *Austria, Vienna, Hungary, Bohemia and the Danube*, 524.

3　James Fenimore Cooper, *A Residence in France, with an Excursion up the Rhine, and a Second Visit to Switzerland* (Paris: Baudru, 1836), 168 and 75.

4　J. G. Kohl, *St. Petersburg, Moscow, Kharkoff, Riga, Odessa, the German Provinces on the Baltic, the Steppes, the Crimea, and the Interior of the Empire* (London: Chapman and Hall, 1843), 327.

5　这些观点在 Celia Applegate, *A Nation of Provincials: The German Idea of Heimat* (Berkeley, CA: University of California Press, 1990) 的第 1 章。亦见 Madeleine Hurd, *Public Spheres, Public Mores, and Democracy: Hamburg and Stockholm, 1870–1914* (Ann Arbor: University of Michigan Press, 2000)，以及 Gisela Mettele, "Burgher Cities on the Road to Civil Society: Germany 1780 to 1870," in Friedrich Lenger, ed., *Towards an Urban Nation: Germany since 1780* (Oxford and New York: Berg, 2002), 46–47。

6　在众多关于资产阶级文化的优秀研究中，值得参考的是 Simon Gunn, *The Public Culture of the Victorian Middle Class: Ritual and Authority and the English Industrial City, 1840–1914* (Manchester and New York: Manchester University Press, 2000)。

7　Lud'a Klusáková, "Cultural Institutions as Urban Innovations: The Czech Lands, Poland and the Eastern Baltic, 1750–1900," in Malcolm Gee, Tim Kirk, and Jill Steward, ed., *The City in Central Europe: Culture and Society from 1800 to the Present* (Aldershot; Brookfield, VT: Ashgate, 1999), 95.

8　George Francklin Atkinson, *Pictures from the North, in Pen and Pencil; Sketched During a Summer Ramble* (London: John Ollivier, 1848), 35–36.

9　Sten Lindroth, *A History of Uppsala University, 1477–1977*, trans. Neil Tomkinson (Uppsala: Almqvist & Wiksell, 1976), 181–82.

10　Kohl, *St. Petersburg, Moscow, Kharkoff, Riga, Odessa,* 334. Albert Le Play, ed., *Frédéric Le Play. Voyages en Europe 1829–1854. Extraits de sa correspondance* (Paris: E. Plon, Nourrit et Cie, 1899), 261.

11　特别见 Wolfgang Kaschuba, "German Bürgerlichkeit after 1800: Culture as Symbolic Practice," in Jürgen Kocka and Allen Mitchell, eds., *Bourgeois Society in Nineteenth Century Europe* (Oxford/Providence: Berg, 1993), 392–422。

12　这种观点的陈述见 "The Rise of Urban Musical Life between the Revolutions, 1789–1848," in Alexander Ringer, ed., *The Early Romantic Era: Between*

Revolutions, 1789 and 1848 (Basingstoke: Granada Group and Macmillan Press, 1990), 7。

13 Joep Leerson, "The Nation and the City: Urban Festivals and Cultural Mobilisation," *Nations and Nationalism* 21, no. 1 (2015): 12.

14 关于科隆的历史，见 Adolf Klein, *Köln im 19. Jahrhundert: Von der Reichsstadt zur Großstadt* (Köln: Wienand, 1992)。

15 伯纳德的引文来自 Richard Boyle Bernard, *A Tour through Some Parts of France, Switzerland, Savoy, Germany and Belgium During the Summer and Autumn of 1814* (London: Longman, Hurst, Rees, Orme, and Brown, 1815), 286。埃尔本之旅的描述引自 Kaschuba, "German Burgerlichkeit after 1800: Culture as Symbolic Practice," 419。亦见 Michael Rowe, "La redécouverte du Rhin par les princes prussiens au lendemain de 1815," in Nicolas Bourguinat and Sylain Venayre, eds., *Voyager en Europe de Humboldt à Stendahl. Constraints nationales et tentations cosmopolites, 1790–1840* (Paris: Nouveau Monde, 2007)。

16 关于科隆早期的旅游基础设施建设，见 Gabriele Knoll, "Historischer Tourisme-Köln," *Touristik & Verkehr* 4 (1987): 87–95。

17 Arnold Jacobshagen, "Cologne, un chantier musical au XIXe siècle," in Jean-François Candoni and Laure Gauthier, eds., *Les Grands centres musicaux du monde germanique (XVIIe-XIXe siècle)* (Paris: Presses de l'Université Paris-Sorbonne, 2014), 304. 亦见 Laure Gauthier and Mélanie Traversier, eds., *Mélodies urbaines. La Musique dans les ville d'Europe (XVIe-XIXe siècles)* (Paris: Presses de l'Université Paris-Sorbonne, 2008)。

18 Paul Baudry, *Trois semaines en voyage: France, bords du Rhin, Belgique* (Rouen: Mégard et Cie, 1855), 133.

19 James M. Brophy, "Carnival and Citizenship: The Politics of Carnival Culture in the Prussian Rhineland, 1823-1848," *Journal of Social History* 30, no. 4 (1997): 873–904. 亦见 Jeremy DeWaal, "The Reinvention of Tradition: Form, Meaning, and Local Identity in Modern Cologne Carnival," *Central European History* 46 (2013): 495–532, 以及 Jonathan Sperber, *Rhineland Radicals: The Democratic Movement and the Revolution of 1848–1849* (Princeton, NJ: Princeton University Press, 1991), 311。

20　John Barrow, *Tour in Austrian Lombardy, the Northern Tyrol, and Bavaria in 1840* (London: John Murray, 1841), 314.

21　见 Joshua Hagen, "Shaping Public Opinion through Architecture and Urban Design: Perspectives on Ludwig I and His Building Program for a 'New Munich,'" *Central European History* 48 (2015): 6，以及 Peter Jelavich, *Munich and Theatrical Modernism: Politics, Playwriting, and Performance, 1890–1914* (Cambridge, MA: Harvard University Press, 1996) 第 1 章。

22　Józef Mączyński, *Cracovie et ses environs. Description historique géographique et pittoresque de cette ville et de ses contrées* (Kraków: Joseph Czech, 1846), 77. 关于克拉科夫的历史见 Tomasz Jeleński, "Tradition and Heritage in the Image of Kraków," in Tomasz Jelenski, Stanislaw Juchnowicz, and Ewelina Wozniak-Szpakiewicz, eds., *Tradition and Heritage in the Contemporary Image of the City*, vol. 1 (Kraków: PK, 2015), 95–124。

23　Géza Hajós, "Die Stadtparks der österreichischen Monarchie von 1765 bis 1867 im gesamteuropäischen Kontext," in Géza Hajós, ed., *Stadtparks in der österreichischen Monarchie, 1765–1918* (Vienna, Cologne, Weimar: Böhlau, 2007), 67–68. 关于娱乐花园，亦见 Peter Borsay, "Pleasure Gardens and Urban Culture in the Long Eighteenth Century," in Jonathan Conlin, ed., *The Pleasure Garden, from Vauxhall to Coney Island* (Philadelphia: University of Pennsylvania Press, 2013), 49–77。

24　Stephens, *Incidents of Travel in Greece, Turkey, Russia and Poland*, 454.

25　关于克拉科夫的自由状态和 1846 年的起义，见 Davies, *God's Playground*，还有 Piotr S. Wandycz, *The Lands of Partitioned Poland, 1795–1918* (Seattle and London: University of Washington Press, 1974)。细节部分的讨论，见 Stefan Kieniewicz, "The Free State of Cracow 1815–1846," *The Slavonic and East European Review* 26, no. 66 (1947): 69–89。

26　Daniel Louis Unowsky, "The Pomp and Politics of Patriotism: Imperial Celebrations in Habsburg Austria, 1848–1916." Order No. 9970301, Columbia University, 2000. Ann Arbor: *ProQuest Dissertations*. Web. October 13, 2017, 78–79.

27　W. G. Clark, "Poland," in Galton, ed., *Vacation Tourists and Notes of Travel in 1860*

[1861], [1862–3], vol. 2, 237.

28　J. C. L. de Sismondi, *A History of the Italian Republics, Being a View of the Origin, Progress, and Fall of Italian Freedom* (London: Longman, Brown, Green, & Longmans, 1832), 365.

29　Alain Pillepich, *Milan capitale napoléonienne, 1800–1814* (Paris: Lettrage Distribution, 2001), 53. 亦见 Olivier Faron, *La Ville des destins croisés. Recherches sur la société Milanaise du XIXe siècle* (1811–1860) (Rome and Paris: Ecole Française de Rome, Boccard, 1997)。

30　这些对 Gioja (1802) 和 Mantovani (1805) 的引用，出自 Pillepich, *Milan capitale napoléonienne*, 383。

31　Barrow, *Tour in Austrian Lombardy, the Northern Tyrol, and Bavaria in 1840*, 141–43.

32　Mélanie Traversier, "Venise, Naples, Milan. Trois capitales pour l'opéra italien, XVIIe-XVIIIe siècles," in Christophe Charle, ed., *Le Temps des capitales culturelles, XVIIIe-XXe siècles* (Seyssel: Champ Vallon, 2009), 235–36.

33　见 Giovanni B. Carta, *Nouvelle description de la ville de Milan* (Milan: Jean Pierre Giegler Ferdinand Artaria: Frères Bettalli, 1819)，以及 Anonymous, *Les Curiosités de la ville de Milan et des ses environs, une description de tous ses monuments* (Milan, Paris and London: Vallardi and Delaunay [Paris], 1822)。

34　这些细节见 Kent Roberts Greenfield, *Economics and Liberalism in the Risorgimento: A Study of Nationalism in Lombardy, 1814-1848* (Baltimore: John Hopkins University Press, 1934), 73–74。

35　J. S. Buckingham, *France, Piedmont, Italy, the Tyrol, and Bavaria: An Autumnal Tour*, vol. 1 (London: Peter Jackson, Late Fischer, Son & Co., 1847), 49.

36　John Cam Hobhouse, *A Journey through Albania and Other Provinces of Turkey in Europe and Asia, to Constantinople, During the Years 1809 and 1810* (Philadelphia: M. Carey and Son, 1817), 160–61.

37　William Turner, *Journal of a Tour in the Levant*, vol. 1 (London: John Murray, 1820), 320–21, 435.

38　Lila Leontidou, *The Mediterranean City in Transition: Social Change and Urban Development* (Cambridge and New York: Cambridge University Press, 1990),

49–51.

39 见 Vaso Seirinidou, "The Mediterranean," in Diana Mishkova and Balázs Trencsényi, eds., *European Regions and Boundaries* (New York and Oxford: Berghahn, 2017), 85–86。

40 最有名的计划包括了斯塔马蒂斯·克莱安西斯（Stamatis Kleanthis）和爱德华·绍贝特（Eduard Schaubert，卡尔·弗里德里希·申克尔的学生），以及奥托的巴伐利亚宫廷建筑师莱奥·冯·克伦策（Leo von Klenze）的。在众多优秀的分析中，可参见 Vilma Hastaoglou-Martinidis, "City Form and National Identity: Urban Designs in Nineteenth-Century Greece," *Journal of Modern Greek Studies* 13, no. 1 (1995): 99–123，还有 Alexander Mirkovic, "Who Owns Athens? Urban Planning and the Struggle for Identity in Neo-Classical Athens (1832–1843)," *Cuadernos de Historia Contemporánea* 34 (2012): 147–58。

41 Stephens, *Incidents of Travel in Greece, Turkey, Russia and Poland*, 62.

42 Stendhal, *Voyage dans le Midi de la France* (Paris: Le Divan, 1930), 261.

43 见出色的文章：Gérard Chastagnaret and Olivier Raveux, "Espace et stratégies industrielles aux XVIIIe et XIXe siècles: exploiter le laboratoire méditerranéen," *Revue d'histoire moderne et contemporaine* 2, no. 48 (2001): 11–24。

44 Stendhal, *Voyage dans le Midi de la France*, 236.

45 见 Peter Borsay and John K. Walton, eds., *Resorts and Ports: European Seaside Towns since 1700* (Bristol, Buffalo, NY, Toronto: Chanel View, 2011), Introduction, 1–2。

46 William Cullen Bryant, *Letters of a Traveller* (New York: D. Appleton & Company, 1859), 35–36.

47 Claude Prelorenzo, *Une Histoire urbaine: Nice* (Paris: Hartmann, 1999), 55.

48 见 Josephine Kane, *The Architecture of Pleasure: British Amusement Parks 1900–1939* (New York: Routledge, 2013), 第 2 章。亦见 Deborah Philips, *Fairground Attractions: A Genealogy of the Pleasure Ground* (London and New York: Bloomsbury Academic, 2012)。

第4章

1　这些人口数据来自 Paul Bairoch, *Cities and Economic Development: From the Dawn of History to the Present*, trans. Christopher Braider (Chicago: University of Chicago Press, 1988), 216–17，以及 Bade, *Migration in European History*, 41。

2　Bade, *Migration in European History*, 42.

3　引用自 Peter Judson, *The Hapsburg Empire, a New History* (Cambridge and London: Belknap Press of Harvard University Press, 2016), 334。

4　见出色的文章：Sylvie Aprile and Delphine Diaz, "Europe and Its Political Refugees in the 19th Century," *Books and Ideas*. April 18, 2016。http://www.booksandideas.net/Europe-and-its-Political-Refugees-in-the-19th-Century.html。

5　关于这些例子，见 Konstantina Zanou and Maurizio Isabella, eds., *Mediterranean Diasporas: Politics and Ideas in the Long 19th Century* (London: Bloomsbury Academic, 2016)，以及 Andrew Robarts, *Migration and Disease in the Black Sea Region: OttomanRussian Relations in the Late Eighteenth and Early Nineteenth Centuries* (London: Bloomsbury Academic, 2017)。

6　Tara Zahra, *The Great Departure: Mass Migration from Eastern Europe and the Making of the Free World* (New York: W.W. Norton, 2017), 24.

7　David Blackbourne, *The Long Nineteenth Century: A History of Germany, 1780-1918* (New York and Oxford: Oxford University Press, 1998), 201.

8　*Lloyd's Weekly Newspaper*, no. 1378, April 18, 1869. Darwin, *Unfinished Empire*, 90.

9　Victor Tissot, *De Paris à Berlin: Mes vacances en Allemagne* (Paris: Blériot, no date [1886]), 2–3 and 8.

10　[Eliza Lynn], "Passing Faces," in Charles Dickens, ed., *Household Words*, April 14, 1855. Edmondo De Amicis, *Studies of Paris*, trans. W. W. Cady, 3rd ed. (New York: G. P. Putnam's Sons, 1882), 3–4.

11　Charles Baudelaire, *Paris Spleen 1869*, trans. Louise Varèse (New York: New Directions, 1970), 20.

12　Ibid., 52–53.

13　来自巴尔扎克1834年的小说《金眼女郎》(*La Fille aux yeux d'or*)，引用

于 Patrice Higonnet, *Paris: Capital of the World* (Cambridge, MA and London: Belknap Press of Harvard University Press, 2002), 265。

14　Flora Tristan, *The London Journal of Flora Tristan, 1842, or, The Aristocracy and the Working Class of England*, trans. Jean Hawkes (London: Virago, 1982), 17.

15　这些对 *L'Echo de la semaine* (1892) 以及 Alfred Delvau's *Les plaisirs de Paris* (1867) 的引用，见 Vanessa Schwartz, *Spectacular Realities: Early Mass Culture in Fin-deSiècle Paris* (Berkeley: University of California Press, 1998), 21。引自 Emile Zola, *The Ladies Paradise*, trans. Brian Nelson (Oxford: Oxford University Press, 1998), 28。

16　*Illustrated London News*, 1849. 图像可在 London Metropolitan Archives, Collage Collection 获取。

17　见 Jonathan Schneer, *London 1900: The Imperial Metropolis* (New Haven, CT: Yale University Press, 1999), 第 4 章，关于城市有力的描述。

18　这些统计数据和主要出口清单来自以下重要文件：Charles Capper, *The Port and Trade of London: Historical, Statistical, Local and General* (London: Smith & Elder, 1862)，以及出色的 Thomas Baines, *History of the Commerce and Town of Liverpool, and of the Rise of Manufacturing Industry in the Adjoining Counties* (London: Longman, Brown, Green & Longmans, 1852)。

19　Margaret Harkness, *In Darkest London* (Cambridge: Black Apollo Press, 2009), 12. 原版为 *Captain Lobe: A Story of the Salvation Army* (London: Hodder & Stoughton, 1889)。

20　*Liverpool Mercury*, May 14, 1886.

21　Murray Steele, "Transmitting Ideas of Empire: Representations and Celebrations in Liverpool, 1886–1953," in Sheryllynne Haggerty, Anthony Webster, and Nicholas J. White, eds., *The Empire in One City? Liverpool's Inconvenient Imperial Past* (Manchester: Manchester University Press, 2008), 125–26.

22　William H. Sewell, *Structure and Mobility: The Men and Women of Marseille*, 1820-1870 (New York: Cambridge University Press, 1985), 230–31.

23　Marina Cattaruzza, "Population Dynamics and Economic Change in Trieste and Its Hinterlands, 1850-1914," in Richard Lawton and Robert Lee, eds., *Population and Society in Western European Port Cities, C. 1650-1939* (Liverpool: Liverpool

University Press, 2002), 176–211.

24　Judson, *The Hapsburg Empire, a New History*, 114.

25　Kohl, *Austria, Vienna, Hungary, Bohemia and the Danube*, 439.

26　见 Faith Hillis, "Modernist Visions and Mass Politics in Late Imperial Kiev," in Jan C. Behrends and Martin Kohlrausch, eds., *Races to Modernity: Metropolitan Aspirations in Eastern Europe, 1890-1940* (Budapest and New York: CEU Press, 2014), 58–61。

27　Peter J. Gurney, "'The Sublime of the Bazaar': A Moment in the Making of a Consumer Culture in Mid-Nineteenth Century England," *Journal of Social History* 40, no. 2 (2006): 385–405，引自第 389 页。

28　Thomas Onwhyn, *Mr. & Mrs. Brown's Visit to London to see the Grand Exposition of All Nations: How they were Astonished at Its Wonders!!, Inconvenienced by the Crowds, & Frightened Out of their Wits, by the Foreigners* (London: Ackermann & Co., 1851).

29　*Illustrated London News*, vol. 20, June 5, 1852, p. 441. 亦见 Norman Davies and Roger Moorhouse, *Microcosm: Portrait of a Central European City* (London: Pimlico, 2002), 220–24。

30　*The Athenaeum*, no. 2541, July 8, 1876, p. 58.

31　见 Hans Jürgen Teuteberg, "Urbanization and Nutrition: Historical Research Reconsidered," in Peter J. Atkins, Peter Lummel, and Derek J. Oddy, eds., *Food and the City in Europe since 1800* (Milton Park, Abingdon and New York: Routledge, 2016), 13–24。

32　Tristin, *The London Journal of Flora Tristin 1842*, 170–71, 175.

33　关于白十字街，见 Peter T. A. Jones, "Redressing Reform Narratives: Victorian London's Street Markets and the Informal Supply Lines of Urban Modernity," *The London Journal* 41, no. 1 (2016): 66。亦见 Stephen Jankiewicz, "A Dangerous Class: The Street Sellers of Nineteenth-Century London," *Journal of Social History* 46, no. 2 (2012): 391–415。

34　James Stevenson Bushnan, *The Moral and Sanitary Aspects of the New Central Market, as Proposed by the Corporation of the City of London* (London, 1851), 15–16, 正如 Patrick Joyce, *The Rule of Freedom: Liberalism and the Modern City*

(London and New York: Verso, 2003), 第 79 页所描述。

35　英国市场的描述，见 James Schmiechen and Kenneth Carls, *The British Market Hall: A Social and Architectural History* (New Haven, CT: Yale University Press, 1999), pp. 31–34。

36　Ibid., 160–62.

37　Hermione Hobhouse, *A History of Regent Street: A Mile of Style* (Chichester, West Sussex: Phillimore, 2008), 79.

38　Ian Mitchell, "Innovations in Non-Food Retailing in the Early Nineteenth Century: The Curious Case of the Bazaar," *Business History* 52, no. 6 (2010): 884.

39　Benjamin, *The Arcades Project*, 42.873–74.

40　Asa Briggs, *Victorian Cities* (Berkeley, CA: University of California Press, 1993), 143, 171.

41　*Leeds Mercury*, July 24, 1889.

42　该数据来自 James Jefferys, *Retail Trading in Britain, 1850-1950* (Cambridge, 1954), 出自 Frank Trentmann, *Empire of Things* (New York: Harper, 2016), 205。

43　关于欧洲百货公司，见 Geoffrey Crossick and Serge Jaumain, eds., *Cathedrals of Consumption: The European Department Store, 1850-1939* (Aldershot: Ashgate, 1999)。

44　关于英国百货公司，见 Chapter 2 "Luxury Democratized," in Bill Lancaster, *The Department Store: A Social History* (London and New York: Leicester University Press, 1995)。

45　引自 David Clay Large, *Berlin* (New York: Basic Books, 2000), 86。

46　首次出版为 Leo Colze, *Berliner Warenhäuser* (Berlin & Leipzig Ostwald, 1908), 重印为 Iain Boyd Whyte and David Frisby, eds., *Metropolis Berlin* (Berkeley, CA: University of California Press, 2012), 96。关于俄罗斯，见 William Craft Brumfield, Boris V. Anan'ich, and Yuri A. Petrov, *Commerce in Russian Urban Russian Culture, 1861-1914* (Baltimore, MD: John Hopkins University Press, 2001)。

第5章

1 Hartmut Kaelble, "Representations of Europe as a Political Resource in the Early and Late Twentieth Century," *Comparativ* 22 (2012): 14.

2 见 the introductory essay by S. N. Eisenstadt, "Multiple Modernities," in Shmuel N. Eisenstadt, ed., *Multiple Modernities* (Abingdon and New York: Routledge, 2017)。

3 见 Sophie Forgan, "From Modern Babylon to White City: Science, Technology, and Urban Change in London, 1870-1914," in Miriam Levin, ed., *Urban Modernity: Cultural Innovation in the Second Industrial Revolution* (Cambridge, MA and London: MIT, 2010), 93。

4 "Maps, Numbers and the City: Knowing the Governed," in Joyce, *The Rule of Freedom.* 第1章尤其有用。

5 Peter Hall, *Cities of Tomorrow: An Intellectual History of Urban Design in the Twentieth Century* (New York: Blackwell, 1998), 第26页至27页的描述。

6 Andrew Mearns, *The Bitter Cry of Outcast London* (London: J. Clarke, 1883)可在 Internet Archive 在线获取。

7 关于卫生运动的优秀总结，见 Andrew Lees and Lynn Hollen Lees, *Cities and the Making of Modern Europe, 1750–1914* (Cambridge and New York: Cambridge University Press, 2007), chapter 4。

8 Harold L. Platt, *Shock Cities: The Environmental Transformation and Reform of Manchester and Chicago* (Chicago and London: University of Chicago Press, 2005), 318–23. Stuart Hylton, *A History of Manchester* (Stroud: Phillimore, 2003), 173.

9 Patrick Kamoun, *Hygiène et morale: La naissance des habitations à bon marché* (Paris: L'Union sociale pour l'habitat, 2011), 37–44. Lees and Lees, *Cities and the Making of Modern Europe*, 116–17.

10 Joyce, *The Rule of Freedom*, 64.

11 关于汉堡，见 Dirk Schubert, "The Great Fire of Hamburg, 1842. From Catastrophe to Reform," in Greg Bankoff et al., eds., *Flammable Cities* (Madison: University of Wisconsin, 2012), 212–34。Richard Evans, *Death in Hamburg: Society and Politics in the Cholera Years* (New York: Penguin Books, 2005), 还有 Jennifer Jenkins, *Provincial Modernity: Local Culture and Liberal Politics in Fin-*

de-Siècle Hamburg (Ithica, NY: Cornell University Press, 2003)。

12 马德莱娜大道 (Boulevard de la Madeleine)、卡皮西纳大道 (Boulevard des Capucines)、意大利大道、蒙马特大道、鱼贩大道、报喜大道 (Boulevard Bonne-Nouvelle)、圣但尼大道 (Boulevard Saint-Denis)、圣马丁大道 (Boulevard Saint-Martin)、寺院街、加尔瓦略之女大道 (Boulevard des Filles du Calvaire)，以及博马歇大道。

13 Peter Sramek, ed., *Piercing Time: Paris after Marville and Atget, 1865-2012* (Chicago: University of Chicago Press, 2013), 16.

14 *Paris Guide 1867* 引用于 Higonnet, *Paris: Capital of the World, 289*。还有 *James D. McCabe, Paris by Sunlight and Gaslight* (Philadelphia: National Publishing, 1869), 111–12。关于意大利大道的引用来自 Augustus J. C. Hare, *Paris* (London: G. Allen, 1887), 485。引用自 George Montorgeuil, *La vie des boulevards* (1896)，以及 Emile Bergerat, "Le boulevard," *L'Echo de la Semaine*, October 9, 1892 in Schwartz, *Spectacular Realities*, 20–21。

15 Cerdà (未标出处) 引用于 Salvador Tarragó Cid, "The Development of Cerdà's Interways. Three proposals (1855, 1959 and 1963) for the founding of a new industrial city," Institut Ildefons Cerdà, *Cerdà Urba I Territori (Planning Beyond the Urban)* (Barcelona: Fondació Catalana per a la Recerca, 1996), 67。

16 H. Baden Pritchard, *The Photographic Studios of Europe* (London: Piper & Carter, 1882), 258. Stefan Zweig, *The World of Yesterday* (London: Cassell, 1947), 25.

17 Blau, "The City as Protagonist: Architecture and Cultures of Central Europe," in Eve Blau and Monika Platzer, eds., *Shaping the Great City: Modern Architecture in Central Europe 1890–1937* (Munich: Prestel, 1999), 12–13. 又见 "The City as Political Monument," in Ákos Moravánskzy, *Competing Visions: Aesthetic Invention and Social Imagination in Central European Architecture, 1867-1918* (Cambridge, MA: MIT Press, 1998), 第2章。亦见 Gerhard Michael Dienes, ed., *Fellner & Helmer. Die Architekten der Illusion. Theaterbau und Bühnenbild in Europa anlässlich des Jubiläums "100 Jahre Grazer Oper"* (Graz: Stadtmuseum, 1999)。

18 Julia Pardoe, *The City of the Magyar, or Hungary and Her Institutions in 1839-40*, vol. 2 (London: George Virtue, 1840), 41–42.

19　Zahra, *The Great Departure*, 29.

20　见 Moravánskzy, *Competing Visions*, 21–22。

21　Péter Hanák, *The Garden and the Workshop: Essays on the Cultural History of Vienna and Budapest* (Princeton, NJ: Princeton University Press, 1998), 13–14.

22　Walter Crane, *An Artist's Reminiscences* (New York: Macmillan, 1907), 472. Frank Berkeley Smith, *Budapest, the City of the Magyars* (New York: J. Pott & Company, 1903), 18, 21.

23　见 Gwen Jones, *Chicago of the Balkans: Budapest in Hungarian Literature, 1900-1939* (London: Legenda, 2013), 46–48 页对阿高伊佩斯至布达佩斯之旅的描述。

第6章

1　关于里昂的新工业，见 Fondation Berliet, "Les riches heures de l'automobile Lyonnaise," in Ville de Lyon, ed., "L'esprit d'un siècle: Lyon 1800-1914" (Lyon: Fage éditions, 2007), 150–59。*Lyon et la région lyonnais en 1906*, 2 vols., vol. 2 (Lyon: A. Rey, 1906) 也提供了出色的综述。

2　Marc Bonneville, *Naissance et métamorphose d'une banlieue ouvrière: Villeurbanne: processus et formes d'urbanisation* (Lyon: Presses Universitaires de Lyon, 1978), 37–43. 另见 JeanLuc de Ochandiano, *Lyon à l'italienne. Deux siècles de présence dans L'agglomération lyonnais* (Lyon: Lieux Dits, 2013)。

3　Leif Jerram, *Streetlife: The Untold History of Europe's Twentieth Century* (Oxford: Oxford University Press, 2011), 21.

4　Pierre de Peretti, "La fête comme enjeu politique," in Noëlle Gérome, Danielle Tartakowsky, and Claude Willard, eds., *La Banlieue en fête. De la marginalité urbaine à l'identité culturelle* (Saint-Denis: Presses Universitaires de Vincennes, 1988), 209.

5　Lees and Lees, *Cities and the Making of Modern Europe*, 218–19.

6　关于工人阶级的社会尊重问题，见 Peter Bailey, *Popular Culture and Performance in the Victorian City* (Cambridge and New York: Cambridge University Press, 1998), 第 2 章。

7　Friedrich Lenger, *European Cities in the Modern Era, 1850-1914* (Leiden and

Boston: Brill, 2012), 104.

8　见 Alain Faure, "Comment se logeait le peuple parisien à la Belle Epoque?" *Vingtième Siècle* 64, no. October–December (1999): 41–52。还有 Alain Faure and Claire Lévy-Vroelant, *Une chambre en ville. Hôtels meublés et garnis à Paris 1860-1990* (Paris: CREAPHIS, 2007)。

9　Jean-Claude Farcy, "Banlieues 1891: Les enseignements d'un recensement exemplaire," in Alain Faure, ed., *Les premiers banlieusards. Aux origines des banlieues de Paris, 1860-1940* (Paris: Editions Créaphis, 1991), 52.

10　Henri Sellier, "Les aspects nouveaux du problème de l'habitation dans les agglomérations urbaines," *La vie urbaine* 19 (1923): 90–91. 下一处引文 Jules Romains, *Les hommes de bonne volonté*, vol. 1 (1932), chapter 28 in Marie-Geneviève Dezès, "L'image en négatif des communes suburbaines," in Gérome, Tartakowsky, and Willard, *La Banlieue en fête*, 50–51。

11　Renate Banik-Schweitzer, "Vienna," in M. J. Daunton, ed., *Housing the Workers, 1850-1914: A Comparative Perspective* (London and New York: Leicester University Press, 1990), 134.

12　描述于 Hall, *Cities of Tomorrow*, 26。

13　这些细节来自 Roland Perényi, "Urban Places, Criminal Spaces: Policy and Crime in Fin de Siècle Budapest," *Hungarian Historical Review* 1, no. 1–2 (2012): 134–65。引自第 142 页。

14　Dominique Kalifa, "Les Lieux du crime: Topographie criminelle et imaginaire social à Paris au XIXe siècle," *Sociétés et représentations* 17 (March 2004): 139–41.

15　引用于 Judson, *The Hapsburg Empire, a New History*, 362。

16　Matthew Arnold, *Culture & Anarchy: An Essay in Social and Cultural Criticism* (New York: Macmillan & Co., 1883), 81.

17　见 Despina Stratigakos, *A Women's Berlin: Building the Modern City* (Minneapolis: University of Minnesota Press, 2008)。还有 Scott Spector, *Violent Sensations: Sex, Crime, and Utopia in Vienna and Berlin* (Chicago: University of Chicago Press, 2016)。

18　Karl Scheffler, *Berlin. Ein Stadtschicksal* (Berlin: E. Reiss, 1910)，引用于 Hans Kollhoff, "The Metropolis as a Construction: Engineering Structures in Berlin

1871-1914," in Josef Paul Kleihues and Christina Rathgeber, eds., *Berlin/New York: Like and Unlike: Essays on Architecture and Art from 1870 to the Present* (New York: Rizzoli, 1993), 48。Mark Twain, "The Chicago of Europe," *Chicago Daily Tribune*, April 3, 1892.

19 关于柏林的繁荣年代，见 Gerhard Masur, *Imperial Berlin* (New York and London: Basic Books, 1970)，第 3 章，以及 Alan Balfour, *Berlin: The Politics of Order, 1737–1989* (New York: Rizzoli, 1990)。更新近的有 Large, *Berlin*。

20 见 Frederic Schwartz, *The Werkbund: Design Theory and Mass Culture before the First World War* (New Haven and London: Yale University Press, 1996)。还有 Joan Campbell, *The German Werkbund: The Politics of Reform in the Applied Arts* (Princeton, NJ: Princeton University Press, 2016)。

21 关于"兵营式出租房"的广泛研究，见 Harald Bodenschatz, *Platz frei für das Neue Berlin! Geschichte der Stadterneuerung in der "Größten Mietskasernenstadt Der Welt" seit 1871* (Berlin: Transit, 1987)。亦见 Nicholas Bullock, "Berlin," in Nicholas Bullock and James Read, eds., *The Movement for Housing Reform in Germany and France, 1840-1914* (Cambridge: Cambridge University Press, 1985)。

22 首次出版为 "Der Nordring: Ein Fahrt auf der Ringbahn," in *Berlin für Kenner: Ein Bärenführer bei Tag und Nacht durch die deutsche Reichshauptstadt* (Berlin: Boll und Pickert, 1913)，引用于 Whyte and Frisby, eds., *Metropolis Berlin*, 125。

23 Amanda M. Brian, "Art from the Gutter: Heinrich Zille's Berlin," *Central European History* 46 (2013): 41.

24 Gábor Gyáni, "Budapest," in Daunton, ed., *Housing the Workers, 1850-1914*, 176.

25 引用于 Anders Henriksson, "Riga: Growth, Conflict, and the Limitations of Good Government, 1850-1914," in Michael F. Hamm, ed., *The City in Late Imperial Russia* (Bloomington: Indiana University Press, 1986), 180–81。

26 Sandra Halperin, *War and Social Change in Modern Europe: The Great Transformation Revisited* (Cambridge and New York: Cambridge University Press, 2004), 129–30.

27 Henry Vizetelly, *Berlin under the New Empire, Its Institutions, Inhabitants, Industry, Monuments, Museums, Social Life, Manners, and Amusements*, 2 vols., vol. 2 (London: Tinsley Brothers, 1879), 274.

28 W. Scott Haine, *The World of the Paris Café. Sociability among the French Working Class, 1789-1914* (Baltimore & London: John Hopkins, 1996), 3.

29 Vizetelly, *Berlin under the New Empire*, 2, 292.

30 引用并翻译于 Mary Gluck, *The Invisible Jewish Budapest: Metropolitan Culture at the Fin De Siècle* (Madison, WS: University of Wisconsin, 2016), 22。

31 Matthew Solomon, "Fairground Illusions and the Magic of Méliès," in Martin Loiperdinger, ed., *Traveling Cinema in Europe: Sources and Perspectives* (Frankfurt am Main: Stroemfeld, 2008), 17.

32 H. E. Meller, *Leisure and the Changing City, 1870-1914* (London, Henley and Boston: Routledge & Kegan Paul, 1976), 213. 亦见 Bailey, *Popular Culture and Performance in the Victorian City*。

33 Davies and Moorhouse, *Microcosm: Portrait of a Central European City*, 291. David Ciarlo, *Advertising Empire: Race and Visual Culture in Imperial Germany* (Cambridge, MA and London: Harvard University Press, 2011), 81–83.

34 John Hollingshead, *The Story of Leicester Square* (London: Simpkin, Marshall, Hamilton, Kent & Co., 1892), 75.

35 在世纪之交关于巴黎娱乐的众多出版物，见 Schwartz, *Spectacular Realities*。还有 Charles Rearick, *Pleasures of the Belle Epoque: Entertainment & Festivity in Turn-of-the-Century France* (New Haven and London: Yale University Press, 1985)。

36 Raymond Rudorff, *The Belle Epoque: Paris in the Nineties* (New York: Saturday Review Press, 1973), 41.

37 Rearick, *Pleasures of the Belle Epoque*, 189.

38 David Kirby, *The Baltic World 1772-1993: Europe's Northern Periphery in an Age of Change* (Abingdon: Routledge, 1995), 215.

39 Martin W. Rühlemann, *Varietés und Singspielhallen-Urbane Raume des Vergnügens. Aspekte der Kommerziellen Populären Kultur in München ende des 19. Jahrhunderts* (Munich: Martin Meidenbauer, 2012), 214.

40 Stephen Oettermann, *The Panorama: History of a Mass Medium* (New York: Zone Books, 1997), 214 and 30.

41 Joseph Garncarz, "The Fairground Cinema—A European Institution," in

Loiperdinger, ed., *Traveling Cinema in Europe*, 82.

42　Richard Stites, *Russian Popular Culture: Entertainment and Society Since 1900* (Cambridge and New York: Cambridge University Press, 1995), 30. Vladimir P. Buldakov, "Mass Culture and the Culture of the Masses in Russia, 1914-1922," in Murray Frame et al., eds., *Russian Culture in War and Revolution, 1914-1922*, 2 vols., vol 1: Popular Culture, the Arts, and Institutions (Bloomington, Indiana: Slavica, 2014), 33.

43　Oleh Sydor-Hybelynda, "Film in Kiev, 1910-1916," in Irena R. Makaryk and Virlana Tkacz, eds., *Modernism in Kiev: Kyiv/Kyïv/Kiev/Kijów/Қиɛν: Jubilant Experimentation* (Toronto: University of Toronto Press, 2010), 153–54.

第7章

1　Ivan Berend, *An Economic History of Twentieth-Century Europe* (Cambridge and New York: Cambridge University Press, 2006), 17.

2　Nathaniel D. Wood, *Becoming Metropolitan: Urban Selfhood and the Making of Modern Cracow* (DeKalb, IL: Northern Illinois University Press, 2010), 131.

3　引用于 Peter Fritzsche, *Reading Berlin 1900* (Cambridge, MA: Harvard University Press, 1996), 109。

4　Luigi Barzini, *Pekin to Paris: An Account of Prince Borghese's Journey across Two Continents in a Motor-Car* (London: E. Grant Richards, 1907), 634–35.

5　*Utro*, May 10, 1911，引用于 Michael F. Hamm, *Kiev: A Portrait, 1800-1917* (Princeton, NJ: Princeton University Press, 1993), 168。

6　见 Daniel Unowsky, "Staging Habsburg Patriotism. Dynastic Loyalty and the 1898 Imperial Jubilee," in Pieter M. Judson and Marsha L. Rozenblit, eds., *Constructing National Identities in East Central Europe* (New York and London: Berghahn 2005), 151。

7　Angela Bartie et al., "Performing the Past: Identity, Civic Culture and Historical Pageants in Twentieth-Century English Small Towns," in Lud'a Klusáková, ed., *Small Towns in Europe in the 20th and 21st Centuries: Heritage and Development Strategies* (Prague: Karolinum, 2017), 32. 斯特拉斯堡，见 Detmar Klein,

"Folklore as a Weapon: National Identity in German-Annexed Alsace, 1890-1914," in Timothy Baycroft and David Hopkin, eds., *Folklore and Nationalism in Europe During the Long Nineteenth Century* (Leiden and Boston: Brill, 2012), 177。

8　见 David Harvey, *Paris, Capital of Modernity* (New York and London: Routledge, 2003), 212。

9　Albert Robida, *The Twentieth Century*, trans. Philippe Willems (Middletown, CT: Weslyan University Press, 2004), 50.

10　Josip Lavtižar, *Pri severnih Slovanih. Potopisne črtice s slikami* (Celovec, 1906), 翻译并引用于 Bracewell, ed., *Orientations*, 206–7。

11　Theodore Petermann, ed., *Die Grossstadt. Vorträge und Aufsätze zur Städteausstellung* (Dresden: Zahn & Jaensch, 1903), 182.

12　August Endell, "Die Schönheit der Großen Stadt," (1908) in Iain Boyd Whyte and David Frisby, eds., *Metropolis Berlin*, 122.

13　Otto Wagner, "The Development of the Great City," (1912)，重印于 *Oppositions* 17 (1979): 115。亦见 August Sarnitz, "Realism versus Verniedlichung: The Design of the Great City," in Harry Francis Mallgrave, ed., *Otto Wagner: Reflections on the Raiment of Modernity*, (Santa Monica, CA: Getty Center for the History of Art and the Humanities, 1993), 105。亦见 Charles C. Bohl and Jean-François Lejeune, eds., *Sitte, Hegemann and the Metropolis: Modern Civic Art and International Exchanges* (Milton Park, Abingdon and New York: Routledge, 2009)。

14　Walter Besant, *All Sorts and Conditions of Men: An Impossible Story* (New York: Harper & Brothers, 1889), 37 and 77.

15　George Brandes, Poland: *A Study of the Land, People, and Literature* (London: William Heinemann, 1903), 171–72.

16　见 George R. Collins and Christiane Crasemann Collins, *Camillo Sitte: The Birth of Modern City Planning* (Mineola, NY: Dover, 1986)。

17　Georg Simmel, "The Metropolis and Mental Life," (1903) in Gary Bridge and Sophie Watson, eds., *The Blackwell City Reader* (Oxford and Malden, MA: Wiley-Blackwell, 2002), 18.

18　Oswald Spengler, *The Decline of the West*, trans. Charles Francis Atkinson (New York: Alfred A. Knopf, 1926), 32.

19 马克斯·韦伯引文引自 Thomas Rohkrämer, "German Cultural Criticism: The Desire for a Sense of Place and Community," in Rajesh Heynickx and Tom Avermaete, eds., *Making a New World: Architecture and Communities in Interwar Europe* (Leuven: Leuven University Press, 2012), 33。

20 Peter Alterberg, *Telegrams of the Soul*, trans. Peter Wortsman (New York: Archipelago, 2005), 25.

21 T. W. H. Crosland, *The Suburbans* (London: John Long, 1905), 9.

22 见 Robert Fishman, *Bourgeois Utopias; the Rise and Fall of Suburbia* (New York: Basic Books, 1987)。

23 *Birmingham Daily Mail*, November 26, 1903，引用于 John R. Kellett, *The Impact of Railways on Victorian Cities* (London and New York: Routledge, 1969), 364。

24 W. Pett Ridge, *Outside the Radius: Stories of a London Suburb* (London: Hodder and Stroughton), 3–4 and 8–9.

25 1889 年伦敦贫困的描述性地图附于 *Labour and Life of the People*, 见 II, Appendix, Edited by Charles Booth (London & Edinburgh: William and Norgate, 1891)。

26 Rosemary Wakeman, *Practicing Utopia: An Intellectual History of the New Town Movement* (Chicago: University of Chicago Press, 2016), 21–24. 关于花园城市运动，见 Stanley Buder, *Visionaries and Planners: The Garden City Movement and the Modern Community* (Oxford: Oxford University Press, 1990)，以及 Stephen V. Ward, ed., *The Garden City: Past, Present, and Future* (Abingdon, Oxon: Spon Press, 1992)。

27 Andrew Lees, *Cities, Sin, and Social Reform in Imperial Germany* (Ann Arbor: University of Michigan, 2002), 56. 亦见 Helen Meller, "Imagining the Future of Cities through Exhibitions," in Robert Freestone and Marco Amati, eds., *Exhibitions and the Development of Modern Planning Culture* (Burlington, VT: Ashgate, 2014), 19–34。

28 Suzanne Pouchier-Plasseraud, *Arts and a Nation: The Role of Visual Arts and Artists in the Making of the Latvian Identity, 1905-1940*, trans. Nick Tait (Leiden, The Netherlands: Koninklijke Brill NV, 2015), 29.

29 关于圣彼得堡和莫斯科的"现代风格"，见 John E. Bowlt, *Moscow & St.*

Petersburg 1900-1920: Art, Life & Culture of the Russian Silver Age (New York: Vendome, 2008)。

30　关于卡巴莱，见 Harold B. Segel, *Turn-of-the-Century Cabaret* (New York: Columbia University Press, 1987)，以及 Lisa Appignanesi, *The Cabaret* (New Haven and London: Yale University Press, 2004)。还有 Peter Jelavich, *Berlin Cabaret* (Cambridge, MA and London: Harvard University Press, 1993)。

31　Mabel W. Daniels, *An American Girl in Munich: Impressions of a Music Student* (Boston: Brown, Little & Company, 1905), 179 and 187.

32　Rainer Metzger, *Munich 1900. La Sécession, Kandinsky et le Blaue Reiter* (Paris: Hazan, 2009), 203–28.

33　Alterberg, *Telegrams of the Soul*, 164.

34　特别见 Herbert Lederer, "The Vienna Coffee House: History and Cultural Significance," in Leona Rittner, W. Scott Haine, and Profess Leona Rittner, eds., *The Thinking Space: The Café as a Cultural Institution in Paris, Italy and Vienna* (Farnham: Taylor and Francis, 2013), 25–32。亦见 Käthe Springer, "Das Weiner Kaffeehaus- Ein Literarisches Verkehrszentrum," in Christian Brandstätter, ed., *Wien 1900: Kunst und Kultur*, 2 ed. (München: Deutscher Taschenbuch 2011), 335–42。

35　关于克拉科夫，见 David Crowley, "Castles, Cabarets and Cartoons: Claims on Polishness in Kraków around 1905," in Gee, Kirk, and Steward, *The City in Central Europe*, 107–9。见 Richard Stites, *Russian Popular Culture: Entertainment and Society since 1900*, 22。

36　Appignanesi, *The Cabaret*, 60.

37　Gábor Gyáni, *Identity and the Urban Experience: Fin-De-Siècle Budapest*, trans. Thomas J. DeKornfeld (Boulder, CO: Social Science Monographs, 2004), 106–9.

38　Ernst Van Bruyssel, *L'Industrie et le commerce en Belgique. leur état actuel & leur avenir* (Brussels: C. Muquardt, 1868), 17–30.

39　Marcel Schmitz, *Figure de Bruxelles* (Dilbeek en Brabant: Editions Art et Technique, 1944), 20.

40　Deborah L. Silverman, "Art Nouveau, Art of Darkness: African Lineages of Belgian Modernism, Part I," *West 86th* 18, no. 2 (Fall–Winter 2011): 146. 亦见

Franco Borsi, *Bruxelles 1900* (New York: Rizzoli, 1977)。

41　见 Silverman, "Art Nouveau, Art of Darkness," 139–81。

42　Jānis Krastiņš, *Art Nouveau Buildings in Riga: A Guide to Art Nouveau Metropolis* (Riga: Add Projekts, 2014), 19–21.

43　Berend, *Case Studies on Modern European Economy*, 184.

44　Franklin Hugh Adler, *Italian Industrialists from Liberalism to Fascism: The Political Development of the Industrial Bourgeoisie, 1906-1934* (Cambridge and New York: Cambridge University Press, 1995), 36.

45　Cristina Della Coletts, "Exposition Narratives and the Italian Bourgeoisie: Edmondo De Amicis's *Torino 1880*," in Stefania Lucamante, ed., *Italy and the Bourgeoisie: The Re-thinking of a Class* (Madison and Teaneck: Fairleigh Dickinson University Press, 2009), 34–36.

46　见 Alison Fleig Frank, *Oil Empire: Visions of Prosperity in Austrian Galica* (Cambridge, MA and London: Harvard University Press, 2005)。

47　Alfred Döblin, *Journey to Poland* (London and New York: I.B. Tauris, 1991), 139–40, 44, 56. 见 Chapter 1 in Tarik Cyril Amar, *The Paradox of Ukrainian Lviv: A Borderland City between Stalinists, Nazis, and Nationalists* (Ithaca and London: Cornell University Press, 2015)。

48　关于加利西亚行省综合展览会，见 Larry Wolff, *The Idea of Galicia: History and Fantasy in Habsburg Political Culture* (Stanford, CA: Stanford University Press, 2010), 286–94。

49　Robert Blobaum, "A City in Flux: Warsaw's Transient Populations During World War I," *The Polish Review* 59, no. 4 (2014): 26, 还有 Blobaum's *A Minor Apocalypse: Warsaw During the First World War* (Ithica Cornell University Press, 2017), 232。

第8章

1　这个短语被用于 Large, *Berlin*, 157。

2　Henri Tajfel and John L. Dawson, *Disappointed Guests: Essays by African, Asian, and West Indian Students* (London and New York: Oxford University Press, 1965),

59.

3　Marc Matera, *Black London: The Imperial Metropolis and Decolonization in the Twentieth Century* (Berkeley, CA: University of California Press, 2015), 166. 还有 Judith Walkowitz, *Nights Out in Cosmopolitan London* (New Haven: Yale University Press, 2012), 第 1 章。

4　George Orwell, *Down and out in London and Paris* (San Diego and New York: Harcourt Brace, 1933), 71.

5　Michael Goebel, *Anti-Imperial Metropolis: Interwar Paris and the Seeds of Third World Nationalism* (New York: Cambridge University Press, 2015), 21, 28. 亦见 Jennifer Anne Boittin, *Colonial Metropolis: The Urban Grounds of Anti-Imperialism and Feminism in Interwar Paris* (Lincoln and London: University of Nebreska Press, 2010)。

6　Tyler Stovall, *Paris Noir: African Americans in the City of Light* (Boston and New York: Houghton Mifflin, 1996), 35–45.

7　Béla Tomka, *A Social History of Twentieth-Century Europe* (London: Routledge, 2013), 36. 亦见 Claudia Skran, *Refugees in Inter-War Europe: The Emergence of a Regime* (Oxford and New York: Oxford University Press, 1995) 第 2 章。

8　Joseph Roth, *What I Saw: Reports from Berlin, 1920-33* (London: Granta, 2003), 96.

9　Dudley Kirk, *Europe's Population in the Interwar Years* (New York and London: Gordon & Breach, 1946), 32–3.

10　François Caron, Paul Erker, and Wolfram Fischer, eds., *Innovations in the European Economy between the Wars* (Berlin and New York: Walter de Gruyter, 1995), 14–18. Youssef Cassis, *Big Business: The European Experience in the Twentieth Century* (Oxford: Oxford University Press, 1997), 59. Rainer Karlsch, "The Chemical Industry in the Soviet Zone of Occupation (SBZ)/GDR, 1945-1965", in John E. Lesch, ed., *The German Chemical Industry in the Twentieth Century* (Dordrecht: Springer Science+Business, 2000), 369–71.

11　Mathieu Flonneau, "Infrastructures et citadins: réflexions sur l'acceptance de l'impact de l'automobile à Paris au XXe siècle, " *Le Mouvement Social* 192 (2000): 106. 亦见他的 *Paris et l'automobile: un siècle de passions* (Paris: Hachette, 2005)。

12　见 James Laux, *The European Automobile Industry* (New York: Twayne, 1992),

100。 Roy Church, *The Rise and Decline of the British Motor Industry* (Cambridge: Cambridge University Press, 1995), 31. 还有 Kathryn A. Morrison and John Minnis, Carscapes: *The Motor Car, Architecture and Landscape in England* (New Haven and London: Yale University Press, 2012), 22–30。

13　关于巴塔公司和在兹林的发展，见 chapter 3 in Helen E. Meller, *European Cities, 1890-1930s: History, Culture, and the Built Environment* (Chichester and New York: Wiley, 2001), 129–48。

14　Franz Hessel, *Walking in Berlin: A Flaneur in the Capital* (Cambridge, MA and London: MIT Press, 2017), 29.

15　见 Siegfried Kracauer, *The Salaried Masses: Duty and Distraction in Weimar Germany*, trans. Quintin Hoare (London: Verso, 1998)。

16　Janet Ward, *Weimar Surfaces: Urban Visual Culture in 1920s Germany* (Berkeley, CA: University of California Press 2001), 107.

17　Roth, *What I Saw*, 149–50.

18　Michael W. Jennings, Howard Eiland, and Gary Smith, eds., *Walter Benjamin, Selected Writings*, vol. 2: 1927-1934 (Cambridge, MA and London: Belknap Press, 1999), 301–2.

19　Peter Jelavich, *Berlin Alexanderplatz: Radio, Film, and the Death of Weimar Culture* (Berkeley, CA: University of California Press, 2006), 24.

20　Véronique Parent, *Enquête sur les sièges de l'Info* (Paris: L'Arsenal/Hazan, 1994), 86.

21　Suzanne Lommers, *Europe—on Air: Interwar Projects for Radio Broadcasting* (Amsterdam: Amsterdam University Press, 2012), 93–94.

22　Karl Christian Führer, "A Medium of Modernity? Broadcasting in Weimar Germany, 1923-1932," *Journal of Modern History* 69, no. December (1997): 722.

23　George Grosz, *George Grosz: An Autobiography*, trans. Nora Hodges (Berkeley, CA: University of California Press, 1998), 113.

24　Diana Mishkova, "Balkans/Southeastern Europe," in Mishkova and Trencsényi, eds., *European Regions and Boundaries*, 148.

25　Ivan T. Berend and Györgi Ránki, *Studies on Central and Eastern Europe in the Twentieth Century* (Aldershot, Hampshire and Burlington, Vermont: Ashgate, 2002),

V. 116–18.

26　Ferdynand Zweig, *Poland between Two Wars, a Critical Study of Social and Economic Changes* (London: Secker & Warburg, 1944), 21 and 31.

27　Kathryn Ciancia, "Borderland Modernity: Poles, Jews, and Urban Spaces in Interwar Eastern Poland," *Journal of Modern History* 89, no. September (2017): 539.

28　Polish National Exhibition Poznań. May–September 1929 oai:www.wbc.poznan. pl:2230

29　Hanna Grzeszczuk-Brendel, "Architecture of the Polish National Exhibition (1929) and Architecture in Poznań of the 1930s: Transfer of Modern Movement Ideas," in Maria Jolanta Sołtysik and Robert Hirsch, eds., *Modernism in Europe, Modernism in Gdynia: Architecture of the 1920s and 1930s and Its Protection* (Gdynia: Gdynia City Hall, 2009), 120.

30　关于华沙的增长，见 Edward D. Wynot, "The Society of Interwar Warsaw: Profile of the Capital City in a Developing Nation, 1918-1939," *East European Quarterly* 6, no. 4 (1973): 504–19，还有 Anna Zarnowska, *Workers, Women, and Social Change in Poland, 1870-1939* (Aldershot and Burlington, Vermont: Ashgate, 2004), 296–8。

31　关于第一次世界大战前对华沙的描述，见 Stephen D. Corrsin, *Warsaw before the First World War: Poles and Jews in the Third City of the Russian Empire 1880-1914* (New York: Columbia University Press, 1989), chapter 3，"The Faces of the City"。引用自第 47 至 48 页。

32　关于华沙的计划的叙述见 Edward D. Wynot, *Warsaw between the World Wars: Profile of the Capital City in a Developing Land, 1918-1939* (New York: Columbia University Press, 1983)，第 5 章。还有 Piotr Marciniak, "New Towns and Cities in Reborn Poland between the Wars," in Helen Meller and Heleni Porfyriou, eds., *Planting New Towns in Europe in the Interwar Years: Experiments and Dreams for Future Societies* (Newcastle upon Tyne: Cambridge Scholars Publishing, 2016), 109–44。亦见 Martin Kohlrausch, "Warszawa Funkcjonalna: Radical Urbanism and the International Discourse on Planning in the Interwar Period," in Behrends and Kohlrausch, eds., *Races to Modernity*, 206–31。

33　关于两次世界大战的间隔时期华沙的文化生活，见 Ron Nowicki, *Warsaw: The Cabaret Years* (San Francisco: Mercury House, 1992)。关于华沙卡巴莱，见 Beth Holmgren, "Acting Out: Qui Pro Quo in the Context of Interwar Warsaw," *East European Politics and Societies and Cultures* 27, no. 2 (2012): 205–23。

34　关于莫斯科和圣彼得堡公共健康的出色描述来自 James H. Bater, "St. Petersburg and Moscow on the Eve of Revolution," in Daniel H. Kaiser, ed., *The Workers' Revolution in Russia: The View from Below* (Cambridge and New York: Cambridge University Press, 1990), 50–53。

35　引用于 Joseph Bradley, *Muzhik and Muscovite: Urbanizataion in Late Imperial Russia* (Berkeley, CA: University of California Press, 1985), 61。

36　R. Lockhart, and H. Bruce, *British Agent* (New York and London: G. P. Putnam's Sons, 1933), Book Two, chapter 1, http://www.gwpda.org/wwi-www/BritAgent/BA02.htm.

37　David Goldfrank, ed. *Passion and Perception: Essays on Russian Culture by Richard Stites* (Washington DC: New Academia, 2010), 137–40.

38　见 John Milner et al., *Revolution: Russian Art 1917-1932* (London: Royal Academy, 2017)。

39　Walter Benjamin, *Moscow Diary*, trans. Richard Sieburth (Cambridge, MA and London: Harvard University Press, 1986), 引用自第 18 页和第 22 页。

40　关于苏联公社住宅与纳科夫建筑，见 Victor Buchli, *An Archaeology of Socialism* (Oxford and New York: Berg, 2000)。

41　"Introduction by Vladimir Tolstoy from *Street Art of the Revolution*," Jan Cohen-Cruz, ed., *Radical Street Performance: An International Anthology* (London and New York: Routledge, 1998), 19–20. 亦见 Catherine Cook, *Russian Avant-Garde: Theories of Art, Architecture and the City* (London: Academy, 1995), 20–23. Matthew Gale and Natalia Sidlina, *Red Star over Russia* (London: Tate Modern, 2017)。

42　Timothy J. Colton, *Moscow: Governing the Socialist Metropolis* (Cambridge and London: Harvard University Press, 1995), 283.

43　Sheila Fitzpatrick, *Everyday Stalinism: Ordinary Life in Extraordinary Times: Soviet Russia in the 1930s* (New York and Oxford: Oxford University Press,

1999), 67–70. Colton, chapter 4. 亦见Katerina Clark, *Moscow, the Fourth Rome: Stalinism, Cosmopolitanism, and the Evolution of Soviet Culture, 1931-1941* (Cambridge, MA: Harvard University Press, 2011), chapter 2。

44 *New Moscow* (1939), [Film] Dirs. Aleksandr Medvedkin, Aleksandr Olenin, USSR.

45 见Joe Nasr and Mercedes Volait, eds., *Urbanism, Imported or Exported?* (New York: John Wiley & Sons, 2003)。还有Alexandra Yerolympos, "Domesticating Modernity through City Building: New Plans for Balkan Cities, 1900-1922," in Andreas Lyberatos, ed., *Social Transformation and Mass Mobilisation in the Balkan and Eastern Mediterranean Cities, 1900-1923* (Crete: Crete University Press, 2013), 27。

46 Maria Todorova, "The Ottoman Legacy in the Balkans," in Carl L. Brown, ed., *Imperial Legacy: The Ottoman Imprint on the Balkans and the Middle East* (New York: Columbia University Press, 1996), 46.

47 见Kaloyan Stanev, "Railways, Regions and the Urban Network in the Balkans During a Century of Political Transformations 1900-2000," *Etudes Balkaniques* XLVII, no. 1 (2011): 5–37。

48 对伊斯兰城市遗产的优雅描述见Raina Gavrilova, *Bulgarian Urban Culture in the Eighteenth and Nineteenth Centuries* (Selinsgrove: Susquehanna University Press, 1999)。

49 Joseph Roth, *The Hotel Years: Wanderings in Europe between the Wars*, trans. Michael Hofmann (London: Granta, 2016), 139. Henry Debraye, *Autour de la Yougoslavie* (Grenoble: Arthaud, 1931), 83–85.

50 Huntley Film Archives, "Yugoslavia in the 1930's Jugoslavia," Film 6371和 "Sarajevo 1939 in Color" (Filmschätze aus Köln - Vom Rhein - Welfilmerbe), youtube.com。

51 Rebecca West, *Black Lamb and Grey Falcon. A Journey through Yugoslavia* (New York: Penguin, 2007, first published 1940), 引用自第297页和第321页。Holm Sundhaussen, *Sarajevo. Die Geschichte einer Stadt* (Vienna and Cologne: Böhlau, 2014), 60–61.

52 Elitza Stanoeva, "Architectural Praxis in Sofia: The Changing Perception of Oriental Urbanity and European Urbanism, 1879-1940," in Behrends and

Kohlrausch, eds., *Races to Modernity*, 184–85, 89. 亦见 Stanoeva's "Interpretations of the Ottoman Urban Legacy in the National Capital Building of Sofia (1878-1940)," in Eyal Ginio and Karl Kaser, eds., *Ottoman Legacies in the Balkans and the Middle East* (Jerusalem: European Forum at the Hebrew University, 2013), 209–30。

53　John Foster Fraser, *Pictures from Balkans* (London and New York: Cassell 1906), 18–19, 66.

54　Franjo Ksaverski Horvat-Kiš, *Viđeno il neviđeno: Putničke crtice* (Zagreb, 1911), 翻译并引用于 Bracewell, ed., *Orientations*, 162。第二段引文来自 Lena Jovičić, *Peeps at Many Lands. Yugoslavia* (London: A & C Black, 1928), 11。

55　Pavle S. Zorić, "Lepa varoš," *Srpski knijiž glasnik* (1902), 翻译并引用于 Dubravka Stojanović, "Unfinished Capital- Unfinished State: How the Modernization of Belgrade Was Prevented, 1890-1914," *Nationalities Papers* 41, no. 1 (2013): 19。亦见 Mirjana Roter Blagojević and Ana Radivojević, "Les Espaces publics et la vie publique à Belgrade au XVIIIe et au XIXe siècle et leur transformation au XXe siècle," *Etudes Balkaniques* 14 (2007)。亦见 David A. Norris, *Belgrade, a Cultural History* (Oxford and New York: Oxford University Press, 2009)。

56　Huntley Film Archives, "The Coronation of King Peter of Serbia, 1904," Film 11057.

57　Fraser, *Pictures from Balkans*, 19, 265.

58　Miloš Cosić, *Stenografske beleške Narodne skupštine* (1909), 翻译并引用于 Stojanović, 27。

59　关于卢布尔雅那的重建发展，见 Breda Mihelić, "From Provincial to National Center: Ljubljana," in Blau and Platzer, eds., *Shaping the Great City*, 196–200。Anthony Alofsin, *When Buildings Speak: Architecture as Language in the Habsburg Empire and Its Aftermath, 1867-1933* (Chicago: University of Chicago Press, 2006), 173–75.

60　"Stari Beograd—1940," "Yugoslavia and Belgrade/Serbia 1930s" (Periscope), 以及 "The Streets of Zagreb in the 1930s" (Croatian National Radio-Television), youtube.com。

61　Feda Vukić, ed. *Zagreb Modernost i Grad* (Zagreb: AGM, 2003), 51–52.

62　Sonja Briski Uzelac, "Visual Arts in the Avant-gardes between the Two Wars," in Dubravka Djurié and Misko Suvakovié, eds., *Impossible Histories: Historical Avant-Gardes, NeoAvant-Gardes, and Post-Avant-Gardes in Yugoslavia, 1918-1991* (Cambridge, MA: MIT Press, 2015). 亦见 Timothy O. Benson, *Central European Avant-gardes: Exchange and Transformation, 1910-1930* (Los Angeles and Boston: Los Angeles County Museum of Art/MIT Press, 2002)。见 Marijeta Božović, "Zenit Rising. Return to the Balkan AvantGarde," in Radmila Gorup, ed., *After Yugoslava: The Cultural Spaces of a Vanished Land* (Stanford, CA: Stanford University Press, 2013), 142. Dina Mishkova, "Balkans/Southeastern Europe," 151。

63　翻译并引用于 Celia Hawkesworth, *Zagreb: A Cultural History* (London: Oxford University Press, 2008), 110。亦见 Eve Blau and Ivan Rupnik, eds., *Project Zagreb: Transition as Condition, Strategy, Practice* (Barcelona: Actar, 2007)。

第9章

1　见 David M. Pomfret, "'Lionized and Toothless': Young People and Urban Politics in Britain and France, 1918-1940," in Axel Schildt and Detlef Siegfried, eds., *European Cities, Youth and the Public Sphere in the Twentieth Century* (Aldershot and Burlington, VT: Ashgate, 2005), 38。

2　Robert Wegs, *Growing up Working Class: Continuity and Change among Viennese Youth, 1890-1938* (Philadelphia: Penn State University Press, 1989), 26–27.

3　Mary Nolan, *Social Democracy and Society: Working Class Radicalism in Düsseldorf, 1890-1920* (Cambridge and New York: Cambridge University Press, 1981), 139–41. 亦见 Stefan Berger, *Social Democracy and the Working Class in Nineteenth and Twentieth Century Germany* (Abingdon and New York: Routledge, 2013)。

4　Katherine Milcoy, *When the Girls Come out to Play: Teenage Working-Class Girls' Leisure between the Wars* (London: Bloomsbury Academic, 2017), 66.

5　Françoise Cribier, "Le Logement d'une génération de jeunes Parisiens à l'époque du Front Populaire," Susanna Magri and Christian Toalov, eds., *Villes ouvrières*

1900-1950 (Paris: Harmattan, 1989), 113.

6   Susanna Magri and Christian Topalov, "De la cité-jardin à la ville rationalisée. Un tournant du projet réformateur, 1905-1925: Etude comparative France, Grande-Bretagne, Etats-Unis," *Revue française de sociologie* 28, no. 3 (1987): 417–51. 更新近的，见 Kamoun, *Hygiène et morale*。

7   关于谢菲尔德的工党的描述，引用于 Tim Willis, "Politics, Ideology and the Governance of Health Care in Sheffield before the NHS," Robert J. Morris and Richard H. Trainor, eds., *Urban Governance: Britain and Beyond since 1750* (Abingdon and New York: Routledge, 2000), 128。亦见 Larry Bennett, *Neighborhood Politics: Chicago and Sheffield* (New York and London: Garland, 1997), 48。

8   Kamoun, *Hygiène et morale*, 148–53. 亦见 Uwe Kühl, ed., *Der Munizipalsozialismus in Europa* (Munich: Oldenbourg, 2002)。

9   Hannah Lewi and Christine Phillips, "The Modern Pool as a New Civic Space," *Architektúra & Urbanizmus* 3–4 (2010). Ken Worpole, *Here Comes the Sun. Architecture and Public Space in Twentieth Century European Culture* (London: Reaktion, 2000), 115–18.

10   Aude Chamouard, "La Mairie socialiste, matrice du réformisme (1900-1939)," *Vingtième siècle* 96, no. 4 (2007): 24.

11   Jean-Claude Duphil, *Toulouse socialiste, 1906–1940* (Portet-sur-Garonne: Empreinte, 2005), 76–82.

12   Conseil d'architecture d'urbanisme et de l'environnement de la Haute-Garonne and Ecole d'architecture de Toulouse, eds., *Toulouse 1920–1940: La Ville et ses architectes* (Toulouse: Ombres, 1991), 179. 亦见 Laura Girard, "Jean Montariol et les artistes toulousains," *In Situ. Revue des Patrimoine* 32 (2017)。http://journals.openedition.org/insitu/docannexe/image/14840/img-6.jpg.

13   Bernard Vere, *Sport and Modernism in the Visual Arts in Europe, c. 1909-39* (Manchester: Manchester University Press, 2018), 150. 亦见 Alain Vollerin, *Tony Garnier et Lyon: aux origines de la modernité* (Lyon: Mémoire des arts, 2011)。

14   Anne-Sophie Clémençon, ed., *Les Gratte-ciel de Villeurbanne* (Besaançon and Paris: Les Editions de l'imprimeur, 2004), 75，并引用第 81 页。亦见 Jean-Luc

Pinol, *Espace social et espace politique: Lyon à l'époque du Front Populaire* (Lyon: Presses universitaires de Lyon, 1980)。

15 Helmut Gruber, *Red Vienna: Experiment in Working-Class Culture, 1919-1934* (Oxford and New York: Oxford University Press, 1991), 15. 亦见 *New York Times*, July 20, 1931 的描述。

16 这些节日的描述来自 Gruber, *Red Vienna*, 109–10。

17 见 Eve Blau, *The Architecture of Red Vienna, 1919-1934* (London: MIT Press, 1999)。

18 结核病运动，见 Marjaana Niemi, *Public Health and Municipal Policy Making: Britain and Sweden, 1900-1940* (Aldershop and Burlington, VT: Ashgate, 2007), 第五章。

19 Iain Boyd Whyte, *Bruno Taut and the Architecture of Activism* (Cambridge: Cambridge University Press, 1982), 97. 亦见 Winfried Brenne, *Bruno Taut: Master of Colorful Architecture in Berlin* (Schweiz: Braun 2013)。更新近的，Deutscher Werkbund Berlin, *Bruno Taut; Visionär und Weltbürger* (Berlin: Wagenbach, 2018) 还有他们的 *Bauen und Wohnen: Die Geschichte der Werkbundsiedlungen* (Berlin: Wasmuth and Zohlen, 2016)。

20 见 Kenneth Frampton, *Modern Architecture, a Critical History*, 3rd ed. (London: Thames & Hudson, 1992), 124。

21 Richard Pommer and Christian F. Otto, *Weissenhof 1927 and the Modern Movement in Architecture* (Chicago and London: University of Chicago Press, 1991), 135.

22 关于对法兰克福的实验，见 Susan R. Henderson, *Building Culture: Ernst May and the New Frankfurt Initiative, 1926–1931* (New York: Peter Lang International Publishers, 2013)，以及 John Robert Mullin, "City Planning in Frankfurt, Germany, 1925–1932," *Journal of Urban History 4*, no. 1 (1977): 3–28。亦见 Wakeman, *Practicing Utopia*, 28–29。

23 关于"人民之家"理想和社会民主主义，见 Eva Rudberg, "Building the Utopia of the Everyday," in Helena Mattsson and Sven-Olov Wallenstein, eds., *Swedish Modernism: Architecture, Consumption and the Welfare State* (London: Black Dog, 2010), 152–59。亦见 Cecilia Widenheim, ed. *Utopia and Reality- Modernity in*

Sweden 1900-1960 (New Haven and London: Yale University Press, 2002)。

24 见 Eva Rudberg, *The Stockholm Exhibition 1930: Modernism's Breakthrough in Swedish Architecture*, trans. Paul Britten Austin and Frances Lucas (Stockholm: Stockholmia Förlag, 1999)。

25 Grant Allen, *The European Tour* (New York: Dodd, Mead, & Company, 1899), 195.

26 Henri Béraud, *Ce que j'ai vu a Rome* (Paris: Editions de France, 1929), 22–23.

27 Simonetta Falasca-Zamponi, *Fascist Spectacle: The Aesthetics of Power in Mussolini's Italy* (Ann Arbor, Michigan: University of Michigan Press, 2000), 21–23. 关于法西斯罗马的丰富学术研究，可参见 Joshua Arthurs, *Excavating Modernity: The Roman Past in Fascist Italy* (Ithaca & London: Cornell University Press, 2012)，以及 Harald Bodenschatz, *Städtebau für Mussolini. Auf der Suche Nach der Neuen Stadt im Faschistischen Italien*(Berlin: DOM, 2011)。Harald Bodenschatz, Piero Sassi, and Max Welch Guerra, eds., *Urbanism and Dictatorship: A European Perspective* (Berlin: Birkhauser, 2015).

28 Béraud, *Ce que j'ai vu à Rome*, 24.

29 见 Aristotle Kallis, *The Third Rome, 1922-1943: The Making of a Fascist Capital* (New York: Palgrave Macmillan, 2014), 46–50。亦见第3章，"Sports, Education, and the New Italians," in Borden W. Jr. Painter, *Mussolini's Rome: Rebuilding the Eternal City* (New York: Palgrave Macmillan, 2005), 39–57。论法西斯建筑的奇观，见 D. Medina Lasansky, *The Renaissance Perfected: Architecture, Spectacle, and Tourism in Fascist Italy* (University Park, PA: Pennsylvania State University Press, 2004)。

30 Ameury Duval 引用于 Frank M. Snowden, *Naples in the Time of Cholera, 1884–1911* (Cambridge: Cambridge University Press, 1995), 18。

31 Joseph A. Buttigieg, ed., *Antonio Gramsci. Prison Notebooks, Volume I* (New York: Columbia University Press, 1992), 168. 亦见 Jordan Lancaster, *In the Shadow of Vesuvius: A Cultural History of Naples* (London and New York: I.B. Tauris, 2005)。

32 Giorgio Bertellini and Saverio Giovacchini, "Ambiguous Sovereignties: Notes on the Suburbs in Italian Cinema," in Peter Lang and Tam Miller, eds., *Suburban Discipline* (New York: Princeton Architectural Press, 1997), 90–91. 亦见 Giuliana Bruno, "Streetwalking around Plato's Cave," in Laura Pietropaolo and Ada

Testaferri, eds., *Feminisms in the Cinema* (Bloomington and Indianapolis: Indiana University Press, 1995), 147。

33 Giuseppe Galasso, ed., *Benedetto Croce. Un Paradiso abitato da diavoli* (Milan: Adeplhi, 2006).

34 Walter Benjamin and Asja Lacis, "Naples," in Marcus Bullock and Michael W. Jennings, eds., *Walter Benjamin: Selected Writings. Volume 1, 1913-1926*, 5th ed. (Cambridge, MA and London: Belknap Press of Harvard University Press, 2002), 416–17.

35 见 Benedetto Gravagnuolo, "From Schinkel to Le Corbusier, The Myth of the Mediterranean in Modern Architecture," in Jean-François Lejeune and Michelangelo Sabatino, eds., *Modern Architecture and the Mediterranean: Vernacular Dialogues and Contested Identities* (London and New York: Routledge, 2010), 16–39。Adolf Max Vogt, *Le Corbusier, Le Bon Sauvage: vers une archéologie de la modernité*, trans. Léo Biétry (Gollion, Switzerland: Infolio, 2003), 77.

36 Walter Benjamin and Asja Lacis, "Naples," Bullock and Jennings, eds., *Walter Benjamin*, 420.

37 Robert W. Carden, *The City of Genoa* (London: Methuen, 1908), v.

38 见 Giuseppe Felloni, "The Population Dynamics and Economic Development of Genoa, 1750–1939," in Richard Lawton and Robert Lee, eds., *Population and Society in Western European Port Cities, c. 1650–1939* (Liverpool: Liverpool University Press, 2002), 74–90。

39 Kracauer, *The Mass Ornament*, 38.

40 Léon Abastado, *L'Orient qui meurt. (Salonique, ce qu'elle est)* (Salonica: Acquarone, 1918), 22. 第二段引文见 Leon Sciaky, *Farewell to Salonica* (New York: A.A. Wyn, 1946), 39。

41 Régis Dargues, *Salonique au XXe siècle: de la cité ottomane à la métropole grecque* (Paris: CNRS, 2000), Chapter 3. https://books.openedition.org/editionscnrs/1323. Abastado, *L'Orient qui meurt*, 24. 关于萨洛尼卡的历史，见 Mark Mazower, *Salonica, City of Ghosts* (New York: Vintage, 2004)。

42 Sciaky, *Farewell to Salonica*, 213.

43　Vilma Hastaoglou-Martinidis, "A Mediterranean City in Transition: Thessaloniki between the Two World Wars," *Facta Universitatis* 1, no. 4 (1997): 503. 亦见 Alexandra Yerolympus, "Thessaloniki (Salonika) before and after 1917: Twentieth Century Planning Versus 20 Centuries of Urban Evolution," *Planning Perspectives* 3, no. 2 (1988): 141–66。

44　Evdoxios Doxiadis, *State, Nationalism, and the Jewish Communities of Modern Greece* (London and New York: Bloomsbury Academic, 2018), 126. 亦见 Devin E. Naar, *Jewish Salonica: Between the Ottoman Empire and Modern Greece* (Stanford, CA: Stanford University Press, 2016)。

45　*El Escándalo* 引用于 Robert A. Davidson, *Jazz Age Barcelona* (Toronto: University of Toronto Press, 2009)。Google Books. Henry de Montherlant, *La petite infante de Castille*. Paris: Grasset, 1929，引用于 Joan Ramon Resina, *Barcelona's Vocation of Modernity: Rise and Decline of an Urban Image* (Stanford, CA: Stanford University Press, 2008)。Stanford Scholarship Online. 见 Resina, "Like Moths to a Lamp,"第 3 章论中国城。

46　见 Nick Rider, "The New City and the Anarchist Movement in the Early 1930s," in Smith, ed., *Red Barcelona*, 74–75。

47　Antoni Castells Duran, "Revolution and Collectivization in Civil War Barcelona, 1936-9," in Smith, ed., *Red Barcelona*, 127–41.

48　George Orwell, *Homage to Catalonia* (London: Secker & Warburg, 1938). 电子书见 https://theanarchistlibrary.org/library/george-orwell-homage-to-catalonia。关于五月事变中巴塞罗那街道的描述，见 Robert J. Alexander, *The Anarchists in the Spanish Civil War*, vol. 2 (London: Janus, 1999), 902–13。

49　*Catalunya Martir* (1938), [Film] Dir. J. Marsillach [Laya Films], 3 parts. 拉亚影业（Laya Films）是西班牙共和国宣传部的制作公司。

第10章

1　Karl Schlögel, "Urbizid. Europäische Städte im Krieg," in Karl Schlögel, *Marjampole oder Europas Wiederkehr aus dem Geist der Städte* (Munich: Carl Hanser, 2005), 171–82.

2 George Kennan, *Memories 1925-1950* (New York: Pantheon, 1983), 280. Alfred Döblin, *Autobiographische Schriften und letzte Aufzeichnungen*, 397，引用于 Wolfgang Schivelbusch, *In a Cold Crater: Cultural and Intellectual Life in Berlin, 1945-1948*, trans. Kelly Barry (Berkeley: University of California Press, 1998), 5。

3 例如，David F. Crew, *Bodies and Ruins: Imagining the Bombing of Germany, 1945 to the Present* (Ann Arbor: University of Michigan Press, 2017)。

4 Stephen Castles, "Immigration and Asylum: Challenges to European Identities and Citizenship," in Dan Stone, ed., *The Oxford Handbook of Postwar European History* (Oxford: Oxford University Press, 2014), 205.

5 Mairie de Paris, *C'était Paris dans les années 50* (Paris: Ville de Paris, 1997), 116.

6 关于地区建筑的重建，见 chapter 2, "L'heure a-t-elle sonné pour une reconstruction régionaliste?" in Gilles Plum, ed., *L'architecture de la reconstruction* (Lassayles-Châteaux: Nicolas Chaudun, 2011)。

7 Peter W. Sattler, *Gießen. Stadt im Wandel, 1933-2007* (Erfurt: Sutton, 2008), 59. 另一种观点见 Karl D. Qualls, *From Ruins to Reconstruction: Urban Identity in Soviet Sevastopol after World War II* (Ithaca: Cornell University Press, 2009)，亦见 Keith Lowe, *Savage Continent: Europe in the Aftermath of World War II* (New York: Picador, 2013)。

8 Ivana Lazanja, "The Reconstruction of the Croatian Coastal City of Zadar," in Nicholas Bullock and Luc Verpoest, eds., *Living with History, 1914-1964: Rebuilding Europe after the First and Second World Wars and the Role of Heritage Preservation* (Leuven: Leuven University Press, 2011), 279–87. 亦见 Jasna Galjar and Anđela Galić, "Kultura stanovanja u zadru 1950-Ih Godina u kontekstu afirmacije modernizma," *Ars Adriatica* 7 (2017)，还有 Antonija Mlikota, "Četrnaest arhitektonskih i urbanističkih vizija povijesne jezgre zadra nastalih 1953. Godine," *Ars Adriatica* 5 (2015): 163–92。

9 Czesław Miłosz, *The Captive Mind*, trans. Jane Zielonko (New York: Vintage, 1990), 26.

10 David Crowley, "People's Warsaw/Popular Warsaw," *Journal of Design History* 10, no. 2 (1997): 210–12.

11 见 Anders Aman, *Architecture and Ideology in Eastern Europe During the Stalin

Era: An Aspect of Cold War History (New York and Cambridge, MA: Architectural History Foundation and MIT Press, 1992)，第6章。

12 *Le Figaro*, March 19, 1951.

13 Katherine Pence and Paul Betts, eds., *Socialist Modern: East German Everyday Culture and Politics* (University of Michigan Press, 2008), 101, 104.

14 Nicholas Bullock, *Building the Post-War World. Modern Architecture and Reconstruction in Britain* (London: Routledge, 2002), 61. 亦见John R. Gold, *The Experience of Modernism: Modern Architects and the Future City, 1928-1953* (London: Spon, 1997), 210–14。

15 有关住宅区已有许多研究。关于英国战后现代主义的例子，见 ibid. Stephanie Zeier Pilat, *Reconstructing Italy: The Ina-Casa Neighborhoods of the Postwar Era* (Abingdon and New York: Routledge, 2014), 3。

16 Linda Bendali, *Sarcelles, une utopie réussie?* (Nantes: Gulf Stream, 2006), 20.

17 Ibid., 28. Thibault Tellier, *Le Temps des HLM 1945-1975: La Saga urbaine des trente glorieuses* (Paris: Autrement, 2007), 85–86.

18 *Mon Oncle* (1958), [Film] Dir. Jacques Tati [Specta Films].

19 Bendali, *Sarcelles, une utopie réussie?*, 33.

20 Mary Nolan, "Negotiating American Modernity in Twentieth-Century Europe," in Per Lundin and Thomas Kaiserfeld, eds., *The Making of European Consumption: Facing the American Challenge* (London: Palgrave Macmillan, 2015), 18.

21 引用于Dominic Sandbrook, *Never Had it So Good: A History of Britain from Suez to the Beatles* (London: Little, Brown, 2005), 596。

22 见Hartmut Kaelble, *A Social History of Europe, 1945-2000: Recovery and Transformation after Two World Wars*, trans. Liesel Tarquini (New York: Berghahn, 2013), 83–84。

23 British Pathé, *Drive In and Buy*, 1961 (youtube.com). Sarah Ryle, *The Making of Tesco: A Story of British Shopping* (London: Bantam Press, 2013). Google Books. 亦见Ralph Jessen and Lydia Langer, eds., *Transformations of Retailing in Europe after 1945* (Farnham and Burlington, VT: Ashgate, 2012)。

24 这些数据来自James B. Jeffreys and Derek Knee, *Retailing in Europe: Present Structure and Future Trends* (London, 1962), 106，以及Wolfgang Disch, *Der*

Grosse- und Einzelhandel in der Bundesrepublik (Cologne, 1966), 60，所引用的 Victoria de Grazia, "Changing Consumption Regimes in Europe, 1930-1970," in Susan Strasser, Charles McGovern, and Matthias Judt, eds., *Getting and Spending: European and American Consumer Societies in the Twentieth Century* (Cambridge: Cambridge University Press, 1998), 79。亦见 Victoria de Grazia, *Irresistible Empire: America's Advance through Twentieth Century Europe* (Cambridge, MA and London: Belknap Press, 2005), 394–96。

25 关于战后城市的状况，见 Donald Filtzer, *The Hazards of Urban Life in Late Stalinist Russia* (Cambridge and New York: Cambridge University Press, 2010)。

26 Shane Hamilton, "Supermarket USA Confronts State Socialism: Airlifting the Technopolitics of Industrial Food Distribution into Cold War Yugoslavia," in Ruth Oldenziel and Karin Zachmann, eds., *Cold War Kitchen: Americanization, Technology, and European Users* (Cambridge, MA and London: MIT Press, 2009): 137–59. 亦见 Greg Castillo, *Cold War on the Home Front: The Soft Power of Midcentury Design* (Minneapolis and London: University of Minnesota Press, 2010)。

27 Günter Grass, *Dog Years*, trans. Ralph Manheim (London: Minerva, 1997), 559.

28 Marion Leonard and Robert Strachan, eds., *The Beat Goes On: Liverpool, Popular Music and the Changing City* (Liverpool: Liverpool University Press, 2010), 18–19.

29 Dean Vuletic, "Generation Number One: Politics and Popular Music in Yugoslavia in the 1950s," *Nationalities Papers* 36, no. 5 (2008): 871.

30 Rosemary Wakeman, "European Mass Culture in the Media Age," in Rosemary Wakeman, ed., *Themes in Modern European History since 1945* (London and New York: Routledge, 2003), 148.

31 Sándor Horváth, "Patchwork Identities and Folk Devils: Youth Subcultures and Gangs in Socialist Hungary," *Social History* 34, no. 2 (2009): 177.

32 Gleb Tsipursky, *Socialist Fun: Youth, Consumption, and State-Sponsored Popular Culture* (Pittsburgh: University of Pittsburgh Press, 2016), 175.

33 Katarzyna Murawska-Muthesius, "Paris from behind the Iron Curtain," in Sarah Wilson, ed., *Paris: Capital of the Arts, 1900-1968* (London: Royal Academy of Arts, 2002), 250.

34 见 Belinda Davis, "The City as Theater of Protest: West Berlin and West Germany, 1962-1983," in Gyan Prakash and Kevin M. Kruse, eds., *The Spaces of the Modern City: Imaginaries, Politics, and Everyday Life* (Princeton and Oxford: Princeton University Press, 2008), 248–56, 对20世纪60年代柏林的描述。

第11章

1 V. Mykhnenko and I. Turok, *Cities in Transition: East European Urban Trajectories 1960-2005*, Working Paper No. 4 (Glasgow: Centre for Public Policy for Regions, 2007), 7–8. Kaelble, *A Social History of Europe, 1945-2000*, 274.

2 见 Dematteis, "Spatial images of European urbanization," 52–53。

3 Kaelble, *A Social History of Europe, 1945-2000*, 185.

4 Stephen Castles, "Immigration and Asylum: Challenges to European Identities and Citizenship," in Stone, ed., *The Oxford Handbook of Postwar European History*, 206.

5 Astrid Kander, Paolo Malanima, and Paul Warde, eds., *Power to the People: Energy in Europe over the Last Five Centuries* (Princeton and Oxford: Princeton University Press, 2013), 253.

6 Roland Barthes, *Mythologies*, trans. Annette Lavers (New York: Noonday Press, 1972), 88. 亦见 Wolfgang Sachs, *For Love of the Automobile: Looking Back into the History of Our Desires*, trans. Don Reneau (Berkeley: University of California Press, 1984)。

7 Guilio Mazzocchi, "Come si viveva prima, durante e dopo," *I Problemi di Ulisse* 83–87 (1979): 74. 引用于 Stephen Gundle, *Between Hollywood and Moscow. The Italian Communists and the Challenge of Mass Culture, 1943-1991* (Durham and London: Duke University Press, 2000), 80。

8 *Epoca*, October 23, 1960, 引用于 Arthur Marwick, *The Sixties: Cultural Revolution in Britain, France, Italy, and the United States, c. 1958-1974* (Oxford: Oxford University Press, 1998), 92。

9 关于这两部电影的讨论：Lewis H. Siegelbaum, *Cars for Comrades: The Life of the Soviet Automobile* (Ithaca & London: Cornell University Press, 2008), 225–30。

10　Laux, *The European Automobile Industry*, 207–11.

11　Luminita Gatejel, "The Common Heritage of the Socialist Car Culture," in Lewis H. Siegelbaum, ed., *The Socialist Car: Automobility in the Eastern Bloc* (Ithaca and London: Cornell University Press, 2011), 150. 亦见 Valentina Fava, *The Socialist People's Car: Automobiles, Shortages, and Consent on the Czechoslovak Road to Mass Production (1918-64)*(Amsterdam: Amsterdam University Press, 2013)。

12　Anna Funder, *Stasiland* (London: Granta, 2003), 92.

13　François Maspero, *Roissy Express*, trans. Paul Jones (London and New York: Verso, 1994), 20. Stephen Barber, *Extreme Europe* (London: Reaktion, 2001), 98.

14　Frank Schipper, *Driving Europe: Building Europe on the Roads in the Twentieth Century* (Amsterdam: Aksant, 2008), Chapter 7.

15　Massimo Moraglio, *Driving Modernity: Technology, Experts, Politics, and Fascist Motorways, 1922–1943*, trans. Erin O'Loughlin (New York and Oxford: Berghahn, 2017), 160.

16　Reiner Ruppmann, "The Development of the European Highway Network," in Ralf Roth and Colin Divall, eds., *From Road to Rail and Back Again? A Century of Transport Competition and Interdependency* (Farnham and Burlington, VT: Ashgate, 2015), 276–305. 亦见同书 Peter Merriman, "Motorways and the Modernisation of Britain's Road Network, 1937–70" 对 M1 公路的描述见第 325 页。

17　Michael Ignatieff, *Blood and Belonging: Journeys into the New Nationalism* (New York: Farrer, Straus & Giroux, 1993), 28.

18　关于荷兰城市与区域规划的历史，见 Coen Van der Wal, *In Praise of Common Sense. Planning the Ordinary: A Physical Planning History of the New Towns in the IJsselmeerpolders* (Rotterdam: 010 Publishers, 1997)，还有 Hans Van der Cammen and Len De Klerk, *The Selfmade Land: Culture and Evolution of Urban and Regional Planning in the Netherlands* (Antwerp: Spectrum, 2012)。

19　引用于 Cor Wagenaar, *Town Planning in the Netherlands since 1800: Responses to Enlightenment Ideas and Geopolitical Realities* (Rotterdam: 010 Publishers, 2011), 370。

20　许多规划发展史著作都引用了这句话，见 Paul van der Laar, "Modernism

in European Reconstruction-Policy and Its Public Perception: The Image of Rebuilding Rotterdam, 1945-2000," in Georg Wagner-Kyora, ed., *Wiederaufbau Europäischer Städte/Rebuilding European Cities* (Stuttgart: Franz Steiner, 2014), 216。

21 Lewis Mumford, "The Skyline: A Walk through Rotterdam," *The New Yorker*, October 12, 1957.

22 Michelle Provoost, *Automoviliteit in de Rotterdamse Stedebouw* (Rotterdam: Uitgeverij 010, 1996), 65–67. 关于兰斯塔德的发展方案，见 Van der Cammen and De Klerk, *The Selfmade Land*, 240–43。

23 Ronald Van Kempen and Jan Van Weesep, "Residential Dynamics of the Inner City: The Case of the Hague," *The Netherlands Journal of Housing and Environmental Research* 3, no. 3 (1988): 217.

24 Ed Taverne, "The Dream of Progress. The Netherlands during the Years of Reconstruction," in Anita Blom, Simone Vermaat, and Ben De Vries, eds., *Post-War Reconstruction the Netherlands, 1945-1965: The Future of a Bright and Brutal Heritage* (Rotterdam: 010 Publishers, 2016), 40.

25 Tim Pharoah and Dieter Apel, *Transport Concepts in European Cities* (Brookfield: Aldershot, 1995), 63, 65.

26 "Promotiefilm Hoog Catharijne 1970," Bouwput, published May 29, 2010, youtube.com. Tim Verlaan, "Producing Space: Post-War Redevelopment as Big Business, Utrecht and Hannover 1962-1975," *Planning Perspectives* 34, no. 3 (2019): 415–37, 还有 Hans Buiter, "Constructing Dutch Streets: A Melting Pot of European Technologies," in Mikael Hard and Thomas J. Misa, eds., *Urban Machinery: Inside Modern European Cities* (Cambridge, MA and London, England: MIT Press, 2008)。亦见 Aaron Betsky, "Hoog Catharijne: The Tomb of an Open Architecture," in Cor Wagenaar, ed., *Happy: Cities and Public Happiness in Post-War Europe* (Rotterdam: NAi Publishers/Architecturalia, 2004), 269–81。

27 Helena Mattson, "Where the Motorways Meet: Architecture and Corporatism in Sweden 1968," in Mark Swenarton, Tom Avermaete, and Dirk Van den Heuvel, eds., *Architecture and the Welfare State* (London and New York: Routledge, 2015), 155–75.

28　Sacha Craddock, "Tolmers United," in Astrid Proll, *Goodbye to London: Radical Art & Politics in the 70's* (Ostfildern, Germany: Hatje Cantz, 2010), 37.

29　Roger Karapin, *Protest Politics in Germany: Movements on the Left and Right since the 1960s* (University Park, PA: Pennsylvania State University Press, 2007), 65–74.

30　关于哥本哈根，见 René Karpantschof and Flemming Mikkelsen, "Youth, Space, and Autonomy in Copenhagen: The Squatters' and Autonomous Movement, 1963-2012," in Bart Van der Steen, Ask Katzeff, and Leendert Van Hoogenhuijze, eds., *The City Is Ours: Squatting and Autonomous Movements in Europe from the 1970s to the Present* (Oakland, CA: PM Press, 2014), 183–84. *Tolmers: Beginning or End?* (London, BSEFilms), 托尔默斯活动家 Nick Wate 著，他还出版了 *The Battle for Tolmers Square* in 1976, 再版为 Nick Wate, *The Battle for Tolmers Square* (Abingdon: Routledge, 2013)。

31　见 Margit Mayer, "Social Movements in European Cities: transitions from the 1970s to the 1990s," in Bagnasco and Le Galès, eds., *Cities in Contemporary Europe*, 131–52。以及 H. Bodenschatz, V. Heiser, and J. Korfmacher, eds., *Schluss mit der Zerstörung? Stadterneuerung und Städtische Opposition in West-Berlin, Amsterdam und London* (Giessen: Anabas, 1983)。

32　*Cathy Coming Home*, produced by Tony Garnett, directed by Ken Loach, first aired on the *Wednesday Play* series, BBC1, November 16, 1966. 关于西德的占屋运动，见 chapter 4 in Alexander Vasudevan, *The Autonomous City: A History of Urban Squatting* (London and New York: Verso, 2017)。

33　Andrew O'Hagan, *Our Fathers* (New York: Houghton Mifflin Harcourt, 1999), 31 and 37.

34　公寓建筑的研究已有许多，关于法国，见 Gérard Monnier and Richard Klein, eds., *Les Années ZUP. Architectures de la croissance, 1960-1973* (Paris: Picard, 2002). François Tomas, Jean-Noël Blanc, and Mario Bonilla, *Les Grands Ensembles, une histoire qui continue . . .* (Saint-Etienne: Université de Saint-Etienne, 2003)，以及 Kenny Cupers, *The Social Project: Housing Postwar France* (Minneapolis, MN: University of Minnesota Press, 2014)。关于英国，见 John Robert Gold, *The Practice of Modernism: Modern Architects and*

Urban Transformation, 1954–1972 (London and New York: Routledge, 2007)，以及 Jamileh Manoochehri, *The Politics of Social Housing in Britain* (Berlin: Peter Lang, 2012)。关于德意志民主共和国，见 Christine Hannemann, *Die Platte: Industrialisierter Wohnungsbau in der DDR* (Berlin: Hans Schiler, 2005)。Florian Urban, *Tower and Slab: Histories of Global Mass Housing* (Milton Park, Abingdon, Oxon and New York: Routledge, 2012).

35　"预制技术的意识形态"这个词，在下文中被使用，Lydia Coudroy de Lille, "Une idéologie du pré-fabrique?" in Frédéric Dufaux and Annie Fourcaut, eds., *Le Monde des grands ensembles* (Paris: Editions CREAPHIS, 2004), 90–95。

36　"1968: Eerste bewoners Bijlmermeer, het huidige Amsterdam-Zuidoost- oude filmbeelden," Amsterdam—Verzamelde Historische Filmbeelden, published November 1, 2015, youtube.com. 亦见 Marieke van Rooy, "The Bijlmer or Exercises in Giving Life to a Rigid Urban Plan," in Wagenaar, *Happy: Cities and Public Happiness in Post War Europe*, 154–62。

37　Alexander Vasudevan, *Metropolitan Preoccupations: The Spatial Politics of Squatting in Berlin* (West Sussex: Wiley Blackwell, 2015), 2. 亦见 Forian Urban, "The Märkisches Viertel in West Berlin," in Swenarton, Avermaete, and Van den Heuvel, eds., *Architecture and the Welfare State*, 177–96。

38　Wagenaar, *Happy: Cities and Public Happiness in Post-War Europe*, 394.

39　见 R. W. Davies and Melanie Ilic, "From Khrushchev (1935–1936) to Khrushchev (1956-1964): Construction Policy Compared," in Jeremy Smith and Melanie Ilic, eds., *Khrushchev in the Kremlin: Policy and Government in the Soviet Union, 1953–64* (New York and Abingdon, Oxon: Routledge Press, 2011), 202–30。亦见 Steven E. Harris, *Communism on Tomorrow Street: Mass Housing and Everyday Life after Stalin* (Baltimore, MD: John Hopkins University Press, 2013)，以及 Marina Balina and Evgeny Dobrenko, eds., *Petrified Utopia: Happiness Soviet Style* (London: Anthem, 2011)。

40　Ivan Szelenyi, *Urban Inequalities under Socialism* (Oxford: Oxford University Press, 1983), 4–6. 关于东德，见 Hannemann, Die Platte。

41　Timon Hoppe, *Rostock. Urbane Kulturlandschaft: Stadtbilder, Transformationen, Perspektiven ein Bericht mit Exkurionsführer* (Norderstedt: Books on Demand,

2008), 58–64. 亦见Joachim Palutzki, "Der standardisierte Wohnungsbau. Zur Entwicklung der Wohnungsbauprogramme der 1960er und 1970er Jahre in der DDR," in Bernfried Lichtnau, ed. *Architektur und Städtebau im Südlichen Ostseeraum Zwischen 1936 und 1980* (Berlin: Lukas, 2002), 420–33。

42　Kaelble, *A Social History of Europe, 1945–2000*, 275.

43　Marco Abram, "20th of October—Narratives of Identities in the Celebrations for Belgrade's Liberation Day (1945-1961)," *Histories of Communism in Europe* 3 (2012): 177–79. Danka Ninković Slavnić, "Celebrating Yugoslavia. The Visual Representation of State Holidays," in Breda Luthar and Maruša Pušnik, eds., *Remembering Utopia: The Culture of Everyday Life in Socialist Yugoslavia* (Washington DC: New Academia, 2010), 68–69.

44　Brigette Le Normand, "The House that Socialism Built. Reform, Consumption, and Inequality in Postwar Yugoslavia," in Paulina Bren and Mary Neuburger, eds., *Communism Unwrapped: Consumption in Cold War Eastern Europe* (Oxford and New York: Oxford University Press, 2012), 356, 61.

45　Borislav Pekić, *The Houses of Belgrade*, trans. Bernard Johnson (Evanston, IL: Northwestern University Press, 1994), 9 and 166.

46　Wolfgang Thaler, Maroje Mrduljas, and Vladimir Kulic, *Modernism In-Between: The Mediatory Architectures of Socialist Yugoslavia* (Berlin: Jovis, 2012), 83.

47　引用自 E. Verhagen, *Van Bijlmermeerpolder tot Amsterdam Zuidoost* (Den Haag, 1987) in "Symbolic Gestures? Planning and Replanning Amsterdam's Bijlmermeer and New Town Almere since 1965," *Informationen zur modernen Stadtgeschichte* 1 (2013): 52。

48　这一引文来自 *L'Express*, September 21-28, 1968，见 Arthur Marwick, "Youth Culture and the Cultural Revolution of the Long Sixties," in A. Schildt and D. Siegfried, eds., *Between Marx and Coca-Cola: Youth Cultures in Changing European Societies, 1960-1980* (Oxford and New York: Berghahn, 2006), 51–52。

49　Richard Truman, *Mods, Minis, and Madmen: A True Tale of Swinging London Culture in the 1960s* (London: iUniverse, 2010).

50　Dick Hebdige, *Hiding in the Light* (London and New York: Routledge, 1988), 110–11.

51　见 Susan E. Reid and David Crowley, eds., *Style and Socialism: Modernity and Material Culture in Post-War Eastern Europe* (Oxford and New York: Berg, 2000)。

52　见 Jürgen Hopfner, *Gleisverwerfung* (Halle-Leipzig: Mitteldeutscher, 1982) 就中心的描述。

53　Alexei Yurchak, *Everything Was Forever, until It Was No More* (Princeton and Oxford: Princeton University Press, 2005), 188.

54　Breda Luthar, "Shame, Desire and Longing in the West," in Luthar and Pušnik, eds., *Remembering Utopia*, 341–56. 亦见 Francesca Rolandi, "Yugoslavia Looking Westward: Transnational Consumer Contact with Italy during the 1960s," in Dijana Jelača, Maša Kolanović, and Danijela Lugarić, eds., *The Cultural Life of Capitalism in Yugoslavia* (New York: Palgrave Macmillan, 2017), 191–207。

55　Radina Vučetič, "Džuboks (Jukebox)—The First Rock'n'roll Magazine in Socialist Yugoslavia," in Luthar and Pušnik, eds., *Remembering Utopia*, 146–47.

56　Uta G. Poiger, *Jazz, Rock and Rebels: Cold War Politics and American Culture in a Divided Germany* (Berkeley: University of California Press, 2000), 216.

57　William Jay Risch, "Only Rock 'n' Roll? Rock Music, Hippies, and Urban Identities in Lviv and Wrocław, 1965-1980," 以及 Sándor Horváth, "The Making of the Gang. Consumers of the Socialist Beat in Hungary," 都收在 William Jay Risch, ed., *Youth and Rock in the Soviet Bloc* (Lanham, MA: Lexington Books, 2015), 86 and 92, 107–8。

58　见 Moritz Föllmer, "Cities of Choice: Elective Affinities and the Transformation of Western European Urbanity from the Mid-1950s to the Early 1980s," *Contemporary European History* 24, no. 4 (2015): 577–96。

59　Patrick Richardson, *In Search of Landfall: The Odyssey of an Indefatigable Adventurer* (UK: Ultima Thule, 2014). Google Books.

60　Vasudevan, *Metropolitan Preoccupations: The Spatial Politics of Squatting in Berlin*, 66.

61　Pekić, *The Houses of Belgrade*, 52.

62　Milan Kundera, *The Unbearable Lightness of Being*, trans. Michael Henry Heim (New York: Harper Collins, 1984), 26.

第 12 章

1　Kundera, *The Unbearable Lightness of Being*, 249.

2　Vladimir Kulić, "Building Brotherhood and Unity: Architecture and Federalism in Socialist Yugoslavia," in Martino Stierli and Vladimir Kulić, eds., *Toward a Concrete Utopia: Architecture in Yugoslavia, 1948-1980* (New York: Museum of Modern Art, 2018), 104–11.

3　见 Patrik Aker, "Ostankino TV Tower, Moscow: An Obsession with Space," in Staffan Ericson and Kristina Riegert, eds., *Media Houses: Architecture, Media, and the Production of Centrality* (New York: Peter Lang, 2010), 81–112。

4　Nevena Dakovic, "City Foxes/East-West Soap (Belgrade/New York)," in Sebastian M. Herrmann et al., ed., *Ambivalent Americanizations: Popular and Consumer Culture in Central and Eastern Europe* (Heidelberg: Universitätsverlag Winter, 2008), 109–10. 关于《热风》的描述来自 Patrick Hyder Patterson, *Bought and Sold: Living and Losing the Good Life in Socialist Yugoslavia* (Ithica: Cornell University Press, 2011), 276–77。

5　Peter Schneider, *The Wall Jumper*, trans. Leigh Hafrey (Chicago: University of Chicago Press, 1983), 56. Heather Gumbert, "Constructing a Socialist Landmark: The Berlin Television Tower," in Philip Broadbent and Sabine Hake, eds., *Berlin Divided City, 1945-1989* (New York and Oxford: Berghahn, 2010), 93.

6　Semezdin Mehnedinović, *Sarajevo Blues*, trans. Ammiel Alcalay (San Francisco: City Lights Books, 1998), 56. 亦见 Peter Andreas, *Blue Helmets and Black Markets: The Business of Survival in the Siege of Sarajevo* (Ithaca and New York: Cornell University Press, 2008), 58–59。

7　见 Gregory Andrusz, Michael Harloe, and Ivan Szelenyi, eds., *Cities after Socialism: Urban and Regional Change and Conflict in Post-Socialist Societies* (Oxford: Blackwell, 1996)。

8　见 Roch Sulima, "The Laboratory of Polish Postmodernity: An Ethnographic Report from the Stadium-Bazaar," in Monika Grubbauer and Joanna Kusiak, eds., *Chasing Warsaw: Socio-Material Dynamics of Urban Change since 1990* (Frankfurt and New York: Campus, 2012), 241–68。

9　Joanna Kusiak and Wojciech Kacperski, "Kiosks with Vodka and Democracy: Civic Cafés between New Urban Movements and Old Social Divisions," in Grubbauer and Kusiak, eds., *Chasing Warsaw*, 222.

10　BBC News online, December 5, 2002.

11　Milan Kundera, "The Tragedy of Central Europe," *The New York Review of Books* 31, no. 007 (April 26, 1984): 33.

12　György Konrád, "Is the Dream of Central Europe Still Alive?" in *Cross Currents: A Yearbook of Central European Culture* (Ann Arbor, MI: University of Michigan, 1986), 114.

13　见 Balázs Trencsényi, "Central Europe," in Mishkova and Trencsényi, eds., *European Regions and Boundaries*, 第 174 至 176 页中出色的分析。

14　Eli Rubin, "Beyond Domination: Socialism, Everyday Life in East German Housing Settlements, and New Directions in GDR Historiography," *Imaginations* 8, no. 1 (2017): 38. 关于马察恩住宅区，见 *Amnesiopolis: Modernity, Space, and Memory in East Germany* (Oxford: Oxford University Press, 2016)，特别是第 5 章 "Plattenbau Panopticon"。亦见 Annemarie Sammartino, "The New Socialist Man in the *Plattenbau*: The East German Housing Program and the Development of the Socialist Way of Life," *Journal of Urban History* 44, no. 1 (2018): 78–94。

15　Mehdi Charef, *Tea in the Harem*, trans. Ed Emery (London: Serpent's Tail, 1989), 19–20.

16　描述取自 Rosemary Wakeman, "Independent Filmmakers and the Invention of the Paris Suburbs," *French Politics, Culture & Society*, no. 1, 31 (Spring 2013): 86–87。

17　Tomka, *A Social History of Twentieth-Century Europe*, 38.

18　Hanif Kureishi, *The Buddha of Suburbia* (New York: Penguin, 1990), 7.

19　Stephen Castiles, "Immigration and Asylum: Challenges to European Identities and Citizenship," in Stone, ed., *The Oxford Handbook of Postwar European History*, 216.

20　Kaelble, *A Social History of Europe, 1945–2000*, 187–88.

21　Sonia Hirt, "Post-Socialist Urban Forms: Notes from Sofia," *Urban Geography* 27, no. 5 (2006): 464–88.

22　George Ritzer, *Enchanting a Disenchanted World: Revolutionizing the Means of*

Consumption (Thousand Oaks, CA: Pine Forge Press, 2005), 41.

23　见Kiril Stanilov, "The Restructuring of Non-Residential Uses in the Post-Socialist Metropolis," in Kiril Stanilov, *The Post-Socialist City: Urban Form and Space Transformations in Central and Eastern Europe after Socialism* (Vienna: Springer, 2007), 73–99。

24　Ewan Morrison, *Tales from the Mall: Fact & Fiction from the Lost Age of Globalisation* (Glasgow: Cargo, 2012, digital edition 2017).

25　Owen Hatherley, *Trans-Europe Express: Tours of a Lost Continent* (London: Allen Lane, 2018), 136–39.

26　Antonio Font i Arellano and España, Ministerio de la Vivienda, eds., *La Explosión de la Ciudad: Transformaciones Territoriales en las Regiones Urbanas de la Europa Meridional [the Explosion of the City: Territorial Transformations in the South Europe Urban Regions]* (Madrid: Ministerio de la Vivienda, 2007).

27　European Environment Agency, *Urban Sprawl in Europe*, EEA Report No 11/2016 (Luxembourg: European Union, 2016), 65–67. OECD Territorial Reviews, *Madrid, Spain* (Paris: OECD, 2007).

28　Anne E. Gorsuch, *All This Is Your World: Soviet Tourism at Home and Abroad* (Oxford and New York: Oxford University Press, 2011), 59–60. Eva Näripea, "Medieval Socialist Realism: Representations of Tallinn Old Town in Soviet Estonian Features Films, 1969–1972," *Place and Location: Studies in Environmental Aesthetics and Semiotics* 4 (2004): 121–44.

29　Frank Moulaert, Arantxa Rodriguez, and Erik Swyngedouw, eds., *The Globalized City: Economic Restructuring and Social Polarization in European Cities* (Oxford: Oxford University Press, 2003). Gerardo Del Cerro Santamaría, ed., *Urban Megaprojects: A Worldwide View* (Bingly: Emerald, 2013).

30　见G. J. Ashworth and Brian Graham, "Heritage and the Reconceptualization of the Postwar European City," in Stone, ed., *The Oxford Handbook of Postwar European History*, 582–99。

31　Robert Broesi, "Euroscapes: Spatial Order in Twenty-First Century Europe," in Robert Broesi et al., eds., *Euroscapes* (Amsterdam: Must, 2003), 46.

32　Carl-Ludwig Holtfrerich, *Frankfurt as Financial Center: From Medieval Trade*

Fair to European Banking Centre, trans. Karl Heinz Siber (Munich: C.H. Beck, 1999), 255.

33   Ibid., 96–97 and 275.

34   Michael H. Grote, "Frankfurt- An Emerging International Financial Center," in Daniel Felsenstein, Eike W. Schamp, and Arie Shachar, eds., *Emerging Nodes in the Global Economy: Frankfurt and Tel Aviv Compared* (Dordrecht: Springer Science+Business Media, 2002), 91–95.

35   见图书馆名录 *Újváros Épül Miskolc 1945–1975* (Miskolc: Miskolci Galéria Városi Múvészeti Múseum, 2010)。亦见Zoltán Nagy, "The Development of Regional Centres in Hungary in the Past Two Decades," *European Integration Studies* 8, no. 1 (2010): 107–30。

36   Stefan Hertmans, *Intercities*, trans. Paul Vincent (London: Reaktion, 2001), 97 and 99.

37   OECD Territorial Reviews, *Vienna-Bratislava: Austria/Slovak Republic* (Paris: OECD, 2003), 36.

结语

1   Lewis Dijkstra et al., *The State of European Cities 2016: Cities Leading the Way to a Better Future* (Luxembourg: European Commission & UN Habitat, 2016), 23–32. 亦见线上出版：Eurostat, *Urban Europe: Statistics on Cities, Towns and Suburbs*, 2016 Edition (Brussels: European Commission, 2016)。

致谢

　　书籍总是集体努力的成果，这次的欧洲城市历史之旅，有许多人参与其中。布鲁姆斯伯里出版社的罗德里·莫福德（Rhodri Mogford）帮助我构思了这个项目，我对此表示衷心的感谢。在中欧大学高等研究院的进修经历，为我获取大部分中欧东部的材料提供了基础。能够参与中欧大学和高等研究院非凡的学术生活，我非常荣幸。高等研究院以"移民与城市""全球化的哈布斯堡后期中欧"和"移民对城市的叙述"为主题的会议，以及科学院的"现代首都和历史周边地区"会议都是学术互动的典范。特别感谢罗兰大学的加博尔·雄科伊（Gabor Sonkoly）就欧洲城市场所进行的多次长谈。我真诚地感谢匈牙利科学院的加博尔·贾尼（Gábor Gyáni）、尚多尔·希泰希（Sándor Hites）、尚多尔·霍瓦特（Sándor Horváth）和巴林特·沃尔高（Balint Varga），卡罗利加斯帕大学的阿格奈什·哲尔克（Ágnes Györk），以及中欧大学和伯明翰大学的马尔基安·普罗科波维奇（Markian Prokopovych）富有洞察力的评论。与米什科尔茨大学的盖尔盖伊·孔特（Gergely Kunt）一起参观米什科尔茨（Miskolc）是历史学家的一次最好的冒险，与阿格奈什·哲尔克和德布勒森大学的同事一起参观德布勒森（Debrecen）也是一样。我有幸与里加工业大学的亚尼斯·克拉斯京斯（Jānis Krastiņš）一起参观了里加（Riga）辉煌的新艺术主义建筑。也感谢德国马堡的赫德研究所的埃斯特·甘特纳（Eszter Gantner）和海迪·海因–基尔舍（Heidi Hein-Kircher）的想法和敏锐的洞察力，以及赫尔辛基大学的劳拉·卡尔贝（Laura Kalbe）对东欧城市历史知识的慷慨分享。在代尔夫特理工大学建筑与环境学院的逗留，为我研究欧洲城市形式和社会进程之间的联系提供了机会。感谢卡萝拉·海因茨（Carola Heinz）提供的这个机会，也感谢她对于欧洲城市敏锐的认识。在阿姆斯特丹大学城市历史中心与莫里茨·弗尔默（Moritz Föllmer）和蒂姆·韦兰（TimVerlaan）的研讨会，帮助充实了本书的主题。柏林工业大学大都会研究中心的同事和学生，长期以来一直是我知识灵感的来源。特别感谢多萝特·布兰茨（Dorothee Brantz）和鲍里斯·福曼（Boris Vormann），感谢他们的友谊和对这个项目敏锐的观察。巴黎的同事们长期以来一直支持我在欧洲城市史方面的一切尝试。我真诚地感谢洛朗·库德鲁瓦·德·利勒（Laurent Coudroy de Lille）、蒂埃里·帕克（Thierry Paquot）、卢瓦克·加德洛热（Loïc Vadelorge）、克莱芒·奥里亚尔（Clément Orillard）、科琳娜·贾昆德（Corinne Jaquand）、伊曼纽尔·贝朗格（Emmanuel Bellanger）、纳塔莉·罗索（Nathalie Roseau），以及弗洛朗斯·布里永（Florence Bourillon）。感谢格勒诺布尔国立高等建筑学院的卡特琳·莫米（Catherine Maumi）就欧洲城市化问题与我进行了多次深入的交谈。也感谢我的朋友米谢勒·科兰（Michèle Collin）和蒂埃里·博杜安（Thierry Baudouin），以及弗朗西斯·诺德曼（Francis Nordemann）和艾米琳·贝利（Emeline Bailly），一直以来，与他们进行的不断讨论使我没有偏离正轨。

我的学术生命线直接通向纽约公共图书馆的苏世民大楼

（Stephen A. Schwarzman Building）。其出色的资源和大力协助，以及艾伦阅览室（Allen Room）为我预留的几天时间，对这项研究而言不可或缺。慷慨的福特汉姆大学奖学金是学术研究所需时间和精力的主要来源。我一如既往地感谢福特汉姆大学的同事和学生，感谢他们的关心和建议。也感谢夏洛特·拉贝（Charlotte Labbe）和福特汉姆大学图书馆馆际互借部的工作人员，他们为我调出了所有我想要的文档。感谢我的家人支持着我，若没有他们，这一切都不会发生。还有汤姆（Tom）、加布丽埃勒（Gabrielle）和杰茜卡（Jessica），他们无怨无悔地从一个欧洲城市被拖到另一个城市，搬运行李，破译地图，并在我写这本书的时候听我无休无止地讲话。我对他们表示最深切的感谢。